REFERENDA

8

MARCOS BAGNO

Uma história da LINGUÍSTICA

TOMO 2

do século 19 ao limiar do século 20

parábola

Direção: Andréia Custódio
Capa e diagramação: Telma Custódio
Revisão: Marcos Marcionilo

CIP-BRASIL. CATALOGAÇÃO NA FONTE
SINDICATO NACIONAL DOS EDITORES DE LIVROS, RJ

B134h

Bagno, Marcos, 1961-
Uma história da linguística / Marcos Bagno. - 1. ed. - São Paulo : Parábola, 2023.
320 p. ; 24 cm. (Referenda 8)

Inclui bibliografia
"Volume 1 : da Antiguidade ao Iluminismo"
"Volume 2 : do século 19 ao limiar do século 20"
ISBN 978-85-7934-306-3 (tomo 1)
ISBN 978-85-7934-305-6 (tomo 2)

1. Linguística - História. 2. Linguística histórica. I. Título.

23-83276 CDD: 410
CDU: 81'1

Meri Gleice Rodrigues de Souza - Bibliotecária - CRB-7/6439

Direitos reservados à
PARÁBOLA EDITORIAL
Rua Dr. Mário Vicente, 394 - Ipiranga
04270-000 São Paulo, SP
[11] 5061-9262 | [11] 98763-3590
www.parabolaeditorial.com.br
parabola@parabolaeditorial.com.br

ISBN: 978-85-7934-305-6

1ª edição, 1ª reimpressão: maio de 2025

Aos meus pais, Ilma e Alaor,
que me permitiram conhecer a linguagem.

Sumário

Apresentação do tomo 2

Já é tradicional nos relatos historiográficos afirmar que a linguística, como disciplina autônoma no universo acadêmico e como ciência praticada por especialistas com teorias próprias e metodologias específicas, se firmou no decorrer do século 19. Foi a chamada "descoberta do sânscrito" — a confirmação (no final do século 18) de hipóteses aventadas desde o século 16 acerca do parentesco entre a antiga língua da literatura hindu e a maioria das línguas faladas na Europa — que permitiu o florescimento da linguística histórico-comparativa, sobretudo em terras de língua alemã. Com isso, o estudo das línguas pôde ser praticado em independência da filosofia (especialmente da lógica), da filologia clássica e da tradição normativo-prescritiva, mas em interação com outras ciências que se consolidavam então, como a biologia, a psicologia e a sociologia. Obviamente, a ruptura com a filosofia foi ilusória — afinal, com perdão do radicalismo que possa vir a indignar uns e outros, a história da linguística é, na seiva que corre desde suas mais fundas raízes, a história da filosofia da linguagem, e lá estão, no século 19 e pelo século 20 adentro, o idealismo alemão; a *Weltansicht* relativista, etnocêntrica e à beira do racismo; a avidez por encontrar ou (mais precisamente) inventar uma protolíngua, uma protopátria e um protopovo com claros laivos demiúrgicos; as metáforas do organismo, do sistema, da estrutura, que só se diferenciam na superfície, pois em todas elas se persegue a quimera da "língua em si e por si mesma"; o positivismo que dispensa comentário; a língua como "forma, não substância", de um platonismo a toda prova etc. Tudo isso só torna essa história ainda mais fascinante.

De todo modo, o ímpeto comparatista impulsionou a constituição de diversos instrumentos heurísticos capazes de comprovar aquele parentesco, especiamente as chamadas *leis fonéticas*, cuja identificação possibilitava estabelecer as etapas de mudança ocorridas desde a pré-história até a era contemporânea. Outra das realizações notáveis foi a *reconstrução* de uma hipotética protolíngua indo-europeia em seus sistemas fonético e morfológico, junto com a investigação lexical que levou à abstração-dedução de *raízes* comuns a todas as línguas da família. Toda essa volumosa produção científica também deveu muito à institucionalização das ciências nas universidades, que pela primeira vez se tornaram centros de pesquisa e ensino onde os estudiosos podiam desenvolver seu trabalho como funcionários regulares de um sistema acadêmico estatal. A imponência e quase prepotência da linguística histórica foi tamanha que por pouco não obscureceu por completo outros empreendimentos igualmente importantes, como as propostas de constituição de uma *linguística geral* que antecipava muito de quanto viria a ser postulado como novidade nos primórdios do século 20.

A importância do século 19 para os estudos linguísticos justifica, portanto, que seja dedicado a ele um volume completo desta narrativa historiográfica, como é o nosso caso. O relato, no entanto, avança até as duas primeiras décadas do século 20 a fim de alcançar a publicação do *Curso de linguística geral* (1916), um livro que submetemos aqui a uma crítica rigorosa para tentar dissipar minimamente a névoa de mistificação com que os estruturalistas o envolveram, elegendo-o retroativamente como suposta fonte para seus próprios interesses teóricos e atribuindo a Ferdinand de Saussure ideias que ele, provavelmente, jamais teve ou, se as teve, não eram as que ali se estamparam: "É geralmente aceito hoje em dia que o *Curso de linguística geral* (CLG) reflete mais as opiniões da nascente Escola de Genebra do que o pensamento do próprio Saussure" (Albrecht, 2011: 825). O mesmo Jörn Albrecht afirma, com razão a nosso ver, que "as escolas estruturalistas posteriores tiveram uma influência sobre o entendimento mesmo do CLG [...]. Uma interpretação não enviesada mesmo do Saussure 'apócrifo' parece impossível. Hoje o CLG é lido, quando é lido, com preconcepções 'estruturalistas' que modificam imperceptivelmente as ideias originais" (Albrecht, 2011: 836). Como afirmamos ao final da seção dedicada a Saussure e ao CLG, a leitura do livro ainda é incontornável por causa do peso de sua influência na história das ideias do século 20, mas não pode mais ser feita sem levar em consideração toda a avultada crítica historiográfica acumulada no último século nem, muito menos, com a atitude de reverência a um pensador que não pode ser responsabilizado pelo que não escreveu e foi publicado em seu nome.

O ponto final desta história é o ano de 1921, quando se publica o livro *Linguistique historique et linguistique générale*, de Antoine Meillet, que viveu a mesma quantidade de tempo no século 19 e no século 20 e representa, em nossa opinião, até pelo título binário da obra, uma ponte entre a tradição novecentista de investigação diacrônica e novas visões acerca das "condições de existência da linguagem", como escreveu esse linguista francês, que sempre enfatizou a necessidade de observar as línguas por um prisma fundamentalmente social.

Uma história da linguística se encerra com um epílogo que tenta cumprir a difícil tarefa de resenhar os múltiplos e multiformes desdobramentos das ciências da linguagem ao longo do século 20, adentrando as primeiras décadas do século 21, em que a obra foi produzida. Esperamos, modestamente, que ela venha preencher uma lacuna importante na bibliografia disponível em português, e também que sirva de estímulo para outros projetos semelhantes e, por que não, melhores.

CAPÍTULO 6

Século 19 e início do século 20

a linguística que se diz ciência

"Das incursões que acabamos de fazer nos domínios limítrofes de nossa ciência, depreende-se um ensinamento todo negativo, mas tanto mais interessante porque concorda com a ideia fundamental deste curso: *a linguística tem por único e verdadeiro objeto a língua considerada em si mesma e por si mesma.*"
(*Curso de linguística geral* [Saussure] [1916], 2021: 319)

"E se se quiser descrever uma língua atualmente falada, só é possível fazê-lo levando em conta as diferenças que resultam da diversidade das condições sociais e de toda a estrutura da sociedade considerada."
(Antoine Meillet, "Resenha do *Curso de linguística geral*" [1916], 2020: 260)

Introdução

Entre **1816**, data de publicação do livro de Franz Bopp sobre a conjugação dos verbos nas línguas indo-europeias, e **1916**, quando aparece a primeira edição do *Curso de linguística geral*, sob o nome de Ferdinand de Saussure, os estudos sobre as línguas particulares e a linguagem humana em geral experimentaram uma verdadeira revolução: o próprio termo **linguística**, como substantivo, só começou a ser empregado para definir uma área de conhecimento específica e, sobretudo, institucionalizada, justamente a partir do século 19, o que se comprova pelos registros dos dicionários: *linguistique* em francês (1826) e, por influência deste, *linguistica* em italiano (1837), *linguistics* em inglês (1847), *linguística* em português (1858). Em alemão, a palavra mais empregada para designar a disciplina é *Sprachwissenschaft*, formada de *Sprache*, "língua", e *Wissenschaft*, termo normalmente traduzido por "ciência", formado por sua vez de *wissen*, "saber, conhecer", e o sufixo *-schaft*, empregado para formar substantivos abstratos, aparentado ao inglês *-ship* (como em *friendship*, "amizade"). *Sprachwissenschaft* é empregado desde o século 17. Também existe em alemão *Linguistik*, utilizado a partir de 1777 para fins de classificação bibliográfica: segundo Auroux (1999: 11), é o alemão *Linguistik* que será traduzido em francês por *linguistique*.

Como se depreende dos capítulos que compõem o tomo 1, as investigações sobre a linguagem e as línguas foram empreendidas, ao longo dos séculos anteriores, por duas principais categorias de estudiosos: os **filósofos** e os **gramáticos**, constituindo aquilo que Graffi (2019: 23) chama respectivamente de "tradição alta" e "tradição baixa" nos estudos linguísticos da Antiguidade clássica, mas que pode se aplicar também a outros períodos históricos.

Para os filósofos, a linguagem era um entre os diversos objetos de reflexão que atraíam seu interesse. No capítulo 5, por exemplo, abordamos as reflexões de Descartes, Locke, Leibniz e Condillac sobre o tema, mas nenhum desses pensadores se tornou especialmente conhecido pelo tratamento dado ao estudo da linguagem, pois suas contribuições mais importantes se concentraram em outros campos, como a ciência política (Locke), a matemática (Descartes e Leibniz), o papel das sensações na aquisição de conhecimento (o *sensualismo*, de que Condillac foi o principal representante), além, é claro, de especulações mais amplas sobre o funcionamento da mente humana. Já na primeiríssima obra filosófica dedicada à linguagem na cultura ocidental, o *Crátilo* de Platão, o objetivo era investigar um modo de alcançar *a verdade das coisas em si*, meta que não poderia ser atingida mediante o estudo da língua, considerada um instrumento imperfeito — a primeira obra dedicada à linguagem se revela, então, um tratado filosófico *contra* a linguagem |2.4.1|.

Quanto aos gramáticos (também chamados às vezes de **filólogos**), seu trabalho visava basicamente a **descrição** de uma língua particular com vistas à **prescrição** dos usos considerados corretos: apesar de terem dado importantes contribuições para a formulação de teorias sobre o funcionamento das línguas, ao aplicarem na prática as teses dos filósofos que os antecederam, essas contribuições foram, por assim dizer, um subproduto de seu investimento consciente na codificação de normas para o emprego adequado da língua, especificamente na escrita elevada.

É de fato no século 19 que se formulará o projeto de estudar uma língua *"an sich und für sich"*, expressão alemã (geralmente atribuída ao filósofo Hegel, de quem trataremos abaixo) que significa *"em si e por si mesma"* e repetidamente empregada na obra de alguns dos principais linguistas do período, quase todos alemães — ou seja, fazer da língua um objeto autônomo, que pode (e deve) ser investigado no que lhe é próprio e exclusivo, sem para isso ter de recorrer à lógica, à metafísica, à estética, à retórica. Esse projeto se radicalizará em alguns momentos no trabalho de linguistas que conceberão a língua como um *organismo vivo*, submetido às mesmas leis da natureza que se aplicam aos demais organismos e, como estes, sujeita a nascimento, desenvolvimento, decadência e morte, independentemente dos seres humanos que a falam e das dinâmicas sociais em que está envolvida: *"Porque neste livro as línguas que passam por ele são tratadas por si mesmas, isto é, como um objeto e não como um meio de conhecimento"*, escreveu **Franz Bopp** (1791-1867), em 1833 (*"Da in diesem Buche die Sprachen, vorüber es sich verbreitet, ihrer selbst willen d. h. als Gegenstand und nicht als Mittel der Erkentniss behandelt werden"*, p. xix). A expressão *em si e por si mesma* também está impressa como as palavras finais do *Curso de linguística geral*: *"la linguistique a pour unique et véritable objet la langue envisagée en elle-même et pour elle-même"* (Saussure, 1916: 317, grifos dos editores do texto) — *"a linguística tem como único e verdadeiro objeto a língua contemplada em si mesma e por si mesma"*. Hoje existe o consenso entre os historiógrafos de que essa última frase do *Curso* é uma interpolação de Charles Bally, um dos organizadores do livro (do qual vamos tratar na penúltima seção deste capítulo), mas de todo modo é significativo que a mesma tentativa de fazer da língua um objeto autônomo, que tem de ser estudado apenas segundo o funcionamento de seus elementos internos, tenha percorrido de ponta a ponta o século que nos interessa aqui. De fato, essa concepção **imanentista** da língua — ou seja, a de que a língua pode ser estudada como um objeto autônomo, um *sistema* (como se dirá a partir do início do século 20) autorregulado e autorregulador, com sua própria lógica interna de funcionamento — prosseguirá sua carreira até os dias

Podemos comparar esse modo de fazer linguística ao de um zoólogo que estudasse uma espécie animal em laboratório, analisando unicamente sua fisiologia (forma, tamanho, características externas, órgãos internos etc.). Sem dúvida, aprenderia muito sobre o animal, mas deixaria de fora uma porção igualmente importante de conhecimento que só poderia ser obtida pelo estudo da espécie em seu ambiente natural: o que come, quais são suas presas ou predadores habituais, seu ciclo de reprodução, sua interação com o ambiente etc. O mesmo se aplica à língua: estudá-la apenas em sua configuração **formal** acaba fazendo surgir uma série de questões difíceis que só podem ser resolvidas pelo exame da língua em seu contexto social, cultural, histórico.

de hoje, apesar do florescimento, nos últimos cinquenta anos (no mínimo), de disciplinas que buscam relacionar a linguagem e as línguas à realidade sociocultural dos falantes (pragmática, sociolinguística, análise do discurso, linguística da enunciação, dialogismo, antropologia linguística, sociologia da linguagem, sociocognitivismo...).

Para se constituir como disciplina autônoma, desprendida da filosofia (da "lógica" e da "metafísica"), a linguística oitocentista se conectará com outras ciências que também floresciam no mesmo período, especialmente a **biologia** e a **psicologia**. No entanto, uma vez que qualquer empreendimento intelectual, por mais "prático" e "objetivo" que seja, não tem como escapar do *Zeitgeist* (do "espírito da época") em que se produz, a linguística do período estará evidentemente emaranhada nos embates ideológicos (e, portanto, teóricos e... filosóficos) do início, do meio e do final do século 19: *romantismo, idealismo, organicismo, historicismo, psicologismo* e *positivismo* vão deixar suas marcas na atividade dos mais destacados linguistas oitocentistas, como vamos ver mais adiante.

6.1 A institucionalização da ciência

Nas narrativas historiográficas mais convencionais, é comum considerar a linguística do século 19 como a primeira fase de estudos da linguagem digna de ser rotulada de **científica**, justamente porque, como dissemos, seus praticantes quiseram romper com a tradição filosófica ou prescritivista dos séculos anteriores. Esse é um modo de ver as coisas que se deve à **institucionalização** da linguística naquele século, isto é, à transformação dessa área de pesquisa em disciplina autônoma nas **universidades**. Criadas no final da Idade Média |3.5|, as universidades foram importantes centros de produção e difusão de conhecimento na Europa até meados do século 15, antes de mergulharem num longo período de decadência. Quando se faz uma rápida lista de destacados intelectuais dos séculos 17 e 18, logo se percebe que nenhum deles teve relações de qualquer ordem com instituições universitárias: Francis Bacon, John Locke, Comênio, Leibniz, Condillac, Rousseau, Descartes, Pascal, os *Messieurs* de Port-Royal (Arnauld, Nicole e Lancelot |5.4|)... Já a partir de Bopp, como veremos, todos os linguistas de relevo do século 19 terão filiação institucional. E será na **Alemanha** que a universidade será o "hábitat natural" da pesquisa e da erudição, para usar a expressão de Davies (2014: 18). A reforma e reestruturação das universidades alemãs será um dos legados da atuação de Wilhelm von Humboldt quando foi ministro da Educação da Prússia e a quem dedicaremos uma seção deste capítulo. Humboldt fundou em 1810 a Universidade de Berlim (que hoje tem seu sobrenome e o de seu irmão Alexander), concebida dentro de um modelo que passou à história justamente como "universidade humboldtiana", aquela em que os professores se encarregam tanto do ensino quanto da pesquisa, levando para sala de aula os resultados de suas investigações e desenvolvendo um amplo trabalho de publicação em revistas especializadas. Toda universidade dispunha de suas cátedras específicas, cada uma delas atribuída a uma área de conhecimento delimitada: matemática, física, química, filosofia, filologia e, já perto do final do século, psicologia. Com o passar dos anos, os Estados de língua alemã (e, a partir de 1871, a Alemanha unificada) construíram uma constelação de centros universitários de excelência, no que foram imitados, em ritmos diversos, por outros países europeus. O estudo, o ensino e a pesquisa tinham se transformado numa profissão estabelecida, numa carreira:

> [A] vida acadêmica estava aberta até para aqueles oriundos da classe média que dependiam de um salário para viver. Ao mesmo tempo, a pesquisa especializada e sua publicação passaram a ser vistas como parte dos deveres dos professores universitários (Davies, 2014: 20).

A primeira cátedra de linguística foi instituída em 1821 na Universidade de Berlim e ocupada por Franz Bopp, por recomendação do próprio Humboldt. Nomear uma área de conhecimento e atribuir-lhe autonomia no interior de um sistema institucional — o sistema universitário — equivale a reconhecê-la como uma *ciência*. Desse modo é que diversas atividades sociais, depois de recentemente acolhidas nas universidades, passaram a receber nomes como *ciências do turismo, ciências contábeis, ciências gastronômicas* etc. e a desfrutar do mesmo *status* institucional que as outras, mais tradicionais. Foi também o extraordinário desenvolvimento de um modelo particular de estudos da linguagem, a **linguística histórico-comparativa**, o fator que

Definir o que pode ou não ser chamado de *ciência* é uma velha polêmica, de há pelo menos dois séculos. Há quem pense, por exemplo, que o rótulo só cabe às ciências naturais ou exatas, e não às ciências sociais ou humanas por causa dos objetos com que lidam. A linguística sempre representou um problema de classificação exatamente devido a seu objeto. As línguas podem ser estudadas como entidades *naturais* (já que fazem parte da *fisiologia* da espécie humana, dependem do cérebro para funcionar e do aparelho fonador para a produção da fala), mas, por causa da natureza gregária da espécie, só podem se realizar plenamente por meio da *interação social*. Esse debate se iniciou no século 19, quando uns defendiam a classificação da linguística como *Naturwissenschaft* ("ciência da natureza") e outros como *Geisteswissenschaft* ("ciência do espírito", isto é, entre as "humanidades"), e prossegue até hoje.

mais decididamente contribuiu para a autonomização da disciplina e sua independência com relação, sobretudo, à **filologia**, um campo de saber de longa tradição, dedicado ao estabelecimento de textos antigos a partir da comparação de suas diferentes versões e à formulação de instrumentos de trabalho para o empreendimento dessas análises — não é demais lembrar que os gramáticos alexandrinos dos séculos III-II AEC foram os primeiros a receber o nome de *filólogos* |2.12|. A linguística histórico-comparativa será frequentemente chamada de *filologia histórico-comparada* ou mesmo de *gramática comparada*, porque seus praticantes também se valiam de textos antigos, mas os objetivos eram muito diferentes.

O segundo fator que contribuiu para uma validação do estatuto da linguística como ciência no século 19 foi a **historiografia**:

> A historiografia se junta à institucionalização como um dos dois fatores que contribuem para a ruptura de continuidade entre o século 18 e o 19. O vínculo com as recém-criadas instituições universitárias é óbvio: todas as narrativas são devidas a acadêmicos que, no desenvolvimento da linguística, atuam tanto como protagonistas quanto como cronistas (Davies, 2014: 30).

Pela primeira vez, os linguistas se debruçarão sobre sua própria área de conhecimento e narrarão sua história. Assim, em 1869 se publicará uma obra com um título tão longo quanto sugestivo: *Geschichte der Sprachwissenschaft und orientalischen Philologie in Deutschland seit dem Anfange des 19. Jahrhunderts mit einem Rückblick auf die früheren Zeiten* ("História da linguística e da filologia oriental na Alemanha desde o início do século 19, com uma retrospectiva dos períodos anteriores"). É a primeira história completa da linguística, assinada por **Theodor Benfey** (1809-1881), um importante sanscritista. Escrita por um alemão, essa obra é a primeira de uma série de títulos que se esforçarão por demonstrar não só o caráter diferencial, propriamente científico, da linguística do século 19 (o que relega tudo o que veio antes à categoria do "não científico") como também a predominância da Alemanha nos estudos linguísticos. De fato, **August Friedrich Pott** (1802-1887), autor de um monumental trabalho sobre a etimologia indo-europeia, publicado em 1833, não hesitou em classificar seu país como *"das Herz Europas und Europäischer Wissenschaft"* ("o coração da Europa e da ciência europeia") (Davies, 2014: 15). De igual modo, **Friedrich Max Müller** (1823-1900, mais conhecido apenas como Max Müller) escreveu em 1861 que a *ciência da linguagem* não podia remontar senão ao início do século 19 e que a Alemanha era seu berço.

Se hoje, com tanta frequência, ainda se celebra o século 19 como o do nascimento da ciência linguística é porque, justamente, aprendemos a considerá-la assim com os próprios linguistas — quase todos alemães — que nos contaram sua história.

Entretanto, conforme escreve Graffi (2019b: 83):

> Essa discussão sobre a legitimidade ou não de opor um período "pré-científico" a um "científico" na história da linguística, sem dúvida justificada no início, está destinada a tornar-se fútil se levada adiante indefinidamente. A nosso ver, é possível resolvê-la deste modo: o fato da linguística ter adquirido, desde o início do século 19, autonomia e reconhecimento institucionais e de, a partir dessa mesma época, ter obtido uma série impressionante de resultados novos [...] torna legítimo considerar tal época como o início de um período radicalmente novo na história da disciplina; isso não significa, porém, que todo o pensamento linguístico anterior seja carente de interesse e, menos ainda, que não tenha vínculos, frequentemente importantes, com o do século 19 e também com o do século seguinte.

6.2 As ideias que circulavam

6.2.1 Romantismo e nacionalismo

Vimos no capítulo anterior que o século 18 passou à história como o *Século das Luzes*, do *Iluminismo*, um movimento ideológico que valorizava a razão contra os dogmatismos, as superstições e as crenças infundadas, incluídas as religiosas de todo matiz, responsáveis por muito do obscurantismo que prejudica a vida em sociedade (obscurantismo que é precisamente o antônimo de Iluminismo). O Iluminismo favorecia o desenvolvimento das ciências, junto com a constituição de regimes políticos não autoritários (ou, pelo menos, um "despotismo esclarecido"), ideias inspiradas na exitosa revolução que levou à independência dos Estados Unidos em 1776, que por sua vez teve forte impacto ideológico sobre a Revolução Francesa de 1789. Já no terço final do século 18, porém, uma nova corrente de ideias começa a se formar e a crescer, até dominar o cenário intelectual e artístico da Europa, com epicentro na Alemanha: o **Romantismo**.

O Romantismo se caracterizou pelo enaltecimento da subjetividade, dos sentimentos, do misticismo, do livre curso dado às emoções, numa recusa explícita da racionalidade defendida pelos iluministas. Outra faceta própria dos românticos era a **valorização do passado**, a idealização de um modo de vida mais autêntico, mais simples e não contaminado pelos vícios e perversões da sociedade burguesa e, junto com isso, de reaproximação a períodos históricos considerados mais representativos da verdadeira identidade nacional. Essas ideias se cristalizaram na vasta produção de *romances históricos*, em que aparecem personagens situados em outras épocas, especialmente a medieval, dotados de absoluta nobreza de sentimentos, apesar (senão por isso mesmo) de pertencerem a estratos sociais mais humildes — basta pensar, por exemplo, no mais importante nome do Romantismo francês, **Victor Hugo** (1802-1885), e em seu romance mais conhecido, *Notre-Dame de Paris* (1831), em que o grotesco corcunda Quasímodo encarna a coragem, a castidade, a abnegação e a pureza de sentimentos. A literatura romântica também se caracteriza por um extremado *maniqueísmo*, em que personagens absolutamente bons e puros se contrapõem a outros, intrinsecamente maus e desonestos, responsáveis pelos sofrimentos que quase sempre acabam por prevalecer sobre a fragilidade dos espíritos sensíveis. O Romantismo, especialmente o alemão, acompanha o surgimento e fortalecimento do chamado **Estado-nação**, conforme analisado pelo historiador britânico **Eric Hobsbawm** (1917-2012) em seu já clássico *Nation and Nationalism since 1789* (1991). O Estado-nação europeu moderno se consolida na esteira da Revolução Francesa e das guerras napoleônicas. O exército francês comandado por **Napoleão Bonaparte** (1769-1821) ocupou grande parte da Europa (incluindo Portugal, o que provocou a fuga da família real para o Brasil em 1808) nos primeiros anos do século 19. As reações a essa ocupação tiveram um papel determinante na formação dos conceitos de *pátria, nação, Estado nacional* e *língua nacional*. Não há de ser por acaso que a linguística alemã do século 19 tenha se empenhado em reconstruir uma *Ursprache* ("língua original"), falada por um *Urvolk* ("povo original") numa *Urheimat* ("pátria original"). Foi a transposição para a pré-história daquela busca de identidade nacional característica do período.

A Itália tinha de ser *"una d'arme, di lingua e d'altare / di memorie, di sangue e di cor"* ("una de armas, de língua e de altar / de memórias, de sangue e de coração"), conforme os versos da ode *Marzo 1821*, escrita por **Alessandro Manzoni** (1785-1873) durante uma rebelião ocorrida no norte da Itália contra a dominação austro-húngara. Manzoni é um dos maiores ícones da literatura italiana, participante ativo da vida cultural do novo Estado surgido em 1861. É autor de *I promessi sposi* ("Os noivos", 1840-1842), o romance mais célebre e mais lido da literatura italiana, modelo perfeito da obra literária romântica: extraída de um suposto manuscrito anônimo, ambientado no passado, protagonizado por um jovem casal humilde, casto e devoto, que enfrenta todas as adversidades (incluindo a peste de 1629-1631) até finalmente se unir e desfrutar de seu inabalável amor.

Ainda que retiradas as tropas napoleônicas, nem todos os territórios até então ocupados se constituíram em Estados unitários e independentes — foi o caso especialmente da Itália e da Alemanha. Mesmo depois do Congresso de Viena, em 1815, que redefiniu as fronteiras europeias após a derrota definitiva de Napoleão em Waterloo, os italianos e os alemães tiveram de esperar até 1861 e 1871, respectivamente, para se tornarem cidadãos de Estados unificados — até então, existiam dezenas de pequenos Estados ou de porções territoriais dominadas por outras potências (como o caso da região em torno de Veneza, controlada pela Coroa austro-húngara). Havia, porém, o sentimento (em tudo romântico) de que "italianos" e "alemães" constituíam *nações*, visto que compartilhavam tradições, religião e (supostamente) língua, e foi esse ideário que serviu de bandeira para os movimentos que obtiveram sucesso na unificação dos dois países. As investidas napoleônicas tinham servido, por outro lado, para a difusão da nova mentalidade advinda da Revolução Francesa de 1789, sobretudo a derrocada exitosa do chamado *Ancien Régime* ("antigo regime"), isto é, do absolutismo monárquico de espírito feudal, e a promoção de uma nova organização da vida política, comandada por uma burguesia emergente, liberada de velhas crenças, disposta a uma transformação dos costumes e ansiosa por impulsionar o capitalismo nascente, que poderá se valer dos progressos contínuos da chamada Revolução Industrial, cujos primórdios remontam precisamente ao final do século 18. A industrialização suscitará profundas e duradouras transformações sociais, especialmente com o volumoso afluxo da tradicional força de trabalho camponesa para as cidades, onde vai constituir a **classe operária**, submetida às mais abjetas condições de trabalho (que incluíam a exploração da mão de obra infantil) e a condições de vida miseráveis. Enriquecidas pelos lucros exponenciais de seus investimentos, a burguesia capitalista — que se constitui em classe dominante, desalojando a aristocracia tradicional — pode se entregar a atividades de lazer, à promoção das artes, da literatura e da cultura de modo mais amplo, o que lhe servirá como signo de distinção social. A ideologia romântica se configura em torno e em função dessas camadas burguesas, as únicas que dispunham de acesso à leitura e à escrita, uma vez que o operariado, sujeito a jornadas de trabalho de mais de oitenta horas semanais, é essencialmente iletrado.

A segunda metade do século 19 também vê surgir, em alguns países, o regime político chamado **democracia burguesa**, em que a autoridade máxima não devia ser exercida por um monarca com poder absoluto, mas por representantes eleitos pelas camadas dominantes da população (justamente a burguesia proprietária dos meios de produção e dos bens fundiários) — esses representantes eram todos masculinos, já que, como se sabe, as mulheres só terão direito ao voto depois de iniciado o século 20 (na Suíça, somente em 1971) e o direito de serem votadas, muito tempo depois. Ainda que continuasse havendo reis e rainhas, estes deveriam ter seus poderes limitados e submetidos à aprovação dos representantes do "povo" — na Europa, esse regime ganha o formato do **parlamentarismo**, enquanto nas Américas, por influência do modelo político adotado nos Estados Unidos, é o **presidencialismo** que vigora na maior parte do continente.

A questão da língua na perspectiva romântica está muito estreitamente associada à ideia de uma *nação* unificada pelo alto. A Itália é até hoje um complexo mosaico de línguas regionais profundamente diferentes entre si (um falante de siciliano, por exemplo, não compreende o que se diz em vêneto e vice-versa), e o mesmo vale para a Alemanha, com sua grande diversificação dialetal. Para a consolidação da utopia nacional unitária, porém, era preciso superar essa realidade multilíngue — exatamente como fizera a Revolução Francesa com seu projeto explícito de aniquilação da diversidade linguística |5.8.3|. Desse modo, adotou-se para a Itália o dialeto **toscano** como base para o italiano oficial e, para a Alemanha, o **alto-alemão**. Essa ideologia linguístico-nacional uniformizante vai impregnar também a linguística praticada no século 19 e se estenderá, em grande medida, até hoje:

> O objeto de estudo da linguística moderna é produto de um ponto de vista que apaga as diferenças, que enxerga uma unidade primordial acima da diversidade, porque adota uma perspectiva que só se torna possível, num nível supralocal, para além das relações linguísticas primárias em comunidades concretas, com a constituição dessa nova comunidade imaginada que é a nação. Desde as suas origens e até hoje, lidar com a diversidade e com a extrema fluidez dos usos linguísticos é o grande desafio das ciências da linguagem (Lagares, 2020: 330).

Os românticos do final do século 18 e início do 19 queriam romper com a tradição clássica greco-latina que, desde o Renascimento, se cristalizara como a grande herança cultural pan-europeia. Para isso, e em nome do sentimento nacionalista, era preciso encontrar outras raízes, raízes "nacionais", que fornecessem *identidades* particulares a cada povo. Isso explica, por exemplo, o grande interesse pelo passado: além de representar uma fuga da suposta inautenticidade da vida moderna, como mencionado, também permitia a elaboração de relatos míticos sobre as origens e tradições próprias a cada nação — não admira que a palavra *folclore* (do inglês *folk*, "povo", e *lore*, "tradição, conhecimento") tenha sido cunhada precisamente no auge do período romântico, em 1846, pelo escritor e pesquisador inglês **William J. Thoms** (1803-1885).

Essa idealização da "cultura popular" se aplicou às variedades linguísticas rurais, faladas pela gente humilde do campo, preservadora das supostamente autênticas tradições nacionais. É assim que um dos mais importantes linguistas do século 19, Jacob Grimm, vai publicar, junto com o irmão Wilhelm Grimm, os contos populares da Alemanha, os famosíssimos *Kinder- und Hausmärchen* ("Contos infantis e domésticos"), registrados por escrito numa tentativa de preservar, não só as narrativas tradicionais, mas as variantes dialetais em que eram coletadas. A primeira antologia, publicada em 1812, trazia 86 contos; a sétima edição, em 1857, comportava 210 histórias. Esse empreendimento combinava, portanto, o ideal romântico da busca de raízes nacionais autênticas no *folclore*, a idealização de um passado harmonioso, conservado na vida rural, uma comunidade de tradições, apesar da divisão política (o que justificaria a criação de uma "nação alemã" unificada), e um distanciamento da cultura clássica, que incluía os mitos greco-latinos — permanentemente explorados nas artes, na filosofia e na literatura —, os quais agora podiam ser substituídos por uma "mitologia" autenticamente germânica, que incluía fadas, duendes, bruxas, anões e outras entidades fantásticas. Não há contradição aqui entre a ideologia de unificação da nação por meio de uma língua também una e única e a valorização dos dialetos regionais, porque estes eram vistos, precisamente, como *folclore*, portadores de uma "autenticidade" rural, mas, de todo modo, inaptos para constituir a base do idioma nacional. Esse esforço por criar uma mitologia "étnica" distante e diferente da clássica atinge seu apogeu artístico na obra do compositor **Richard Wagner** (1813-1883), que transpôs em óperas algumas das lendas germânicas como as que compõem o monumental ciclo do *Anel dos Nibelungos* (formado por *O Ouro do Reno, As Valquírias, Siegfried* e *O Crepúsculo dos Deuses*).

Quando ficou comprovado o parentesco entre o **sânscrito** e a maioria das línguas faladas na Europa, a possibilidade de vincular a supranação germânica a uma civilização ainda mais antiga do que a "clássica" (isto é, Grécia e Roma) foi recebida com enorme entusiasmo pelos românticos alemães. Não surpreende, portanto, que a primeira grande obra a tratar desse parentesco tenha sido produzida por um dos mais destacados ideólogos do Romantismo, Friedrich Schlegel, escritor, tradutor e crítico literário: *Über der Sprache und Weisheit der Indier* ("Sobre a língua e a sabedoria dos indianos", 1808), de quem trataremos mais adiante.

Também merece destaque o termo com que se tornará conhecida, na Alemanha, a família de línguas a que pertencem o sânscrito, o persa, o armê-

"O termo 'indo-germânico' é uma criação francesa e se encontra por primeira vez em 1810 na pena do geógrafo franco-dinamarquês **Conrad Malte-Brun** (1775-1826), que evoca 'a família das línguas indo-germânicas que reinam desde as bordas do Ganges até as margens da Islândia'" (Pellard; Sagart; Jacques, 2018: 13).

nio, as línguas germânicas, românicas, célticas, bálticas, eslavas etc.: *Indogermanisch*, "indo-germânico", termo difundido em 1823 pelo linguista alemão **Julius Klaproth** (1783-1835). Apesar de já existir, desde 1813, o termo *Indo-European* ("indo-europeu"), proposto pelo médico e egiptólogo inglês **Thomas Young** (1773-1829) e que se tornará o mais empregado nos trabalhos linguísticos de outros países, o estreito vínculo romântico entre língua e nação, e o desejo de se vincular a uma civilização não clássica, mas igualmente nobre e, melhor ainda, muito mais antiga, fez com que, até hoje, na Alemanha, se empregue *indogermanisch*, apesar de não ter sido proposto por um alemão. Na virada do século 19 para o 20, no entanto, toda uma geração de arqueólogos e antropólogos tentará firmar a hipótese de que o foco original dos "indo-europeus" devia se localizar na porção do que hoje é a Alemanha — muitos deles se filiarão sem reservas à ideologia nazista e lhe oferecerão apoio "científico" (Demoule, 2014).

O impacto da ideologia romântica especificamente sobre a linguística da primeira metade do século 19, no entanto, perderá sua força com o desenvolvimento de outras correntes filosóficas e científicas, como o **positivismo**.

6.2.2 Idealismo e positivismo

A corrente filosófica mais diretamente ligada ao Romantismo é o **idealismo alemão**, que exerceu grande influência sobre alguns dos mais destacados linguistas do século 19. Os principais filósofos idealistas foram **Johann Gottlieb Fichte** (1762-1814), **Friedrich Wilhelm Schelling** (1775-1854) e sobretudo **Georg Wilhelm Friedrich Hegel** (1770-1831). Para compreender os postulados idealistas, no entanto, é preciso recordar que eles compunham uma revisão crítica do sistema filosófico proposto por **Immanuel Kant** (1724-1804), que procurou superar a oposição, própria do século 18, entre **racionalismo** e **empirismo** |5.2| e desconstruiu a metafísica clássica.

Em sua *Kritik der reinen Vernunft* (*Crítica da razão pura*, 1781), Kant discorre sobre o problema das possibilidades e dos limites do conhecimento humano. Para ele, nós só conhecemos o que podemos conhecer por meio de nossa intuição sensível (*Anschauung*) e de nosso intelecto (*Verstand*). A realidade exterior, a **coisa em si** (*Ding an sich*), sem dúvida existe, mas é inacessível a nosso conhecimento, sempre condicionado por *formas a priori* da intuição e do intelecto — é o que se chama também *número* (*Noumenon*, em alemão, mas de origem grega: "A realidade tal como existe em si mesma, de forma independente da perspectiva necessariamente parcial em que se dá todo o conhecimento humano", segundo o *Dicionário Houaiss*). As formas *a priori* da intuição são o *espaço* e o *tempo*; as do intelecto são as *categorias*. Os dados de nossa consciência são nossas intuições espaçotemporais, ou *fenômenos* (*Phänomena*, na terminologia kantiana), "a maneira como as coisas aparecem em virtude de nossa constituição subjetiva", conforme escreve na *Kritik*. Um exemplo de categoria kantiana é o de *causa e efeito*: é nosso intelecto que estabelece essa relação entre dois fenômenos dados, considerando o primeiro como causa do segundo, mas não é e jamais será possível saber se essa relação existe de fato entre as *coisas em si*.

Os filósofos idealistas julgarão muito restritiva essa concepção kantiana do conhecimento humano e tentarão substituí-la por um sistema unitário, em que não exista mais uma contraposição entre *número* e *fenômeno*, de modo que tanto a razão humana quanto a realidade exterior sejam explicáveis com base nos mesmos princípios. Para Fichte, o princípio fundamental é o *eu*, a atividade espiritual que cria tanto a si mesma quanto a sua alteridade. Schelling defende uma *identidade absoluta* entre *o espírito em nós* e *a natureza fora de nós*. Hegel, por sua vez, concebe a realidade inteira como devida ao desenvolvimento *dialético* de forças contrapostas — **tese** e **antítese** —, que encontram uma conciliação numa unidade superior, a **síntese**. Cada síntese em seguida se torna tese, num sucessivo movimento dialético, até a síntese definitiva, a do *espírito absoluto*, que é a síntese entre *ideia* (tese) e *natureza* (antítese).

Repercussões do idealismo alemão se encontram no trabalho de alguns notáveis linguistas do período que nos interessa, especialmente aqueles que se ocuparam de **linguística geral** |6.4|, isto é, que se esforçaram por examinar a linguagem humana em seus aspectos *universais*, ao contrário do que faziam os linguistas histórico-comparatistas, interessados em examinar línguas particulares, especialmente as da família indo-europeia. Entre os teóricos influenciados pelo idealismo podemos citar **Karl Friedrich Becker** (1775-1849), **Simon Heinrich Adolf Herling** (1780-1849) e **Heymann Steinthal** (1823-1899) e o mais célebre deles, o já mencionado Wilhelm von Humboldt.

Com o declínio do Romantismo a partir da segunda metade do século 19, outras correntes de pensamento tomarão a dianteira. Na literatura, por exemplo, passa a predominar o **Realismo** (e, posteriormente, sua versão mais radical, o **Naturalismo**), influenciado pelos avanços das ciências, especialmente da biologia darwiniana (a partir do chamado "darwinismo social", uma visão distorcida da seleção natural e da chamada "lei do mais forte", que Darwin de fato nunca enunciou, já que sua teoria postula a vitória do organismo mais bem *adaptado* a seu ambiente). O Realismo preconiza como dever do artista retratar do modo mais fiel possível a realidade social, com suas mazelas e cruezas, sem as idealizações e as mitificações dos românticos. No campo das ideias, se destacará o **positivismo**, doutrina elaborada pelo francês **Auguste Comte** (1798-1857). O que caracteriza de modo geral o idealismo é a concepção da filosofia como modo particular de conhecimento, diferente e superior ao que é oferecido pelas ciências, enquanto o positivismo, ao contrário, eleva as ciências ao posto supremo das formas de aquisição e produção de conhecimento. O termo *positivista*, na linguagem comum, adquiriu uma conotação pejorativa e se aplica a qualquer tipo de estudo ou investigação (ou mesmo de atitude individual) que se apega exclusivamente a dados ou fatos concretos obtidos pela experiência, como se neles estivesse a verdade absoluta das coisas, sem levar em consideração o modo como foram obtidos e as interpretações que deles se pode fazer. Mas em sua origem, evidentemente, era uma filosofia da ciência dotada de complexa coerência teórica.

O positivismo rejeita a ideia de que a filosofia seja uma forma superior de conhecimento em relação às demais e assume os resultados das diferentes ciências como ponto de partida para a investigação filosófica, ou seja, trabalha sempre *a posteriori*. Particularmente importante no que diz respeito à linguística praticada no século 19 é o postulado positivista de que as ciências (naturais e humanas, como a **sociologia**, da qual o próprio Comte é considerado o fundador) buscam regularidades, "leis" que podem ser formuladas com rigor e que permitem a análise dos objetos estudados. Como veremos, uma das polêmicas mais vivas da linguística oitocentista girou precisamente em torno da existência ou não de "leis" linguísticas, particularmente as ditas "leis fonéticas". Os chamados **Jovens Gramáticos** |6.5| serão os principais representantes, já no final do século, dessa atitude positivista para com as "leis" que supostamente regem as línguas.

Idealismo e positivismo, no entanto, apesar das radicais diferenças, compartilhavam a visão do pensamento humano em seu desdobramento **histórico**, com etapas que iam se sucedendo umas às outras. No caso do idealismo hegeliano, como se viu, a história seria o movimento provocado pela dialética de teses e antíteses e a obtenção de sínteses que, por sua vez, se tornariam novas teses etc. No caso do positivismo comtiano, a história se revelaria como a evolução do espírito humano segundo a chamada **lei dos três estados** (*loi des trois états*):

- O primeiro estado é o **teológico**, em que o espírito busca explicar os fenômenos recorrendo a agentes sobrenaturais (por exemplo, o terremoto é provocado pela ira do deus Netuno); sua evolução histórica foi do *fetichismo* ao *politeísmo* e deste ao *monoteísmo*;
- o segundo estado é o **metafísico**, em que se recorre a princípios explicativos abstratos para dar conta dos fenômenos (por exemplo, a divindade já não é considerada como um ser concreto, ao contrário do que se dava no estado teológico, mas uma força abstrata que faz agir as coisas do mundo; também é uma entidade metafísica a natureza com suas "leis");
- o terceiro estado é o **positivo**, em que já não se procura mais as causas dos fenômenos: a partir de agora, o que importa exclusivamente é "descobrir, pelo uso bem combinado do raciocínio e da observação suas [dos fenômenos] leis efetivas, isto é, suas relações invariáveis de sucessão e de similitude", como escreve Comte em seu *Cours de philosophie positive* ("Curso de filosofia positiva", 1830-1842) — a pergunta "por quê?" é substituída pela questão do "como?".

A visão dos fatos e dos fenômenos em seu desenvolvimento ao longo do tempo é o que caracteriza o chamado **historicismo**.

6.2.3 Historicismo e organicismo

O pensamento historicista que dominou muito da ciência produzida no século 19 está bem registrado no rótulo de **linguística histórica** aplicado à principal vertente dos estudos da linguagem no período. Esse modo de fazer linguística foi tão dominante que, para inaugurar uma **linguística moderna** no século 20, foi necessário romper com a abordagem *diacrônica* dos fatos linguísticos e se concentrar (também de maneira quase obsessiva) na abordagem *sincrônica*, isto é, na língua tal como se apresenta num dado recorte temporal, de preferência aquele em que vive o pesquisador — essa mudança de perspectiva, como se verá |6.8.5|, foi bem menos revolucionária do que quer fazer crer a narrativa mais difundida.

O jurista alemão **Friedrich Carl von Savigny** (1779-1861), não por acaso o mais importante nome da *Escola Histórica do Direito* (*geschichtliche Schule der Rechtswissenschaft*), escreveu que "a história já não é uma mera coleção de exemplos, mas o único caminho para um verdadeiro conhecimento de nossa própria condição" (1815: 4). Essa vertente do pensamento jurídico se vinculava fortemente ao Romantismo. Para ela, a lei não deve ser vista como um conjunto arbitrário de regulações promulgadas por alguma autoridade. Essas regulações devem ser vistas, bem mais, como a expressão das convicções do povo, tanto quanto são expressões do povo a língua, os hábitos e os costumes. A lei se fundamenta numa forma de consciência popular chamada *Volksgeist* ("espírito do povo" ou "da nação"), uma tese que se vincula claramente ao Romantismo e seu ideal nacionalista. As leis podem derivar de regulações feitas pelas autoridades, porém, mais comumente, elas evoluem de modo orgânico ao longo do tempo, sem a interferência das autoridades. As necessidades práticas da "nação", sempre em transformação, desempenham um papel importante no desenvolvimento orgânico contínuo. A essa escola se filiavam, além de Savigny, seus amigos Jacob e Wilhelm Grimm, já mencionados.

Um modo de compreender as premissas básicas do historicismo (*Historismus* em alemão) e suas origens no século 18 é recuperar (com base em Davies, 2014: 83-84) as linhas principais do pensamento de **Johann Gottfried Herder** (1744-1803):

- A crença de que o *caráter de uma língua*, assim como a arte, a literatura etc., está indissoluvelmente vinculado ao *caráter do povo* e, associada a essa crença, a constante ênfase na diversidade linguística e cultural. Desse modo, Herder reivindicava uma comparação filosófica das línguas, já que "o gênio de um povo em nenhum outro lugar se manifesta melhor do que em seu idioma".
- A busca de uma explicação genética: segundo Herder, a natureza de uma coisa é explicitada por sua origem.
- A referência constante à **mudança**: indivíduos, artes, ciências e línguas estão em processo ininterrupto de transformação.
- A tendência a ver o **organismo** como o protótipo de qualquer todo dinâmico e, por conseguinte, a atribuir um desenvolvimento cíclico tanto aos indivíduos quanto às instituições. Assim, também as línguas germinam, dão flores, frutos e finalmente se extinguem.

A admissão da mudança — ou seja, das transformações ao longo da *história* — como da própria natureza dos povos e de suas instituições (incluída a língua) será a marca registrada de grande parte da produção intelectual oitocentista. Hoje, a mudança linguística é analisada como mudança *tout court*, nem para melhor nem para pior, mas a comparação da língua a um *organis-*

mo vivo, inexoravelmente destinado a morrer, predominou nos postulados dos primeiros investigadores que se dedicaram ao estudo histórico (e comparativo) no século 19. Assim é que, associado ao historicismo, o **organicismo** também desempenhou função importante no pensamento linguístico do período. A palavra *Organismus* aparece já na segunda linha do prefácio de Franz Bopp a seu livro de 1833 e ocorre diversas vezes na obra e, mais uma vez, também ocorre na locução *chose organique* ("coisa orgânica") na última página do *Curso de linguística geral*, de 1916.

O vínculo entre historicismo e organicismo é explicitado por Pott quando diz que a língua,

> como todos os objetos orgânicos, tem seu períodos de desenvolvimento e aperfeiçoamento genético, fases de progresso e contenção, de crescimento, de florescimento, de desbotamento e morte gradual: em uma palavra, ela tem sua própria *história* (*apud* Davies, 2014: 87; ênfase no original).

O desenvolvimento dos organismos é determinado por leis internas: se a língua também é um organismo, ela também é determinada por leis. E é assim que se expressa Humboldt em 1836:

> Dado que a língua, em conjunção direta com o poder mental, é um *organismo* totalmente moldado, podemos distinguir dentro dela não só *partes*, mas também *leis* de procedimento, ou, antes [...], *direções* e *esforços* (*apud* Davies, 2014: 87; ênfase no original).

O risco sempre à espreita na utilização dessas comparações é de que aquilo que é uma simples *metáfora* acabe sendo absorvido como uma definição do real, como se as coisas de fato *fossem assim*. Podemos estender retroativamente aos linguistas do século 19 a mesma crítica que Tullio De Mauro (2018: 143) dirige aos do século 20:

> [M]uitos linguistas [...] trocam essas representações pela realidade da atividade verbal de indivíduos ou de corpos sociais inteiros. Esses linguistas se comportam como geógrafos convencidos de que os planisférios e mapas são a realidade da Terra e de suas partes, como geógrafos seguros de que quem caminha corre o risco de tropeçar nos paralelos ou pode escalar os meridianos.

A ideia de que a língua, como um organismo, está sujeita às mesmas "leis da natureza" que incidem sobre os demais organismos, acaba por se combinar com a noção de "leis" do positivismo. Nas duas concepções, bem diferentes em vários aspectos, a busca de regularidades aparece com a mesma intensidade.

A metáfora do organismo foi uma reação à visão mecanicista, característica do pensamento racionalista de Descartes |5.1|, segundo o qual os seres vivos, o pensamento humano e, de fato, todo o mundo material podem ser explicados segundo leis físicas e químicas previsíveis, automáticas e necessárias. Homem, seres vivos e natureza seriam máquinas compostas de partes que podiam ser separadas do todo, como as peças de uma engrenagem. O diferencial seria, no caso do ser humano, a presença da alma, numa visão tipicamente dualista que separa a mente do corpo — a mente seria, nessa concepção, aquilo que o filósofo inglês **Gilbert Ryle** (1900-1976) chamou ironicamente de *"the ghost in the machine"* ("o fantasma na máquina"). Na contramão do mecanicismo cartesiano, cientistas como o alemão **Johann Friedrich Blumenbach** (1752-1840) preferiam comparar todas as coisas a organismos dotados do que ele chamou de *vis formativus* ou *Bildungstrieb*, o "ímpeto formativo", uma força que moldava a formação dos corpos de todos os seres vivos, desde o homem até o mofo. Em termos simples: uma máquina pode ser desmontada e, em seguida, remontada, ao passo que as partes de um organismo vivo agem somente em relação umas com as outras — num sistema mecânico, as partes moldavam o todo, enquanto num sistema orgânico o todo molda as partes. Esse ímpeto formativo era responsável pela emergência de uma multiplicidade de formas variantes a partir de uma protoforma inicial. O poeta **Johann Wolfgang von Goethe** (1749-1832), por exemplo, que tinha grande interesse pelo estudo da botânica, escreveu um ensaio sobre "A metamorfose das plantas", em que alegava existir uma forma arquetípica, primordial, subjacente ao mundo vegetal: cada planta era uma variação dessa *Urform* inicial. O fato de August Schleicher, como se verá adiante, também interessado por botânica, ter formulado a ideia de uma *Ursprache* (protolíngua) da qual teriam se originado todas as línguas indo-europeias, mostra o impacto da filosofia organicista no pensamento alemão da primeira metade do século 19.

Ainda sobre a equiparação *língua = organismo*, Davies (2014: 87) sublinha que, embora os linguistas da primeira metade do século 19 vissem nela apenas uma metáfora, na segunda metade "a metáfora orgânica é tomada literalmente e levada às suas consequências extremas; a língua agora se torna um organismo real com vida própria, independente da de seu falante". Conforme assinalamos, a ideia de estudar a língua *an sich und für sich* / *en elle-même et pour elle-même / em si e por si mesma* atravessa todo o século 19 até a primeira metade do século 20, quando novas disciplinas (sociolinguística, análise do discurso, antropologia linguística, sociologia da linguagem, funcionalismo linguístico, pragmática etc.) trarão de volta à cena o falante e se esforçarão por estudar a língua em sua inextricável conexão com o ambiente social, cultural, ideológico em que circula e com a história da comunidade que a emprega. Mas a metáfora organicista se impregnou de tal modo que, "para o leigo, a língua continuou, e em certa medida ainda continua, a ser um organismo" (Davies, 2014: 88).

6.2.4 Darwin e a linguística do século 19

Tem sido comum atribuir parte da visão organicista da língua a uma suposta influência da **teoria da evolução** elaborada por **Charles Darwin** (1809-1882), uma das mais importantes revoluções epistemológicas da história. Mas essa atribuição tem sido mais recentemente contestada ou posta em seu devido lugar por diversos estudiosos.

Para começar, a ideia de que as línguas, por serem "organismos", nascem, crescem, vivem e morrem já estava presente, como se viu, na filosofia de Herder. O linguista a quem mais se tem associado a suposta influência da teoria darwiniana é August Schleicher |6.3.7|, um dos pioneiros da linguística histórico-comparativa, que escreveu serem as línguas "organismos naturais que, sem serem determináveis pela vontade do homem, surgiram, cresceram e se desenvolveram segundo leis fixas" (*apud* Graffi, 2019b: 120). No entanto, como assinala Graffi, essa associação de Schleicher com Darwin é descabida e se invalida pela simples cronologia dos fatos. A obra mais importante de Darwin, *The Origin of Species* [*A origem das espécies*], foi publicada em 1859, mas Schleicher já vinha expondo suas teses "naturalísticas" sobre a língua há pelo menos uma década. E embora Schleicher, em seu livro de 1863, busque em Darwin, explicitamente citado, um apoio para a sua própria concepção organicista da língua, existem diferenças substanciais entre os postulados de cada um dos dois pensadores:

> A sua [de Schleicher] concepção da linguagem como caracterizada por um período pré-histórico de desenvolvimento seguido de um período histórico de decadência contrasta nitidamente com a perspectiva darwiniana: para o linguista alemão, o transcorrer das eras leva a um progressivo decaimento das línguas, enquanto para o biólogo inglês conduz a um progressivo desenvolvimento das espécies biológicas (Graffi, 2019b: 120).

O historiógrafo **E. F. K. Koerner** (1939-2022) sublinha o fato de que o pai de Schleicher era médico e o futuro linguista cresceu numa área de floresta e manteve por toda a sua curta vida um notável interesse pela botânica, o que pode explicar sua adoção da imagem da **árvore genealógica** para descrever o desenvolvimento das diferentes línguas indo-europeias a partir de um *tronco* comum, pré-histórico, uma representação que será adotada por todo o século 19 e, em grande medida, permanece até o dia de hoje (Koerner, 2014: 101). Esse convívio com a medicina e a botânica pode explicar também o emprego que fez de termos advindos dessas ciências, como **morfologia.** Ainda segundo Koerner (2014: 97),

> Schleicher publicou dois desenhos de uma árvore genealógica (*Stammbaum*) em 1853 e mais meia dúzia dessas árvores genealógicas em 1860, vários anos antes de deparar com a segunda tradução alemã revista (1863) do livro de Darwin, que marcou a época. Consequentemente, não há dúvida de que as suas ideias devem ter advindo de outras fontes anteriores.

Não se pode negar o impacto que a teoria da evolução de Darwin teve sobre todo o mundo intelectual da época, e a linguística não teria como escapar dele. No entanto, é muito instrutivo observar que, em seus escritos, é Darwin quem recorre ao trabalho dos linguistas que praticavam o método histórico-comparativo, uma tarefa iniciada já por Schlegel em 1808 e exposta com rigor metodológico por Bopp em 1816. No capítulo 13 de *A origem das espécies*, Darwin procura justificar a necessidade de um método de classificação baseado na "descendência com modificação" apoiando-se na classificação das línguas proposta por diversos autores, especialmente os alemães:

> Pode valer a pena ilustrar essa noção de classificação recorrendo ao caso das línguas. Se dispuséssemos de um perfeito *pedigree* da humanidade, um arranjo genealógico das raças humanas permitiria a melhor classificação das várias línguas hoje faladas mundo afora; se fossem incluídas todas as línguas extintas e todos os dialetos intermediários e em lento processo de mudança, tal arranjo seria o único possível. No entanto, pode ser que algumas línguas antigas tenham se alterado muito pouco e dado origem a algumas línguas novas, enquanto outras se alteraram muito devido à difusão, ao isolamento e ao estado de civilização das diversas raças codescendentes, e tenham assim dado origem a vários novos dialetos e línguas. Os vários graus de diferença entre as línguas do mesmo cepo teriam de ser expressos por grupos subordinados a grupos; mas o arranjo adequado e até mesmo único possível ainda seria genealógico; e este seria estritamente natural, na medida em que conectaria todas as línguas

entre si, extintas e recentes, pelas afinidades mais próximas, e daria a filiação e a origem de cada língua (Darwin, 1859: 422-23).

A comparação de Darwin é arriscadíssima, porque põe em pé de igualdade os seres vivos, de um lado, e, do outro, as línguas, vinculadas cognitiva e socialmente aos seres humanos, muito diferentes, portanto, de plantas e animais, que têm vida própria. Ainda assim, conforme escrevem Harris e Taylor (2005: 187-188),

> é incalculável a importância desse único parágrafo para uma linguística ainda lutando por estabelecer suas próprias credenciais no mundo acadêmico do século 19. De fato, Darwin diz que a linguística, tal como praticada pelos principais expoentes da filologia comparada indo-europeia, oferece *o* paradigma do método científico. Ela se deslocou da mera comparação para a comparação *histórica*; e a comparação histórica não é outra coisa senão genealogia.

A geração de linguistas que se desenvolveu a partir da segunda metade do século 19, já inspirada no historicismo e no organicismo, nutria o desejo de ver sua disciplina elevada ao *status* de *ciência* e, de preferência, de uma ciência comparável à física, à química e à biologia. O aval oferecido por Darwin foi recebido como uma bênção por, entre outros, o já citado Max Müller, especialista em sânscrito que atuou durante muitos anos na Inglaterra. Dois anos depois da publicação do livro de Darwin, Müller ministrou uma série de conferências em Londres com vistas a popularizar a linguística. Ao tratar sua disciplina como ciência, Müller tinha em mente uma ciência *natural*:

> A língua que falamos, e as línguas que são e foram faladas em todas as partes do globo desde a primeira aurora da vida humana e do pensamento humano, oferecem materiais suscetíveis de tratamento científico. Podemos coletá-las, classificá-las, reduzi-las a seus elementos constitutivos e deduzir delas algumas das leis que determinam sua origem, governam seu crescimento, direcionam seu declínio; podemos tratá-las, de fato, exatamente no mesmo espírito com que o geólogo trata suas pedras e petrificações — ou melhor, em alguns aspectos, com o mesmo espírito em que o astrônomo trata as estrelas do céu ou o botânico, as flores do campo. Existe uma Ciência da Linguagem tal como existe uma ciência da terra, de suas flores e suas estrelas (*apud* Harris e Taylor, 2005: 200).

Dez anos depois, em 1871, na obra *The Descent of Man* (*A descendência do homem*), Darwin prolonga, nas palavras de Harris e Talbott (2005: 188), "a lua de mel acadêmica", ao afirmar:

> As línguas, como seres orgânicos, podem ser classificadas em grupos e subgrupos e podem ser classificadas naturalmente, segundo a descendência, ou artificialmente, por outras características. Línguas e dialetos dominantes se difundem amplamente e levam à extinção gradual de outros idiomas. Uma língua, como uma espécie, uma vez extinta [...] nunca reaparece. A mesma língua nunca tem dois berços. Línguas distintas podem se cruzar ou se misturar. Vemos variabilidade em toda língua e novas palavras estão continuamente brotando; mas como existe um limite para os poderes da memória, palavras isoladas, tal como línguas inteiras, gradualmente se tornam extintas. Como bem enfatizou Max Müller: "Uma luta pela vida está ocorrendo constantemente entre as palavras e as formas gramaticais de toda língua. As formas melhores, mais curtas, mais cômodas estão constantemente tomando a dianteira e devem seu sucesso à sua própria virtude inerente". A essas causas mais importantes da sobrevivência de certas palavras é possível acrescentar a simples novidade e a moda, porque existe na mente do homem um poderoso amor pelas pequenas mudanças em todas as coisas. A sobrevivência ou preservação de certas palavras favorecidas na luta pela existência é seleção natural (Darwin, 1871: 90-91).

Assim se vê de que modo a linguística histórico-comparativa ofereceu a Darwin um modelo de classificação, e não o contrário. No entanto, a atribuição darwiniana do rótulo de "seleção natural" ao processo de mudança linguística forneceu aos linguistas um instrumento de explicação "científica" para esses processos: a mudança linguística, desde sempre vista pelo prisma moralista e teológico da "decadência" ou da "punição", podia agora ser adequadamente interpretada com base em "leis da natureza".

6.2.5 A linguística e as outras ciências da época

Para construir uma ciência da linguagem epistemologicamente autônoma e socioculturalmente institucionalizada, os linguistas promoveram uma ruptura importante de seu campo de estudos com respeito à **lógica**, isto é, a disciplina que desde a Antiguidade se interessava por estabelecer as "leis" do pensamento ou, mais exatamente, das formas de pensar julgadas corretas e adequadas — uma concepção que predomina até hoje no uso mais corriqueiro do adjetivo *lógico* ("de bom senso, de acordo com a razão, justo") que, em português e outras línguas, se gramaticalizou mesmo como advérbio ("ninguém, *lógico*, podia prever que ela reagiria assim") com o sentido de "evidentemente, obviamente".

Havia entre os filósofos gregos uma concepção da linguagem como reflexo do pensamento, de modo que o estudo da língua teria de vir inevitavelmente atrelado ao estudo do raciocínio |2.3|. Esse modo de ver a relação pensamento/linguagem se estendeu pela Idade Média (com os *modistas* |3.7|) e alcançou sua expressão mais famosa e bem-acabada em Port-Royal com a publicação de uma *Lógica* e de uma *Gramática* formais |5.4|. No século 19, porém, essa tradição se rompe, e ocorre um importante divórcio entre as duas disciplinas: "As línguas não são mais concebidas como a expressão de um pensamento universal e imutável, mas sim como entidades históricas sujeitas a mutações" (Graffi, 2019b: 87). Autores como Humboldt e Steinthal rejeitam o predomínio da lógica sobre a linguagem e alegam que a lógica e a gramática são duas entidades distintas. Steinthal escreveu, por exemplo, que um enunciado como *"esta mesa redonda é quadrada"* não causa problema para o gramático, enquanto o lógico a considera sem sentido; inversamente, *"estes mesa é redondo"*, dito a respeito de uma mesa efetivamente redonda, é problemática para o gramático, não para o lógico. O gramático se preocupa com as relações de concordância, aqui respeitadas na primeira frase, não na segunda, enquanto o lógico se preocupa com a coerência dos pensamentos expressos, coerência ausente na primeira frase, mas presente na segunda.

Abandonada a lógica, os linguistas oitocentistas vão se apoiar em outras ciências, entre as quais, como vimos, a **biologia**. Além do impacto exercido sobre a linguística pela *teoria da evolução*, que começa a se fazer sentir na segunda metade do século, a partir das primeiras décadas é a **anatomia comparada** que vai servir de modelo às investigações iniciais dos linguistas. A anatomia comparada deve muito de seu desenvolvimento ao francês **Georges Cuvier** (1769-1832), que também deu início à **paleontologia**, o estudo dos fósseis de animais extintos. Os dois principais conceitos da anatomia comparada são a *homologia* e a *analogia*, cuja definição permitiu o avanço das teses sobre as origens comuns das diferentes espécies de seres vivos:

- **Homologia**: diz respeito a órgãos e estruturas que derivam por descendência direta de uma mesma estrutura presente em ancestrais comuns das espécies analisadas. Por exemplo, os braços do ser humano e as asas das aves desempenham funções diferentes, mas são ditos homólogos porque descendem de um ancestral comum.
- **Analogia**: diz respeito a órgãos e estruturas semelhantes que se desenvolveram a partir de uma evolução convergente, sem que haja parentesco entre as espécies. Por exemplo, as formas hidrodinâmicas dos golfinhos e dos tubarões são análogas, mas não decorrem de uma ancestralidade comum e sim do fato de ambas as espécies terem se desenvolvido em ambiente aquático.

A anatomia comparada serviu de modelo para a vertente que se denominou, não por coincidência, **gramática comparada** (ou linguística histórico-comparativa), empenhada em descobrir ancestrais comuns para as diferentes línguas. A atribuição de uma língua a determinada "família" (outro termo advindo da classificação biológica) não podia se basear simplesmente em semelhanças de forma e de significado, mas no estabelecimento de homologias entre essas formas e significados e os de outras línguas aparentadas, por meio do método comparativo. Por exemplo, a semelhança formal entre o grego *oikos* e o tupi *oka* — junto com o fato de ambos significarem "casa" — é mera coincidência, o que se comprova pelo fato de *oikos* ser uma forma mais recente de um arcaico *woikos*, com uma semiconsoante [u̯] que nunca existiu no tupi *oka*. Assim como a biologia recorre aos fósseis para hipotetizar ancestrais comuns a diferentes espécies, também a linguística comparada se vale de registros antigos para estabelecer o parentesco entre línguas. *Oikos* e *oka* são "formas analógicas", se fôssemos usar a terminologia da anatomia comparada, isto é, se desenvolveram independentemente uma da outra, enquanto o grego *(w)oikos*, o latim *uicus* e o inglês *wick* são "formas homólogas", já que derivam de uma raiz reconstruída indo-europeia **weik-*. Por vezes, dentro de uma mesma família podem ocorrer coincidências capazes de levar a suposições errôneas: por exemplo, o alemão *haben*, "ter", se assemelha ao latim *habere*, com o mesmo significado (cf. inglês *have* e português *haver*); no entanto, a forma latina deriva da raiz indo-europeia **ghabh-*, "dar ou receber" (provavelmente com um sentido inicial de "segurar, ter na mão" o que foi dado ou recebido), enquanto o alemão (e o inglês) derivam de **kap-*, "agarrar", presente no latim *capere, captivus, captare* etc. O que possibilita associar *hab-en* a *cap-ere* é a regularidade da mudança de **k-* inicial indo-europeu (conservado em latim) em *h-* em germânico, regularidade verificada em pares inglês-latim como: *horn/cornus* ("chifre"); *hound/canis* ("cão"); *head* (ing. antigo *heafod*)/*caput* ("cabeça"), *heart/cordis* ("coração") etc. Essas regularidades podem ser representadas por fórmulas (**k* inicial indo-europeu > *h-* inicial germânico) que constituirão as célebres e debatidas *leis fonéticas*, com que se tentou conferir ao estudo da evolução das línguas o mesmo rigor científico das leis que regem a evolução de outros organismos. Assim, *haben* e *habere* são formas análogas (e não homólogas), porque se desenvolveram a partir de formas ancestrais distintas.

A associação entre biologia e linguística se comprova até mesmo na escolha do modo de representar a evolução das espécies vivas e a das línguas: a **árvore**. A única ilustração que aparece em *A origem das espécies* de Darwin (1859) é um esquema abstrato representado na forma de troncos e ramificações:

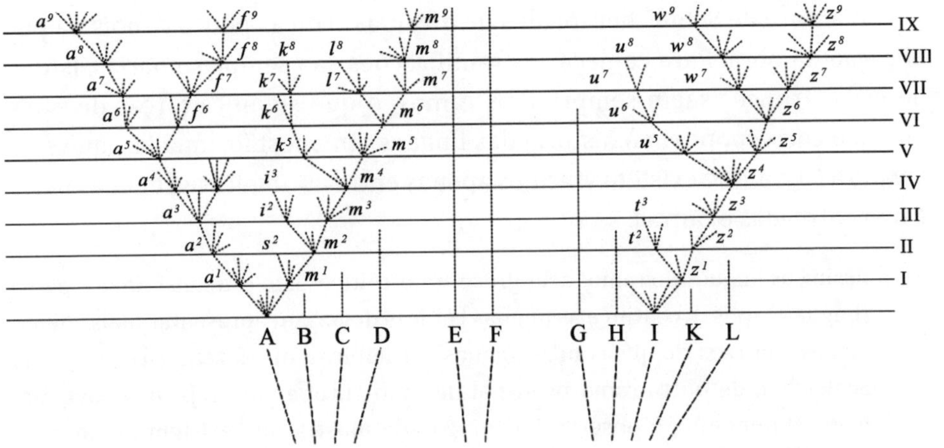

Esse tipo de representação é o que em inglês se chama *pedigree* (derivado por sua vez do francês *pied de grue*, "pé de grou"), porque se assemelha às marcas deixadas na terra pelos dedos da ave chamada *grou*. Ela se tornará a representação gráfica mais comum em biologia, usada até os dias de hoje para a classificação das espécies e/ou para retraçar a origem de uma espécie desde seu ancestral mais remoto até o atual (ver mais abaixo a discussão sobre a evolução da espécie humana). O mesmo modelo de árvore (chamado em alemão *Stammbaum*) aparece no livro de Schleicher de 1861 (*Compendium der vergleichenden Grammatik der indogermanischen Sprachen*: "Compêndio de gramática comparada das línguas indo-germânicas"). A partir de uma "língua original" (*Ursprache*), chamada *indogermanisch*, as ramificações vão se sucedendo até chegar aos grupos linguísticos atuais:

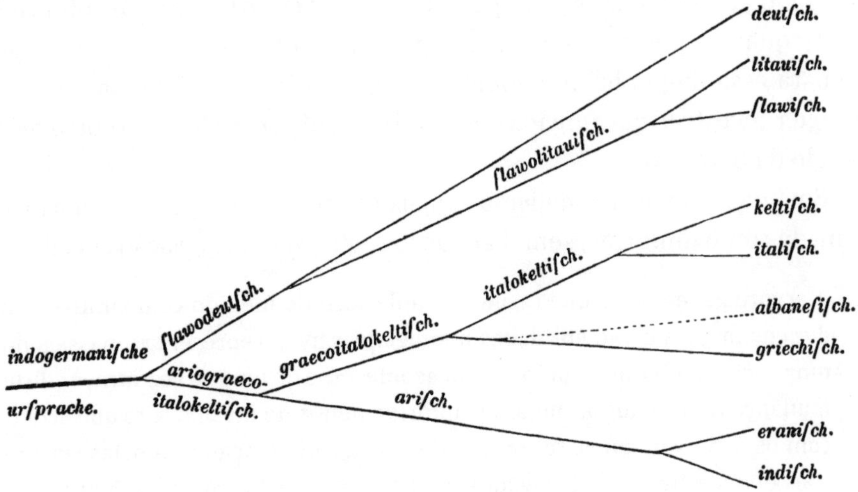

A árvore de Schleicher foi alvo de diversas críticas pouco depois da publicação da obra. Para começar, as ramificações são sempre binárias, isto é, de cada "tronco" saem sempre dois ramos, o que significa forçar divisões que não correspondem à história das línguas em questão, uma vez que se é levado a supor que existem vínculos apenas entre as línguas agrupadas neles e não entre elas e outras:

> Assim, as línguas do ramo "ário-greco-ítalo-céltico", isto é, o sânscrito e o persa (línguas "árias"), o latim e as línguas célticas deveriam apresentar mais coincidências entre si do que com as línguas germânicas, que fazem parte, segundo Schleicher, de outro ramo principal do indo-europeu, ou seja, o "eslavo-alemão". No entanto, a observação comparada mostra que existem muito mais elementos em comum, por exemplo, entre latim, grego e línguas germânicas do que entre latim, grego e línguas "árias" (Graffi, 2019b: 118).

Outro problema salientado pelo mesmo Graffi é que o modelo da árvore não apresenta "cruzamentos" de ramos, o que

> exclui a possibilidade de que línguas pertencentes a dois ramos diversos possam ter elementos comuns, além daqueles possuídos pela "língua comum" ou pela língua originária: por exemplo, grego e germânico não poderiam ter nenhum elemento comum além dos derivados da língua originária indo-europeia [...]. (Graffi, 2019b: 118).

Também é problemática a representação arbórea porque dá a impressão de que uma língua "se transforma" em outra por obra de "forças" internas, sem considerar fatores importantes como o **contato de línguas**, a ser enfatizado já no final do século pelo italiano **Graziadio Isaia Ascoli** (1829-1907): quando, por exemplo, uma população adota uma nova língua, transfere para essa língua hábitos fonéticos e gramaticais, assim como palavras da língua ancestral, que funciona então como **substrato** |6.6.1| (outro termo advindo da botânica).

Em linha com o nacionalismo subjacente ao modelo, porém, cada língua é tomada como uniforme, sem dialetação regional nem variação social:

> A árvore genealógica que resulta da aplicação do método comparativo considera as línguas como entidades homogêneas, pois representa a passagem de uma variedade a outra como se esta acontecesse de uma só vez, através de uma mudança radical que as afetasse uniformemente, do mesmo jeito que acontece com os seres humanos, representados na árvore genealógica pelas suas relações de parentesco. [...] Obviamente, não é possível recortar com precisão os

> limites que separam as variedades linguísticas, nem no plano horizontal do "parentesco" nem no plano vertical da genealogia [...] mas a representação arbórea oferece uma imagem perfeitamente nítida e ideal dessas relações. E nesse recuo constante tudo acontece como se a complexidade linguística do mundo pudesse ser reduzida a uma unidade primordial, plasmada nessa variedade pré-histórica, não documentada (Lagares, 2020: 318).

Uma reação ao modelo da árvore partiu do alemão **Johannes Schmidt** (1843-1901), aluno do próprio Schleicher, que propôs a **teoria das ondas** (*Wellentheorie*) em 1872. Ao contrário de ramos que se bifurcam e dão a ideia de línguas que se separam e se diferenciam, Schmidt sugere a imagem de um *continuum* de línguas em que cada uma delas se propagaria à semelhança das ondas que se formam quando se atira uma pedra na água. Assim, uma língua se transforma em outra com pequenas modificações, havendo sobreposições delas. As inovações vão enfraquecendo à medida que as "ondas" se afastam do centro. Apesar dessas críticas, no entanto, o modelo da árvore, por sua praticidade, continuou a ser empregado e, com constantes modificações, ainda é bastante comum nas exposições didáticas sobre o parentesco das línguas indo-europeias.

BOX 6A: AS METÁFORAS E SEUS RISCOS

As metáforas organicistas fixaram no vocabulário corrente o termo "família" para designar um grupo de línguas com vínculos históricos comuns do ponto de vista genealógico. O problema é que "família" aqui pressupõe partenogênese — as línguas não têm "pai" —, e o termo "língua-mãe" não por acaso também se impregnará naquele vocabulário. A imagem da árvore também contribuiu muito para a cristalização desses conceitos e da representação cultural que eles favorecem. Aqui está em jogo a ideologia do Estado-nação, tão vigorosa no século 19, que exige a nomeação das línguas como entidades individualizadas, com identidade própria e limites precisos, coincidentes com as fronteiras políticas. Por isso era preciso construir um Estado chamado "Alemanha" para abrigar em seu território a língua chamada "alemão". Mas não são os nomes que definem as línguas: são os investimentos político-ideológicos que impõem nomes a elas. Desse modo, uma língua não "brota" de outra como os galhos de uma árvore. Toda língua é uma continuação histórica de si mesma, uma continuação que sofreu transformações causadas por processamentos cognitivos e articulatórios, pelas vicissitudes históricas, entre as quais o contato entre populações e falares diferentes. Falta também à metáfora orgânica a noção fundamental de *variação*: o esquema arbóreo cria a ilusão de que uma língua homogênea se transformou em outra língua homogênea, quando, de fato, qualquer língua em qualquer recorte temporal é um feixe de variedades, intrinsecamente heterogênea portanto. Essa ficção de homogeneidade permanecerá em vigor até bem adentrado o século 20 nas teorias ditas estruturalistas, que rejeitam o estudo diacrônico em favor da exclusividade sincrônica. Os *états de langue* ("estados de língua") de Saussure são abstrações formais homogeneizadas de uma realidade concreta intrinsecamente variável e mutante.

Na imagem tradicional da árvore, por exemplo, o ramo que se apresenta como latim-português reduz de forma drástica uma grande complexidade de fatos históricos: o latim foi adotado na faixa atlântica da Ibéria por galaicos e ástures no noroeste (falantes de línguas provavelmente célticas), lusitanos no centro (com uma língua indo-europeia própria), bem como por outras populações pouco documentadas. Mais adiante, os protorromances assim formados receberam influxos germânicos (suevos e visigodos) e árabes (dando origem aos dialetos moçárabes). Já com o nome de português, a língua (multiforme e variável) nascida de todos esses influxos foi trazida para a América do Sul, onde manteve intensos contatos, a princípio, com centenas de línguas indígenas e, mais adiante, com outras tantas línguas africanas. Desse modo, do latim imperial até o português brasileiro, tudo se deu de forma dinâmica, conflituosa e turbulenta, muito mais parecido com um rio que vai recebendo afluentes ao longo de seu curso do que com um ramo que se destaca de um tronco original. Assim como um mesmo rio pode receber, a cada etapa de seu curso, nomes diferentes (Apurimac-Ucayali-Solimões-Amazonas...) à medida que acolhe as águas de seus afluentes, também o rio-língua é referido, a cada etapa histórica, com designações distintas: latim, romance, galego, português, português brasileiro... Esses nomes diferentes, no entanto, são atribuídos a uma entidade que representa um mesmo caudal em fluxo contínuo desde a confluência original. Ao contrário da árvore, de onde "saem" novas entidades, uma imagem divergente, a figura do rio é a de algo que "recebe" contribuições para sua própria formação e continuidade, uma convergência portanto.

Toda metáfora, enfim, é um empreendimento arriscado, mas inevitável, pois sem metáforas a apreensão do mundo externo a nossas mentes seria praticamente impossível: a própria palavra *língua*, usada com o sentido de "idioma", é uma metaforização de um órgão do corpo humano. No caso das metáforas usadas nos empreendimentos científicos, o esforço consciente vai na direção de tentar formulá-las de um modo que favoreça a melhor representação possível da realidade empírica, à qual só temos acesso de modo indireto (já que permeado pela linguagem) e sempre incompleto.

Disso tinha plena consciência W. D. Whitney, que, em seu livro *Language and the Study of Language* (1867), fez questão de alertar:

> [C]remos que se vê, a partir do nosso exame da maneira como a língua é aprendida e ensinada, como sua vida é conservada, o que se entende quando falamos e escrevemos sobre ela como dotada de uma existência independente e objetiva, como sendo um organismo ou possuindo uma estrutura orgânica, tendo leis de crescimento, sentindo tendências, desenvolvendo-se, adaptando-se a nossas necessidades e assim por diante. Todas essas são expressões figuradas, *a linguagem do tropo ou da metáfora, não a de um puro fato*; são completamente livres de objeções quando conscientemente empregadas com seu caráter próprio, a bem da brevidade ou da vivacidade da descrição; *só são prejudiciais quando permitimos que elas nos ceguem para a real natureza das verdades que representam*. A língua, de fato, não tem existência alguma, a não ser nas mentes e nas bocas daqueles que a usam; é feita de signos articulados separados, cada um dos quais anexado por uma associação mental à ideia que ele representa, é enunciada por esforço voluntário, e tem seu valor e crédito somente pelo acordo de falantes e ouvintes. Está no poder deles, sujeita à vontade deles; assim como é mantida, também é modificada e alterada, de modo que pode ser abandonada, pela ação conjunta e consentida deles, e de nenhuma outra maneira (Whitney, 1867: 36, grifos nossos).

A concepção organicista será abandonada pelos linguistas do final do século 19, como Hermann Paul |6.5.1|, para os quais, exatamente como para Whitney, a língua só existe na mente e na boca de seus falantes, o que vai exigir da parte do linguista o recurso à psicologia e à fisiologia. Na virada do século 19 para o 20, no entanto, uma nova metáfora vai se firmar, a da língua como *sistema*, ainda em pleno vigor em nossos dias. A mesma clareza de visão de Whitney parece, no entanto, faltar ao incontável número de pessoas que afirmam, como uma profissão de fé, que a língua *é* um sistema, sem se aperceber de que estão convertendo em "puro fato" o que é apenas "a linguagem do tropo ou da metáfora". Afinal, como diz Allan (2009: 260), "o sistema linguístico é êmico — uma construção teórica do analista" e não um objeto do mundo físico. Por sua vez, Bagno (2019: 189) tem argumentado que a língua tratada como sistema é uma *hipóstase*, isto é, "equívoco cognitivo que se caracteriza pela atribuição de existência concreta e objetiva (existência substancial) a uma realidade fictícia, abstrata ou meramente restrita à incorporalidade do pensamento humano" (*Dicionário Houaiss da língua portuguesa*). Tanto quanto a ideia da língua-organismo, o uso da metáfora do sistema "está completamente livre de objeções" desde que reconhecida como tal, com o permanente cuidado de não querer lhe atribuir "existência substancial".

Outra ciência que também exerceu poderosa influência sobre os linguistas oitocentistas foi a **psicologia**. Para diversos pensadores da época, a língua é concebida como uma forma de atividade mental, o que levará muitos deles a propor que a psicologia deve ser a disciplina mais adequada para estudar o fenômeno da linguagem, o que a faria assumir o papel anteriormente ocupado pela lógica. Um debate importante será travado entre aqueles que defendem o estudo de uma *psicologia do grupo social* e uma *psicologia do indivíduo*. O grande nome dessa área será o do alemão **Wilhelm Wundt** (1832-1920), que desenvolverá seu trabalho na vertente da *psicologia experimental*, por um lado, e da *psicologia cultural* (*Völkerpsychologie*) por outro. Estabelecido na Universidade de Leipzig, onde atuaram também os Jovens Gramáticos (que só admitiam a psicologia do indivíduo como objeto digno de consideração), Wundt foi uma das mentes mais brilhantes de sua geração: promoveu uma convergência entre filosofia, fisiologia, psicologia, linguística, ética e lógica. Dentro de sua vastíssima obra, se destaca a monumental *Völkerpsychologie*, em dez volumes, dos quais os dois primeiros se dedicam à língua, enquanto os demais tratam de arte, mito e religião, sociedade, direito, cultura e história. A influência de Wundt foi enorme e suscitou debates e polêmicas acirradas entre os linguistas até o início do século 20.

Também a **sociologia** (inicialmente com a obra de Comte e posteriormente com a de **Émile Durkheim** [1858-1917]) exercerá um papel importante, sobretudo a partir do final do século. Linguistas como **William Dwight Whitney** (1827-1894), **Hugo Schuchardt** (1842-1927), **Michel**

Convém ressaltar, no entanto, que a partir dos anos 1990 têm se desenvolvido exponencialmente os estudos sobre a chamada **cognição social**, tanto na linguística quanto em outras disciplinas que se intitulam às vezes *sociocognitivas*. Esses estudos enfatizam a necessidade de abordar as atividades humanas sempre na dialética das interações entre as propriedades cognitivas dos indivíduos e as dinâmicas sociais em que eles vivem e atuam. Um de seus mais destacados investigadores na atualidade é o estadunidense **Michael Tomasello** (n. 1950).

Bréal (1832-1915) e **Antoine Meillet** (1866-1936) reivindicarão uma **abordagem social** dos fatos de linguagem. É a partir dessa fase que se inicia o debate, até hoje muito aceso, entre os que preferem ver a língua como uma atividade mental e os que optam por analisá-la como um fenômeno sociocultural:

> Tanto a psicologia quanto a sociologia têm claras relações com o estudo da linguagem: a primeira, na medida em que a linguagem tem indiscutivelmente um aspecto mental; a segunda, na medida em que a linguagem tem uma evidente função social. Não surpreenderá, portanto, ver que, a partir mais ou menos da metade do século 19, isto é, da época em que tanto a psicologia quanto a sociologia serão reconhecidas como ciências autônomas, boa parte das discussões teóricas entre linguistas dirão respeito à natureza de sua disciplina, que alguns sustentarão ser psicológica e outros, por seu turno, social. Tais discussões se prolongarão, em certa medida, até hoje (Graffi, 2019b: 89).

Outra ciência que também teve impacto sobre a linguística do século 19 foi a **geologia**. No que diz respeito às transformações sofridas pela Terra ao longo das eras, duas correntes de pensamento se opunham: o **catastrofismo** e o **uniformitarismo**. Para não comprometer o relato bíblico, o já mencionado Georges Cuvier propôs a teoria de que as mudanças ocorridas na história geológica (com consequências também sobre a história da vida no planeta) se deveram a eventos repentinos, violentos e incomuns, ou seja, a catástrofes naturais (como terremotos, erupções vulcânicas e maremotos), responsáveis também pela extinção em massa de espécies vivas (extinção documentada nos fósseis sobre os quais, como se viu, Cuvier foi o primeiro a elaborar uma ciência, a paleontologia). A outra posição teórica foi elaborada pelo escocês **James Hutton** (1726-1797), considerado o fundador da geologia moderna, e posteriormente desenvolvida por outro escocês, **Charles Lyell** (1797-1875): o *uniformitarismo*, segundo o qual a Terra foi modelada ao longo das eras pelos mesmos processos naturais que ainda estão em ação nos dias de hoje e operando com iguais níveis de intensidade. Lyell foi amigo de Darwin e, embora não concordando integralmente com a teoria da evolução proposta por ele (também por motivações religiosas, porque ela implicava uma espécie humana não criada pela divindade), usou sua influência acadêmica para fazer publicar *A origem das espécies*. O uniformitarismo foi aplaudido por Darwin como uma revolução científica porque, entre outras coisas, corroborava a teoria da evolução das espécies: os seres vivos (e, evidentemente, o homem) sofriam mutações ao longo do tempo devidas a fenômenos (sobretudo à **seleção natural**) que prosseguem nos dias de hoje tal como operaram no passado — ou seja, as espécies vivas não foram "criadas" todas de uma vez tal como existem hoje, muitas delas como se fossem apenas sobreviventes de catástrofes supostamente ocorridas em momentos imprevistos da história do planeta. Desse modo, a história geológica e a história biológica da Terra se dão por complexos ciclos dinâmicos e não em linha reta.

De que maneira o catastrofismo e o uniformitarismo influenciaram a linguística? De modo geral (mas não exclusivo), os linguistas do início do século 19 partilhavam a visão catastrofista: as mudanças ocorridas nas línguas eram processos históricos irrepetíveis. Combinada com o organicismo, essa visão concebia as línguas como destinadas a desaparecer (tal como antigas espécies vivas tinham desaparecido ao longo do tempo). Além disso, esses primeiros linguistas comparatistas consideravam que as línguas mais antigas eram mais sofisticadas que as atuais, porque resultantes de um processo de decadência (justamente por estarem a caminho de desaparecer). Numa comparação, por exemplo, entre o **sânscrito védico** e o **inglês moderno**, ficava evidente o grande volume de "perdas" sofridas pelo inglês: os substantivos sânscritos se declinavam em oito casos (nominativo, acusativo, vocativo, dativo, instrumental, genitivo, ablativo e locativo), enquanto o inglês tem apenas um (o genitivo do tipo *Peter's house*, "casa de Pedro"); também apresentavam três gêneros (masculino, feminino e neutro) contra a absoluta ausência de gênero gramatical em inglês; podiam vir no singular, no plural e no dual, enquanto o inglês tem apenas singular e plural; por fim, um verbo em sânscrito védico podia apresentar cerca de noventa terminações diferentes numa profusão de modos, tempos e vozes verbais, ao passo que em inglês um verbo regular normalmente apresenta apenas quatro formas (infinitivo [*love*], que é também a forma de todas as pessoas do presente com exceção da 3ª do singular; *-s* para a 3ª pessoa do singular [*loves*], *-ed* no passado [*loved*] e *-ing* para gerúndio e outros usos [*loving*]). Trata-se do fenômeno conhecido como **perda de flexão**, característico do desenvolvimento histórico das línguas indo-europeias: uma vez que as informações de caso, gênero, número e tempo-modo-voz-pessoa são veiculadas por **terminações** situadas depois da vogal tônica, o caráter átono dessas terminações — ou seja, sua pronúncia mais débil — acaba por acarretar seu desaparecimento, que é compensado pelo uso de outros instrumentos gramaticais (como a ordem das palavras, o recurso às preposições e o emprego obrigatório dos pronomes-sujeitos, por exemplo). Um exemplo radical desse fenômeno é a história do francês: as formas verbais latinas *canto, cantas, cantat, cantant* se transformaram todas no francês [ʃɑ̃t] (pronúncia única para o que se escreve, por mero conservadorismo ortográfico, *chante, chantes, chantent*); o latim *porta, portas* resultou em francês [pɔʀt] (grafado *porte, portes*), para não mencionar a perda do gênero neutro e de toda a morfologia de casos.

Como é fácil perceber, a linguística catastrofista retoma, por um prisma "científico", a antiquíssima noção de decadência da língua abraçada desde os filósofos gregos, passando pelos gramáticos alexandrinos |2.12| até chegar aos racionalistas do século 18. A diferença é que, naquela longa tradição, a causa da "degeneração" era atribuída aos falantes, que submetiam a língua à mesma suposta degeneração moral das sociedades. No caso da linguística oitocentista, a degeneração se devia a fatores internos, "orgânicos", numa concepção da língua como uma coisa *em si e por si mesma*.

Na fase final do período que nos interessa, porém, já sob a influência de uma compreensão menos superficial da teoria da evolução, os linguistas assumiram a visão uniformitarista: as línguas não se degeneram; de fato, passam por longos ciclos de mudanças que tendem, portanto, a se reapresentar na história dos idiomas, impulsionadas pelas mesmas forças de transformação (a analogia e as chamadas "leis fonéticas", como veremos adiante — no início do século 20, o francês Antoine Meillet vai enfatizar uma terceira causa de mudança: a **gramaticalização**, que abordamos ao tratar do pensamento de Condillac |5.5| e vamos aprofundar na seção dedicada a Meillet |6.9.2|). A concepção uniformitarista subjaz até hoje, por exemplo, na **sociolinguística variacionista**, impulsionada a partir da década de 1960 por **William Labov** (n. 1927).

BOX 6B: SÓ HÁ EVOLUÇÃO SE HOUVER VARIAÇÃO

Nunca é demais enfatizar que a teoria da evolução de Darwin pressupõe **variação**, ao contrário de uma visão reducionista que apresenta uma mudança em linha reta, em que uma espécie anterior se transforma na sucessiva e assim por diante, como o desenho do girino que se transforma paulatinamente em sapo. Por isso, a repetidíssima imagem da "evolução do homem" — a de um macaco que aos poucos se transforma em homem (aliás, num homem mesmo, do sexo masculino, e branco, bem ao gosto do racismo da época) — é uma das mais equivocadas noções cristalizadas no senso comum. De fato, diversas variedades de seres humanos existiram num mesmo recorte temporal. Foram as mudanças suscitadas pelos mais variados fenômenos (geológicos, climáticos, ecológicos etc.) que levaram à sua extinção gradual e à sobrevivência da espécie atual: por exemplo, os neandertalenses, os denivosanos e os *sapiens* modernos viveram no mesmo período, e tudo indica que houve entrecruzamento genético das espécies. Outra noção errônea é a de que o termo *evolução* implica algum tipo de aperfeiçoamento ou "melhora" do que havia antes: **evoluir** significa simplesmente a passagem de um estágio a outro (de novo, por meio de variação), sem nenhum tipo de mudança para melhor — o mamute pré-histórico estava tão bem adaptado a seu ambiente e interagia tão adequadamente com ele quanto o elefante moderno. Pressupor uma cadeia sucessiva de espécies por meio daquela imagem é que faz cristalizar a ideia de evolução como aperfeiçoamento — afinal, um homem moderno é inequivocamente mais "evoluído" que o macaco do qual ele se "originou". Aqui também é importante ressaltar que Darwin nunca disse nem escreveu que "o homem vem do macaco" (acusação falsa lançada contra ele pelos defensores do relato bíblico). Na verdade, sua teoria postulava que homens e primatas tiveram um **ancestral comum**, cuja existência empírica ainda não foi comprovada por testemunho fóssil. Desse modo, à velha imagem da linha sucessória (que vem sendo reproduzida desde o final do século 19) os cientistas opõem uma representação chamada **árvore filogenética**.

Uma árvore filogenética, ou árvore evolucionária, é um diagrama ramificado que exibe as relações evolutivas entre várias espécies biológicas — ou seja, sua **filogenia** — com base em semelhanças e diferenças em suas características físicas ou genéticas. A filogenia — do grego *phylos*, "tribo, espécie" + *genia*, "origem" — é, portanto, a história evolutiva de diferentes espécies aparentadas, sempre remontando a um ancestral comum: por exemplo, as aves e os crocodilos atuais compartilham uma ancestralidade comum.

Representação popular, mas totalmente equivocada, da evolução da espécie humana

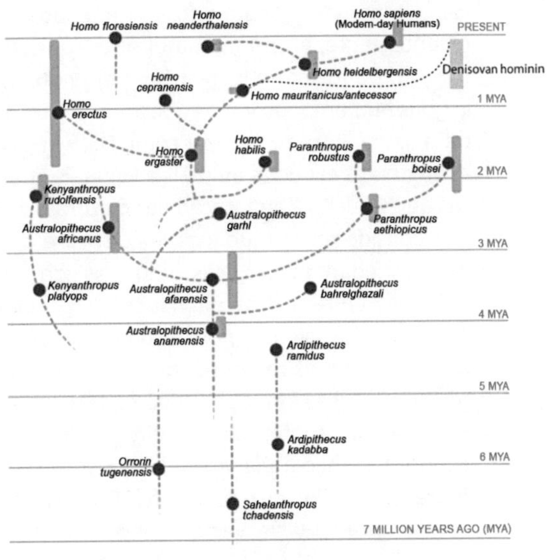

Árvore filogenética da espécie humana (os números se referem a milhões de anos)

A sociolinguística de Labov, além de uniformitarista, também é (como a teoria da evolução darwiniana) **variacionista**, ou seja, pressupõe, num mesmo recorte temporal de uma língua, uma concorrência entre formas variantes que, devido às dinâmicas sociais (e não a forças imanentes da língua como um "organismo"), acaba levando à substituição de uma forma mais antiga por outra, inovadora, sem que isso represente uma mudança para melhor nem para pior. Por exemplo, numa fase antiga do que atualmente se chama *português*, a palavra que hoje é *cor*, monossílaba, derivada do latim *colore-*, se escrevia *coor* e se pronunciava [koor], dissílaba. Em dado momento da história, uma geração nova de falantes passou a pronunciar [kor] (um fenômeno conhecido como *crase*: fusão de duas vogais iguais numa só), enquanto a mais antiga pronunciava [koor] — ou seja, [kor] e [koor] estiveram em circulação ao mesmo tempo. Com o desaparecimento da geração que dizia [koor] e a difusão por toda a sociedade da forma [kor], esta se tornou a predominante na língua, tanto que a ortografia convencionou *cor*. Como os processos de mudança nunca se interrompem, a pronúncia mais antiga [kor] sofreu no português brasileiro a concorrência de [koh], forma hoje mais difundida, com uma aspiração final; esta, porém, já sofre, por sua vez, a concorrência de [ko], sem consoante final. A implementação ou não dessa nova mudança vai depender das dinâmicas sociais ou, mais concretamente, da conquista ou não de prestígio social de quem pronuncia [ko]. Vamos ver em |6.8.9| de que modo a noção de mudança linguística do século 19 se assemelhava ao modelo "do girino ao sapo", tanto quanto a ideia corrente de "evolução" postula um modelo "do macaco ao homem". Darwin já tinha mostrado que não é assim, mas no caso da evolução linguística foi preciso esperar até a década de 1960. A sociolinguística postula que **se houve mudança é porque primeiro houve variação**, um postulado idêntico ao da teoria darwiniana.

Os usos um tanto distorcidos feitos pelos linguistas do século 19 do modelo teórico de Darwin levaram a uma quase proibição, durante muito tempo, de qualquer tentativa de observar os fenômenos linguísticos por uma ótica evolucionista, como acabamos de fazer. Mais recentemente, entretanto, muitos pesquisadores vêm propondo explicações evolucionistas (ou, de forma mais restrita, pelo critério da *adaptação*) para diversos aspectos das línguas humanas, aspectos que apresentam ampla universalidade de ocorrência. Já não se trata agora, porém, de fazer como Darwin (no trecho que citamos mais acima) e equiparar as línguas às espécies animais e vegetais, mas de considerar as línguas dentro dos processos de evolução e adaptação das **culturas humanas** — ao contrário de construtos teóricos que consideram a mudança linguística e os universais da linguagem como decorrentes de propriedades biológicas, inatas, as correntes que trabalham com a noção de **evolução cultural** preferem ver as línguas como complexos sistemas adaptativos modelados e remodelados pelos falantes por meio de suas interações com o meio ambiente em que vivem e com os demais membros de suas comunidades. É para dar respostas às necessidades advindas dessas interações que os falantes moldam e remoldam suas línguas, e não por causa de forças internas, inerentes às línguas (ver os diversos livros de Michael Tomasello listados na bibliografia, assim como Nettle [1999], Croft [2000], Ritt [2004], Christiansen e Chater [2008], Evans e Levinson [2009], Haspelmath [2020] entre outros).

Como é fácil perceber, a linguística do século 19 (assim como a do século 20 e a dos nossos dias), para adquirir seu estatuto de ciência autônoma, precisou recorrer a outras áreas de conhecimento que realizavam grandes avanços na época (biologia, psicologia, sociologia, geologia), mesmo que fosse, paradoxalmente, para justificar sua opção por considerar as línguas como passíveis de estudo *em si e por si mesmas*.

6.3 A linguística e o racismo "científico"

A partir da expansão marítima e do início do processo colonial (a chamada **era dos descobrimentos,** que foi de fato uma era de invasões, escravização e genocídios, espoliações e destruição de ecossistemas), isto é, final do século 15 e início do século 16 — tendo como marcos simbólicos os anos **1488**, quando o português **Bartolomeu Dias** "dobrou" o Cabo das Tormentas, no sul da África, posteriormente rebatizado *da Boa Esperança*, e **1492**, em que o genovês a serviço de Castela **Cristóvão Colombo** desembarcou no que viria a ser chamado de América —, os europeus entraram em contato com uma grande variedade de outros povos e outras culturas. Vindos de uma civilização que empreendera diversos progressos tecnológicos — incluindo os próprios navios empregados nas aventuras marítimas e as armas de fogo que transportavam —, o encontro com povos organizados em outros tipos de sociedades, especialmente os que não tinham desenvolvido ordenações políticas como principados, reinos ou impérios (caso, por exemplo, dos indígenas da América do Norte e da porção oriental da América do Sul), suscitou entre os intelectuais europeus, inicialmente, como se viu no capítulo anterior, noções como a do "bom selvagem", que vivia em harmonia com a natureza, sem os vícios da "civilização", uma idealização do "Novo Mundo" como uma espécie de paraíso (senão o paraíso bíblico mesmo). Mais tarde, porém, a partir do **Iluminismo** (que, neste caso, se revelou obscurantista), começa a se desenvolver o que virá a ser conhecido como **racismo científico**, a ser elaborado com mais vigor a partir do final do século 18. Ele impregnará profundamente as ciências (e o senso comum alimentado por elas) até o final da Segunda Guerra Mundial (1939-1945), servindo de suporte pretensamente racional para a exploração de povos e terras e para os diversos etnocídios, culminando no projeto de extermínio dos judeus da Europa levado a cabo pelos nazistas.

Um clássico sobre essas ideias é *Visão do paraíso — os motivos edênicos no descobrimento e colonização do Brasil* (1959), do historiador brasileiro **Sérgio Buarque de Holanda** (1902-1982), que analisa os diferentes mitos que povoaram as mentalidades a partir do século 16 acerca do Brasil como uma terra paradisíaca.

A principal argumentação do racismo científico terá como eixo o binômio **raça-inteligência**. Conceitos pseudocientíficos advindos da **antropologia física**, disciplina que começou a se desenvolver no final do século 18, passaram a ser empregados para estabelecer hierarquias entre as capacidades cognitivas das diferentes populações humanas. Essas populações foram classificadas em termos de **raça**, uma palavra de etimologia obscura, utilizada inicialmente em italiano (*razza*, século 15), adotada pelo francês no século 16 (*race*), que a exportou para o inglês na mesma época — em português a datação é de 1473. Essas datas mostram que o início do emprego da palavra coincide com o período da expansão marítima.

Pensadores desse longo período criaram sistemas de hierarquização das "raças" humanas baseados na cor da pele e/ou no formato dos crânios (braquicéfalos, dolicocéfalos etc.). Autores do período iluminista debatiam se todas as raças humanas provinham de uma única raça ancestral (**monogenismo**) ou de várias raças diferentes (**poligenismo**). A tese poligenista, evidentemente, favorecia o racismo porque permitia a separação qualitativa das raças. Outro argumento pseudocientífico brandido desde o Renascimento é o da influência do **clima** sobre o desenvolvimento da inteligência: o clima quente provocaria a indolência e a falta de disposição para a sofisticação intelectual — uma ideia que, como se sabe, vigora até hoje em não poucos setores da sociedade. Não faltaram linguistas para tentar classificar as línguas com base no clima: as línguas de lugares frios teriam mais consoantes do que vogais (porque o frio levaria as pessoas a evitar abrir a boca!), enquanto as de lugares quentes teriam mais vogais (a comparação muito frequente se fazia entre as línguas românicas, especialmente o italiano, e as germânicas e as eslavas — deixando de lado, convenientemente, por exemplo, o finlandês, falado numa das regiões mais frias da Europa e que apresenta tantas vogais, senão mais, do que o italiano). A lista de filósofos célebres que emitiram opiniões que hoje classificaríamos de racistas inclui, entre muitos outros, Voltaire, Kant, Hegel e o influentíssimo **Arthur Schopenhauer** (1788-1860). O racismo "científico" serviu de base "racional" para justificar a escravização. O já citado francês Georges Cuvier, adepto da poligenia, escreveu que os negros representavam "a mais degradada das raças humanas, cujas formas mais se aproximam da fera e cuja inteligência não se elevou em lugar algum a ponto de chegar a um governo regular" (Cuvier, 1812: 105). Também o zoólogo alemão **Ernst Haeckel** (1834-1919) não hesitou em escrever:

Cuvier também ficou conhecido pelo uso supostamente científico que fez do cadáver de **Saartje Baartman** (1788 ou 1789-1815), uma mulher do povo khoisan (África do Sul), escravizada e exibida na Europa como atração pública devido a suas grandes nádegas (de fato, os chamados "zoológicos humanos" foram muito comuns na Europa do Iluminismo até os anos 1950: neles eram exibidos seres humanos de "raças exóticas", como as americanas, as africanas e as oceânicas). Cuvier dissecou o cadáver de Saartje "em nome do progresso científico", analisou-o e concluiu que nele dominava "a lei cruel que parece ter condenado a uma eterna inferioridade as raças de crânio deprimido e comprimido" e que "nunca vi cabeça humana mais parecida com a de um símio do que a dela" (1817: 271).

> O homem caucasiano, ou mediterrâneo (*Homo mediterraneus*), tem sido colocado, desde tempos imemoriais, à frente de todas as raças humanas, como a mais altamente desenvolvida e perfeita. [...] Pois as mais importantes variedades dessa espécie [os caucasianos], que além disso são os mais eminentes atores do que se chama "História Universal", ascenderam por primeira vez a uma condição de florescimento às margens do Mediterrâneo [...]. Somente essa espécie [...] tem tido uma verdadeira história; só ela atingiu este grau de civilização que parece elevar os homens acima do resto da natureza (Haeckel, 1914: 429).

O auge do racismo pseudocientífico, porém, foi decerto alcançado pelo aristocrata francês **Arthur de Gobineau** (1816-1882), diplomata que exerceu funções no Brasil, o que lhe causou uma profunda depressão por ter de viver num país de maioria não-branca e onde prevalecia uma ampla mestiçagem étnica, o que para ele era o sinal maior da deterioração de uma sociedade. Em seu livro *Essai sur l'inégalité des races humaines* ("Ensaio sobre a desigualdade das raças humanas", 1853-1855), escreveu que a raça branca tem "o monopólio da beleza, da inteligência e da força" e, dentro desta, a superioridade cabia à "raça ariana", à qual pertencia a "germânica": para ele, a nobreza francesa descendia dos francos (um povo germânico), enquanto o resto da população era de origem galo-românica — mesmo branca, essa "raça" era inferior. Gobineau, de resto, é o responsável pela popularização do termo "raça ariana", em que se apoiou o terror nazista em sua campanha de extermínio de judeus, ciganos e outros grupos étnicos. Para ele, o regime democrático é o "cemitério das civilizações", por serem elas dependentes dos caracteres hereditários definidos pelas raças.

Até mesmo Darwin, embora tentando mostrar que a evolução não se dava por saltos abruptos, escreveu:

> Tampouco é pequena a diferença em disposição moral [...] e em intelecto entre um selvagem, que dificilmente usa termos abstratos, e um Newton ou Shakespeare. Diferenças desse tipo entre *os homens mais elevados das raças mais elevadas e o mais baixos selvagens* estão conectadas pelas mais finas gradações (1871: 66, grifos nossos).

No terreno dos estudos linguísticos, posturas semelhantes também se manifestaram, e dos dois lados do Atlântico. Veremos de que modo Wilhelm von Humboldt considerava a língua tupi incapaz de permitir abstrações intelectuais refinadas por causa de sua estrutura gramatical. Nos Estados Unidos, o especialista em sânscrito **William Dwight Whitney** (1827-1894), de cujo trabalho nos ocuparemos em |6.4.2|, escreveu (1867: 81):

> Assim como, aqui na América, uma única nação culta, de língua homogênea, está tomando o lugar de uma mixórdia de tribos selvagens, com sua horda de línguas discordantes, também, em escala menor, o mesmo se dá por toda parte: a civilização e as condições que ela cria estão vencendo a barbárie e suas influências isoladoras.

Na mesma linha seguiu F. Schlegel, que identificou dois tipos de línguas, as "orgânicas" e as "não-orgânicas": as orgânicas seriam as que têm raízes que se desenvolvem "organicamente" para produzir as diferentes flexões, enquanto as não-orgânicas indicam as categorias por meio de palavras isoladas, de modo que

> a dicotomia básica entre línguas orgânicas e não-orgânicas era suscetível a uma interpretação polêmica e, em certa medida, racista. Dentro do esquema de Schlegel era impossível duvidar da superioridade das línguas orgânicas, o que significava conceder uma posição superior às línguas indo-europeias em contraste com as outras (Davies, 2014: 74).

A novidade de Schlegel com relação a Humboldt foi a introdução, em sua dicotomia, da metáfora organicista. De fato,

> os linguistas se inclinavam para uma forma de eurocentrismo que os levou a concluir que as línguas indo-europeias eram superiores às outras. [...] Podemos acrescentar, à guisa de exemplo, a crença de Richard Lepsius de que as línguas com gênero gramatical são melhores dos que as sem gênero — e entre aquelas, só as indo-europeias, alegava ele, têm três gêneros e a elas "pertencem as esperanças futuras do mundo". [...] Tais opiniões, aceitas tanto na Grã-Bretanha, na França e na Itália quanto na Alemanha, poderiam facilmente ser reinterpretadas em termos racistas. O vínculo entre língua e raça não é uma novidade dos meados do século [19], nem a teoria da desigualdade das raças, mas a crença de que a filologia comparada tivera êxito em fornecer uma demonstração científica dos vínculos genealógicos entre algumas línguas foi alvo de exploração política (Davies, 2014: 158).

Karl Richard Lepsius (1810-1884), arqueólogo, egiptólogo e filólogo alemão. Não por acaso, o alemão é uma língua que apresenta três gêneros gramaticais (masculino, feminino e neutro). O chauvinismo de Lepsius foi desmentido pela história: o inglês, que não tem a categoria gramatical de gênero, decerto não se tornou o veículo das "esperanças futuras do mundo", mas mesmo assim veio a ser a língua internacional praticamente hegemônica a partir do fim da Segunda Guerra Mundial (1939-1945).

Davies prossegue: "Em geral, toda a problemática de língua e raça adquire considerável importância nesse período e faz parte de um pano de fundo contra o qual a história do pensamento linguístico tem de ser considerada" (Davies, 2014: 159). O exacerbado nacionalismo que tomou conta de tantos alemães ao longo do século 19 sem dúvida impulsionou também as sucessivas investidas bélicas de seu país. A guerra movida pela Prússia e seus aliados de língua alemã contra a França em 1870 culminou com a derrota francesa e serviu de estímulo para a constituição, no ano seguinte, do **II Reich** ("Segundo Império", tendo sido o primeiro o Sacro Império Romano Germânico, que existiu do século 10 até 1806, quando foi dissolvido por Napoleão), concretizando as aspirações românticas de unificação da "nação". A Alemanha já unificada também foi responsável pelas duas grandes guerras mundiais: a Primeira (1914-1918) e a Segunda (1939-1945), esta promovida pelo delírio nazista, que pretendia criar o **III Reich**, um império mundial sob controle alemão, uma vez que a Alemanha era a nação da raça "superior" a todas as demais, a "ariana", uma noção, como se viu, surgida do trabalho dos linguistas, muitos deles estimulados pelo chauvinismo nacionalista e por uma xenofobia nem sempre encoberta. O já citado Wilhelm Wundt assinou um documento (junto com outros intelectuais alemães) conclamando os concidadãos a tomar armas na Primeira Guerra Mundial e não escondeu, em sua correspondência pessoal, a crença na superioridade da cultura e da ciência alemãs. Seu filho, o filósofo **Max Wundt** (1879-1963), aderiu ao antissemitismo e aos ideais nazistas.

BOX 6C: EUROCENTRISMO E DESCRIÇÃO LINGUÍSTICA

Um desdobramento quase inevitável da hierarquização das raças e de suas línguas foi o surgimento da noção de **"língua primitiva"**, rótulo atribuído às línguas dos povos autóctones das Américas, da África e da Oceania. Na carência de descrições acuradas desses idiomas, não foi difícil para muitas pessoas deixar-se levar pela associação, em tudo ideológica, entre o desenvolvimento tecnológico de uma comunidade e o "desenvolvimento" de sua língua. É certo que existem línguas gramaticalmente mais complexas do que outras, mas essas diferenças estruturais não impedem que tudo o que se diz numa língua seja potencialmente capaz de ser dito em outra, mesmo que isso exija uma paráfrase mais ou menos longa. Afinal, como escreveu **Roman Jakobson** (1896-1982), um dos linguistas mais destacados do século 20, "as línguas diferem essencialmente naquilo que têm de expressar e não naquilo que podem expressar" (Jakobson, 1959: 116).

Basta um exemplo para desmontar a tese da "língua primitiva". Ele nos vem do **dalabon**, uma das centenas de línguas faladas pelas populações aborígines australianas e hoje à beira da extinção:

dalabon: Wekemarnúmolkkúndokan

tradução: "Desconfio que eles dois, que são de gerações de número ímpar um com relação ao outro, tenham de ir, com as consequências para alguma outra pessoa, e sem uma pessoa-chave sabendo sobre isso; ao escolher a forma de palavras que escolho, indico aqui

> que um desses que estão desempenhando a ação é minha sogra/madrasta ou um parente que merece respeito equivalente".

O linguista australiano **Nicholas Evans** (n. 1956) explica como se forma uma palavra assim:

> Primeiro, começa-se com o significado básico, "ir". Em dalabon, é normalmente *bon* — mas quando se fala da própria sogra ou de parentes a quem se dedica também um elevado respeito, é preciso usar uma forma polida da palavra, *dokan*. Assim, a primeira tarefa é verificar a relação de parentesco que se tem com a pessoa de quem se vai falar.
>
> Em seguida, coloca-se o prefixo *molkkún-* ("à revelia de")[...]; neste contexto, ele denotaria que a ação está sendo desempenhada sub-repticiamente, sem deixar saber quem deveria saber a respeito. Assim, é preciso entender não só o que as duas pessoas estão fazendo, mas se elas estão mantendo as pessoas certas informadas a respeito disso. Em seguida, acrescenta-se *marnú-*, que significa "para o benefício de alguém/em detrimento de alguém" ou "em nome de alguém" — representando o evento como tendo algum efeito, positivo ou negativo, conforme o contexto, para um terceiro.
>
> Depois, é preciso especificar se duas ou mais do que duas pessoas estão indo e, se forem só duas, que relação de parentesco há entre elas. A palavra que apresentei poderia ser apropriada para falar de uma dupla mãe-filha ou tio-sobrinho, por exemplo, mas para falar de duas irmãs ou de um par avó-neta seria preciso substituir *ke-* por *barra-*. Finalmente, acrescenta-se o prefixo "apreensivo" *ke-*, para retratar a situação como indesejável. Traduzi o prefixo com "desconfio que... tenham de". Mas em outro contexto, como aconselhando uma pessoa mais competente a garantir que as duas não vão, ou que elas deixem a pessoa certa saber que estão indo, uma tradução melhor seria "de modo que elas não acabem indo" (Evans, 2011: 123).

Nenhuma língua indo-europeia é capaz de expressar tantas coisas numa única palavra (que de fato é uma palavra-frase, como ocorre com as línguas polissintéticas), em que estão em jogo diversos conceitos abstratos (ao contrário do que afirma o racismo linguístico tradicional, segundo o qual as supostas "línguas primitivas" não permitem a abstração). O que a pesquisa mais recente tem mostrado é que as línguas faladas por pequenos grupos populacionais tendem a conter muito mais informação gramaticalmente codificada do que línguas com grandes contingentes de falantes (Deutscher, 2010). Isso explica a complexidade gramatical das línguas indígenas do continente americano, assim como as australianas, as africanas e as oceânicas.

Mas, como ocorre em todas as áreas de conhecimento humano, sempre permeadas pelas ideologias, aquilo que alguns consideram uma riqueza de expressividade — o fato de uma única palavra conter um complexo de conceitos e informações — outros veem como um óbvio defeito. Impregnado pelas hierarquias estabelecidas, por exemplo, por Wilhelm von Humboldt, entre línguas mais e menos "desenvolvidas", Whitney (1867: 290) emite opiniões pesadamente negativas acerca do tipo aglutinante ou polissintético das línguas ameríndias:

> Ele tende à aglomeração excessiva e anormal de distintos elementos significativos em suas palavras; desse modo, por um lado, formam-se pesadas composições como nomes de objetos e dá-se à língua um caráter de tedioso polissilabismo que desperdiça tempo; [...] por outro lado, e o que é ainda mais importante, um agregado trambolhento, verbal ou semiverbal, substitui a frase ou oração com seus membros distintos e equilibrados.

A imposição de uma visão eurocêntrica e, mais adiante, "ocidental" (ou seja, incluindo também os Estados Unidos) ao estudo de línguas não indo-europeias prosseguirá ainda bem adentrado o século 20. O modo como essas línguas têm sido descritas, analisadas e postas por escrito (isto é, dotadas de uma **ortografia**) resulta fundamentalmente do fato de terem sido objeto de estudo de especialistas ocidentais, ainda que sem a postura racista explícita dos períodos anteriores — embora, e de uma violência simbólica igual ou pior, muitas dessas línguas tenham sido descritas por missionários cristãos com o intuito de catequizar seus falantes (caso, por exemplo, da primeira gramática do tupi produzida pelo padre José de Anchieta e publicada em Lisboa em 1595 |4.5|). A própria denominação dessas línguas é, em grande parte, resultado de decisões arbitrárias dos pesquisadores — para citar apenas quatro exemplos de línguas da América do Norte (Estados Unidos e Canadá), veja-se o nome que a própria comunidade dá a sua língua e, entre parênteses, o nome com que passou a ser conhecida por obra dos pesquisadores de língua inglesa: **unangam tunuu** (*aleut*); **anicinàbemowin** (*algonquin*); **cham'teela** (*luiseño*); **luhchi yoroni** (*tunica*). Pense-se também no nome *cinta-larga* atribuído a um povo e a um grupo de línguas do Brasil, chamadas por seus falantes de **kakim**, **kaban** e **maan**.

Também o modo de transcrever essas línguas para analisá-las resulta de decisões tomadas pelos estudiosos ocidentais e não pelos próprios falantes. Por exemplo, nas línguas do grupo **banto** — faladas na porção centro-sul da África —, a forma do verbo conjugado não se altera: o tempo e a pessoa verbal são indicados por morfemas antepostos ao verbo. Ora, nas descrições dessas línguas esses morfemas são chamados de "prefixos" ou "partículas" e vêm aderidos ao verbo nas transcrições feitas pelos pesquisadores brancos. Quando se trata de uma língua europeia, no entanto, como o francês, a forma de escrever é outra. Compare-se:

suaíli	**francês**
nilitembea	*j'ai marché*
ulitembea	*tu as marché*
alitembea	*il a marché*

O suaíli *kutembea* e o francês *marcher* significam "andar" e no exemplo acima estão na forma indicativa de passado. Em suaíli a forma *nilitembea* contém *ni-* (1ª pessoa do singular), *-li-* (morfema que indica o passado) e *-tembea* (radical do verbo), mas os três elementos são escritos numa única palavra, enquanto o francês *j'ai marché*, composto também de três elementos ("pronome" *je*; "auxiliar" *ai*; "particípio passado" *marché*), apresenta três palavras separadas. No entanto, *ni-* em suaíli só ocorre na formação de verbos, exatamente como *je* em francês: na terminologia linguística seria possível dizer que *ni-* e *je* são morfemas presos, porque não existem na língua a não ser atrelados a uma forma verbal. Escrever *nilitembea* como uma única palavra (e não três: *ni li tembea*) e *j'ai marché* como três (e não *jaimarché*) é uma decisão completamente arbitrária, tomada por não-falantes de suaíli, a quem também foi imposto, diga-se de passagem, o alfabeto latino.

Somente a partir do final do século 20 é que linguistas falantes de línguas não-europeias conquistaram voz no mundo científico e passaram a descrever de dentro as realidades linguísticas e culturais de suas comunidades. É o caso, entre outros, das antigas discussões sobre a origem e natureza das línguas chamadas **crioulas** |6.6.3|. O congolês **Salikoko Mufwene** e o haitiano **Michel DeGraff**, por exemplo, têm argumentado que a suposta excepcionalidade das línguas crioulas como sistemas linguísticos é uma crença surgida simplesmente do fato de tais línguas terem sido descritas, até recentemente, por linguistas brancos imbuídos de suas concepções prévias do que seja uma língua (e, por tabela, do que seja "civilização").

Pieter Seuren (2018: 121) considera que manifestações como a dos linguistas citados "embora, é claro, devam ser totalmente condenadas, não deveriam levar a uma rejeição completa de seus autores, que eram tão vítimas de seu clima de opinião quanto somos do nosso". De fato, se fôssemos descartar *in limine* e *in totum* todos os pensadores que, ao longo da história, emitiram opiniões racistas, sexistas, homofóbicas ou preconceituosas de qualquer natureza, pouquíssimos sobrariam. No entanto, com a consciência que se tem agora da absoluta ausência de fundamento para qualquer tipo de discriminação social e depois de todas as lutas vencedoras travadas contra ela durante o último século, não há desculpa minimamente aceitável para quem, nos dias de hoje, insiste em divulgar semelhantes opiniões.

6.4 Primórdios da linguística histórico-comparativa

O século 19, como temos visto, representou um ponto de inflexão radical na história do pensamento sobre linguagem e língua no Ocidente, graças ao desenvolvimento da linguística histórico-comparativa. Isso não significa, porém, que durante esse período a tradição da **linguística geral** tivesse perdido fôlego. Em |6.4| vamos abordar o trabalho de alguns nomes importantes que se dedicaram a ela, evidentemente sobre novas bases teóricas advindas dos desdobramentos das outras áreas de conhecimento que floresceram na época — além disso, a transição do século 19 para o 20 assistirá uma nova ruptura impulsionada precisamente pela linguística geral (supostamente) inspirada nas reflexões de Saussure |6.8|, bem como a proposta feita por Meillet |6.9| de um programa de pesquisa que se valesse do conhecimento obtido pela linguística histórica para a formulação de princípios gerais que explicassem o funcionamento de todas as línguas humanas.

Já em 1637 o holandês **Marc Zuerius Van Boxhorn** (1612-1653) aventara a hipótese de uma origem comum para grego, latim, galês, alemão, russo, celta, turco, letão, lituano e persa: é a chamada tese "indo-cita", porque remontava todas essas línguas a um ancestral comum, o *cita*, tese abraçada, entre outros, por Leibniz |5.3.2|.

Assinalamos no final do capítulo anterior |5.11| as primeiras especulações acerca de um possível parentesco entre o sânscrito e algumas línguas europeias, promovidas por europeus que tinham passado temporadas na Índia e entrado em contato, pela primeira vez, com a língua sagrada do hinduísmo e, mais tarde, com a monumental tradição gramatical indiana |1.2|. De fato, a chamada "descoberta do sânscrito" veio dar roupagem empírica e metodológica a teses sobre as relações genéticas entre as línguas elaboradas por filósofos como Leibniz, que, no entanto, tinham por objetivo comprovar a suposta origem comum de todos os idiomas humanos e, principalmente, o que poderia haver de universal neles, a ponto de permitir a criação de uma *linguagem filosófica* ou *dicionário mental* capaz de facilitar a intercompreensão entre os povos mais diferentes |5.1| — boa parte desse empreendimento tinha matriz religiosa: o idioma universal-filosófico recuperaria a plenitude de uma língua adâmica, concedida ao homem pela divindade. A linguística histórico-comparativa, no entanto, abandonará esse projeto utópico, tanto quanto abandonará o vínculo da linguagem com a lógica, e se dedicará ao exame de uma família linguística particular, a indo-europeia, deixando de lado qualquer pretensão universalista — a utopia oitocentista será a **reconstrução** da protolíngua e, em parte, da cultura do "povo" que supostamente a falava.

Já existia, portanto, um clima propício para o surgimento dos estudos histórico-comparativos quando o célebre discurso de William Jones |5.11| repercutiu no meio intelectual europeu. Outras opiniões de Jones, no entanto, iam em direção equivocada: em pronunciamento posterior àquele o erudito britânico tentava ampliar o parentesco do sânscrito e das línguas europeias de modo a incluir o antigo egípcio, o chinês e o japonês (Graffi, 2019a: 111). Havia, portanto, o problema de encontrar maneiras de confirmar o parentesco entre línguas — esse problema é que vai impulsionar, precisamente, o surgimento do **método comparativo**, uma série de técnicas destinadas a provar com rigor desejadamente científico a relação genética entre as línguas indo-europeias.

6.4.1 Os irmãos Schlegel e as "línguas orgânicas"

Friedrich Schlegel (1772-1829) foi, junto com seu irmão **August Wilhelm Schlegel** (1767-1845), também estudioso das línguas, um dos chefes de fila do movimento romântico alemão, cujo nascimento é habitualmente situado no ano de 1798, quando os dois fundaram a revista *Athaeneum*. Mencionamos acima o quanto foi importante para o Romantismo alemão a possibilidade de vincular a identidade nacional a um passado mais remoto que a Antiguidade clássica europeia. William Jones, em seu discurso, sugeriu que o sânscrito, o grego, o latim etc. teriam como ancestral comum uma língua já desaparecida. Schlegel, no entanto, acreditava que o sânscrito era a "língua-mãe" das demais, o que o coloca numa posição teórica menos correta que a do estudioso britânico, embora tenha sido Schlegel de fato o primeiro grande impulsionador do método histórico-comparativo. Foi decerto o desejo de vincular a nação alemã a um povo mais antigo do que os gregos e os romanos e dotado de um patrimônio filosófico e literário tão nobre quanto o deles (senão superior) que levou Schlegel a ver no sânscrito a matriz das demais línguas da família.

Para estudar o sânscrito, Schlegel se dirigiu a Paris, cujas bibliotecas eram na época o maior repositório de obras relacionadas àquela língua, e lá permaneceu de 1802 a 1804. Na capital francesa, encontrou um professor de sânscrito, o inglês **Alexander Hamilton** (1762-1824), um ex-oficial britânico que, a serviço na Índia, se dedicara ao estudo da língua — ao tentar retornar a seu país, Hamilton foi obrigado a permanecer em Paris devido ao bloqueio imposto por Napoleão durante a guerra com a Inglaterra.

Com base em suas leituras e no aprendizado obtido junto a Hamilton, Schlegel produziu seu livro *Über der Sprache und Weisheit der Indier* ("Sobre a língua e a sabedoria dos indianos", 1808). A obra se divide em três partes, das quais somente a primeira se dedica à língua sânscrita: as duas outras discorrem sobre a filosofia, a religião e a cultura indianas; há também um apêndice com alguns textos traduzidos do sânscrito para o alemão.

As tentativas de comparação empreendidas em épocas anteriores recorriam basicamente ao *léxico* das línguas confrontadas, isto é, às palavras tomadas como unidades. Esse método corria, no entanto, um sério risco: com muita frequência, a semelhança de palavras entre línguas diferentes pode se dever ao fenômeno do **empréstimo** e não necessariamente ao parentesco entre elas. Por exemplo, o nome da laranja em árabe, *naranj*, se assemelha ao sânscrito *narangas*, mas isso não significa que essas línguas tenham um ancestral comum porque, de fato, o termo árabe foi tomado de empréstimo ao persa *narang* (e este, do sânscrito *narangas*), assim como do árabe ele passou a línguas europeias (*laranja, naranja, orange, arancia*). A grande novidade introduzida por Schlegel foi a busca do parentesco não só graças às raízes das palavras, mas sobretudo por meio das **desinências**, isto é, das terminações que indicam as funções das palavras na gramática — desse modo, Schlegel inaugura o método que se vale da **estrutura morfológica** dos vocábulos para determinar a relação genética entre línguas.

Schlegel dá como exemplo as formas do sânscrito *asmi, asi, asti* ("sou", "és", "é"), que ele compara às do grego *esmi, essi, esti* — formas, porém, de um estágio arcaico do grego, já que as do período clássico são *eimi, ei, estin*. Ao estabelecer um vínculo entre o sânscrito e o grego arcaico a fim de comprovar seu parentesco, Schlegel também confere a seu método um caráter **histórico**, porque é pelas formas mais antigas que se pode vincular uma língua a outra. Assim, por exemplo, é que se estabelece a origem comum do grego *oikos* ("habitação") e do latim *uicus* ("grupo de casas"), mencionada acima, porque a forma arcaica do grego era *woikos*, com uma semiconsoante inicial que desapareceu em grego, mas se conservou em latim — essa consoante era representada por uma letra chamada *digama* que tinha uma forma parecida à do *F* latino, que de fato se inspirou nela.

Ao contrário, portanto, das comparações praticadas até então, a linguística inaugurada por Schlegel não é estática, mas, repetimos, histórica — daí por que passará a ser denominada *histórico-comparativa*. O historicismo, como vimos acima, dominava o clima intelectual da época, junto com o organicismo e o biologismo: "A gramática comparada [...] nos fornecerá explicações totalmente novas sobre a genealogia das línguas, de modo semelhante àquele por meio do qual a anatomia comparada lançou luz sobre o nível mais alto da história natural", escreveu ele.

Schlegel separou as raízes *as-* e *es-* de suas desinências, que são idênticas em sânscrito e em grego arcaico: *-mi*, *-si*, *-ti* (e semelhantes às do latim *su-m, e-s, es-t*). Ora, é remota a possibilidade de que a correspondência sistemática entre elementos gramaticais seja resultante de contato ou empréstimo, de modo que, se tal correspondência for demonstrada, obtém-se uma comprovação dificilmente refutável da ancestralidade comum das línguas em comparação.

Além da correspondência entre os **sistemas morfológicos** das línguas, a gramática comparada também recorre à correspondência entre os **sistemas fonológicos**. Já citamos o exemplo da correspondência entre o [k] inicial latino (e indo-europeu de modo mais geral) e o [h] inicial germânico (*cornus* ~ *horn*). A formulação dessas que virão a ser chamadas "leis fonéticas" é que tem permitido, por exemplo, vincular o inglês *horse* ("cavalo") ao latim *cursus* ("corrida"), remetendo-os a uma raiz indo-europeia **kers-*, "correr".

Junto com a visada historicista, se encontra em Schlegel, já vimos, uma concepção organicista. Para ele, a flexão verbal — característica das línguas indo-europeias — permitia distinguir duas classes de línguas: as "orgânicas" e as "mecânicas". As orgânicas são precisamente as indo-europeias, em que categorias gramaticais como tempo, pessoa, número, gênero etc. vêm indicadas pelas terminações e/ou pela variação vocálica interna (como no grego *leipo/élipon/léloipa*, "deixo/deixei/tenho deixado"): a flexão seria como um desenvolvimento orgânico da raiz, semelhante à de uma planta que dá ramos, frutos e flores (e o termo *raiz*, embora usado há muito tempo |4.4|, ganha aqui uma conotação organicista ainda mais evidente). Nas línguas "mecânicas", ao contrário, as categorias gramaticais são indicadas por termos acessórios, palavras que carregam em si as informações acerca do tempo, da pluralidade etc. Para Schlegel, só as línguas indo-europeias são orgânicas: todas as demais são mecânicas. Além disso, as línguas "orgânicas" teriam surgido da "capacidade reflexiva", enquanto as mecânicas, "de gritos meramente físicos e de experimentos de expressão linguística dirigidas a imitar os sons ou a brincar com os nomes" (1808: 48), uma noção que evoca a *linguagem de ação* de Condillac |5.5|. A oposição *orgânico* vs. *mecânico*, como se discutiu acima, opunha a visão organicista, uma novidade para a época e saudada como uma forma "moderna" de analisar a realidade, à mecanicista, criticada por seu racionalismo árido. Considerar orgânicas as línguas indo-europeias significava atribuir a elas o "ímpeto vital" teorizado por Blumenbach, mais um indício da pretensa superioridade dessas línguas com relação a todas as demais.

Conforme analisa Graffi (2019a: 114), a divisão das línguas em duas categorias tinha duas consequências importantes:

> A primeira era o abandono do paradigma bíblico da monogênese das línguas, isto é, da origem de todas as línguas a partir de uma só; a segunda era a instauração de uma espécie de hierarquia entre as várias línguas, com o perigo de implicações racistas.

Schlegel, portanto, dava a sua contribuição para o fortalecimento dos preconceitos eurocêntricos que explicitamos acima em nosso exame do racismo científico. Sua opinião acerca da pretensa superioridade das línguas flexionais coincide com a que Humboldt enunciaria em seus escritos na mesma época ou um pouco depois |6.4.1|.

Além da hierarquização, havia também a consideração das línguas em suas fases mais antigas como as verdadeiras representantes da alegada superioridade do tipo flexional: quanto mais complexo e refinado o sistema de desinências de uma língua, mais ela se aproximaria da perfeição original, de maneira que as línguas modernas, atingidas pela corrosão generalizada das flexões, representavam uma decadência — mais uma vez, uma concepção alinhada à visão organicista de que uma língua nasce, se desenvolve, decai e morre. Já apresentamos a explicação mais plausível para o fenômeno generalizado da *perda de flexão* nas línguas indo-europeias (o caráter átono das desinências), de modo que a separação rígida entre línguas orgânicas e mecânicas levantava um problema: "Quem quer que levasse a sério a metáfora orgânica era obrigado a concluir que os dois tipos não derivavam um do outro; não era possível que uma língua orgânica pudesse perder sua 'organicidade' nem que uma língua não-orgânica pudesse se tornar orgânica" (Davies, 2014: 73). Ora, numa língua como o inglês — que representa talvez o caso mais extremo de simplificação morfológica entre as línguas indo-europeias — a flexão verbal é mínima (*-s* para a 3ª pessoa do singular, *-ed* para o passado e *-ing* para o gerúndio e outros empregos), o que representa, pelos critérios de Schlegel, uma "organicidade" baixíssima; por outro lado, para a representação de outros tempos verbais o inglês recorre a termos acessórios — *I will love* (futuro), *I would love* (condicional presente), *I would have loved* (condicional passado), *I have loved* (perfeito), *I had loved* (mais-que-perfeito) —, algo que caracterizaria as línguas "mecânicas". Também em todas as línguas românicas a voz passiva sintética do latim do tipo *uideor* foi substituída por uma forma analítica (como em português: *sou visto*, ou, ainda mais analítica, em francês: *je suis vu*, com a exigência do pronome-sujeito), o mais-que-perfeito *uideram* também cedeu o lugar em quase toda parte a uma forma analítica (como em italiano: *avevo visto*), a flexão de casos foi substituída pelo emprego de preposições (*rex iudaeorum*, "rei *dos* judeus") e, no caso do francês, a flexão do verbo convergiu para formas idênticas, de modo que a expressão do sujeito por meio de elementos acessórios é sempre obrigatória (latim: *canto, cantas, cantat* → *je chante, tu chantes, il chante*). Se de fato as línguas orgânicas e mecânicas pertencem a tipos radicalmente diferentes, como explicar essas mudanças ocorridas em línguas da família indo-europeia?

Uma tentativa de resposta apareceu dez anos mais tarde na obra de August Wilhelm Schlegel intitulada *Observations sur la langue et la littérature provençales* ("Observações sobre a língua e a literatura provençais", 1818), escrita diretamente em francês. Ali, a dicotomia do irmão Friedrich entre orgânicas e mecânicas é substituída por uma tripartição em línguas **monossilábicas**, **afixadas** e **flexionadas**. As flexionadas, que também para August incluíam as únicas línguas verdadeiramente orgânicas, eram sujeitas a uma mudança de sintéticas para analíticas — como no caso acima citado *uideor* → *sou visto* —, mas nem por isso elas perdiam sua "organicidade" fundamental. Desse modo, os irmãos Schlegel também inauguraram o estudo da **tipologia linguística**, que será desenvolvido por Humboldt |6.4.1| e prosseguirá até os dias de hoje — embora o termo técnico *tipologia* só viesse a ser proposto por

Georg von der Gabelentz (1840-1893) em sua obra de 1891, *Die Sprachwissenschaft* ("A linguística").

A questão não abordada pelos Schlegel ao fazerem suas classificações é: qual a *origem* das flexões? Seria mesmo possível concebê-las como elementos que "brotam" de uma raiz, como pressupõe a metáfora organicista? Uma possível resposta é a que aparece na obra de Franz Bopp, de que tratamos a seguir.

6.4.2 Franz Bopp e as desinências verbais

Franz Bopp (1791-1867) pode ser considerado como o primeiro linguista *profissional*, ou seja, dedicado exclusivamente ao estudo das línguas, sem interesse em especulações lógicas ou metafísicas. Ocupou, a partir de 1821, a primeiríssima cátedra de linguística criada numa universidade, a de Berlim. É comum encontrar na historiografia a afirmação de que ele foi muito mais um *técnico*, no sentido de ter desenvolvido o método comparativo iniciado por Schlegel, do que um grande teórico. Graffi (2019a: 94), porém, assinala que "a diferença principal entre Bopp, de um lado, e Schlegel e Humboldt, do outro, está provavelmente no fato de que, enquanto estes (sobretudo Schlegel) eram expoentes do Romantismo, Bopp permanecia mais ligado à mentalidade iluminista".

Desde jovem, Bopp teve o interesse despertado pelo estudo das línguas orientais como o árabe, o hebraico e o persa. Aos 21 anos, graças a uma bolsa de estudos concedida pelo governo da Baviera, estagiou em Paris, onde aprendeu o sânscrito de forma autodidata pela imersão nos manuscritos depositados na Biblioteca Nacional da capital francesa. Ali também conviveu com intelectuais como **Antoine-Léonard de Chézy** (1773-1832), um dos pioneiros especialistas em sânscrito e primeiro instrutor de Bopp, **Silvestre de Sacy** (1758-1838) e, assim como Schlegel, Alexander Hamilton.

De posse desses conhecimentos, escreveu e publicou, em 1816 (aos 25 anos, portanto) o livro *Über das Konjugationssystem der Sanskritsprache in Vergleichung mit jenem der griechischen, lateinischen, persischen und germanischen Sprache* ("Sobre o sistema de conjugação da língua sânscrita em comparação com o das línguas grega, latina, persa e germânica"), um título longo que se explica pelo fato de ainda não estarem em ampla circulação os termos *indogermanisch* e *indoeuropäisch*. Tudo indica que foi o livro de Schlegel, de 1808, o principal estímulo para a produção da obra de Bopp. Uma diferença fundamental, no entanto, separa Schlegel de Bopp: enquanto, para

Schlegel, o sânscrito seria a origem das demais línguas aparentadas, Bopp parecia tender, ainda que com cautela, para a hipótese de uma fonte mais remota, de onde teriam surgido tanto o sânscrito quanto as outras línguas. Já em seu posto na universidade, Bopp produziu uma segunda obra importante: *Vergleichende Grammatik des Sanskrit, Zend, Griechischen, Lateinischen, Litthauischen, Altslawischen, Gotischen und Deutschen* ("Gramática comparada do sânscrito, zende, grego, latim, lituano, antigo eslavo, gótico e alemão", 1833). Mesmo não considerando o sânscrito como a língua-mãe, Bopp acreditava ser ela a mais antiga de todas e, por isso, mais próxima da forma original. Embora mais tarde essa noção tenha sido abandonada, a opinião de Bopp permaneceu aceita até a década de 1870. Ele também compartilhava da crença (organicista) de que a língua original, a "mãe comum" das diversas línguas da família, representava um estado de "perfeição", ao passo que as mudanças ocorridas nas línguas derivadas eram manifestações de decadência.

Tal como Schlegel antes dele, Bopp procurou demonstrar o parentesco das línguas por meio da análise dos elementos que mais tarde serão chamados *morfemas*. Para separá-los da raiz, Bopp introduziu o uso do hífen, uma convenção que se emprega até os dias de hoje. Seu método se baseia quase exclusivamente na análise morfológica, com raríssimos acenos à fonologia e total ausência de sintaxe ou semântica. A comparação executada por Bopp começa pela identificação dos morfemas (*Zergliederung*, "dissecação; análise"): a raiz deve ser separada das flexões (afixos, desinências etc.). Assim, por exemplo, quando se examina a palavra que significa "gênero" em línguas aparentadas, percebe-se que em grego é *génos* e em latim, *genus*, extremamente semelhantes. No entanto, o genitivo em latim é *generis*, enquanto em grego é *géneos*: de onde viria o *-r-* presente na forma latina? É a comparação com o sânscrito (tido, equivocadamente porém, como a língua mais antiga) que resolve o problema: *janas* no nominativo (como *génos* e *genus*), mas no genitivo *janasas* (*janas-as*), de modo que o *-s* final do grego e do latim pertence ao radical, não é uma desinência. A conclusão é que o *-s-* intervocálico de *janasas* recebeu tratamentos diferentes em grego e em latim: em grego ele desapareceu (*géneos*), enquanto em latim sofreu *rotacismo*, isto é, se transformou em *-r-* (*generis*), uma mudança regular na história da língua (por exemplo, ao arcaico *ausosa* corresponde o clássico *aurora*).

Um dos objetivos da investigação de Bopp é identificar a origem dos morfemas vinculados às raízes. Estas, em sua classificação, podem ser de dois tipos: "verbais" e "pronominais". Das verbais derivam não somente os verbos, mas também os nomes; das pronominais derivam os pronomes, as preposições, as conjunções e outras partículas. Quanto a isso, Bopp se aproxima das análises propostas pela gramática geral do século 17, especialmente a de Port-Royal: tal como aquela gramática, ele considerava que toda expressão verbal contém em si o verbo *ser* (chamado *verbo substantivo* |5.4|, que Bopp denomina também *verbum abstractum*), o comparatista alemão afirma (1816: 13):

> Um verbo, no sentido mais restrito do termo, é a parte do discurso por meio da qual um sujeito se conecta a seu predicado. Com base nessa definição, deveria haver somente um verbo, ou seja, o verbo substantivo, em latim *esse*, em inglês *to be*.

Assim é que Bopp analisa o verbo latino *potest* ("ele pode") em três elementos: *pot-* + *-es-* + *-t*, ou seja, "potente-ser-ele". As raízes *pot-* e *-es-* são "verbais", enquanto *-t* é "pronominal". Bopp identifica a 3ª pessoa do singular na partícula *-t* porque *ta* em sânscrito e *to* em grego significam "isto", ou seja, são *demonstrativos*. Em diversas outras análises, Bopp tenta mostrar a presença do verbo "ser" em outras formas verbais indo-europeias: por exemplo, um subjuntivo latino como *amarem* ("eu amasse") teria sido resultante de um antigo *amasem* (com a rotacização do *-s-* intervocálico, conforme visto), decomponível em *ama-* + *-se-* + *-m*, ou seja "amar-ser-eu".

Essas análises morfológicas de Bopp, porém, logo foram criticadas e abandonadas. Mas na identificação das desinências verbais como resultantes da aglutinação de antigos pronomes, as ideias de Bopp encontram respaldo nas investigações mais recentes, como se verá na seção deste capítulo dedicada a Antoine Meillet, que cunhou o termo "gramaticalização" para designar essas aglutinações históricas |6.9|. De todo modo, como escreve Graffi (2019a: 117), "a gramática comparada como ciência nasceu com Bopp".

6.4.3 Rasmus Rask, o pioneiro deixado na sombra

O dinamarquês **Rasmus Christian Rask** (1787-1832) é uma dessas figuras históricas que normalmente são designadas como "gênios incompreendidos" ou que estavam "à frente de seu tempo" sem terem recebido em vida o merecido reconhecimento. Dois fatores contribuíram para isso: morreu jovem (aos 45 anos), depois de enfrentar diversos episódios de saúde física e mental abaladas, e publicou suas obras em dinamarquês, uma língua pouco difundida no meio acadêmico — seus conterrâneos **Otto Jespersen** (1860-1942) e **Louis**

Hjelmslev (1899-1965) não tiveram o mesmo destino porque escreveram seus principais trabalhos, respectivamente, em inglês e em francês.

Rask provinha de uma família pobre, estudou na Universidade de Copenhague, mas não se diplomou. Passou dois anos na Islândia (que então pertencia à Dinamarca), empreendeu viagens à Índia e ao Ceilão (atual Sri Lanka). Enfrentou muitas dificuldades financeiras e só obteve uma cátedra universitária (de línguas orientais) pouco antes de morrer. Apesar de todos esses percalços, produziu intensamente:

> A maior parte de suas contribuições publicadas consiste de gramáticas admiravelmente concisas de várias línguas modernas e clássicas (1811: norueguês antigo, 1817: anglo-saxão, 1824: espanhol, 1825: frísio, 1827: italiano, 1930: dinamarquês, 1832: lapão e inglês); além disso, há edições das duas Eddas, um controvertido ensaio sobre a ortografia do dinamarquês, livros sobre cronologia hebraica e egípcia, uma descrição gramatical de uma língua africana, uma discussão sobre o avéstico e o renomado ensaio premiado sobre as origens do islandês antigo (o ensaio elogiado por Grimm), escrito em 1814 e publicado em 1818 (*Undersøgelse om det gamle Nordiske eller Islandske Sprogs Oprindelse* ["Investigação sobre a origem da antiga língua nórdica ou islandês"]) (Davies, 2014: 125)

O termo *Edda* (plural: *Eddur*) se aplica a dois textos escritos em norreno (norueguês antigo), a *Edda em prosa* e a *Edda poética*, ambos produzidos na Islândia no século 13. São as principais fontes para o conhecimento da mitologia nórdica.

Um dado relevante sobre o ensaio publicado em 1818 é que tinha sido escrito, como informa Davies, em 1814, dois anos antes, portanto, da publicação do *Konjugationssystem* de Bopp, o que faz de Rask um antecessor de várias conclusões que serão propostas pelo linguista alemão. Uma diferença importante no que diz respeito à pesquisa de Rask e à dos alemães é que ele não recorreu ao sânscrito (língua que só veio a conhecer perto do fim da vida) para fazer suas propostas de comparação, baseadas primordialmente nas línguas nórdicas. Tanto quanto Schlegel e Bopp, ele considerava que "a correspondência lexical é extremamente insegura", uma vez que "por meio do contato recíproco dos povos um incrível volume de palavras pode entrar de uma língua na outra", de maneira que "a correspondência gramatical é um modo muito mais seguro do que a do parentesco ou da unidade originária" (1818: 49). No entanto, ao contrário de Schlegel e Bopp, que se concentraram basicamente na análise morfológica, Rask se dedicou ao estudo das "letras" (termo empregado pelos linguistas da época para designar os sons das línguas: o termo *fonema* só será introduzido no final do século |6.7.2|).

De fato, foi pelo estabelecimento de regularidades fonéticas entre o grego, o latim e as línguas nórdicas que Rask antecipou o que viria mais adiante a ser chamado *Lei de Grimm* |6.3.4|. Rask identificou de forma clara o que se tornaria conhecido como **mutação consonantal germânica**, termo que descreve as mudanças das consoantes oclusivas no percurso da protolíngua indo-europeia até as línguas do grupo germânico:

> Quanto à última série de correspondências, é preciso lembrar que as letras gregas φ, θ e χ representavam consoantes pronunciadas seguidas de uma aspiração (um sopro de ar), tal como se dá atualmente com o inglês *pan, tan, can*. Por essa razão, os latinos as transcreveram como *ph, th* e *ch*, pronúncias estranhas à sua língua (e, de fato, só os romanos cultos, conhecedores do grego, emitiam a aspiração). Com o tempo, essa aspiração se perdeu, mesmo em grego moderno, de modo que φ passou a se pronunciar [f], θ como a interdental [θ] (= inglês *think*) e *ch* como [x] (= espanhol *jamón*). Essas mudanças explicam por que, nas línguas com ortografia conservadora, o dígrafo *ph* se pronuncia [f], *th* se pronuncia como a interdental em inglês (mas como [t] simples em francês e alemão) e *ch* como [x] (alemão) e [k] (em francês, mas não sistematicamente, ao contrário do italiano em que *ch* é sempre [k]).

(1) oclusivas surdas se tornam fricativas surdas:
  a. [p] > [f]: gr. *patér* > isl. *fadir* ("pai")
  b. [t] > [θ]: gr. *treis* > isl. *þrir* ("três": *þ* = *th* do ing. *think*)
  c. [k] > [h]: lat. *cornu* > isl. *horn* ("chifre")

(2) oclusivas sonoras se tornam oclusivas surdas:
  a. [d] > [t]: gr. *domáo* > isl. *tamr* ("[eu] domo" / "doméstico")
  b. [g] > [k]: gr. *gyné* > isl. *kona* ("mulher")

(3) oclusivas surdas aspiradas se tornam oclusivas sonoras não aspiradas:
  a. [p^h] > [b]: gr. *phéro* > isl. *ber* ("[eu] levo")
  b. [t^h] > [d]: gr. *thyre* > isl. *dyr* ("porta")
  c. [k^h] > [g]: gr. *kholé* > isl. *gall* ("bile")

Nas palavras de Davies (2014: 128):

> O nome de Rask ficará para sempre vinculado a suas afirmações sobre a regularidade das "permutas de letras" entre línguas aparentadas e sua formulação inicial da "Lei de Grimm". Ele, no entanto, não atribuiu peso metodológico particular a tais resultados (nem tampouco eram novidade). Tal como a maioria de seus predecessores, provavelmente estava mais interessado em tentar definir leis gerais, fisiologicamente determinadas, que permitiriam explicar a permuta de letras em todas as línguas, do que em explicar por que as permutas específicas eram tão importantes. Somente mais tarde a técnica foi minuciosamente explorada e somente muito depois se percebeu o capital técnico e teórico que se poderia obter das observações de Rask. É característico da linguística do século 19 que, em diversos estágios, técnicas, soluções de problemas e resultados concretos tomem a dianteira, exatamente como nas ciências naturais, enquanto a teoria é negligenciada.

6.4.4 Jacob Grimm e a primeira "lei fonética"

Assim como os irmãos Schlegel, também os irmãos Grimm foram parceiros na vida e na produção intelectual. Na opinião de Seuren (1998: 82), "a importância dos irmãos **Jacob** (1785-1863) e **Wilhelm** (1786-1859) **Grimm** transcende, e muito, suas contribuições à linguística". Formaram-se em direito em Marburgo e se dedicaram à teoria jurídica, à poesia, às narrativas folclóricas e aos estudos linguísticos. Exerceram funções públicas ministeriais e como bibliotecários em diversos lugares. Enfrentaram perseguições políticas que os obrigaram a se mudar de Kassel para Göttingen, daí novamente para Kassel, até que, a convite do rei da Prússia, se tornaram membros da Academia de Berlim, com direito a ensinar na universidade. Iniciaram em 1816 uma série de publicações: coletâneas de contos de fadas e lendas (recolhidas, como já dito, da tradição oral e muitas vezes com transcrições dialetais), estudos sobre literatura popular, mitologia etc. Jacob publicou em 1828 uma obra influente sobre as práticas legais alemãs tradicionais. Ambos iniciaram em 1838 a publicação de um monumental dicionário do alemão (*Deutsches Wörterbuch*), que só conseguiram levar até a palavra *Frucht* ("fruta"). O trabalho, continuado por outros estudiosos e interrompido durante as guerras, foi finalmente concluído em 1961, ou seja, 123 anos depois de iniciado. A partir de 1860 o nome dos irmãos Grimm ganhou os lares europeus graças à imensa popularidade de sua coletânea de contos populares, que incluem histórias hoje mundialmente difundidas como *Hänsel e Gretel* (conhecida no Brasil como *João e Maria*), *Cinderela* (ou *A Gata Borralheira*), *Chapeuzinho Vermelho*, *Branca de Neve*, *O bravo alfaiate*, *Rumpelstiltskin* etc.

Apesar das intensas atividades e da volumosa produção intelectual feitas em colaboração, é Jacob Grimm o nome que a história da linguística retém como um dos principais iniciadores do método histórico-comparativo. Ao contrário de Schlegel e Bopp, porém, Grimm se dedicou muito menos ao indo-europeu e muitíssimo mais ao alemão, a ponto de ser considerado por muitos como o fundador da **germanística**, a disciplina consagrada ao estudo das línguas do grupo que inclui o alemão e seus muitos dialetos, as línguas nórdicas (dinamarquês, norueguês, sueco, faeroês e islandês), o neerlandês, o frísio e o inglês, todas derivadas de um hipotético protogermânico do qual o **gótico** é o representante mais bem documentado em textos escritos, que remontam ao século 4, língua em que foi feita uma tradução da Bíblia pelo bispo Úlfilas, que converteu os godos ao cristianismo |3.4|.

Assim é que, em sua importante *Deutsche Grammatik* ("Gramática do alemão", 1819; segunda edição, 1822), somente num apêndice final de vinte páginas, num livro com quase seiscentas, Grimm faz alguma menção a fatos de natureza fonética do indo-europeu. Essa concentração em sua língua materna se conjugava com suas opiniões acerca da "nacionalidade" alemã, tema tão caro, como temos visto, aos intelectuais seus contemporâneos:

> Nele encontramos a crença ingênua num vínculo direto, não só entre a história das palavras e o desenvolvimento cultural e histórico de uma nação, mas também entre o desenvolvimento estruturado de partes da língua e o da cultura no sentido mais amplo possível (Davies, 2014: 139).

Para ele, mesmo o estudo da fonologia e da morfologia serve de elemento para a compreensão da "cultura nacional". Essa sua visão das coisas, essencialmente romântica, levou Grimm a participar de um intenso debate travado em terras de língua alemã em torno da necessidade de normatizar uma variedade linguística para servir de objeto de estudo sistemático nas escolas. Tomando o partido antinormativo, Grimm considerava que "qualquer camponês comum conhece perfeições e refinamentos da língua muito superiores ao que um professor sequer consegue imaginar; toda a ideia de ensinar gramática nas escolas está fundamentalmente desorientada" (Davies, 2014: 140). Novamente, essa noção de que a sabedoria autêntica está no "povo" (assim como a justiça e o direito, como preconizava o já mencionado Savigny) deriva em linha reta dos ideais românticos.

A gramática alemã de Grimm, publicada em 1819, teve uma segunda edição bastante remodelada em 1822, provavelmente devido à influência exercida sobre ele pelo trabalho de Rask, que Grimm foi o primeiro a ler e a divulgar fora da Dinamarca. Tanto quanto o linguista dinamarquês, Grimm se interessou pela história das mudanças fonéticas ocorridas nas línguas germânicas. A ele se devem as primeiras investigações sobre os fenômenos que, por opção sua, passaram a ser descritos como *Umlaut* e *Ablaut*, termos que costumam também ser traduzidos respectivamente por **metafonia** e **apofonia**.

Para explicar a existência em alemão de pares como o singular *Gast* ("hóspede") e seu plural *Gäste*, Grimm demonstrou que a vogal tônica diferente do plural (*ä* se pronuncia [ɛː]) deriva de um fenômeno ocorrido numa fase histórica anterior da língua: no alemão antigo, o plural de *gast* era *gasti*, e foi essa terminação *-i* que, por ser fechada, provocou a elevação do [a] da sílaba tônica em [ɛ]; mais adiante o *-i* final se abrandou em *-e* [ə], com o resultado que se tem na língua atual em pares como *Gast/Gäste*, *Hand/Hände* ("mão[s]"), e também em formas verbais como *tragit* que se tornou *trägt* ("[ele] carrega"). O mesmo se deu em inglês, onde os atuais pares *foot/feet* ("pé[s]"), *goose/geese* ("ganso[s]"), *tooth/teeth* ("dente[s]) resultam da metafonia provocada por um antigo plural em *-i* que fez a vogal tônica elevar-se e depois desapareceu. Em português, a metafonia é responsável pelo timbre aberto da vogal tônica dos pronomes *ela, esta, aquela*, em que o *-a* final provocou o alçamento da vogal que, por ser breve em latim, deveria ter resultado em [e] fechado, como no caso dos masculinos *ele, este, aquele*. Também resultam de metafonia formas verbais como *fiz*, resultante de uma antiga, *fezi*, em que, tal como no caso do alemão, o *-i* final provocou o alçamento da vogal da raiz e em seguida desapareceu. Na forma *porca* e nos plurais *porcas, porcos*, a vogal tônica aberta (em contraste com a fechada do masculino *porco*) se deve, no caso dos femininos, ao *-a* final, e, no do masculino plural, à diferença de *porcu-*, no singular, e de *porcos* no plural, em que o *-o* da terminação *-os* (pronunciado [o] em fase mais antiga da língua e não [u] como hoje) fez a vogal tônica elevar-se. Na ortografia alemã, as vogais resultantes de metafonia se escrevem *ä, ö, ü* (pronunciadas, respectivamente, [ɛ], [ø], [y]), de modo que o termo *Umlaut* passou a ser empregado também para designar o sinal gráfico chamado *trema* em português.

O caso da apofonia (*Ablaut*) é mais complexo. Para explicar alternâncias vocálicas como as do inglês *sing, sang, sung* (presente, passado e particípio passado do verbo *to sing*, "cantar"), também presentes no alemão *singen, sang, ge-sungen* (infinitivo, passado e particípio passado), Grimm recorreu a explicações quase "místicas" do fenômeno, atribuindo à alternância um valor simbólico e partindo em busca de um "significado primitivo" das vogais em sua pré-história. Assim, por exemplo, a forma antiga do verbo alemão moderno *nehmen* ("pegar, tomar") apresenta a alternância *niman* (presente), *nam* (pretérito singular) e *nêmun* (pretérito plural). A forma básica seria a do presente, a do pretérito representaria uma "diminuição" do sentido e a do pretérito plural, uma "diminuição" ainda mais acentuada. Essa hipótese foi amplamente rejeitada justamente por seu caráter nada científico. Atualmente, o termo *apofonia* se aplica a alternâncias vocálicas dos seguintes tipos:

1. Na comparação entre línguas indo-europeias, alternância entre [o] e [e] em línguas diferentes: grego *gonos*, latim *genus*, de uma mesma raiz indo-europeia **gen-*, "gerar".

2. Nos verbos, alternância entre as vogais conforme estejam em sílaba tônica ou átona: português *quero/queria*; francês *veux* [vø]/*voulons* [vulõ].
3. Na morfologia do latim, alçamento de vogal quando se agrega um prefixo a uma raiz: *amicus ~ inimicus / facilis ~ difficilis / jactus ~ subjectus.*

Foi também Grimm quem introduziu na gramática das línguas germânicas a terminologia *verbos fortes* e *verbos fracos* (*starkes Verb* e *schwaches Verb* em alemão, *strong verbs* e *weak verbs* em inglês). Os verbos fortes são precisamente os que apresentam apofonia, como o inglês *drink/drank/drunk* ("beber") ou o dinamarquês *binde/bandt/bundt* ("atar"), enquanto os fracos são os que apresentam formas regulares no tempo passado, como o inglês *love/loved, work/worked, aim/aimed.* Grimm recusava a terminologia tradicional de *irregulares* por não constituírem uma exceção: representam, de fato, a conjugação mais frequente nas fases antigas das línguas germânicas.

Mas a principal contribuição de Grimm à linguística histórico-comparativa foi sua análise da mesma *mutação consonantal germânica* estudada por Rask. A cadeia de mudanças aventada pelo estudioso alemão passou à história com o nome de **Lei de Grimm**, sendo a primeira das muitas "leis fonéticas" formuladas ao longo do século 19 para explicar transformações sonoras específicas. A Grimm nunca ocorreu postular suas conclusões como uma "lei": esse termo será empregado por linguistas posteriores a ele. Outra observação importante é que o termo "fonética" (aplicado a "lei") é inadequado para designar tais "leis" porque é somente no terço final do século que se desenvolverá uma disciplina específica dedicada ao estudo dos sons das línguas (a **fonologia**) — de fato, o que se traduz em geral por "lei fonética" é o termo alemão *Lautgesetz*, em que *Laut* significa simplesmente "som" (como em *Umlaut* e *Ablaut*) e não "fonema" ou qualquer termo técnico semelhante, enquanto *Gesetz* significa "lei", de modo que "lei sonora" seria mais adequado. Na primeira metade do século 19, talvez com exceção de Rask, a maioria dos estudiosos tinham noções bastante inadequadas do que fosse a **articulação** fisiológica dos sons que, como se viu, ainda recebiam a antiga denominação de *letras*. Desse modo, as mudanças sonoras eram estudadas como particularidades e não como o que de fato são: fenômenos resultantes dos movimentos articulatórios do chamado **aparelho fonador** (lábios, língua, dentes, alvéolos, palato, úvula etc.). Isso talvez se deva ao fato de tais linguistas estudarem de modo exclusivo as línguas de um mesmo grupo, sem preocupação em compará-las com outras. A fonética científica explica a universalidade, por exemplo, de uma mudança como [p] > [b]: são duas consoantes oclusivas bilabiais que se distinguem uma da outra somente pelo traço de *vozeamento*, isto é, pela vibração ou não das pregas vocais; [p] é desvozeada (ou *surda*, na terminologia tradicional), enquanto [b] é vozeada (ou *sonora*) — tendo pontos de articulação semelhantes e sendo diferentes por um único traço, é natural e esperável que [p] se transforme em [b] e vice-versa, fato atestado em línguas dos mais diferentes grupos mundo afora.

A mutação (*Verschiebung*) consonântica também foi interpretada por Grimm como uma rotação (*Kreislauf*), na medida em que uma classe de consoantes substituiu outra que substituiu outra e assim por diante. Empregando os termos tradicionalmente aplicados às consoantes do grego — *tênues* (desvozeadas), *médias* (vozeadas) e *aspiradas* —, foi possível estabelecer a seguinte rotação (em que T = *tênues*, M = *médias* e A = *aspiradas*):

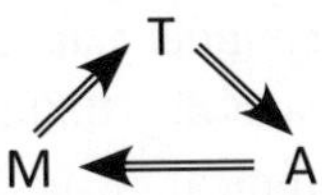

Tomando o grego como exemplo de língua não afetada pela mutação e o gótico como a língua germânica mais antiga documentada (ou, na ausência deste, o islandês, língua muito conservadora), esse esquema abstrato se manifesta nas seguintes transformações:

MUTAÇÃO		GREGO / GÓTICO OU ISLANDÊS
T > A	[p] > [f]	*pous* / gót. *fōtus* ('pé')
	[t] > [θ]	*treis* / gót. *þreis* ('três')
	[k] > [h]	*kýōn* / gót. *hunds* ('cão')
M > T	[b] > [p]	*abalom*[1] / gót. *apel* ('maçã')
	[d] > [t]	*déka* / gót. *taihum* ('dez')
	[g] > [k]	*gelandrós* / isl. *kaldur* ('frio')
A > M	[p^h] > [b]	*phrātēr* / gót. *broþar* ('irmão')
	[t^h] > [d]	*thygatér* / gót. *deuhtar* ('filha')
	[k^h] > [g]	*khēn* / isl. *gaes* ('ganso')

[1] A forma *abalom* provém do gaulês (celta) e não do grego, como os demais exemplos.

Mais adiante no tempo, ocorreu uma *segunda mutação consonantal*, em que consoantes mantidas no antigo alto-alemão (que em grande medida está na base do alemão moderno) sofreram mudanças regulares em todas as demais línguas germânicas. Por exemplo,

- à mutação [t] > [θ] sucede em alto-alemão [d], de modo que grego *treis* / gótico *þreis* / a.-alemão *drei* ("três") (cp. inglês *three*, que continua o gótico);
- a [d] > [t] sucede [ts], de modo que grego *déka* / gótico *taihum* / a.-alem. *zehn* ("dez") (cp. inglês *ten*);
- a [tʰ] > [d] sucede [t], de modo que grego *thygatér* / gót. *deuhtar* / a.-alem. *tochter* ("filha") (cp. inglês *daughter*).

Conforme escreve Graffi (2019a: 118),

> a importância desses resultados estava em demonstrar que, se duas línguas são genealogicamente aparentadas, devem apresentar uma correspondência sistemática entre seus sons (além de entre seus morfemas, como demonstrara Bopp). A evidência das correspondências sistemáticas destacadas por Grimm era tal que já a partir da década de 1830 se começou a falar de "primeira e segunda Lei de Grimm" para indicar, respectivamente, a primeira e a segunda mutação consonantal germânica, ainda que Grimm jamais tivesse falado de lei, observando, ao contrário, de que modo, em alguns casos, as correspondências esperadas não se verificavam. De todo modo, esse uso do termo "lei" era indício de uma tendência sempre crescente a considerar a linguística histórico-comparativa como uma ciência semelhante às naturais [...].

Grimm foi também o primeiro a formular com plena clareza a novidade da concepção *histórica* da gramática. Para ele, a verdadeira análise gramatical é histórica, de modo que as formas da língua atual são incompreensíveis, a menos que sejam reconduzidas a formas anteriores — assim, a estrutura gramatical da língua moderna só pode ser estabelecida em termos históricos, *história* aqui compreendida, já vimos, num sentido tão amplo que *"unsere sprache ist auch unsere geschichte"* ("nossa língua é também nossa história" — observe-se na citação o uso de inicial minúscula em *sprache* e *geschichte*, uma proposta dos irmãos Grimm, que rejeitavam o uso tradicional de maiúsculas para os substantivos comuns, proposta que não foi adotada, uma vez que até hoje a ortografia oficial do alemão manda escrever *Sprache* e *Geschichte*).

A "Lei de Grimm" causou poderoso impacto nos estudos linguísticos da primeira metade do século. No entanto, alguns observadores começaram a encontrar irregularidades e falhas nas formas que deveriam resultar das mutações elencadas. Isso levará, já perto do final do século 19, a novos desdobramentos na investigação das transformações fonéticas.

6.4.5 August Friedrich Pott e a etimologia indo-europeia

Os autores que acabamos de passar em revista — Schlegel, Bopp, Rask e Grimm —, considerados os pioneiros da nova tendência que ia se firmando nos estudos linguísticos na primeira metade do século 19, foram sobretudo os iniciadores do **método comparativo**, isto é, da busca de correspondências morfológicas e fonológicas entre línguas já reconhecidamente aparentadas. Com a importância e a reverência atribuídas ao sânscrito, considerado com maior ou menor certeza como a "língua-mãe" das demais, nenhum deles ousou remontar ainda mais no tempo: a língua sagrada dos hindus era testemunho suficiente do parentesco e, mais ainda, por causa de sua complexidade morfológica, podia representar mesmo um estágio de perfeição que entraria em decadência com o passar das eras. Já iniciada a terceira década do século, porém, alguns linguistas começaram a lançar hipóteses sobre a existência de uma língua ainda mais antiga, da qual o próprio sânscrito teria se originado, como era, aliás, a crença de William Jones. As comparações empreendidas até então se baseavam em **línguas documentadas**, conservadas em registros escritos de diversos gêneros textuais, monumentos cuja antiguidade variava muito de uma língua para outra: o **sânscrito**, por exemplo, apresenta textos sagrados (os *Vedas*) datados aproximadamente do século 16 AEC, enquanto o **lituano** só tem registros escritos a partir do século 16 EC. No início do século 20, o **hitita** será incluído na família, mais uma vez graças a registros escritos que fazem dele a língua indo-europeia com os testemunhos documentais mais antigos (cerca de 2000 AEC); também no início do século 20, sempre graças a textos escritos, o **tocariano** (em suas variedades A e B) será reconhecido como uma língua indo-europeia. Sem documentos para atestar a existência da língua-matriz, foi necessário recorrer a uma nova metodologia: a **reconstrução**, ou seja, a elaboração de uma língua hipotética, pré-histórica (ou seja, falada antes da invenção da escrita). De que modo seria possível levar a cabo esse projeto?

Afirmar o parentesco de palavras como *trēs* (latim), *treîs* (grego antigo), *tráyaḥ* (sânscrito), *trýs* (lituano), *trí* (irlandês antigo), *tre* (albanês) etc. não representava grande dificuldade, vista a semelhança entre essas formas que representam o numeral "três". Como provar, no entanto, que o armênio *hayr* e o irlandês antigo *athir* correspondem ao latim *pater*, grego *patér* ("pai")? Pioneiro em tentar responder essa questão foi o alemão **August Friedrich Pott** (1802-1887), um dos primeiros alunos formados por Bopp em Berlim, que se interessou por temas como tipologia linguística, relação entre língua e raça, a língua **romani** (indo-europeia, falada pelos *roma*, comumente chamados "ciganos", de que Pott foi grande especialista). Seu nome, porém, se fixou na história da linguística como o fundador da **etimologia indo-europeia**. Os estudos etimológicos tinham caído em amplo descrédito depois da investida de autores como Leibniz que, no desejo de provar a origem comum de todas as línguas humanas, propuseram etimologias que seriam classificadas por Grimm de "selvagens", isto é, sem fundamentação em argumentos válidos. Uma primeira sugestão de método sério para o trabalho etimológico foi oferecida, como se viu em |5.9.3|, pelo verbete *etimologia* da *Enciclopédia*. As investigações sobre o léxico indo-europeu receberam de Pott um forte rigor metodológico em suas monumentais *Etymologische Forschungen* ("Investigações etimológicas", 2 volumes, 1833-1836; segunda edição em 5 volumes, 1851-1873).

A orientação de Pott foi rigorosa e tinha como instrumento principal as *leis sonoras*, termo que ele foi um dos primeiros a empregar, especialmente para rotular a *Lei de Grimm* (formalizada por ele), às quais aplicava o adjetivo "naturais", no sentido de que envolvem sons dotados de características comuns. Reproduzindo aqui o exemplo dado por Graffi (2019b: 114), se ao [r] de uma palavra latina corresponde um [h] numa palavra persa ligada etimologicamente a ela, essa relação entre dois sons muito diferentes pode ser explicada postulando-se que ambas derivam de um [s] sânscrito, que se tornou [r] num caso e [s] em outro:

> Com Pott, portanto, ficou claro que, para demonstrar o vínculo etimológico entre duas palavras, não é necessário que os sons (ou "letras", como ainda dizia Pott) de que são compostas sejam idênticos nem sequer semelhantes, mas que haja entre eles uma correspondência sistemática e se identifique as várias etapas que do som originário conduziram aos observados (Graffi, 2019b: 114).

Desse modo, Pott foi o primeiro a formular as correspondências sonoras em quadros sistemáticos, como o que apresentamos acima ao tratar da mutação consonantal germânica. Na introdução à primeira edição de sua obra, definia como objetivo da linguística histórico-comparativa a reconstrução das formas fonológicas e morfológicas da língua indo-europeia pré-histórica. Com isso, foi o primeiro a oferecer propostas de reconstituição das **raízes** indo-europeias, morfemas hipotéticos dos quais derivariam as palavras correspondentes nas diferentes línguas.

No segundo volume da primeira edição da obra, Pott discute amplamente os chamados **metaplasmos**, isto é, fenômenos de mudança sonora regulares que permitem acompanhar as transformações ocorridas entre os estágios mais antigos de uma língua e sua forma contemporânea ou, como no caso da linguística histórico-comparativa, ocorridas entre as diferentes línguas de uma mesma família, tomando por base a hipotética língua-mãe. Esses metaplasmos são as "leis sonoras" ou "leis fonéticas" postuladas no século 19 e hoje classificadas, mais modestamente, como *regularidades* que podem nem sempre se verificar. Uma das conquistas fundamentais da definição dessas regularidades se deu no plano das noções mais antiquadas acerca da mudança linguística, tradicionalmente encarada com pessimismo, como uma deterioração da língua, levada adiante por falantes "relapsos". Com a formulação dessas regularidades ficou definitivamente provado que são fatores de ordem *articulatória* que conduzem os falantes (sem, é claro, terem consciência disso) a introduzir mudanças graduais na pronúncia dos sons, até alterá-los completamente. Mesmo assim, a tese da "negligência", senão coisa pior, continuou a ser defendida por linguistas profissionais:

> Hockett (1958) sustenta que a direcionalidade da mudança sonora é causada pela "tendência a falar com displicência" (p. 456) ou, mais especificamente, pelo fato de que "o falante [é] bastante displicente quanto a seu objetivo (atingir um alvo articulatório) na maior parte do tempo" (p. 440). Hock (1986) também menciona "relaxamento" ou "enfraquecimento" do esforço articulatório e até mesmo "o fenômeno da língua preguiçosa" como a causa da lenição. *Essas declarações são comuns em manuais populares e, de fato, refletem a concepção de senso comum da variação fonética como uma degeneração da pronúncia correta.* Embora seja fácil entender a intuição por trás daquelas declarações, são muitas as razões para não ficarmos satisfeitos com a caracterização da mudança sonora como devida a preguiça ou a desleixo, ou mesmo como a busca de comodidade (Bybee, 2020: 87; grifos nossos).

BOX 6D: FATORES ARTICULATÓRIOS EXPLICAM MUDANÇAS FONÉTICAS

Autores contemporâneos, como a estadunidense **Joan Bybee** (n. 1945), argumentam que a produção dos sons da fala são **gestos articulatórios**, sujeitos à automação dos falantes: "Dado que a produção articulatória é um processo neuromotor, ela está sujeita à redução e à ressincronização [*retiming*] que os comportamentos altamente praticados alcançam por meio da repetição. Os padrões regulares de automação são uma fonte importante da mudança sonora" (2020: 400):

> Com a repetição, as sequências de atos neuromotores se agrupam em unidades e, dentro dessas unidades, as sequências ficam mais integradas, com as **transições** entre as ações tornando-se mais suaves, enquanto partes das ações se sobrepõem. Assim, pro-

> duzir uma palavra ou um sintagma contendo uma sequência de gestos articulatórios pode parecer análogo a outros comportamentos repetitivos, como dar partida no carro ou amarrar os sapatos. A assimilação e a lenição podem ser vistas, então, como uma consequência da articulação enquanto atividade neuromotora praticada com altíssima frequência (Bybee, 2020: 88).

Vejamos, por exemplo, um dos fenômenos de mudança sonora mencionados pela autora, a **assimilação**. Nas mais diferentes línguas do mundo, um ditongo original [aʊ̯] se transformou na vogal simples [o] fechada ou [ɔ] aberta, às vezes com uma etapa intermediária [oʊ̯]. Podemos exemplificar com as línguas românicas:

latim: *auru-* → *oro* (italiano, espanhol)
latim: *auru-* → *or* (francês, catalão)
latim: *auru-* → *ouro* (galego, português)

No caso do português, sabemos que a grafia *ou* é resquício de uma fase anterior da língua em que o ditongo era realmente pronunciado [oʊ̯] (como até hoje em galego), já que a pronúncia atual de fato é [oru]. O que leva os falantes a reduzir o ditongo a uma simples vogal? A vogal [a] é a que apresenta o maior grau de abertura (sendo também a mais baixa, isto é, pronunciada na parte inferior da cavidade bucal), enquanto a semivogal [ʊ̯] está entre os sons mais fechados (e um dos mais altos). A distância entre os dois sons, portanto, é grande, como se verifica na disposição das vogais e semivogais dentro da cavidade bucal (na ilustração, vogais e semivogais do português brasileiro):

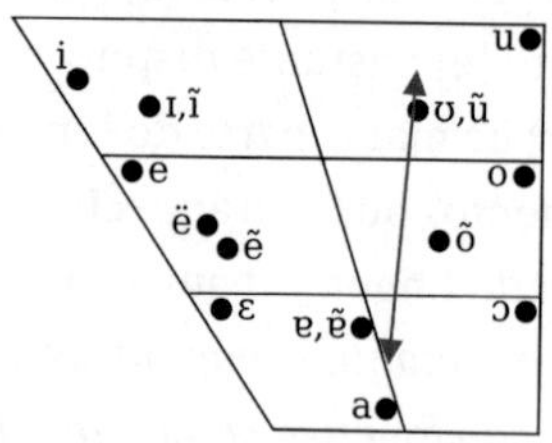

Enquanto pronunciamos um som, já preparamos nossos dispositivos articuladores para pronunciar o próximo, ou seja, não pronunciamos cada som independentemente um do outro, cada um com sua duração própria, mas antecipamos o que vem em seguida, fazendo até mesmo sobreposições: é o que se chama **ressincronização** (*retiming*, em inglês). A ortografia convencional (e mesmo a transcrição fonética do Alfabeto Fonético Internacional) cria a ilusão de uma pronúncia um-a-um por causa da imagem da palavra escrita. Quando pronunciamos o [a] do ditongo [aʊ̯] nos antecipamos ao [ʊ̯] que vem em seguida e acabamos "puxando" um som para mais perto do outro: o resultado é uma espécie de "mescla" de [a] com [ʊ̯], isto é, [o] ou [ɔ], que ficam "a meio caminho" — a tentativa, não plenamente realizada neste caso, é de tornar um som semelhante ao outro, similar ao outro, por isso o nome *assimilação*. Os falantes de variedades rurais brasileiras que pronunciam *s[o]dade* o que se escreve oficialmente *saudade* estão obedecendo a mesma "lei fonética" que levou o latim *auru-* a se transformar em *oro, or, ouro*. Outras vezes, a assimilação pode ser total, como a que mudou o grupo latino [rs] em [s] no português: *persona* > *pessoa*; *persicu-* > *pêssego*.

As investigações fonéticas dos linguistas do século 19 levaram à identificação de muitas regularidades na mudança sonora (como a apofonia e a metafonia discutidas acima) que se aplicam não somente às línguas indo-europeias, mas a todas as línguas, uma vez que todos os seres humanos dispõem das mesmas capacidades articulatórias e das mesmas tendências à automação dos gestos de produção de sons. Os **metaplasmos** mais conhecidos são os seguintes (com exemplificação da história da formação do que viria a se chamar *português*, a partir do latim):

1. Metaplasmos por acréscimo:

- **prótese** — acréscimo de segmento sonoro no início da palavra: *stare > estar*;
- **epêntese** — acréscimo de segmento sonoro no interior da palavra: *humile > humilde*;
- **paragoge** (ou **epítese**) — acréscimo de segmento sonoro no final da palavra: *ante > antes*;
- **suarabácti** — acréscimo de uma vogal que rompe um encontro consonantal: *blatta > brata > barata*.

2. Metaplasmos por supressão:

- **aférese** — supressão de segmento sonoro no início da palavra: *attonitu > tonto*;
- **síncope** — supressão de segmento sonoro no interior da palavra: *corona > coroa*;
- **apócope** — supressão de segmento sonoro no final da palavra: *mare > mar*;
- **crase** — fusão de duas vogais numa só: *pede > pee > pé*;
- **sinalefa** (ou **elisão**) — queda da vogal final de uma palavra quando a seguinte começa por vogal: *de intro > dentro*;
- **haplologia** — redução de duas sílabas semelhantes em uma só: *saudade + -oso > saudadoso > saudoso; trágico-cômico > tragicômico.*

3. Metaplasmos por transposição:

- **metátese** — trasposição de um segmento sonoro para outra posição na sílaba ou de uma sílaba para outra posição na palavra: *primariu > primairu > primeiro; crepo > quebro;*
- **hiperbibasmo** — deslocamento do acento tônico: *erámus > éramos*; *gémitu > gemido*;

4. Metaplasmos por transformação:

- **vocalização** — transformação de consoante em vogal: *absentia > ausência*;
- **consonantização** — transformação de (semi)vogal em consoante: *ieiunu > jejum*;
- **nasalização** — transformação de segmento oral em nasal: *mihi > mi > mim*;
- **desnasalização** — transformação de segmento nasal em oral: *bona > bõa > boa*;
- **lenição** — transformação de uma consoante desvozeada na vozeada homorgânica: *secretu > segredo*;
- **palatalização** — transformação de um ou mais segmentos sonoros em consoante palatal: *uinea > vinha; uideo > vejo*;
- **assibilação** — transformação de um ou mais segmentos sonoros em consoante sibilante (como [s] ou [z]): *capitia > cabeça; iudiciu > juízo*;
- **assimilação** — transformação de um segmento sonoro num segmento igual ou semelhante a outro existente na mesma palavra: *ipso > isso; pauper > pobre*;

- **dissimilação** — diferenciação de um segmento sonoro, devida quase sempre à existência de outro igual ou semelhante na palavra: *liliu* > *lírio*;
- **sândi** — mudança de um segmento sonoro por influência de um som vizinho na cadeia falada: na sequência *cor preta*, o *r* de cor soa [h], mas em *cor azul* soa [r]; também ocorre dentro da palavra, como em *uinu* > *vĩo* (pronunciado em duas sílabas: *vĩ-o*) > *vinho*;
- **rotacização** — transformação de um segmento sonoro em consoante vibrante: *blandu* > *brando*;
- **lambdacização** — transformação de um segmento sonoro em consoante lateral: *paper* (catalão) > *papel*

A maioria desses processos de mudança sonora têm nomes gregos, mas *sândi* e *suarabácti* têm origem no sânscrito e revelam a influência que os estudos fonéticos indianos (muito antigos e detalhados) tiveram sobre a linguística histórica. Uma observação importante ainda a respeito dos metaplasmos é que, por causa do princípio do uniformitarismo |6.1.5|, as mesmas regularidades de mudança ocorridas no passado da língua continuam a agir na língua contemporânea, embora recebam avaliação social negativa da parte dos falantes mais letrados: *repugnar* > *arripunar* (prótese); *muamba* > *muvamba* (epêntese); *papel* > *papel[i]* (paragoge); *trem* > *terém* (suarabácti); *agarrar* > *garra[r]* (aférese); *fósforo* > *fosfro* (síncope); *amor* > *amô* (apócope); *cooperar* > *coperar* (crase); *tábua* > *tauba* (metátese); *próprio* > *própio* (dissimilação); *placa* > *praca* (rotacização); *garfo* > *galfo* (lambdacização) etc.

Uma vez identificadas essas (e muitas outras) regularidades (consideradas, como vimos, "leis naturais"), os linguistas do século 19, como Pott, puderam estabelecer correspondências entre as línguas aparentadas e, assim, reconstituir hipoteticamente as raízes indo-europeias originais. Por exemplo, o numeral "sete" em grego é *heptá*, enquanto em latim é *septem*: qual das duas formas está mais próxima da origem? Fazendo a comparação com outras línguas. encontramos: *saptá* (sânscrito), *seofon* (inglês antigo), *sedmi* (eslavo antigo), *septymi* (lituano), *secht* (irlandês) etc. A presença de *s-* inicial nas palavras de tantas línguas revela que a diferença está no grego. De fato, em muitíssimos casos, a um *s-* inicial geral corresponde uma aspiração em grego — compare-se, por exemplo, os pares latim/grego: *serpentis/herpentos* ("serpente"), *sex/hexa* ("seis"), *sus/hys* ("porco"), *super/hyper* ("sobre", preposição), *solis/helios* ("sol"), *somnus/hypnos* ("sono") etc. Desse modo, e levando em conta outras particularidades, foi possível hipotetizar uma raiz indo-europeia *septm.

As raízes indo-europeias sugeridas por Pott e outros depois dele têm passado por constantes reavaliações, reajustes e refinamentos. Uma das mais importantes mudanças na representação escrita dessas raízes se deve à hipótese, já amplamente aceita, da existência na língua reconstruída de **consoantes laringais**, uma hipótese lançada por Saussure em 1878 |6.8.2| e que revolucionou o método de reconstrução do protoindo-europeu. Assim, o que antes era representado como **dnghu-* ("língua") agora se escreve **dṇĝhuh₂*, em que h_2 representa uma das três consoantes laringais hipotetizadas, supostamente produzidas na região da laringe, mas cujo real ponto de articulação ainda é incerto. A título de curiosidade, apresentamos abaixo algumas raízes indo-europeias e seus "frutos" em diversas línguas do grupo.

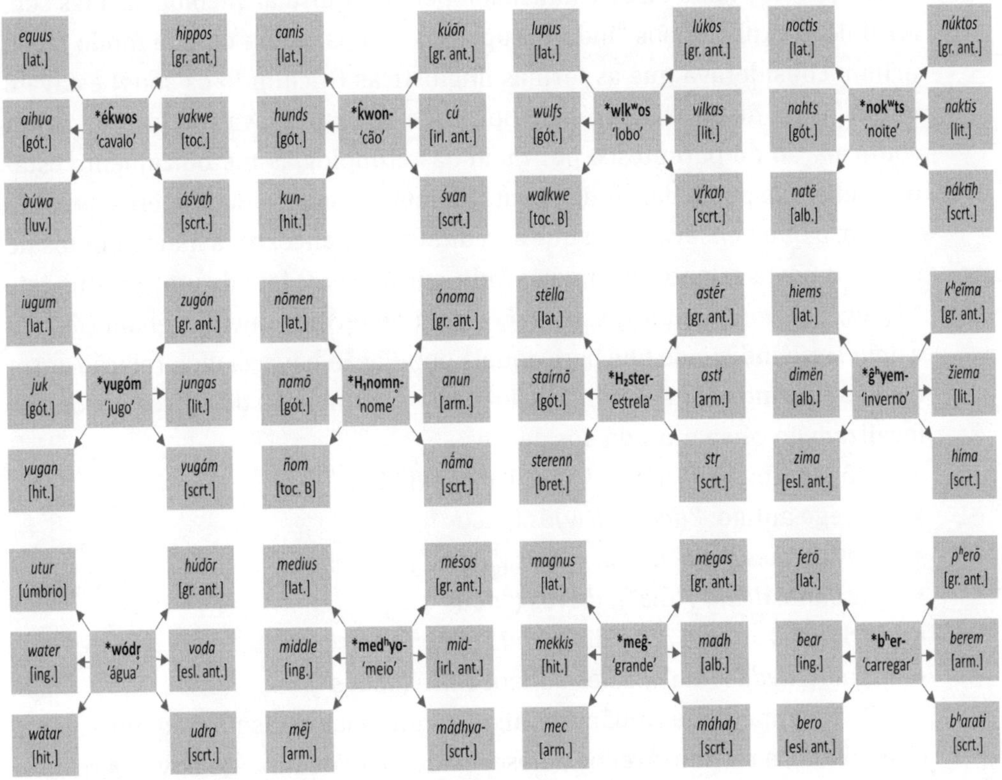

Legenda: alb. = albanês / arm. = armênio / esl. ant. = eslavo antigo / hit. = hitita / gót. = gótico / gr. ant. = grego antigo / irl. ant. = irlandês antigo / ing. = inglês / lat. = latim / lit. = lituano / luv. = luviano / scrt. = sânscrito / toc. = tocariano (A ou B).

6.4.6 A reconstrução cultural, o mito da superioridade racial e suas consequências

Ainda mais ousado e arriscado do que a reconstrução da língua foi o projeto alimentado por alguns linguistas de **reconstruir a cultura** dos "indo-europeus", assumindo a crença de que, em algum momento de um passado muito remoto, existiu uma população homogênea que falava a língua original. Para essa reconstrução "etnográfica", a base seria precisamente o conjunto de etimologias aventadas no processo de reconstrução daquela língua. Desse modo, se a palavra para "cavalo" está documentada nas línguas mais antigas (como num dos exemplos do quadro de raízes acima), é porque os "indo-europeus" conheciam o animal e já se serviam dele. O mesmo vale para a "roda": de uma raiz **kwekwlo-* derivariam o sânscrito *cakrá*, o avéstico *čaxra*, o tocariano A *kukäl* ("carroça"), o grego *kyklos* etc., o que indicaria o uso de carros (uma hipótese mais tarde confirmada pela pesquisa arqueológica, mas sem atribuição explícita aos "indo-europeus"). Vimos acima de que modo Jacob Grimm considerava que as formas linguísticas (incluindo os sons) estavam imbuídas da história do próprio povo que as empregava (ou vice-versa). A confirmação do parentesco por meio das etimologias metodicamente estabelecidas não podia deixar de suscitar também a curiosidade acerca de como viviam, o que pensavam, em que acreditavam os ancestrais mais remotos de todos os povos falantes de línguas indo-europeias. O fato de uma mesma raiz **dyēus/*déiwos* ("brilho") estar na origem de termos que designam *céu*, *dia* e *deus* seria indício de que para aquela população haveria uma relação entre o céu e a divindade, uma concepção que se assemelha à de outros povos que localizam no céu a morada dos deuses:

- sânscrito: *divāh, divōh* ("céu"); *devāh* ("deus")
- grego antigo: *Zdeus, Di(w)ós* ("Zeus")
- latim: *dīes* ("dia"); *deus/dīvus* ("deus")
- lituano: *diena* ("dia"); *dievas* ("deus")
- irlandês antigo: *dīe* ("dia"); *dia* ("deus")
- galês: *dydd* ("dia"); galês antigo: *duiu-* ("deus")

É a mentalidade romântica, aliada a um nacionalismo frequentemente exacerbado, a responsável pela desconsideração de um fato óbvio: a relação entre língua e "raça" é falaciosa (até porque o conceito de "raça" é muito mais um construto ideológico do que outra coisa), já que ao longo da história humana diversas populações — pelos mais diferentes motivos (conquista, migração, escravização etc.) — abandonaram suas línguas ancestrais e adotaram outras. O latim foi imposto a populações as mais diversas, falantes, sim, de línguas indo-europeias (célticas, por exemplo), mas também de línguas de filiação até hoje desconhecida (sicanos, etruscos, tartéssios...). A atual população afrodescendente do Brasil e dos Estados Unidos fala, respectivamente, português e inglês. Durante sua expansão a partir de seu ambiente original por meio de migrações, os "indo-europeus" (se é que jamais existiram como entidade étnica uniforme) sem dúvida entrariam em contato com diversas populações pré-históricas, se miscigenariam a elas e lhes imporiam sua língua (ou adotariam a delas).

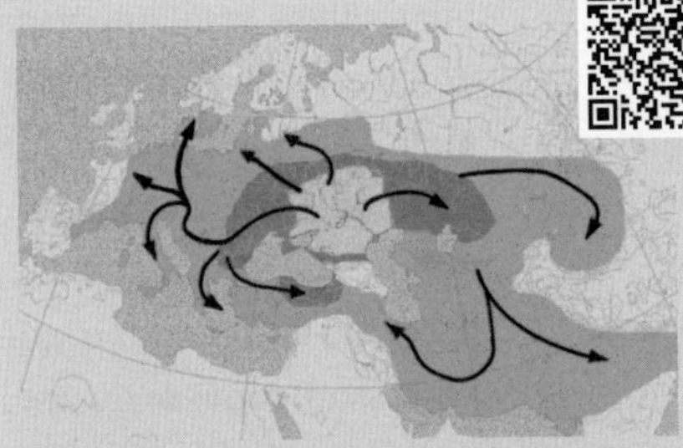

Migrações da população falante do protoindo-europeu desde sua localização original:
- 4000 AEC
- 2500 AEC
- 1000 AEC

Seja como for, a reconstrução cultural só poderia ser feita se fosse possível localizar a *Urheimat* ("pátria original") onde era falada a *Ursprache* ("língua original") do *Urvolk* ("povo original"). Em épocas anteriores, como vimos, aventou-se que os falantes das línguas europeias descendiam dos *citas*, que habitavam a Cítia (*Scythia* em latim, do grego *Skythía*), uma vasta região da Ásia Central que abrangia também porções da Europa oriental a leste do rio Vístula |5.3.2|. Os citas eram falantes de uma língua indo-europeia do ramo iraniano oriental. A partir do século 19, porém, a hipótese cita vai ser abandonada em favor de outras localizações. Ideólogos assumidamente racistas propuseram localizar a "pátria original" na própria Alemanha, às margens do Mar do Norte ou do Mar Báltico, o que justificaria o nome "indo-germânico". Essa tese vai se transformar em verdadeiro delírio obscurantista durante a fermentação e chegada ao poder da ideologia nazista. Atualmente, a teoria mais amplamente aceita, sustentada por vastos achados arqueológicos, é a que localiza a *Urheimat* numa região de estepes que se estende entre o Mar Negro e o Mar Cáspio (Anthony, 2007).

O estudo das palavras auxiliava na tentativa de localização da "pátria original": nomes de plantas, cultivadas ou não, de animais selvagens e domésticos, de fenômenos meteorológicos, de instrumentos os mais variados (carro, arado, armas etc.) podiam servir de indícios mais ou menos seguros para a reconstituição da vida material, dos hábitos e crenças dos primeiros "indo-europeus". Essa população original era chamada, no século 19 e até meados do século 20 (especialmente pelos teóricos do racismo científico que deram sustento à ideologia nazista), de **árias** ou **arianos**. Trata-se, no entanto, de um equívoco:

> Aplicado a todas as nações de língua indo-europeia, como frequentemente o foi, o nome *ariano* é usurpado. Os povos cuja língua era do grupo indo-iraniano davam a si mesmos o nome de *arya-*, encontrado nos mais antigos textos. O

> próprio nome do Irã é uma das formas da palavra: *Aryanam* (no plural), que se tornou *Erân*, e que se pronuncia hoje *Irân* em persa. É justo chamar de ariano um hindu do noroeste da Índia ou um persa; mas aplicar esse nome a um indivíduo de língua eslava, germânica ou românica é dar à palavra uma extensão à qual não se está autorizado por nada. Se se estendeu erradamente o valor do nome *arya-*, é simplesmente porque o sânscrito, conhecido numa data relativamente antiga, sob uma forma frequentemente arcaica, e bem descrito por gramáticos nativos, é precioso para o linguista e desempenhou, na constituição da gramática comparada das línguas indo-europeias, um papel dominante. O emprego do nome *ariano*, que fez fortuna tão singular, mas que está felizmente em regressão, provém de um fato linguístico mal interpretado (Meillet, 1928: 74).

A censura de Meillet, no entanto, não teve repercussão entre aqueles que, uma década depois, voltariam a usurpar o termo *ariano* para justificar os mais hediondos crimes contra a humanidade.

Voltando à relação língua/"raça", assim como é descabida a ideia de uma língua que vai se transformando ao longo do tempo devido a seus próprios "movimentos orgânicos" internos, independentemente das circunstâncias sociais e ecológicas em que é falada, igualmente infundada é a noção de uma "raça" (e de uma cultura) que se mantém a mesma ao longo do tempo e se preserva tal e qual no curso de suas migrações. Mas já temos visto de que modo os intelectuais do século 19 — especialmente alemães — procuravam na língua e na "raça" dos "árias" uma origem ancestral para si mesmos. Não por acaso, Friedrich Schlegel vinculava o nome *ária* ao alemão *Ehre*, "honra". O uso do termo em alemão remonta à década de 1840. Foi Max Müller quem pôs em circulação mais ampla o termo *ária*, propondo que substituísse as denominações *indo-europeu, indo-germânico, caucásico* e *jafético* para designar o grupo daquelas línguas aparentadas. Para esse linguista, o léxico reconstruído "servirá de comprovação quanto ao estado de civilização atingido pelos arianos antes de terem deixado seu lar comum" (Müller, 1862: 235). Ele também escreveu:

> Os termos para Deus, casa, pai, mãe, filho, filha, para cão e vaca, para coração e lágrimas, para machado e árvore, idênticos em todos os idiomas indo-europeus, são como as senhas dos soldados. Interrogamos o aparente estrangeiro, e quer ele responda com os lábios de um grego, de um alemão ou de um indiano, nós o reconhecemos como um dos nossos. Embora os historiadores possam balançar a cabeça, embora o fisiologista possa duvidar, e o poeta escarnecer da ideia, todos têm de ceder diante dos fatos fornecidos pela língua. Houve um

> tempo em que os ancestrais dos celtas, dos germanos, dos eslavos, dos gregos e italianos, dos persas e hindus estavam vivendo juntos dentro dos mesmos cercados, separados dos ancestrais das raças semita e turaniana (*apud* Garrett, 1989: 50; *turaniana* aqui equivale a *turca*).

Um dos empreendimentos mais ambiciosos de reconstrução cultural se encontra nos dois volumes da obra *Les origines indo-européennes ou les Aryas primitifs: essai de paléontologie linguistique* ("As origens indo-europeias ou os árias primitivos: ensaio de paleontologia linguística": I, 1859; II, 1863), do suíço **Adolphe Pictet** (1799-1875), a quem Seuren (2018: 109) classifica como um "representante destacado de um racismo profundamente enraizado" e que, ao traçar uma escala ascendente do macaco até o homem europeu, passando pelo homem negro, afirmou que "o negro tende mais para o animal do que o europeu". Pictet pertencia a uma das famílias mais ricas da Suíça (até hoje existe um banco suíço com seu nome), com a qual a família Saussure sempre teve estreitas relações pessoais e empresariais |6.8.1|. Foi a leitura dessa obra de Pictet que levou o jovem Ferdinand de Saussure a descobrir sua vocação de etimologista (Joseph, 2012: 147).

Pictet empreende, no primeiro volume, uma vasta exploração do vocabulário indo-europeu para extrair dele informações sobre a ecologia das terras onde viviam originalmente os "árias": clima, mar, montanhas, cursos de água, minerais, plantas, animais. No segundo, entram em jogo a cultura, os modos de vida, os hábitos, a espiritualidade, a religião, a mentalidade etc. São ao todo mais de mil páginas de etimologias inspiradas nos trabalhos de seus predecessores e contemporâneos. Aos temas tratados no segundo volume subjaz uma ideologia abertamente eurocêntrica, em que os dados lexicais obtidos são de certa maneira forçados a comprovar a nobreza da "raça" ariana. A introdução do primeiro volume é eloquente a esse respeito:

> Numa época anterior a todo testemunho histórico, e que se esquiva na noite dos tempos, uma raça destinada pela Providência a dominar um dia o globo inteiro crescia pouco a pouco no berço primitivo em que ela preludiava seu brilhante porvir. Privilegiada entre todas as outras pela beleza do sangue e pelos dons da inteligência, no seio de uma natureza grandiosa, mas severa, que entregava seus tesouros sem prodigá-los, essa raça foi chamada desde o início a conquistar pelo trabalho as condições materiais de uma existência assegurada, a pôr em jogo os recursos de uma indústria perseverante para se erguer acima das primeiras necessidades da vida. Daí um desenvolvimento precoce da reflexão que prepara e da energia que cumpre; em seguida, decerto, uma vez

vencidas as dificuldades do início, um estado de bem-estar aprazível no seio de uma existência patriarcal (1859: 1).

Para fazer jus a tantas qualidades, essa raça se esforçou por criar uma língua

admirável por sua riqueza, seu vigor, sua harmonia e pela perfeição de suas formas; uma língua aonde vinham se refletir espontaneamente todas as suas impressões, suas doces afeições, suas admirações ingênuas, mas também seus arroubos rumo a um mundo superior; uma língua cheia de imagens e de ideias intuitivas, trazendo em germe todas as riquezas futuras de uma magnífica expansão da poesia mais elevada tanto quanto do pensamento mais profundo. A princípio una e homogênea, essa língua, já tendo alcançado um altíssimo grau de perfeição, serviu de órgão comum a esse povo primitivo enquanto não ultrapassou os limites de seu país natal (1859: 1-2).

Dentro do clima de opinião de sua época, Pictet equipara a linguística comparada a uma ciência natural: a paleontologia. Ao declarar que não lhe cabe mostrar os procedimentos que levaram a linguística a obter tantos resultados importantes, o autor considera suficiente dizer que "tais procedimentos, em seu conjunto, estão ao abrigo de toda crítica e podem se comparar, pela certeza, aos que a paleontologia implementou para recuperar a história das revoluções de nosso globo" (p. 4). Pictet lamenta que tenha demorado tanto a evidenciação do parentesco entre tantas línguas e atribui isso às "influências teológicas que levavam a ver no hebraico a língua primitiva do gênero humano e conduziam os pesquisadores a becos sem saída". O uso da língua como forma de acesso à vida material e espiritual de uma população se justifica porque "a língua de um povo apresenta a imagem mais fiel de toda a sua maneira de ser e encerra, como que em depósito, os testemunhos mais seguros de sua história física e moral":

Se, portanto, pela comparação mais completa possível dos termos possuídos em comum pelas línguas arianas, pudermos reconduzi-las a sua forma primeira e recuperar sua significação real, conseguiremos ter uma ideia ao menos aproximativa do estado material, social e moral do povo ao qual se deve a criação do idioma primitivo (p. 6).

É assim que Pictet propõe o que para ele é uma ciência nova: a *paleontologia linguística*:

Dá-se com isso exatamente como na paleontologia quando, graças a ossadas fósseis, ela consegue não somente reconstruir um animal, mas nos informar de

> seus hábitos, de sua maneira de se mover, de se alimentar etc. Pois as palavras duram tanto quanto os ossos e, assim como um dente encerra implicitamente uma parte da história de um animal, uma palavra isolada pode abrir caminho a toda a série de ideias que se prendiam a ela quando de sua formação. Assim, o nome *paleontologia linguística* conviria perfeitamente à ciência que temos em vista, pois ela se propõe por objetivo fazer reviver, de algum modo, os fatos, as coisas e as ideias de um mundo enterrado nas trevas do passado (p. 7).

Ao mencionar o velho debate sobre a "unidade primitiva da linguagem", ou seja, a origem comum a todas as línguas humanas, Pictet volta ao desejo compartilhado na época de situar a linguística entre as ciências naturais:

> Apesar dos rápidos progressos que recentemente a linguística geral tem feito, trata-se de uma ciência que apenas começa. Quando todas as famílias de línguas tiverem sido exploradas com o cuidado e o detalhe que os naturalistas consagram ao estudo dos seres organizados, quando elas tiverem sido reconduzidas, tanto quanto possível, a seus elementos radicais, talvez se revelem analogias e leis de formação que ainda se ocultam sob a multiplicidade confusa dos fatos acidentais. Somente então a questão da unidade de origem poderá ser discutida partindo-se de uma base real (p. 8).

Em novo arroubo de louvor à "raça" original, Pictet afirma em seguida:

> Por toda parte onde penetraram, no Oriente e no Ocidente, os povos arianos levaram consigo os germes de um poderoso desenvolvimento progressivo. Se, em certos aspectos, nem todos se realizaram com tanto brilho quanto a Índia e a antiguidade clássica, todos pelo menos souberam conservar as virtudes heroicas, o senso da poesia e o espírito de progresso em altíssimo grau (p. 9).

Até mesmo o cristianismo, apesar de ter surgido "no seio do mundo semítico", só se tornou "para sempre a religião da humanidade" ao "passar para as raças arianas". Por fim,

> a análise comparada dos termos que pertencem às diversas artes manuais permitirá julgar aproximativamente a que grau de desenvolvimento elas terão chegado, e o mesmo valerá para as palavras relativas a qualquer outra esfera da atividade humana (p. 10).

Um exemplo, entre tantos, da mescla de investigação etimológica bem-sucedida e viés ideológico que tenta encontrar na "raça ariana" as sementes da sociedade burguesa europeia é a análise de Pictet, no segundo volume de sua obra, dos termos que designam nas línguas indo-europeias o *esposo* e a *esposa*. Ao iniciar o tratamento do tema do matrimônio, o autor escreve:

Se é certo que a família é a base de toda sociedade humana, também é certo que o casamento constitui a condição necessária a todo desenvolvimento completo da família, porque só ele assegura, de maneira permanente, as relações mútuas e os direitos respectivos dos membros que a compõem. Importa, assim, mostrar inicialmente que o casamento existia entre os antigos árias. Não faltam provas desse fato e são de natureza a não deixar nenhuma dúvida (1863: 331).

O empreendimento de Pictet é guiado essencialmente por um impregnado eurocentrismo burguês e racista. Suas opiniões sobre as diferenças entre os "árias" e os hebreus, com evidente simpatia pelos primeiros, serviram de apoio supostamente erudito ao sentimento antissemita que ia se formando na Europa e explodiria na chacina provocada pelos nazistas um século depois. Segundo Joseph (2012: 151),

a audiência que recebeu o livro de Pictet após sua publicação pertencia a um tempo em que o discurso público estava começando a refletir consternação ao que se considerava um poder desproporcional dos judeus nos bancos, nas profissões, ciências, artes e política. A emancipação dos judeus ocorreu na Suíça em 1866 e lá, como em toda parte na Europa, as pessoas que tinham simpatizado com os judeus quando lhes eram negados plenos direitos de cidadania começaram a temê-los e a se incomodar com eles tão logo esses direitos lhes foram garantidos. Para algumas dessas pessoas, o livro de Pictet parecia oferecer prova científica de que a raça ariana era superior. Pictet sem dúvida jamais poderia ter imaginado a que isso levaria em menos de cem anos.

É curioso notar que Ferdinand de Saussure, que publicou pouquíssimo em vida, escreveu uma longa resenha simpática à obra de Pictet, estampada em três partes no *Journal de Genève* em 17, 19 e 25 de abril de 1878.

Um empreendimento bem menos tendencioso e mais sereno será a obra do alemão **Otto Schrader** (1855-1919), uma verdadeira enciclopédia intitulada *Reallexikon der indogermanischen Altertumskunde: Grundzüge einer Kultur- und Völkergeschichte Alteuropas* ("Léxico dos *realia* da antiguidade indo-germânica: fundamentos da história cultural e étnica da Europa antiga", 1901). Schrader recusa a ideia tradicional que vincula "raça" e língua: "A expressão *indo-germânico* designa, algo que jamais enfatizaremos com força suficiente, uma noção mais que tudo puramente linguística" (Schrader; Nehring, 1917-1929, I, 540). Sem o nacionalismo exacerbado dos cientistas alemães de sua geração, não aceitará a tese de que a pátria original dos "indo-europeus" se situava na Escandinávia ou no norte da Alemanha, preferindo localizá-la nas estepes entre o Mar Negro e o Mar Cáspio, hipótese que é hoje a mais amplamente aceita. Rejeitava também o recurso à craniometria para identificar aquela população:

> O exame objetivo das descobertas craniológicas não tem permitido, em lugar nenhum, descobrir uma população totalmente homogênea, mas, ao contrário, em todos os períodos e remontando até a Idade da Pedra, encontra-se uma coexistência de dolicocéfalos, mesocéfalos e braquicéfalos (I, 632).

Esse argumento sustentava a ideia de miscigenação étnica dos "indo-europeus" com outras populações. Ao contrário de Pictet, Schrader ressaltava a poligamia presente naquele período remoto, assim como reconhecia a existência provável da homossexualidade entre aquelas populações, mesmo atribuindo-a a "influências orientais". Schrader pôde empreender seu trabalho com um pouco mais de fundamentação graças aos desenvolvimentos de disciplinas como a pré-história e a arqueologia. Mas sua voz permanecerá isolada num clima de opinião cada vez mais dominado pelo racismo e por extremismos nacionalistas.

É na França que se produzirão trabalhos de reconstrução cultural por meio do léxico indo-europeu despidos do chauvinismo extremado e das etimologias fantasiosas de Pictet, mas nem por isso menos problemáticos. Assim, em 1932, Antoine Meillet publicou o artigo "Sobre o estado atual da gramática comparada", em que propõe distinguir o vocabulário que se conservou nas línguas indo-europeias por toda parte daquele que é restrito a determinadas porções geográficas. O vocabulário mais comum proviria, segundo ele, dos usos linguísticos dos chefes indo-europeus que comandaram as expedições de expansão e posterior conquista de novos territórios: *"A unidade das línguas indo-europeias traduz a unidade de uma aristocracia"* (2020: 141). Desse modo, se conservaram por toda parte

> as palavras que pertencem à língua de todos, os verbos que significam viver e morrer, ir e vir etc.; os adjetivos como *velho* e *jovem*, *antigo* e *novo* etc.; os nomes que indicam as relações mais importantes de uma sociedade patriarcal, como *pai, mãe, irmão* etc.

Mas paralelamente a esse léxico geral, existe todo um vocabulário de origem "popular, familiar ou técnica", que apresenta características distintas do vocabulário aristocrático. Assim, o termo para "pai" — sânscrito *pitar*, grego *patér*, latim *pater* etc. — se aplicava ao pai de família e, por extensão, ao deus mais importante, de modo que, por pertencer ao círculo dos poderosos, foi essa palavra que se fixou nas diferentes línguas indo-europeias. No entanto, ao lado dela existiam outros termos "populares", como *atta, tata, appa, papa*, que praticamente não se mantiveram nas diferentes línguas. Por isso,

> a gramática comparada não opera mais hoje em dia com o indo-europeu simples e ideal que os fundadores dessa ciência contemplavam, mas com um conjunto complexo de falares. Ela leva em conta diferenças de dialetos, diferenças de datas, diferenças de situações sociais e de maneiras de se exprimir. Agora nos encontramos diante de uma realidade rica e nuançada (2020: 142).

Como veremos no encerramento deste capítulo, Meillet pode ser considerado o pioneiro de uma área de estudos que virá a ser designada mais adiante como **sociologia da linguagem**, uma vez que insistiu em observar a língua não mais *"em si e por si mesma"*, mas sempre em correlação com os fatos sociais. Além de ter procedido assim em estudos sobre as línguas modernas, como em seu clássico ensaio "Comment les mots changent de sens" ("Como as palavras mudam de sentido") (1906; ver Meillet, 2020), ousou aplicar o mesmo método ao estudo da língua e da sociedade indo-europeia, recorrendo a dois instrumentos teóricos fundamentais: a **variação** e o **contato de línguas**. Sua hipótese é a de que a língua dos "chefes indo-europeus", mesmo tendo sido imposta às populações assujeitadas, também se deixou impregnar pelas línguas desses povos, como é inexorável em situações de contato. Esse tipo de situação histórica provoca um inevitável bilinguismo inicial, durante o qual hábitos fonéticos, características morfossintáticas e elementos lexicais da língua subjugada penetram na língua dominante. Assim, por exemplo, é que os termos que designam o vinho, a azeitona/oliva e a rosa não pertencem ao fundo ancestral indo-europeu, tendo sido provavelmente tomados de empréstimo a línguas de outros povos, decerto mediterrâneos. Os termos *(w)anaks* e *basileus*, usados em grego para designar o *rei*, são provavelmente de origem não indo-europeia, até mesmo porque a sociedade helênica não se organizava em regimes monárquicos. O mesmo se aplica a palavras gregas como *thálassa* ("mar"), *týranos* ("tirano") e a todo um conjunto de vocábulos com a terminação *-inthos*: *sminthos* ("rato"), *labýrinthos* ("labirinto"), *plinthos* ("plinto"), *apsínthion* ("absinto"), *olinthos* ("figo selvagem"), *Korinthos* ("Corinto"). Nomes próprios como o do deus *Apolo* e do herói *Odisseu* provavelmente também são pré-indo-europeus ou, no mínimo, pré-helênicos. Cerca de 28% do léxico das línguas germânicas é não-indo-europeu (Mallory; Adams, 1997: 218-223). As trocas culturais de toda ordem, portanto, parecem sempre ter estado presentes na pré-história europeia, trocas culturais que sem dúvida também representaram miscigenação étnica.

Ao contrário, portanto, das concepções mais comuns entre os que tentaram, no século 19, vincular as sociedades europeias a uma "raça" única, portadora de uma cultura uniforme, Meillet afirma:

> Lá onde as línguas indo-europeias se generalizam, isto é, quase por toda parte na Europa e em várias regiões da Ásia, os homens que as falam provêm da mescla de certo número de conquistadores indo-europeus com um fundo de população autóctone. As diferenças profundas que observamos entre as línguas indo-europeias se explicam, em certa medida, talvez até em larga medida, pelo fato de que hábitos e tendências provenientes de línguas pré-indo-europeias se teriam conservado. Infelizmente, por toda parte, essas línguas são desconhecidas. Mas da nossa ignorância não se deve concluir que tudo, nas línguas indo-europeias, seja de origem indo-europeia (2020: 143).

Essas reflexões de Meillet servirão de incentivo à produção de investigações já clássicas sobre as sociedades de língua indo-europeia, com destaque para *Le vocabulaire des institutions indo-européennes* (*O vocabulário das instituições indo-europeias*, 1969), de **Émile Benveniste** (1902-1972), os volumosos estudos de **Georges Dumézil** (1899-1986) sobre a mitologia indo-europeia, e a obra *Des steppes aux océans: l'indo-européen et les "Indo-européens"* ("Das estepes aos oceanos: o indo-europeu e os 'indo-europeus'", 1986), de **André Martinet** (1908-1999), não por acaso todos ex-alunos de Meillet.

Apesar de suas marcadas diferenças com relação ao trabalho de Pictet, esses autores compartilhavam a crença de que os "indo-europeus" constituíam uma "civilização" superior, causa e/ou consequência de sua língua "desenvolvida", e seu discurso poderia servir (como tem servido) de argumento para a expansão dos impérios coloniais. Essa crença, como se viu e se verá, surge com a própria "descoberta" do sânscrito e com a invenção do termo e do conceito *indo-europeu*. Ao lado dela, outro mito: o de que os "indo-europeus" eram um povo "guerreiro" e "conquistador". A tese de uma "aristocracia indo-europeia" é difícil de confirmar. Não obstante, Meillet escreveu, em 1929, que

> todas [as línguas da Europa] se formaram sob a influência da mesma civilização; por trás de todas, há os mesmos modelos gregos e latinos que foram imitados por toda parte. [...] Apesar da diversidade das aparências, a civilização europeia não tem, no fundo, mais que uma mesma língua de cultura. [...] *Há cerca de três mil anos, todo o essencial da civilização tem sido expresso por línguas indo-europeias* (*apud* Demoule, 2014: 156; grifos nossos).

Por seu turno, Benveniste (1939: 27) afirmou:

> Em sua diversidade, essas invasões [...] nunca impulsionaram vastos povos guerreiros. São, bem mais, pequenos grupos ousados, fortemente organizados, instaurando sua ordem sobre a ruína das estruturas estabelecidas [...]. Todos conservarão, ao longo de seu destino particular, os traços distintivos de sua comunidade primeira: [...] instinto conquistador e gosto dos livres espaços; senso da autoridade e apego aos bens terrestres. De início, parecem absorver-se na massa dos povos frequentemente mais civilizados que eles submetem. Um longo silêncio segue sua conquista. Mas logo, da ordem nova que fundam, jorra uma cultura a princípio carregada de elementos locais e logo se desenvolvendo em formas cada vez mais novas e audaciosas.

Quanto a Dumézil (1941: 385), assim pôde resumir sua tese:

> Ao longo do terceiro e do segundo milênios antes de Cristo, produziu-se *o evento mais importante da história temporal recente da humanidade*: de uma região que podemos situar entre a planície húngara e o Báltico, por ondas sucessivas, partiram em todos os sentidos tropas conquistadoras que falavam sensivelmente a mesma língua. O que se passou? Desagregação de impérios pré-históricos? Dificuldades alimentares ou climatéricas? *Imperialismo inato*, apelo confuso do destino, maturação planturosa de um grupo humano privilegiado? Jamais saberemos. Mas o fato está dado: corridas centrífugas, em alguns séculos, submetem a esses ousados cavaleiros toda a Europa do Norte, do Oeste, do Sul e do Sudeste; os antigos habitantes desaparecem, se assimilam ou formam ilhotas que lentamente são absorvidas (grifos nossos).

Diante dessas afirmações peremptórias, o arqueólogo francês Jean-Paul Demoule (2014: 151) pergunta e responde: *"Mas em que repousam essas certezas tão soberanas que permitem passar das correspondências fonéticas formais a aristocratas orgulhosos e guerreiros? Em praticamente nada"*. De fato, as descobertas arqueológicas até hoje não comprovaram a suposta unidade de um povo "indo-europeu" original nem nada que corrobore a representação "guerreira" e "conquistadora" que se faz dele. É mais seguro falar de *migrações* em ondas sucessivas, com os inevitáveis (ainda que conflituosos) contatos étnicos, linguísticos e culturais. A ideia de *invasão e conquista* parece querer projetar na pré-história o modelo dos imperialismos greco-macedônio e romano e seu sucessor moderno, o colonialismo que levou línguas indo-europeias a se estabelecer em todos os continentes, por meio da invasão, do genocídio e da escravização.

Essas representações, acumuladas e consolidadas ao longo de um século, extrapolarão os estudos linguísticos e — com o apoio da antropologia física, da arqueologia e da genética manipuladas por intelectuais abertamente racistas (e, mais que tudo, antissemitas, alguns dos quais se filiaram ao nazismo e ocuparam cargos no regime, cf. Demoule, 2014) — darão suporte "teórico" ao projeto genocida da Alemanha nazista. Mesmo um arqueólogo como **Vere Gordon Childe** (1892-1957), que adotou o marxismo como ferramenta para interpretar seus achados arqueológicos e denunciou os campos de concentração nazistas, não hesitou em escrever (1926: 4):

> As línguas indo-europeias e sua língua-mãe presumida foram, sob todos os aspectos, instrumentos de pensamento excepcionalmente delicados e flexíveis. Eram quase as únicas, por exemplo, a dispor de um substantivo verbal e ao menos de um maquinário rudimentar para construir orações subordinadas capazes de exprimir relações conceituais numa cadeia de raciocínios. Disso decorre que os arianos devem ter sido dotados de excepcionais qualidades mentais, ainda que não tenham gozado de uma alta cultura material.

Sem comprovação arqueológica concreta da alegada superioridade intelectual, o processo gramatical da subordinação sintática pareceu suficiente para corroborá-la! A relação entre capacidade intelectual e estrutura gramatical foi a base da filosofia da linguagem de Wilhelm von Humboldt |6.5.1|, que iniciou essas extrapolações capazes de desaguar em racismo. Assim, nas pegadas desse pensador alemão, Whitney escreveu, num livro publicado em 1867 e que não pretendia em nada reconstruir a vida material da população pré-histórica:

> Nos últimos séculos, as nações europeias têm estado na dianteira, sem rival, na história do mundo. São as iluminadas e as iluminadoras do gênero humano. Só elas estão estendendo a esfera do conhecimento humano, investigando a natureza da matéria e da mente, e desvelando a participação delas na história passada e na condição presente da Terra e de seus habitantes. Só elas têm um estoque excedente de energia inteligente que está constantemente empurrando para além suas velhas fronteiras e recusando qualquer limite a sua ação. A rede de sua atividade abarca o globo; seus navios estão em todos os mares entre os polos, para a exploração, para o comércio ou para a conquista; as raças mais fracas estão aprendendo sua civilização, caindo sob sua autoridade ou desaparecendo da face da terra, pela incapacidade inerente de se confrontar a ela. [...] Além disso, uma vez que a relação entre a capacidade de uma raça e o caráter da língua originada e elaborada por essa raça é direta e necessária, não

> poderia ser outro o caso senão que o idioma da parte mais eminente e harmoniosamente dotada da humanidade fosse ele mesmo do mais elevado caráter e do mais harmonioso desenvolvimento e, assim, o mais digno objeto de estudo, em sua estrutura e suas relações com a mente e o pensamento [...] (Whitney, 1867: 198; 199).

Essas palavras de exaltação e deslumbramento pouco diferem das seguintes, publicadas meio século mais tarde:

> É inútil começar a debater para saber que raça ou quais raças foram as portadoras originais da cultura humana e, assim, as verdadeiras fundadoras de tudo o que entendemos pelo nome de humanidade. É mais simples fazer a pergunta ao presente, e a resposta se torna fácil e clara. O que vemos hoje diante de nós como cultura humana, como produções da arte, da ciência e da tecnologia é exclusivamente o produto criador do ariano. [...] Se dividirmos a humanidade em três categorias — os fundadores de civilizações, os portadores de civilizações e os destruidores de civilizações —, então somente o ariano pode representar a primeira.

Tais declarações, que poderiam ter sido assinadas por muitos pensadores — progressistas ou reacionários — desde o início do século 19 até as primeiras décadas do século 20, são, porém, de autoria de ninguém menos do que **Adolf Hitler** (1889-1945), estampadas em seu livro *Mein Kampf* ("Minha luta" [1927] 1940: 317-318). O horror nazista apoiado no mito da "pureza ariana" não foi uma delirante inovação genocida de um único homem capaz de convencer outros tantos, quando não uma população inteira: sua ideologia pôde se apoiar numa longa tradição racista impregnada nas sociedades europeias, surgida a partir dos "descobrimentos" e das investidas coloniais, e para a qual contribuiu — ora voluntária, ora involuntariamente — uma longa linhagem de intelectuais. Assim como a teoria da evolução de Darwin foi distorcida na forma de um "darwinismo social" racista e reacionário, assim como a genética foi usada para justificar o "eugenismo" — um modo pseudocientífico de chancelar a chamada "faxina étnica" —, também o conceito de *indo-europeu*, de natureza exclusivamente linguística, foi deturpado em "ariano" com as sabidas consequências. A derrota do nazismo em 1945, no entanto, não foi suficiente para sepultar o mito da superioridade ariana: ele permanece como uma das bases ideológicas dos movimentos reacionários atuais, como por exemplo na chamada "Nova Direita" francesa (Demoule, 2014).

A paleontologia linguística, mesmo despida de seu verniz chauvinista ou racista, continua a ser uma disciplina polêmica, praticada muito mais por arqueólogos do que por linguistas. Ela se vale do chamado "vocabulário comum" para hipotetizar aspectos da vida material e cultural das populações pré-históricas, mas essa metodologia apresenta muitos problemas. Por exemplo, as línguas indo-europeias apresentam cognatos comuns para "pé", mas não para "mão", compartilham uma raiz para "neve", mas não para "chuva"... O principal risco é o do anacronismo, isto é, projetar sobre uma realidade pré-histórica escassamente conhecida traços culturais próprios do lugar e da época em que vive o pesquisador.

6.4.7 August Schleicher e a reconstrução da *Ursprache*

Embora tenha vivido pouco, **August Schleicher** (1821-1868) marcou definitivamente a história da linguística. A partir da segunda metade do século 19, boa parte da produção intelectual será dirigida a apoiar seu trabalho ou a criticá-lo. Seu nome está associado, como vimos, ao uso da *árvore genealógica* para representar o parentesco das línguas indo-europeias. Foi ele também quem introduziu o uso do asterisco (*) para assinalar formas reconstruídas, não atestadas documentalmente, tal como o empregamos em nossos exemplos até agora, uma convenção que desde então não foi abandonada. A reconstrução das raízes indo-europeias tem em Schleicher seu mais importante propositor. Sua insistência na necessidade de estabelecer leis precisas de mudança fonética é coerente com sua concepção profundamente organicista das línguas, muito influenciada por sua relação íntima com a botânica e pelo impacto das ideias de Darwin (que, no entanto, vieram de fato corroborar noções que Schleicher já tinha formulado previamente |6.1.4|). Tal como as espécies naturais, as línguas também podiam ser classificadas em famílias, gêneros, espécies e subespécies: "As regras que Darwin agora estabelece no tocante às espécies de animais e plantas são igualmente aplicáveis aos organismos das línguas, isto é, na medida em que os principais traços estão em jogo" (*apud* Allan, 2009: 217):

> Tais línguas, que poderíamos chamar na terminologia do botânico ou do zoólogo de as espécies de um gênero, são para nós as filhas de uma protolíngua [*Grundsprache*], da qual derivaram por variação gradual. Onde estivermos suficientemente habituados a qualquer família particular de falas, podemos traçar uma tabela genealógica semelhante à que Darwin tentou para as espécies de animais e plantas (Allan, 2009: 217).

Schleicher publicou extensamente, mas a obra que o consagrou foi o *Compendium der vergleichenden Grammatik der indogermanischen Sprachen* ("Compêndio da gramática comparada da língua indo-germânica", dois volumes, 1861-1862), que se transformou no manual básico e modelo para futuros livros da disciplina.

Ele não foi o primeiro a tentar uma reconstrução da língua-mãe (também chamada em alemão *Ursprache*, "protolíngua"): Bopp, Rask, Grimm e Pott também já tinham enveredado por essa trilha. Mas foi ele, sem dúvida, o sistematizador das ideias lançadas por seus antecessores, e o impacto de seu trabalho será profundo a partir de 1850, até ser duramente criticado no final do século pelos chamados Jovens Gramáticos |6.5|. Ao propor formas hipotéticas para a protolíngua, Schleicher sabia que eram exatamente isso, *formas hipotéticas*:

> O próprio Schleicher tinha plena consciência, e disse isso na introdução do *Compendium*, de que algumas reconstruções eram mais duvidosas do que outras; chegou mesmo a declarar que estabelecê-las não implicava que de fato tenham existido. No entanto, a reivindicação básica que Schleicher fez para a importância das reconstruções — uma reivindicação cujo grande significado hoje tendemos a subestimar — era a de que elas esclareciam de uma vez por todas a diferença entre o indo-europeu e o sânscrito ao mostrar o quanto a protolíngua reconstruída era diferente da língua sânscrita atestada (Davies, 2014: 169).

Desse modo, ficava definitivamente abandonada a ideia — romântica — de que o sânscrito era a língua original, uma vez que se provou que ele apresentava aspectos às vezes mais inovadores até do que línguas como o grego e o latim.

Para sua reconstrução da protolíngua, Schleicher insistiu no papel das chamadas *leis fonéticas*, porque somente elas poderiam comprovar com absoluta certeza o parentesco entre as línguas. Foi graças a essa postura firme que surgiu e se fixou o exame minucioso das correspondências sonoras entre línguas: assim, fica excluída qualquer atribuição de tais correspondências sem o apoio do conhecimento preciso de como os sons se transformaram ao longo do tempo nas línguas em comparação. Por exemplo, parece intuitivo relacionar o latim *deus* ao grego *theós*, que também significa "deus". No entanto, a comparação entre muitas palavras das duas línguas mostra que a um [d] inicial latino corresponde um [d] inicial grego, de modo que *deus* e *theós* não compartilham a mesma origem. De fato, *theós* deriva da raiz **dhes*, que forma termos para conceitos religiosos, com um [dh] que se tornou regularmente [f] em latim, como em *festa* e *feria*, da mesma raiz. É semelhante ao que se discutiu acima |6.1.5| sobre a não correspondência do alemão *haben* e do latim *habere*, visto que desde Rask e Grimm se estabeleceu que de um [k] indo-europeu decorre [h] em germânico.

Schleicher, porém, atribuía ao indo-europeu por ele reconstruído a mesma suposta "perfeição" que autores anteriores tinham atribuído ao sânscrito, assim como via "decadência" nos processos de mudança ocorridos nas línguas-filhas, decadência demonstrada pela perda de flexão |6.4.7|, que representa uma espécie de "empobrecimento" morfológico (e de fato até hoje na linguística é comum se referir a línguas com *morfologia rica* e com *morfologia pobre*). Schleicher supunha que a decadência, em fase histórica, tinha sido antecedida de um período de desenvolvimento, em fase pré-histórica. Essa fase pré-histórica teria compreendido três períodos, correspondentes aos três tipos linguísticos postulados pelos irmãos Schlegel |6.4.1|: o indo-europeu seria originalmente uma língua do tipo isolante, que em seguida teria se tornado aglutinante para enfim assumir o tipo flexional. Na fase histórica, as línguas indo-europeias teriam perdido suas propriedades flexionais, tendendo a se tornarem isolantes (latim *fecerat* > francês *il avait fait*) para, em tempo futuro, se tornarem aglutinantes (como já vislumbrado, por exemplo, em inglês: *the book I have just read's author* ["o autor do livro que acabei de ler"], em que toda a oração *the-book-I-have-just-read* funciona como um nome simples, que qualifica *author*). Parece haver aqui alguma repercussão da filosofia idealista de Hegel:

> De certa forma, o ciclo proposto por Schleicher (isolante-aglutinante-flexional) encontra eco no paradigma teórico da **gramaticalização** |6.9|, em que também se fala de *ciclo*. As formas "isoladas" *cantar hei* se "aglutinaram" em *cantarei*, de forma que *-ei* se tornou flexão de futuro. Atualmente, *cantarei* sofre a concorrência de *vou cantar*, duas formas "isoladas", retomando o ciclo.

> A essa concepção dos dois períodos na história da linguagem provavelmente não era estranho o influxo de Hegel, como se disse. De fato, é uma característica da filosofia hegeliana ver a evolução do espírito humano como uma série de passagens sucessivas, cada uma das quais representa a "superação" da outra. No caso específico da linguagem, seu desenvolvimento coincidiria, portanto, com a pré-história da humanidade; a passagem da pré-história à história coincidiria então com a superação da linguagem, que daquele ponto em diante começa a decair, enquanto se desenvolvem outras formas do espírito humano (como a arte, a religião, a filosofia) (Graffi, 2019b: 117).

Ainda acerca do projeto de Schleicher de fazer da linguística um ramo da biologia, podemos citar o seguinte trecho de seu *Compendium*:

As línguas são organismos naturais que surgem independentemente da vontade do homem, crescem segundo certas leis que também determinam seu desenvolvimento, envelhecimento e morte. [...] A glótica, isto é, a ciência da linguagem, é portanto uma ciência natural. [...] Seu método é idêntico ao das outras ciências naturais ([1863] *apud* Seuren, 1998: 85).

Ou também este, segundo o qual a linguística estuda a linguagem,

cuja natureza é exterior à vontade do indivíduo, do mesmo modo como, por exemplo, é impossível para o rouxinol trocar seu canto pelo da cotovia. [...] Por conseguinte, também o método da linguística é totalmente diferente do de todas as ciências históricas e se vincula bem mais ao das ciências naturais ([1850] *apud* Graffi, 2019b: 121).

Quanto a isso, tendemos a concordar com Auroux (2008: 50), para quem "se é incontestável que a linguagem — como todas as atividades humanas — tenha um substrato biológico, a diversidade dos elementos desse substrato e a interação deles com o ambiente parecem tão grandes que tornam completamente improvável que uma estrutura genética específica e única seja responsável por ela".

A aquisição e o uso das línguas ocorrem "independentemente da vontade do homem", da mesma forma como os seres humanos caminham, veem e respiram, processos orgânicos, biológicos, ditados pela "dinâmica" que faz funcionar o ser humano, a despeito da vontade individual. Não nos parece exagero dizer que essa concepção da língua como um organismo que funciona autonomamente pouco difere da noção de *sistema*, que será aplaudida no início do século 20 como fundadora da chamada "linguística moderna" e que se vincula, como temos dito desde a abertura deste capítulo, à tentativa de estudar a língua "em si e por si mesma". De fato, em pleno século 21, ainda têm vigor teorias que postulam a existência de um "órgão da linguagem", supostamente embutido no cérebro humano (ver, por exemplo, o livro de Anderson e Lightfoot [2002], intitulado precisamente *The Language Organ: Linguistics as Cognitive Physiology*, isto é, "O órgão da linguagem: a linguística como fisiologia cognitiva").

O desejo de incluir a linguística no rol das ciências naturais pode ser compreendido à luz de um debate corrente no século 19 e que Schleicher incorpora a seu pensamento: a oposição entre filologia (*Philologie*) e linguística (*Sprachwissenschaft*, *Linguistik* ou *Glottik*, "glótica"):

A disciplina que tem a língua como seu objeto, mas a usa como via de acesso à natureza e à vida espirituais de uma ou mais tribos [*Volksstämme*] é a filologia [*Philologie*], que pertence em essência à História. Em contraste com ela existe a *Linguistik*, que tem a língua enquanto tal como seu objeto e nada tem a ver com a vida histórica do povo que fala as línguas; é parte da história natural dos homens ([1850] *apud* Davies, 2014: 196).

A filologia é uma disciplina multissecular, que de fato remonta àqueles que por primeira vez foram chamados *filólogos*, isto é, os gramáticos alexandrinos |2.12|. Seu objeto de trabalho são **textos**, que devem ser editados, transcritos, analisados, comparados em suas distintas versões etc. Para alcançar seus objetivos, a filologia necessariamente tem de recorrer a outras disciplinas que a ajudem a compreender o contexto social e cultural em que os textos foram produzidos, além de também incorporar geralmente um espírito prescritivo e normatizador. Além disso, a filologia analisa a gramática, a lógica (ou dialética) e a retórica (ou estilística) dos textos (hoje diríamos a sintaxe, a semântica e a pragmática deles), elementos que resultam das escolhas conscientes de quem escreve. Se quer ser uma ciência natural, a linguística só pode se concentrar no que é passível de descrição e formalização rigorosa, segundo "leis" que, como escreveu Schleicher, independem da vontade humana para atuar. É por isso que a disciplina sistematizada por Schleicher se concentrará de forma praticamente exclusiva na **fonologia** e na **morfologia** das línguas, porque são os componentes mais propícios para a delimitação de "leis" de formação e evolução.

Desse modo, como analisa Graffi (2019b: 121), a concepção naturalista de Schleicher pode ser explicada como

> uma tentativa de dar uma justificação do caráter regular das correspondências linguísticas identificadas pela gramática comparada. Nessa perspectiva, compreende-se também em boa medida sua imagem da árvore genealógica, que exclui contatos entre línguas posteriores à separação destas a partir de um ancestral comum: os fenômenos de mescla entre línguas são muito mais raros no caso da fonologia e da morfologia, enquanto são muito mais frequentes em outros campos, como o do léxico. Mas esses campos estão fora da linguística no sentido de Schleicher e, portanto, provavelmente não devem ser representados mediante a árvore genealógica, que indica a diferenciação das línguas indo-europeias somente com base na fonologia e na morfologia.

A desconsideração da sintaxe, no entanto, não impediu Schleicher de se aventurar a produzir um texto completo na língua por ele reconstruída, um empreendimento que o tornaria alvo de escárnio da parte de linguistas da geração seguinte. Trata-se da fábula "A ovelha e os cavalos", assim escrita na *"indogermanische Ursprache"* (protolíngua indo-germânica) e publicada em 1868:

Avis akvāsas ka.

Avis, jasmin varnā na ā ast, dadarka akvams, tam, vāgham garum vaghantam, tam, bhāram magham, tam, manum āku bharantam. Avis akvabhjams ā vavakat: kard aghnutai mai vidanti manum akvams agantam. Akvāsas ā vavakant: krudhi avai, kard aghnutai vividvant-svas: manus patis varnām avisāms karnauti svabhjam gharmam vastram avibhjams ka varnā na asti. Tat kukruvants avis agram ā bhugat.

A ovelha e os cavalos

[Numa colina], uma ovelha desprovida de lã viu cavalos, um deles puxando uma pesada carroça, um transportando uma pesada carga e um carregando um homem velozmente. A ovelha disse aos cavalos: "Meu coração sofre ao ver um homem conduzindo cavalos". Os cavalos disseram: "Escuta, ovelha, nossos corações sofrem quando vemos isto: um homem, o amo, faz da lã da ovelha um abrigo quente para si mesmo. E a ovelha fica sem lã". Ao ouvir isso, a ovelha fugiu para a pradaria.

Conforme analisa Graffi (2019a: 128),

> [e]ssa operação, obviamente, não podia nem poderia dar um resultado historicamente fidedigno: em sua reconstrução, de fato, Schleicher se baseava inevitavelmente em línguas atestadas em épocas muito distantes uma da outra, que vão do II milênio a.C. para o sânscrito ao I milênio d.C. para o gótico. Em outras palavras, seria um pouco como se todos os textos latinos tivessem se perdido e se quisesse reconstruir um de Cícero baseando-se, para o italiano, em Bocácio, para o francês, em Proust, para o espanhol, em Cervantes etc. De resto, o próprio Schleicher dizia que tinha escrito sua fábula "em parte por diversão": tratava-se sobretudo de um modo de celebrar o triunfo do método histórico-comparativo.

Talvez também por diversão, vários linguistas tenham retomado mais tarde a fábula de Schleicher, reescrevendo-a segundo a visão que tinham de como seria a protolíngua reconstruída de acordo com os achados de suas respectivas épocas. Uma das versões mais recentes é a de Andrew Byrd (2013):

H$_2$óu̯is h$_1$éḱu̯ōs-k^{w}e

h$_2$áu̯ei̯ h$_1$i̯osméi̯ h$_2$u̯l̥h$_1$náh$_2$ né h$_1$ést, só h$_1$éḱu̯oms derḱt. só g^{w}r̥h$_x$úm u̯óǵ^{h}om u̯eǵ^{h}ed; só méǵh$_2$m̥ b^{h}órom; só d^{h}ǵ^{h}émonm̥ h$_2$ṓḱu b^{h}ered. h$_2$óu̯is h$_1$ék^{w}oi̯b^{h}i̯os u̯eu̯ked: "d^{h}ǵ^{h}émonm̥ spéḱi̯oh$_2$ h$_1$éḱu̯oms-k^{w}e h$_2$áǵeti, ḱḗr moi̯ ag^{h}nutor". h$_1$éḱu̯ōs tu u̯eu̯kond: "ḱlud^{h}í, h$_2$ou̯ei̯! tód spéḱi̯omes, n̥sméi̯ ag^{h}nutór ḱḗr: d^{h}ǵ^{h}émō, pótis, sē h$_2$áu̯i̯es h$_2$u̯l̥h$_1$náh$_2$ g^{wh}érmom u̯éstrom u̯ept, h$_2$áu̯ib^{h}i̯os tu h$_2$u̯l̥h$_1$náh$_2$ né h$_1$esti". tód ḱeḱluu̯ṓs h$_2$óu̯is h$_2$aǵróm b^{h}uged.

Nessa versão, ocorrem as laringais já mencionadas, representadas por h_1 e h_2. A versão de Byrd, sem dúvida, é mais acurada e reflete o estado atual da disciplina indo-europeística, mas é preciso reconhecer que a de Schleicher, pelo menos, é bastante legível e tem o charme de se apresentar num aspecto mais convencional de um texto autêntico.

A versão de Byrd, com áudio do próprio autor, está disponível em https://bit.ly/41OYTqb, acesso em 22 abr. 2023. Ali também aparece a fábula "O rei e o deus", escrita em "protoindo-europeu" por linguistas na década de 1990.

Conforme analisa Koerner (2020), é comum, nas diferentes fases da história da linguística desde o século 19, que determinado grupo de estudiosos, com o objetivo de formar uma nova "escola" e propor, com ela, uma "revolução", se empenhe em fazer o que em inglês se chama *mopping-up*, ou seja, na terminologia militar, "completar a conquista de uma área capturando ou eliminando as tropas inimigas restantes". O procedimento consiste em se autoproclamar revolucionário e lançar à margem, se possível ao esquecimento, o trabalho dos antecessores. Foi desse modo que, a partir dos anos 1960, os partidários de uma "revolução chomskiana" se empenharam em firmar a ideia de que a verdadeira linguística científica tinha sido inaugurada em 1957 com a publicação de *Syntactic Structures* de Chomsky, esforçando-se (com bastante êxito) por desqualificar toda a linguística praticada imediatamente antes, tendo como alvo preferencial de ataque o trabalho — influentíssimo durante décadas — de **Leonard Bloomfield** (1887-1949). No início do século 20, os estruturalistas elegeram Saussure como o "pai da linguística moderna" e conseguiram, em boa medida, transformar em mera curiosidade historiográfica todo o gigantesco empreendimento dos linguistas histórico-comparatistas do século 19, especialmente os Jovens Gramáticos, que operavam com a "diacronia" e com um procedimento "atomístico", quando o objeto digno de estudo deveria ser a "sincronia" observada numa "visão sistêmica". Por sua vez, na década de 1870, os mesmos Jovens Gramáticos, grandes agitadores intelectuais, propuseram sua própria "revolução" (com manifesto e tudo, como se verá adiante), apagando as contribuições de seus antecessores, especialmente Schleicher, no que parecem ter tido êxito:

> [Na] grande maioria dos relatos históricos até o presente, a contribuição de Schleicher à linguística tem sido raramente reconhecida, habitualmente minimizada e, com frequência, distorcida, senão tornada objeto de ridicularização. Parece que os Jovens Gramáticos, do final dos anos 1870 em diante, conseguiram fazer o mundo acreditar que tinham colocado a filologia histórico-compa-

rada indo-europeia na base científica adequada e que o trabalho anterior, com poucas exceções, poderia ser tranquilamente desprezado (Koerner, 2020: 75).

O mesmo Koerner mostra, por exemplo, que, ao contrário do que se repete *ad nauseam* nos relatos historiográficos, o conceito moderno de **analogia** como um fator decisivo na mudança linguística pela simplificação das formas não foi um achado heurístico dos Jovens Gramáticos, uma vez que já se encontrava na obra de Schleicher intitulada *Die Deutsche Sprache* ["A língua alemã"], publicada em 1860:

> Mesmo nos períodos mais antigos da língua [...], começa a se fazer sentir uma força que afeta desfavoravelmente a diversidade de formas e a reduz cada vez mais ao mínimo possível. É o processo já mencionado, isto é, a analogia, que torna as formas — particularmente as menos usadas na língua que, de outro modo, seriam justificadas em seu caráter especial — mais similares àquelas usadas com frequência e que se gravam de maneira muito marcada em nosso sentimento da língua. Esse impulso rumo a uma uniformização mais conveniente, a um tratamento do maior número possível de palavras de uma só e mesma maneira e o sentimento em contínuo enfraquecimento da importância do sentido e da origem do particular, tem como consequência que línguas mais tardias têm menos formas gramaticais que as línguas originais, e que a estrutura da língua se torna mais simples com o tempo (Schleicher, 1860: 60).

Desse modo é que Theodora Bynon (1992: 381) pôde escrever:

> Embora, de fato, nunca seja mencionado nominalmente, Schleicher foi o alvo principal da crítica dos Jovens Gramáticos em seu manifesto. Mas os autores do manifesto deixaram de mencionar que o fundamento metodológico de sua disciplina tinha sido, na realidade, estabelecido por Schleicher.

6.5 A linguística geral no século 19

Os espetaculares (e, em alguns casos, espetaculosos) resultados obtidos pela gramática comparada projetaram de tal modo essa disciplina no universo intelectual do século 19 que a historiografia da linguística produzida desde então tem alimentado a ideia de que, naquele período, pouco se produziu no campo da **linguística geral** (*allgemeine Sprachwissenschaft*, em alemão), isto é, das investigações que formulam teorias acerca da linguagem como faculdade exclusiva da espécie, da origem das línguas, dos traços comuns a todas as línguas etc. Mas é uma concepção enganosa, porque não foram poucos os estudiosos que se dedicaram a esta que também é chamada **linguística teórica**, situada entre as descrições de línguas particulares e a **filosofia da linguagem**. Mesmo os linguistas comparatistas mais "técnicos", como Bopp, não escaparam da influência das teorias generalizadoras construídas no passado. Como se viu |6.4.2|, ele tentou encontrar, subjacente na morfologia das línguas indo-europeias, o mesmo *verbo substantivo* (*ser*) postulado pelos lógicos de Port-Royal.

Ao longo de todo o século, porém (e de fato, desde o final do século anterior), muito trabalho se fez nesse campo, com destaque para as propostas de **tipologia linguística**, que tentam classificar as línguas em grandes categorias, independentemente de suas famílias respectivas. Dessa forma, tal como em períodos históricos anteriores, o trabalho com a linguagem e as línguas se produziu em duas correntes, a **geral** e a **histórico-comparativa**, num eco da divisão entre *filósofos* e *filólogos* na Antiguidade clássica e entre *gramática especulativa* e *gramática positiva* na Idade Média. O século 19 também abrigou a produção de uma vasta bibliografia dedicada à descrição de línguas particulares, como o latim e o grego, e também de línguas vivas, numa perspectiva sincrônica, isto é, não histórica.

Davies (2014: 154), por exemplo, cita o trabalho de um autor dinamarquês pouco conhecido atualmente, **Johan Nicolai Madvig** (1804-1886), que em obras publicadas entre 1830 e 1870, mostra uma concepção de língua bem diferente da do Romantismo e da de Schleicher. Nelas aparecem, entre outros, os seguintes temas: a necessidade de uma abordagem uniformitarista (ainda que este termo não ocorra), a arbitrariedade do signo linguístico, a língua como produto social surgido da necessidade de comunicação, o conceito de significado baseado no uso, a impossibilidade de estabelecer leis de mudança semântica, a prioridade da sintaxe e do estudo do significado etc. Dois estudiosos alemães das línguas clássicas — **Christian Karl Reisig** (1792-1829) e **Friedrich Gottlob Haase** (1808-1867) — fundaram a **semasiologia**, o estudo do significado e de sua evolução, uma área de estudos que receberá mais adiante o nome de **semântica**, termo proposto pelo francês **Michel Bréal** (1832-1915), de quem nos ocuparemos mais adiante. **Karl Friedrich Becker** (1775-1849) e **Heinrich Adolf Herling** (1780-1849) propuseram métodos e terminologia para a **análise sintática** que são empregados até os dias de hoje. Becker estabeleceu a distinção entre *análise gramatical* e *análise lógica*, enquanto Herling classificou as orações subordinadas em *substantivas, adjetivas* e *adverbiais*, reconhecendo nelas as mesmas propriedades atribuídas às categorias lexicais, e na medida em que os substantivos podem exercer as funções de sujeito e objeto, também as orações subordinadas substantivas podiam ser *subjetivas* e *objetivas*. Os estudos tipológicos foram desenvolvidos, entre outros, pelos suíços **Henri Weil** (1818-1909) e **Franz Misteli** (1841-1903) e pelo alemão **Georg von der Gabelentz** (1840-1893), um dos maiores conhecedores da língua chinesa, que cunhou o termo *tipologia linguística*. Por seu turno, **Heymann Steinthal** (1823-1899), que se inspirou em Humboldt e foi um dos editores de suas obras póstumas, rompeu com a impostação logicista tradicional e reivindicou um vínculo estreito entre linguística e **psicologia**: a língua não é um espelho do pensamento, o funcionamento da gramática não reflete o funcionamento da mente. Steinthal também formulou o conceito de *Völkerpsychologie* (literalmente: "psicologia dos povos"), que traduziríamos hoje por **etnopsicologia**, isto é, o estudo comparativo dos modos de agir e pensar de comunidades distintas, e que tenta responder a algumas questões permanentes de todas as ciências sociais: de que maneira explicar o fato de que língua, costumes, religião, ética etc. pareçam estar indissoluvelmente vinculados à consciência individual, mas, ao mesmo tempo, dependam da existência de uma comunidade ou grupo social específico? A partir do final do século 20, esses mesmos temas serão alvo da investigação empírica e teórica do chamado **sociocognitivismo**. O conceito de *Völkerpsychologie* será central no trabalho do já citado Wilhelm Wundt |6.2.5|.

Mas de todos os linguistas-filósofos que se ocuparam de questões de linguística geral o mais destacado e influente foi, sem dúvida, Wilhelm von Humboldt, de quem tratamos a seguir. Outros nomes importantes aos quais nos dedicaremos são o estadunidense William Dwight Whitney e o já citado francês Michel Bréal.

6.5.1 Wilhelm von Humboldt: língua, pensamento e nação

O linguista e filósofo da linguagem **Friedrich Wilhelm Christian Karl Ferdinand von Humboldt** (1767-1835) pertenceu, junto com seu irmão, o notável naturalista e geógrafo **Friedrich Wilhelm Heinrich Alexander von Humboldt** (1769-1859), a uma família prussiana de classe média que tinha recebido em 1738 o título de baronato (e o direito a usar a partícula *von*) e entrado, assim, para o círculo da aristocracia prussiana. Wilhelm e Alexander foram educados em casa, graças ao empenho de sua mãe Marie Elisabeth. Tendo enviuvado quando os filhos tinham 12 e 10 anos respectivamente, cuidou de oferecer a eles a melhor educação possível, contratando como tutores algumas das mais notáveis figuras do Iluminismo alemão. Wilhelm von Humboldt viveu metade de sua vida no século 18 e a outra metade no 19, representando assim um elo entre o pensamento filosófico e linguístico das duas épocas.

Humboldt ocupou diversos cargos públicos e políticos: foi embaixador do reino da Prússia junto ao Vaticano e, mais tarde, em Viena; trabalhou no Ministério da Educação e instituiu uma série de reformas educacionais importantes, além de ter fundado a **Universidade de Berlim** em 1809, que hoje se chama Humboldt Universität zu Berlin, em homenagem aos dois irmãos. A concepção de ensino superior formulada por Humboldt se tornou o modelo adotado pelas universidades modernas, especialmente no que diz respeito à autonomia universitária e aos métodos de ingresso.

Ao longo da vida, Humboldt manteve relações com muitos dos principais intelectuais da época, incluindo uma estreita amizade com os dois maiores poetas do Romantismo alemão, **Friedrich Schiller** (1759-1805) e aquele que se tornaria o próprio símbolo da língua alemã, **Johann Wolfgang von Goethe** (1749-1832). Em 1799, quando tinha 30 anos, já casado e com três filhos, Humboldt se mudou com a família para Paris, numa França ainda sob o impacto da Revolução de 1789. Na capital francesa, frequentou o salão de **Madame de Staël** |5.9| onde conviveu com importantes figuras da política e da intelectualidade do período, incluindo o filólogo e orientalista **Jean-François Champollion** (1790-1832), que se tornaria celebrado pela decifração dos hieróglifos egípcios graças à Pedra de Roseta. Foi durante seu período francês que Humboldt se interessou pelo **basco**. Empreendeu um verdadeiro estudo de campo ao passar temporadas na região onde a língua é falada, além de se dedicar ao estudo aprofundado de toda a bibliografia produzida sobre ela até então. Essas investigações sobre o basco são consideradas como o ponto de partida de seu interesse pela diversidade das línguas humanas e de suas futuras concepções filosófico-linguísticas.

O basco (ou euskera) é falado numa região contígua entre a França e a Espanha, na parte norte dos Pireneus. É uma língua sem nenhum parentesco com as demais línguas da Europa e sempre desafiou os linguistas, que vêm há muito tempo sugerindo hipóteses sobre as origens desse idioma. Falada naquela área desde antes da chegada dos romanos à Península Ibérica, foi a única língua autóctone que sobreviveu à romanização. No País Basco, região autônoma dentro do Estado espanhol, a língua é co-oficial ao lado do castelhano. Na França, porém, não tem nenhum *status*, visto que a única língua oficial é o francês e qualquer tentativa de valorizar um idioma regional é visto como "ameaça" à unidade da nação, uma herança da política linguística centralizadora da Revolução, como se viu em |5.8.3|.

A produção intelectual de Humboldt é impressionante e abrange um amplo espectro de interesses: filosofia, linguística, antropologia, história, educação, estética, política, tradução... Também escreveu poesia. O volume total dessa produção é gigantesco, ocupa dezenas de milhares de páginas, e até os dias de hoje grande parte dela permanece inédita.

Ao tratar da vida e da obra de Humboldt, a historiadora da linguística **Anna Morpurgo Davies** (1937-2014), italiana que passou grande parte da vida acadêmica em Oxford, escreveu (2014: 98):

> Toda pessoa que se interessar pelo desenvolvimento da área da linguística no século 19 verá Wilhelm von Humboldt como um objeto tão fascinante quanto embaraçoso. Historiograficamente, tudo a seu respeito é controverso. Ele pertence intelectualmente ao século 18 ou ao 19? Trata-se, na linguística, de um amador ou de um profissional? E onde reside sua força: na linguística histórico-comparativa ou na gramática universal? O que realmente significam seus postulados mais famosos sobre a *innerer Sprachform*, a língua como *enérgeia* etc.? De modo geral, conseguimos entender suas principais teses, ou seu caráter obscuro é o que predomina? O que o levou à linguística: a filosofia alemã ou o Iluminismo francês? Se foi a primeira, qual o pensamento que mais o influenciou: o de Kant ou o de Herder? E quanto à sua fortuna na linguística: ele determinou os desenvolvimentos futuros ou seus sucessores o viram como uma figura desimportante? Finalmente, o que significa Humboldt para nós hoje em dia? Ainda é uma força viva ou alguém esquecido há muito tempo? Cada uma dessas perguntas tem sido respondida, ou supostamente respondida, de modos diametralmente opostos.

Graffi (2019a: 121), por seu turno, considera que Humboldt é provavelmente "o maior linguista teórico do século 19". O fato é que Humboldt praticou uma abordagem das relações entre língua, pensamento e cultura que, embora representasse uma síntese crítica e original das discussões empreendidas nos dois séculos anteriores, se tornou muito marginal a partir da segunda metade do século 19, quando o desenvolvimento exponencial da linguística histórico-comparativa levou seus praticantes a se preocuparem exclusivamente, como temos visto, com "a língua em si", com sua substância fônica e sua morfologia, sem maior interesse pela reflexão tradicional sobre linguagem, lógica e gramática. Mas o próprio Humboldt era crítico do exclusivismo dos indo-europeístas: para ele, o importante era conhecer o maior número possível de línguas, de todas as famílias e de todas as "nações", para desse conhecimento abstrair as relações entre linguagem, mente e cultura.

Foi somente no início do século 20, mas principalmente a partir da segunda metade, que diversos autores redescobriram a obra de Humboldt e passaram a reivindicá-la como precursora de suas próprias posições teóricas, recortando o legado humboldtiano de acordo com seus interesses particulares. Afinal, como nos lembra John E. Joseph (1990: 51), a história da linguística

> é em grande medida uma história de leituras enviesadas, de falha de comunicação entre autores e leitores, exacerbada pela ilusão de que a comunicação ocorreu com êxito. [...] De modo semi-intencional ou genuinamente acidental, essas leituras equivocadas raramente são neutras. Os textos não são processados por cérebros vazios, mas por mentes já abastecidas com ideias assentadas, categorias *a priori*, protótipos e, talvez mais importante, uma pauta prévia. Em outras palavras, as leituras enviesadas são em geral ideologicamente determinadas.

O caso mais célebre desse tipo de apropriação é a que Chomsky fez das ideias de Humboldt, especialmente em seu livro *Cartesian Linguistics* (*Linguística cartesiana*), de 1966. Essa apropriação, feita "às custas de um considerável anacronismo" (Davies, 2014: 110), tenta filiar Humboldt à filosofia cartesiana, essencialmente dualista e racionalista. Como se discutiu no capítulo anterior, Descartes (assim como Leibniz |5.3.2|) acreditava na possibilidade de formulação de uma "linguagem filosófica" (a *characteristica universalis* de Leibniz) capaz de remediar os problemas criados pela diversidade de línguas, uma linguagem que reuniria todas as ideias passíveis de ocorrer aos seres humanos (ideias tidas como inatas e/ou como entidades autônomas) e, desse modo, permitiria um entendimento pleno e universal. Humboldt, no entanto, era muito crítico de qualquer projeto de construção de uma "gramática filosófica" supostamente subjacente a todas as línguas naturais porque era moldada e formatada nos padrões da gramática do latim ou do francês, e Humboldt, como profundo conhecedor de centenas de línguas de outros continentes, especialmente as ameríndias e as do grupo malaio-polinésio, rejeitava a tentativa de forçar essas línguas para dentro da camisa de força das gramáticas das línguas europeias, cujas categorias estão muito longe de serem universais:

> Quando se fala em qualidades e defeitos de uma língua, não se pode estabelecer como parâmetro aquilo que uma pessoa que não foi formada exclusivamente nessa língua conseguiria expressar. Apesar da poderosa e viva influência sobre

o intelecto, cada língua é, ao mesmo tempo, uma ferramenta inerte e passiva, e todas elas trazem consigo um potencial para um uso não apenas correto, como também mais perfeito. Quando alguém que recebeu formação em outras línguas estuda uma língua menos perfeita e a domina, ele pode criar efeitos *per se* alheios a essa língua, introduzindo nela uma visão bem diferente da que tem a nação sob a influência apenas dessa língua. Por um lado, a língua é deslocada de seu ambiente natural; por outro, como toda compreensão se compõe de sujeito e objeto, algo novo é inserido nela, e, por isso, é quase impossível dizer o que pode ou não ser criado na língua e por ela. [...] Cada língua deve ser concebida no sentido conferido pela nação que a formou, não em um sentido alheio a ela. [...] Por isso, para evitar esse erro, é necessário estudar cada língua com suas próprias peculiaridades, de maneira que uma análise exata das partes permita identificar as formas que representam as relações gramaticais, de acordo com a estrutura da língua (Humboldt, 1822 [2021: 17-23]).

Voltaremos mais adiante à ideia de que existem línguas "menos perfeitas" do que outras, mas o importante a enfatizar aqui é a advertência do autor quanto ao risco de projetar sobre uma língua aquilo que existe em outra, quando o fundamental é tentar compreender como os próprios falantes ("nação") a concebem. Humboldt afirma, no mesmo texto, que, "na essência, todas as línguas [são] mais ou menos iguais quanto a suas qualidades e defeitos", mas também que "o que determina as qualidades e os defeitos de uma língua não é aquilo que pode ser potencialmente expresso por ela, mas aquilo que sua força intrínseca provoca e estimula". Nesse sentido, conforme observam Trabant, Harden e Carvalho (Humboldt, 2021: 78),

> Humboldt adota um enfoque bastante diferenciado tanto em relação ao indiferentismo linguístico como ao relativismo linguístico: segundo o indiferentismo, associado à concepção semiótica da língua, é possível dizer qualquer coisa em qualquer língua. Essa correta noção restringe justamente o relativismo, na medida em que determinada estrutura linguística "inspira" um uso particular, mas não estabelece um limite baseado numa lei natural de uso da linguagem. No entanto, perante ambas as posições, Humboldt mantém a ideia de uma progressão ideal e eficaz em termos da história universal das línguas e dos procedimentos gramaticais, assim como a ideia de uma escala de avaliação.

Ao contrário, portanto, da visão essencialista de Descartes (e de Chomsky), que apresenta uma língua como algo dado e pronto, numa concepção a-histórica e associal, como uma das manifestações possíveis de uma suposta gramática universal, Humboldt oferece uma abordagem marcadamente antropológica e histórica, em que uma língua é vista como intrinsecamente vinculada à "nação" que a fala e ao grau de "desenvolvimento" em que essa nação e, consequentemente, sua língua se encontram no que diz respeito ao progresso rumo a uma forma ideal de expressão do pensamento por meio da linguagem, pensamento que não é tomado como composto de ideias universais, mas que configura a concepção de mundo (*Weltansicht*) do indivíduo falante.

Enquanto a tradição filosófica ocidental, desde Platão e Aristóteles até os racionalistas e empiristas do século 18, operava dialeticamente com os polos *linguagem* e *pensamento*, tentando estabelecer os vínculos entre eles ou, alternativamente, a independência de um com relação ao outro, Humboldt introduz um terceiro termo no debate, a *nação*, isto é, a sociedade, a cultura e a história do grupo que fala uma dada língua. Essa diferença é fundamental para uma crítica à apropriação da filosofia da linguagem de Humboldt por parte de Chomsky.

Outra comprovação de como as ideias de Humboldt foram enviesadamente apropriadas no século 20 é a tentativa de vincular o pensador alemão às teses do **relativismo linguístico**. Um dos postulados de Humboldt, o de que a língua de uma nação configura, para cada indivíduo que a fala, uma percepção particular do mundo, sofreu uma forte redução de sua complexidade para servir de base ao estadunidense **Benjamin Lee Whorf** (1897-1941), o principal responsável pela formulação da versão mais radical da tese (rotulada de *hipótese de Sapir-Whorf*) de que a língua de uma comunidade determina tão absolutamente o modo de pensar de seus membros que a própria maneira de conceber a realidade concreta do mundo é única, particular a cada grupo humano e impermeável às demais sociedades, falantes de outras línguas. Para Whorf, a inexistência de determinada categoria linguística no idioma de um povo significa que esse povo simplesmente não apreende os conceitos que outros povos, dotados dessa categoria gramatical, são capazes de formular. Assim, ao empreender seus estudos da língua **hopi**, falada por uma população indígena dos Estados Unidos, Whorf concluiu que nessa língua não havia absolutamente nenhum termo que se refe-

Sobre o hopi, Whorf escreveu em 1956: "Depois de longo e cuidadoso estudo e análise, vê-se que a língua hopi não contém nenhuma palavra, forma gramatical, construção ou expressão que se refira diretamente ao que chamamos 'tempo'". As falhas metodológicas e interpretativas de Whorf, porém, foram demonstradas em 1983 por Ekkehart Malotki, que recolheu o seguinte texto pronunciado por um falante de hopi (de que oferecemos só a tradução): *"Então, de fato, no dia seguinte, bem cedo de manhã, na hora em que as pessoas oram ao sol, por volta desse momento então, ele despertou a menina de novo"* — repleto de termos que designam tempo.

risse ao tempo e suas divisões, de modo que essa comunidade tinha uma concepção do mundo e da existência extremamente distinta da dos povos cujas línguas apresentam palavras e expressões para indicar o tempo.

Seria possível relacionar essa tese de Whorf à seguinte passagem de Humboldt (1826 [2021: 197]):

> Pode-se seguramente supor que, quando uma relação gramatical corresponde vivamente ao espírito de uma nação, ela se manifesta na língua, do mesmo modo que, quando falta na língua um modo de expressar certas relações, essa ausência é um forte indício de que o espírito da nação não foi atingido por elas.

Depois de mantidas por décadas à margem dos estudos linguísticos, algumas ideias de Whorf têm sido retomadas desde os anos 1990 por pesquisadores que tentam demonstrar como as estruturas de uma língua influenciam na apreensão da realidade por parte de seus falantes. Essas investigações se valem dos avanços tecnológicos mais recentes e de metodologias da psicologia experimental. Essa corrente se denomina precisamente **neo-whorfismo** (*neo-whorfianism*): cf. Gonçalves (2020), Deutscher (2010) e Evans (2011). Esse neo-whorfismo, por sua vez, é alvo de severa crítica da parte de John McWhorter (2014), numa clara demonstração de que as relações entre língua, mente e cultura são de difícil estabelecimento seguro e só garantem um prosseguimento ininterrupto do debate.

No entanto, como recorda Davies (2014: 113), atribuir a Humboldt uma suposta paternidade do relativismo linguístico é deixar de reconhecer que somos "vítimas da historiografia do século 19, que apagou da consciência acadêmica as hipóteses e realizações dos séculos anteriores" porque, afinal, "a ideia de que todas as línguas em certa medida determinam o caráter nacional e as opiniões dos falantes é um lugar-comum no século 18 e pode ser reconduzida ainda mais para trás". Essa ideia está presente nas obras de Condillac, Diderot, Vico, Beccaria, Cesarotti, entre outros. A Academia de Berlim promoveu em 1757, dez anos portanto antes do nascimento de Humboldt, um concurso cuja pergunta motivadora era: *"Qual é a influência recíproca das opiniões de um povo sobre a língua e da língua sobre as opiniões?"*. A formulação da pergunta já parte do pressuposto de que *existem* essas influências e que o importante é explicá-las. Trata-se de um velho tema, o do *génie de la langue* ("gênio da língua"), presente nas discussões filosófico-linguísticas desde pelo menos o século 15. Humboldt não inaugurou essa corrente de ideias, que, conforme escreve Davies, "estavam no ar". No entanto, como leituras mais atentas e menos reducionistas têm demonstrado, Humboldt não pode ser classificado nem como um "universalista" nem como um "relativista". Afinal, como ele próprio escreveu, "qualquer série de ideias pode ser expressa em qualquer língua". Para Humboldt, a diversidade das línguas do mundo revela as múltiplas e diferentes maneiras como as diferentes nações contribuem na busca das formas mais elevadas de pensamento, pensamento que é inseparável da língua. As línguas são diferentes, sim, mas ao mesmo tempo compartilham traços comuns, e é nessa dialética, nessa dinâmica que se deve situar a linguística filosófica/filosofia da linguagem de Wilhelm von Humboldt.

A comprovação do reducionismo a que foi submetida a apreensão do pensamento filosófico-linguístico de Humboldt está precisamente no fato de ter sido reivindicado tanto por Chomsky — um inatista-universalista radical — quanto por Whorf — um relativista empedernido. Foi precisamente o sucesso da linguística chomskiana a partir dos anos 1960 que lançou o relativismo whorfiano em profundo descrédito, a ponto de ser considerado irrelevante quando não ridículo. Como seria possível que dois construtos teóricos tão radicalmente opostos pudessem reivindicar um mesmo Humboldt como seu ancestral mais ilustre?

Na realidade, o grande problema das teses relativistas ou universalistas (que acabam se encontrando e revelando que são, na prática, duas faces da mesma moeda ideológica) é o fato de terem sido elaboradas por **homens brancos, de cultura ocidental e judeu-cristã** para descrever e analisar línguas das quais eles não eram falantes nativos e culturas às quais não pertenciam. É um caso típico de **etnocentrismo**. A esse respeito, a filósofa francesa Barbara Cassin (2016: 17), depois de afirmar que "o universal é sempre o universal de alguém", não poderia ser mais clara:

> Um universal produzido, que apaga ele mesmo para ele mesmo todo meio de ver que é produzido — esta é para mim a mais forte definição de ideologia. É, de fato, o universal de uma boa parte do Ocidente filosófico, do Ocidente *tout court*, ligado a esse homem-universal, cuja simples problemática do "gênero" já nos ensina a desconfiarmos dele. Meu universal contra o teu, mas vou te provar que o teu não existe e que ele é, de qualquer modo, menos universal do que o meu (Cassin, 2016: 20).

Assim, embora afirme, como se viu acima, que é um erro analisar uma língua com base nas categorias de outra língua, Humboldt não se furta a tentar "interpretar" o que se passa na mente de falantes de línguas não-europeias:

> Numa língua que não se desenvolveu gramaticalmente de tal maneira [*isto é, usando flexões*], o espírito encontra o esquema geral de combinação das partes da oração apenas de modo fragmentado e imperfeito, mas a expressão adequada desse esquema é condição imprescindível para um pensar fácil e bem-sucedido (1822 [2021: 67]).

Como é possível de fato saber o que se passa no "espírito" do indivíduo que fala uma língua não-flexional? O que garante que a flexão gramatical seja "condição imprescindível para um pensar fácil e bem-sucedido"? Igualmente grave é a tentativa de, a partir dessa suposta análise dos processos mentais de um indivíduo (processos pretensamente dependentes da gramática de sua língua), fazer ilações sobre a "visão de mundo" de uma comunidade (ou "nação", termo preferido por Humboldt) e, ainda mais grave, fazer juízos de valor sobre a "superioridade" ou "inferioridade" dessa visão de mundo em relação a outras. Desse modo, ao tratar da gramática do que ele chama de "língua brasileira" (na verdade, o **tupi**), Humboldt emite a seguinte opinião:

> A nação que usa essa língua pode ser inteligente, hábil e sensata em muitos aspectos, mas o livre e puro desenvolvimento de ideias e o aprazimento com o pensamento formal não podem nascer de uma construção linguística como essa [...] (1822 [2021: 31]).

O mesmo vale para o seguinte trecho:

> [...] quando a língua apresenta ao intelecto formas gramaticais impuras e imperfeitas, quanto mais tempo essa influência dura, mais difícil se torna para a concepção puramente formal sair desse obscurecimento. Independentemente do que possa ser dito a respeito da adequação para o desenvolvimento de ideias de uma língua que não possui tais estruturas gramaticais [*isto é, as verdadeiras formas gramaticais*], será sempre muito difícil compreender que uma nação possa alcançar por si mesma, na base inalterada de tal língua, um alto nível de conhecimentos científicos. Neste caso, o espírito não recebe da língua o que precisa, nem ela dele, e o fruto da influência mútua, para ser benéfico, deveria ocasionar uma mudança na própria língua (1822 [2021: 67-69]).

Ao tratar dos povos americanos e de suas línguas, Humboldt escreve:

> Quando foram conquistadas e mesmo nos impérios mais prósperos, as nações americanas não tinham alcançado aquele nível em que o pensamento emerge no ser humano como um elemento ubíquo e dominante (1824 [2021: 157]).

De fato, relativizar outras línguas (e culturas), com juízos de valor positivos ou (quase sempre) negativos, é característica permanente da cultura ocidental, desde quando os gregos antigos consideravam "bárbaro" qualquer povo que não falasse a língua deles |2.5|.

A respeito das contradições acerca da instrumentalização de Humboldt por parte de correntes teóricas radicalmente opostas, muitos autores têm apontado as grandes dificuldades de interpretação do pensamento humboldtiano devido ao caráter inédito e muitas vezes inacabado da grande maioria de seus escritos e, sobretudo, ao estilo marcadamente hermético ou obscuro do autor:

> [...] a obra de Humboldt levanta dificuldades interpretativas devidas a seu estilo particular. A fragmentariedade que caracteriza sua vida e sua multiforme atividade transparece ainda mais nitidamente nos escritos; concebidos em sua maior parte na forma provisória de esboços, projetos, introduções, frequentemente interrompidos de maneira brusca, os escritos de Humboldt, em geral não destinados à publicação, dão testemunho de sua relutância em confiar o pensamento à fixidez da escrita. Dialógico, seja por inclinação seja de propósito, jamais com aspiração a parecer verdadeiro, seu pensamento de fato não se adapta à sistematicidade (Di Cesare *in* Humboldt, 2000: xxviii).

O próprio Humboldt, com efeito, escreveu: "Pouquíssimas vezes tenho a nítida certeza da verdade, e oscilo bem facilmente entre duas séries de ideias, de modo que, quando estou na iminência de aceitar uma, considero sempre melhor a outra" (*in* Di Cesare, 2000: xxviii, nota 50).

O texto mais conhecido e comentado de Humboldt é uma introdução, de mais de trezentas páginas, escrita para uma obra ainda mais extensa (três volumes), dedicada à descrição e análise pormenorizada de uma língua que ele designa como *kawi* e que é, de fato, a forma literária do **javanês** antigo. Humboldt foi pioneiro nos estudos comparativos das línguas da grande família malaio-polinésia, cuja existência foi o primeiro a postular e a comprovar. Esse texto se chama *Über die Verschiedenheit des menschlichen Sprachbaues und ihren Einfluß auf die geistige Entwicklung des Menschengeschlechts* ("Sobre a diversidade da estrutura da linguagem humana e sua influência sobre o desenvolvimento intelectual da humanidade"), publicada em 1836, um ano após a morte do autor, por iniciativa de seu irmão Alexander. Na avaliação de Trabant, Harden e Carvalho (*in* Humboldt, 2021: 8),

> Filósofos da linguagem e linguistas sempre discutiram essa obra em especial. Assim, o que é geralmente conhecido sobre o pensamento linguístico de Humboldt vem da introdução à obra sobre a língua kawi como, por exemplo, que a linguagem não é *érgon* mas *enérgeia*, que ela é o "órgão formador do pensamento" e, mais recentemente, que ela faz "uso infinito de meios finitos". No entanto, essa concentração na introdução de *Kawi* não foi necessariamente uma bênção para a recepção de Humboldt, pois, embora seja sem dúvida seu texto mais importante, em razão de ser a síntese de seu compromisso quase vitalício com a

linguagem, ele certamente também é seu texto mais inacessível, tanto em termos de estilo como de composição do todo. Sobretudo a estrutura geral, de difícil compreensão, além dos detalhes muitas vezes excessivos da apresentação tornaram complexo para a recepção o acesso ao contexto de todo o pensamento linguístico de Humboldt, favorecendo a divisão característica entre uma recepção linguística e uma recepção filosófica: os linguistas lidaram principalmente com os capítulos linguísticos da introdução de *Kawi* no sentido mais restrito; já os filósofos — ainda mais exclusivamente — se interessaram pelas passagens de filosofia da linguagem, e partes inteiras decisivas para a arquitetura da construção de Humboldt permaneceram despercebidas por estes e aqueles.

A separação entre abordagem filosófica e abordagem linguística, realmente, parece ir na contramão das intenções de Humboldt. Com fortes indícios de uma filiação ao idealismo |6.2.2|, importante na virada dos séculos 18 para o 19 e, como vimos, base ideológica do Romantismo, o projeto intelectual de Humboldt consistiu em estabelecer os vínculos entre pensamento, língua e nação. As discussões filosóficas clássicas e modernas se debruçavam sobre a linguagem e as línguas como entidades "abstratas", concebidas em termos eminentemente metafísicos, ou, mais frequentemente, extraíam todas as suas teses de uma única língua, considerada suficiente para elucidar todos os problemas filosóficos concernentes às relações entre linguagem e pensamento. Os gregos antigos, repetimos, se restringiam à própria língua, até por considerarem que todas as demais eram faladas por povos "bárbaros" e, por isso, eram imperfeitas, rudes e não mereciam nenhum esforço reflexivo. Os gramáticos romanos se empenharam por aproximar o latim o máximo possível do grego, língua de uma cultura considerada superior à deles próprios, que traduziram a terminologia gramatical helenística por vocábulos que buscavam a equivalência mais estrita possível e aplicaram as ferramentas de análise do grego ao latim, o que não era muito difícil dado o parentesco (ainda desconhecido para eles) e a semelhança estrutural entre as duas línguas. Por toda a Idade Média, somente o latim foi objeto de consideração específica dos filósofos da linguagem, como os modistas |3.7|. No Renascimento, o interesse se voltou para as línguas "vernáculas", sua descrição e sua "defesa", num trabalho que resultou na produção das primeiras gramáticas modernas |4.9|, e nesse movimento nenhuma preocupação "metafísica" importava muito. Nos séculos 17 e 18, empiristas e racionalistas também se ocuparam basicamente de línguas como o latim, o inglês (no caso dos empiristas britânicos) e, no caso dos universalistas de Port-Royal |5.4| e de Condillac |5.5|, do francês.

Aos poucos, no entanto, sobretudo a partir do século 18, o afluxo de informações sobre línguas "exóticas", especialmente as americanas e as asiáticas, começou a modificar o panorama das especulações da filosofia da linguagem. O conhecimento de cada vez mais línguas foi aproveitado, pelos racionalistas (como Leibniz), para tentar comprovar a tese de que, sob as diferenças estruturais, havia traços universais (decorrentes da universalidade do entendimento humano) e, pelos empiristas, para afirmar a inexistência de ideias inatas, inexistência comprovada justamente pela enorme diversidade de recursos expressivos das línguas do mundo. O momento chave para a mudança de direção dos estudos linguísticos foi a descoberta das relações de parentesco entre o sânscrito e a maioria das línguas europeias. As preocupações filosóficas foram cedendo cada vez mais lugar aos estudos das línguas como objetos em si mesmos. Humboldt, no entanto,

> considerava que, embora a linguística histórico-comparativa fosse uma nova ciência importante, seu alcance se restringia demasiado ao estudo exclusivamente formal da "forma sonora" das línguas, isto é, seus padrões sonoros e sua organização gramatical. Isso porque ele acreditava que era no lado mental "oculto" da linguagem, naquilo que ele chama [...] o senso linguístico interno, que se poderia encontrar as causas das relações e das diferenças formais das línguas e, ao mesmo tempo, revelar seus efeitos (Harris; Taylor, 2005: 172).

No entanto, diferentemente dos filósofos da linguagem anteriores a ele, por um lado, e na mesma linha de trabalho que se inaugurava com a linguística histórico-comparativa, por outro, Humboldt via na coleta do maior número possível de dados sobre línguas diferentes a única possibilidade de estabelecer qualquer teoria geral da linguagem. Foi assim que se tornou um dos maiores conhecedores de línguas de seu tempo:

> Ele conseguiu, com o auxílio, no início, do irmão Alexander, compilar o que provavelmente foi a maior coleção de materiais linguísticos da Europa de seu tempo. De fato, não havia grupo linguístico no planeta que não atraísse sua atenção. Entre as línguas europeias e indo-europeias, Humboldt tinha conhecimentos e estudos sobre grego e latim clássicos, sânscrito, todas as línguas românicas, inglês, basco, islandês antigo, lituano, polonês, esloveno, servo-croata, armênio, mas também húngaro. Tinha familiaridade com o hebraico, o árabe e o copta (do qual escreveu uma gramática). Entre as línguas asiáticas, estudou o chinês, o japonês, o siamês e o tâmil. Contudo, no centro de sua obra se destacaram, além do basco (é considerado o fundador dos estudos bascos), as línguas nativas da América do Sul, Central e do Norte e, cada vez mais, a partir de

1827-1828, as línguas do Pacífico, desde a costa oriental da África até o Havaí e as ilhas dos mares do Sul. Estas formam o que hoje chamamos de grupo de línguas austronésias, cuja existência Humboldt foi o primeiro a demonstrar de forma conclusiva. Entre os papéis de seu espólio encontram-se estudos, notas, análises, observações e materiais relativos a mais de duzentas línguas. Em sua vida privada e pública, ele dominava (além de seu alemão materno) o francês, o inglês, o italiano e o espanhol (Mueller-Vollmer; Messling, 2016).

Durante o tempo que passou em Roma como embaixador junto ao Vaticano, Humboldt travou amizade com o ex-chefe das missões jesuíticas das Américas e diretor da Biblioteca Papal Quirinal, o espanhol **Lorenzo Hervás y Panduro** (1753-1809), um notável filólogo, autor do *Catálogo de las lenguas de las naciones conocidas* (1787). Em suas consultas à coleção de Hervás, Humboldt acabou por copiar todo o volume de materiais linguísticos compilado pelo jesuíta, o que lhe serviu de base para suas extensas reflexões sobre as estruturas das línguas ameríndias.

Uma das formulações de Humboldt mais rotineiramente citadas é a de que a língua não é um produto acabado, mas uma atividade constante: *"Sie selbst [die Sprache] ist kein Werk (Ergon) sondern eine Tätigkeit (Energeia)"*. Nessa frase lapidar, Humboldt emprega o termo alemão *Werk* ("obra", no sentido de "produto"), que traduz com o grego *érgon*, com sentido semelhante, para contrapô-lo a *Tätigkeit* ("atividade"), que traduz com o grego *enérgeia* — palavra de que deriva *energia*, "força de ação; capacidade de trabalho", em português e nas outras línguas europeias. Essa formulação não aparece em nenhum outro lugar dos escritos de Humboldt a não ser na introdução ao estudo da língua kawi. *Érgon* e *enérgeia* são termos empregados originalmente por Aristóteles. O trecho em que eles aparecem é o seguinte (negrito nosso):

> A língua, considerada em sua verdadeira natureza, é algo que está constantemente e a todo momento em transição. [...] **A língua mesma não é um produto (*érgon*), mas uma atividade (*enérgeia*).** [...] A língua pertence a mim porque eu a produzo à minha própria maneira; e dado que a base disso reside no falar e no ter-falado de todas as gerações anteriores [...], é a língua como tal que me limita [...]. O estudo da língua tem de reconhecer e honrar o fenômeno da liberdade, mas ao mesmo tempo traçar cuidadosamente seus limites (*apud* Deumert, 2013: 657).

Na qualidade de *enérgeia*, a língua não é apenas dinâmica, mas fundamentalmente *dialógica*, e é da interação falante-ouvinte que resulta seu estar em constante atividade, conforme transparece na formulação "o falar e o ter-falado de todas as gerações anteriores". Esse caráter dialógico da língua é enunciado no texto *Über den Dualis* ("Sobre o dual"):

> É especialmente crucial para a linguagem que a duplicidade ocupe nela uma posição mais importante do que em qualquer outro lugar. Toda conversa baseia-se no diálogo, em que, mesmo sendo com várias pessoas, o falante sempre conceitua os ouvintes como uma unidade. O homem fala, mesmo em pensamento, com outro ou consigo como se fosse com outro, e assim determina os círculos de seu parentesco espiritual, separando aqueles que falam como ele daqueles que falam de modo diferente. Esta separação que divide a humanidade em duas classes, nativos e estrangeiros, é originalmente a base de toda a convivência social. [...] No entanto, na essência original da língua, há um dualismo inalterável e a possibilidade de falar, em si, é condicionada pelo cumprimento e pela resposta. Até o pensamento é essencialmente acompanhado pela inclinação à existência social e, para além das relações corporais e emocionais, o homem anseia por um *tu* apropriado ao *eu* para os propósitos do mero pensamento. O conceito parece alcançar certeza e determinação apenas quando refletido na mente alheia. Ele é criado ao se libertar da multiplicidade movimentada do imaginário e se apresentar como objeto perante o sujeito. Essa objetividade fica ainda mais completa se a divisão não acontecer apenas no sujeito, mas no indivíduo que imagina realmente vir o pensamento além de si, o que só é possível em um ser diferente, que imagina e pensa da mesma forma. Mas entre pensamento e pensamento não há outro mediador além da linguagem.
> A palavra em si não é um objeto, ao contrário, perante os objetos ela é algo subjetivo, mas o objeto deve ser criado na mente do pensador e repercutir neste. Permanece entre a palavra e seu objeto um estranho abismo; a palavra, nascida sozinha no indivíduo, se assemelha muito a um simples pseudo-objeto, e a língua não pode ser trazida à realidade pelo indivíduo; isto só pode acontecer socialmente, apenas na medida em que uma tentativa ousada se associa a outra. A palavra deve, portanto, se tornar uma entidade, e a língua deve ganhar uma extensão num ouvinte capaz de dar respostas (Humboldt, 1827 [2021: 266-267]).

Nesse texto, Humboldt analisa o número *dual*, que existe em muitas línguas ao lado do *singular* e do *plural*. A partir do exame das línguas que apresentam o dual, Humboldt, em seu movimento intelectual característico, parte dos fatos linguísticos para elaborar uma reflexão filosófica acerca da dualidade e da duplicidade e, com isso, formular toda uma teoria da interação verbal, que se faz sempre *a dois*. Ele pode ser considerado, portanto, em certa medida, como um precursor do **dialogismo**, tal como formulado, no início do século 20, por pensadores russos como **Lev Jakubinskij** (1892-1945), **Mikhail Bakhtin** (1895-1975) ou **Valentin Volóchinov** (1895-1936). Este último, por exemplo, em seu livro *Frejdizm: kritičeskij očerk* (*O freudismo: ensaio crítico*, atribuído durante muito tempo a Bakhtin, mas de fato escrito por Volóchinov), de 1927, escreveu:

> Nenhuma enunciação verbalizada pode ser atribuída exclusivamente a quem a enunciou: ela é *produto da interação entre falantes* e, em termos mais amplos, produto de toda uma situação social em que ela surgiu. [...] A linguagem e suas formas são produto de um longo convívio social de determinada comunidade de falantes. [...] A palavra é uma espécie de "cenário" daquele convívio mais íntimo em cujo processo ela nasceu, e esse convívio é por sua vez um momento do convívio mais amplo do grupo social a que o falante pertence. [...] A questão não muda se em vez de discurso exterior temos discurso interior. Esse discurso também pressupõe o ouvinte eventual, constrói-se voltado para ele. O discurso interior é tanto produto e expressão do convívio social quanto o discurso exterior (Bakhtin [Volóchinov], 2001: 79-80).

Há, sem dúvida, profundas diferenças de corrente filosófica — Volóchinov é marxista, Humboldt é idealista; Volóchinov critica explicitamente a filosofia da linguagem de Humboldt |6.9.6| —, mas a ideia de que a linguagem, para existir, depende inevitavelmente da interação social se enuncia de forma muito semelhante em ambos os autores.

Além disso, Humboldt também antecipou o que o linguista francês André Martinet designaria como a **dupla articulação da linguagem**: as unidades significativas (os *morfemas*, a primeira articulação) se concretizam na fala por meio das unidades sonoras (os *fonemas*, a segunda articulação). Com isso, segundo Mueller-Vollmer e Messling (2016), o pensador alemão também foi o primeiro a formular uma teoria moderna do **signo linguístico**, antecipando a que viria a ser considerada (injustificadamente, como se verá) como a "marca registrada" de uma teoria linguística inovadora supostamente inaugurada por Ferdinand de Saussure na primeira década do século 20 |6.9.4|:

> Por meio da reflexão, nós destacamos "certas porções" do fluxo incessante e amorfo das impressões e das imagens mentais enquanto, ao mesmo tempo, lhes impomos uma ordem. Essa imposição de ordem é obra do meio sensorial da língua: os sons das palavras funcionam como unidades (*Einheiten*) estruturadas por meio das quais discernimos e firmamos as unidades mentais no fluxo de impressões e imagens. A fala humana, portanto, já não é vista por Humboldt como aplicação e manipulação de um sistema fixo de signos arbitrários, tal como hi-

potetizado tanto por racionalistas quanto por empiristas, mas consiste na operação de reunir esses dois conjuntos de ordens diferentes: o do som articulado, o significante, e o do "pensamento" ou significado. Mais de um século depois, Saussure, em seu *Cours de linguistique générale,* definiria a linguagem e o signo linguístico com quase as mesmas palavras. [...] É Humboldt quem merece o crédito de ter sido o primeiro a descobrir a natureza triádica do signo linguístico: a significação é definida por ele como a síntese (a *combination* de Saussure) de som e ideia — *Ton* e *Vorstellung* (Mueller-Vollmer; Messing, 2016).

Nunca é demais lembrar, porém, que o estudo do signo linguístico como uma unidade formada de duas "faces" remonta a Aristóteles e aos estoicos e percorre toda a longa história das ideias linguísticas no Ocidente.

BOX 6E: HUMBOLDT E A TIPOLOGIA LINGUÍSTICA

Humboldt também é reconhecido na historiografia da linguística como um dos pioneiros da **tipologia** das línguas. Mais uma vez, a ideia de repartir as línguas segundo critérios formais (morfologia e/ou sintaxe) não constituía novidade (vimos acima as propostas dos irmãos Schlegel |6.4.1|), mas foi Humboldt quem deu a ela uma maior precisão. O importante, porém, é não esquecer que os tipos de língua representam, para ele, uma ferramenta para a avaliação das línguas segundo seu "desenvolvimento" ou "perfeição".

Sintetizando as propostas de seus predecessores, Humboldt definiu três grandes tipos de línguas:

(1) as **isolantes** (cujo exemplo clássico é o chinês);

(2) as **aglutinantes** (como o turco);

(3) as **flexionais** (como as línguas semíticas — árabe e hebraico — e principalmente as línguas do grupo indo-europeu).

Um tipo adicional, que poderia ser chamado de *incorporante* também aparece nos textos de Humboldt, mas como uma contraparte sintática da aglutinação.

Como se entende cada um desses tipos? Antes de abordá-los, é preciso recordar o conceito de **morfema**. Um morfema é a menor forma linguística dotada de significado: *barco* é um morfema, assim como o *-s* marcador de plural, de modo que em *barcos* temos dois morfemas. Além disso, em *barcos* ocorre um **morfema livre**, *barco*, e um **morfema preso**, *-s*: os morfemas livres são aquilo que normalmente se entende por "palavras", com significado independente ou especificado pelas relações que mantêm com as outras num enunciado; os morfemas presos, por sua vez, só podem ocorrer anexados aos morfemas livres, na forma de prefixos, sufixos, desinências etc., como o caso do *-s* de plural, do *-mos* de *falamos*, do *in-* de *incomum* etc.

A tipologia que ocorre nos escritos de Humboldt tem sido reelaborada desde então, mas em sua obra os tipos que aparecem são:

• **Isolante**: nesse tipo de língua só existem morfemas livres, de modo que as palavras não indicam, em sua forma, a função gramatical que exercem. Para garantir a apreensão do significado, recorre-se à ordem das palavras, geralmente muito rígida. O exemplo clássico de língua isolante tem sido o **chinês**. No entanto, com a passagem do tempo, essa língua foi desenvolvendo vocábulos com mais de um morfema devido à ampliação de seu léxico. Atualmente, a língua considerada a mais isolante entre as conhecidas é o **iorubá**. Para se ter uma ideia do que seja uma língua desse tipo, pode-se recorrer ao inglês: ao longo do tempo, o inglês perdeu muito de sua morfologia flexional, de modo que os morfemas livres, desprovidos de flexão, são abundantes e sua interpretação depende da ordem das palavras no enunciado e do contexto. Por exemplo, o vocábulo *back* não indica, em sua forma, a classe gramatical a que pertence, embora seja empregado como substantivo, adjetivo, advérbio e verbo:

(a) *She was laying on her back*: "Ela estava deitada de costas" ⇒ substantivo

(b) *Open the back door!*: "Abra a porta traseira!" ⇒ adjetivo

(c) *I'm going back home*: "Estou voltando para casa" ⇒ advérbio

(d) *I back this strike*: "Eu apoio esta greve" ⇒ verbo

Em chinês, o morfema 吃 (chī) equivaleria ao verbo *comer* do português, mas, ao contrário do que se dá nesta língua, *chī* nunca altera sua forma, como em português *como/comi/comerei/comeria/comia/comesse* etc. Em chinês, essas diversas formas do português (que, somando-se todas as pessoas, modos e tempos, podem ser mais de cinquenta) se traduzem por *chī*, e as noções de modo, tempo, aspecto etc. dependem completamente dos demais elementos da sentença e do contexto geral do discurso.

• **Aglutinante**: nesse tipo de língua, morfemas com os mais diversos significados vão sendo acrescentados uns aos outros para construir a significação total de uma "palavra" que, de fato, pode chegar a constituir uma sentença inteira, como neste exemplo do **inuktitut** (falado pelo povo inuíte, até recentemente designado como "esquimó"):

(e) *angyaghllangyugtuq*: "Ele quer comprar um barco grande"

angya-: "barco"

-ghlla-: afixo que indica aumentativo

-ng-: "comprar"

-yug-: afixo que expressa desejo

-tuq: 3ª pessoa do singular

O que caracteriza uma língua aglutinante é o fato de que cada morfema é portador sempre do mesmo significado e sua forma nunca se altera.

• **Flexional**: é o tipo de língua em que, a um radical dotado de um significado básico, acrescenta-se uma terminação indicadora da classe gramatical a que pertence a palavra assim formada, bem como de sua função no enunciado. Pertencem a este tipo todas as línguas indo-europeias, assim como as semíticas (árabe e hebraico). Exemplos do português:

(f) **dur-a-r**: o morfema **-a-** indica um verbo da 1ª conjugação; o morfema **-r** é formador de infinitivos verbais.

(g) **dur-a-ndo**: o morfema **-a-** indica um verbo da 1ª conjugação; o morfema **-ndo** é formador do gerúndio.

(h) **dur-a-va-m**: o morfema **-a-** indica um verbo da 1ª conjugação; **-va-**, o tempo imperfeito do indicativo; **-m**, a 3ª pessoa do plural.

(i) **dur-a-s**: o morfema **-a-** representa o gênero feminino do adjetivo; o morfema **-s**, o plural.

(j) **dur-a-mente**: o morfema **-mente**, acrescentado ao adjetivo feminino, forma um advérbio.

(k) **dur-á-vel**: o morfema **-vel**, junto com a acentuação da vogal anterior a ele, forma adjetivos que contêm o sentido de "passível de".

Na visão de Humboldt, as línguas flexionais são "superiores" às dos outros tipos porque permitem uma combinação mais perfeita de pensamento e linguagem. Uma vez que as línguas indo-europeias são todas flexionais, como o alemão materno de Humboldt, essa atribuição de superioridade tem sido avaliada como um traço eurocentrista do pensamento do autor, sobretudo quando se leva em conta que a grande maioria das línguas africanas, ameríndias e polinésias pertencem ao tipo aglutinante. Já discutimos essa questão ao criticarmos as teses do racismo linguístico |6.4|.

O que Humboldt parece deixar de lado é a verificação — facílima para alguém como ele, que era profundo conhecedor das línguas clássicas, mas talvez obscurecido por posições ideológicas — de que, ao longo do tempo, como já discutido neste capítulo |6.4.7|, as línguas flexionais tendem a perder muitas de suas flexões, o que obriga à cristalização da ordem das palavras na sentença e ao emprego de preposições, conjunções, advérbios etc. Quando se compara o latim clássico — língua em que a ordem das palavras era bastante livre, embora a mais usual fosse SOV (sujeito-objeto-verbo) — com as línguas românicas derivadas dele, fica evidente que nestas foi drástica a redução das marcas flexionais. Desapareceram, por exemplo, praticamente todas as muitas formas que os nomes (substantivos e adjetivos) podiam assumir nos paradigmas da declinação; a passiva sintética foi substituída por uma passiva perifrástica; a ordem SVO se tornou a mais habitual na construção das sentenças etc. O inglês, se comparado ao seu ancestral anglo-saxão, apresenta talvez o caso mais extremo de uma língua indo-europeia em que a morfologia se simplificou de forma radical, a ponto de apresentar diversas características que a aproximam das línguas isolantes: os verbos, com pouquíssimas exceções (como o *-s* da 3ª pessoa do plural e as formas do verbo *to be*) permanecem com a mesma forma no presente, enquanto no passado são sempre idênticas; a categoria de gênero desapareceu por completo; os adjetivos (incluindo os artigos e os possessivos) não apresentam marcas nem de gênero nem de número e, mais uma vez, a ordem SVO se enrijeceu. Coisa semelhante ocorreu em outras línguas germânicas, como o dinamarquês, o sueco e o norueguês, em que os verbos permanecem idênticos na forma e as marcas de gênero vêm sendo abandonadas. O mesmo vale para as línguas indianas derivadas do sânscrito, e para o grego moderno em contraste com o grego clássico. O alemão só conhece hoje "ruínas" das declinações mais antigas: a marca de caso se restringe muitas vezes apenas ao artigo, enquanto as formas do genitivo são substituídas frequentemente por um sintagma preposicional, sendo muito raras na língua falada corrente. De fato, a hipótese mais aceita atualmente é a de que as línguas passam, ao longo dos milênios, por uma perda de flexão que resulta em tipos isolantes que, mais adiante, se transformam em aglutinantes para voltar ao tipo flexional e retomar o ciclo, como hipotetizado por Schleicher |6.4.7|. Diante disso, fica difícil aceitar a tese de que as línguas flexionais possibilitam um pensamento mais lógico, puro, abstrato etc., já que, em seus estados atuais, elas representam um empobrecimento morfológico evidente, compensado por outros procedimentos gramaticais. Decerto é por isso que Humboldt considerava o ático (o dialeto de Atenas no período clássico) e o sânscrito como as línguas mais "perfeitas" de todas: são línguas mortas que, quando faladas, deviam apresentar uma morfologia abundante. Se a flexão fosse garantia de superioridade intelectual, como explicar que o inglês seja atualmente a língua com o maior impacto em toda a produção científica e cultural do planeta? Outro ponto a ressaltar é que o ático e o sânscrito, admirados por Humboldt, não são as manifestações faladas, espontâneas, corriqueiras dessas línguas (manifestações faladas das quais, evidentemente, é muito difícil obter testemunhos), nas quais, sem dúvida, o sistema gramatical complexo das declinações não devia ser rigorosamente acionado, mas suas versões literárias, altamente codificadas, normatizadas e, portanto, conservadoras. Repete-se aqui, portanto, a separação rígida entre fala e escrita, um equívoco milenar presente na noção de língua dos gramáticos alexandrinos |2.13|: o grego ático e o sânscrito védico não são "línguas" perfeitas, mas versões padronizadas de estados anteriores dos idiomas realmente falados na época em que eram empregadas, versões codificadas para a produção de **textos escritos formais**.

Para demonstrar de que modo Humboldt elabora sua tese de que as línguas flexionais favorecem um maior "desenvolvimento do espírito", vamos nos deter um pouco na análise de um texto especificamente dedicado ao tema: *Über das Entstehen der grammatischen Formen, und ihren Einfluß auf die Ideenentwicklung* ("Sobre o surgimento das formas gramaticais e sua influência no desenvolvimento das ideias"), lido na Academia de Ciências de Berlim em 1822, cujo título já evidencia a crença de que as formas gramaticais incidem no "desenvolvimento das ideias", assim como o texto sobre o kawi traz no título a noção de "desenvolvimento intelectual da humanidade", supostamente relacionado à "estrutura da linguagem humana" — um indício forte das concepções idealistas como as de Hegel, que também influenciaram Schleicher.

O que logo chama a atenção no texto são os muitos adjetivos empregados para qualificar as línguas:

- língua menos perfeita
- línguas menos desenvolvidas
- línguas impolidas e incultas
- línguas primitivas
- línguas altamente desenvolvidas
- línguas mais desenvolvidas
- língua em estágio avançado de desenvolvimento gramatical.

O esforço do autor se concentrará em fornecer argumentos para justificar esses qualificativos atribuídos às diferentes línguas. Toda estrutura gramatical que não corresponda à das línguas flexionais será julgada como inadequada para o desenvolvimento de formas de pensamento mais ágeis e refinadas. Humboldt, nas primeiras linhas do texto, afirma: "Como nosso assunto é o surgimento gradual da gramática, as diferenças entre as línguas, dessa perspectiva, podem ser vistas como estágios de um progresso" (1822 [2021: 15]). Poderíamos aproximar essa afirmação da que fizemos acima: as línguas vão assumindo tipos que se sucedem ao longo de sua história. No entanto, na concepção humboldtiana, é fato que os tipos de língua não constituem sistemas gramaticais definitivos, são antes concebidos como etapas na direção de uma gramática ideal ("estágios de um progresso"), a das línguas flexionais, dotadas de "verdadeiras formas gramaticais": "As línguas mais desenvolvidas que têm uma organização sofisticada também começaram com uma construção mais crua e ainda carregam consigo vestígios visíveis dela". A ideia de "progresso" unidirecional que leva a um estágio final avançado se opõe, portanto, à de um ciclo ininterrupto.

Para Humboldt, existe uma estreita relação entre a existência, numa língua, dessas "verdadeiras formas gramaticais" e a possibilidade de desenvolvimento de uma inteligência superior:

> A agudeza do pensamento melhora quando as relações gramaticais correspondem com precisão às relações lógicas, e o espírito é cada vez mais direcionado ao pensamento formal, consequentemente, ao pensamento puro, quando a língua o habitua a distinguir nitidamente as formas gramaticais. No entan-

to, mesmo em vista das enormes diferenças entre duas línguas em níveis de desenvolvimento tão diversos, deve-se admitir que, entre aquelas que podem ser acusadas de não ter formas suficientes, muitas possuem uma considerável quantidade de recursos para expressar uma grande variedade de ideias e conseguem, através de uma combinação engenhosa e regular de poucos elementos, indicar múltiplas relações entre as ideias, unindo assim força e concisão. A diferença entre essas línguas e as mais desenvolvidas não reside nesse aspecto, pois, em termos do que precisa ser expresso, as primeiras conseguiriam com bastante diligência quase o mesmo que as últimas, mas, ainda que disponham de uma verdadeira multiplicidade de opções, falta o mais importante, ou seja, a expressão da forma gramatical e o significativo e benéfico reflexo dela no pensamento (1822 [2021: 33-34]).

Essa força também se manifesta nas outras qualidades das formas e, assim, torna-se irrefutável a afirmação de que uma língua, seja qual for sua trajetória, só vai atingir o nível de perfeição na construção gramatical se tiver a sorte de ser falada, pelo menos uma vez, por uma nação profundamente intelectualizada e culta. Se isto não acontecer, nada poderá salvar a língua da imperfeição de formas preguiçosamente compostas que não estimulam o pensamento em momento algum (p. 61).

Na esteira de filósofos da linguagem anteriores a ele (como Condillac e Tooke, este citado nominalmente), Humboldt também reflete a respeito do que viria a ser chamado (por Meillet |6.10.2|) de *gramaticalização*, ao afirmar que "é possível que muitas sílabas flexionais de nossas línguas devam sua origem a abreviações [*Abkürzungen*] de palavras com significado" (1822 [2021: 41]). Como se viu em |5.6|, é justamente com o termo *abreviação* que Tooke qualifica os processos por meio dos quais construções analíticas se transformam em formas sintéticas.

Humboldt, no entanto, ao analisar fenômenos de gramaticalização em línguas supostamente "menos desenvolvidas", parece atribuir aos falantes destas algum tipo de "consciência" de que estão empregando formas gramaticais "não verdadeiras". Por exemplo, ao falar do **náuatle** (que ele designa como "língua mexicana"), Humboldt escreve que, nessa língua, a palavra *itic*, que se traduz pela preposição "em", é formada na verdade de *ite*, "barriga", e de *c*, "dentro", de modo que, onde as línguas europeias, como o latim e o alemão, apresentam uma "forma gramatical pura" como *in*, o náuatle tem um elemento que de fato significaria "dentro da barriga". O mesmo valeria para *ihuicatl itic* que, segundo Humboldt, não significa "no céu", mas sim "na barriga do céu". Também nesta língua, diz ele, a palavra *notepotzco* não deve ser traduzida por "atrás de mim", mas por "atrás das minhas costas" porque *teputz* significa "costas".

Ora, aos falantes das línguas românicas não ocorre jamais pensar em "com a mente repetida" quando dizem que fazem algo *repetidamente*: a gramaticalização resulta, precisamente, no "desbotamento" semântico de morfemas livres que tinham, na origem, sentidos concretos. Esses processos se dão exatamente da mesma maneira em todas as línguas do mundo, independentemente de serem faladas por povos mais ou menos "desenvolvidos". Em alemão, por exemplo, a palavra *man* — que originalmente significava "homem" — se emprega atualmente como um pronome indefinido com a ideia de "qualquer pessoa". Em albanês, uma língua indo-europeia e, portanto, flexional, a palavra que significa "barriga", *bark*, se gramaticalizou como um advérbio com o sentido de "meio", de modo que *në bark javës* não significa "na barriga da semana", mas sim "no meio da semana", um processo semelhante ao que se deu em náuatle com um termo de mesmo significado. Em hebraico, língua semita e flexional, a palavra *yad*, "mão", se tornou um advérbio com o sentido de "perto", de modo que *le-yad ha-bayit* se traduz por "perto da casa". Em inglês, o substantivo *head*, "cabeça", ocorre no advérbio *ahead*, "em frente, para diante". Também em inglês, o verbo *will*, com sentido mais antigo de "querer", se enfraqueceu semanticamente a ponto de se tornar um mero auxiliar na formação do futuro — de fato, em inúmeras línguas mundo afora verbos que indicam volição se tornaram formadores de futuro. Somente devido a uma visão etnocêntrica é que se pode afirmar que os falantes de náuatle "têm consciência" de que *ite* em *itic* significa "barriga": por que não a teria também um falante de albanês ao usar a mesma "barriga" para expressar "meio, metade", ou um falante de inglês ao usar "costas" (*back*) quando diz *"Come back!"*?

Para concluir nossa apreciação do que Humboldt considera a relação entre língua e pensamento, e de que modo ela só pode florescer quando a língua é capaz de dar conta do que se passa no "espírito", citemos esta passagem:

> Para satisfazer as exigências do pensamento, a construção da língua deve corresponder, tanto quanto possível, ao organismo do pensamento. Caso contrário, ela, que deve ser símbolo de tudo, seria algo imperfeito justamente em relação àquele com que tem uma ligação mais imediata. Enquanto, por um lado, a quantidade de palavras da língua significa a extensão de seu mundo, por outro, sua construção gramatical representa a visão do organismo do pensamento.
> A língua deve acompanhar o pensamento. O pensamento deve, então, poder passar de um elemento a outro, na própria língua, e encontrar nela um signo

para tudo o que ele necessita coerentemente expressar, senão surgirão lacunas onde a língua o abandona em vez de acompanhá-lo.

Ainda que o espírito sempre e em todo lugar aspire à unidade e à necessidade, ele só consegue desenvolvê-las partindo dele mesmo, pouco a pouco e com a ajuda de meios mais sensoriais. O meio mais útil para o espírito é a língua, visto que, em razão de seus fins mais limitados e básicos, ela necessita de regras, formas e regularidade. Quanto mais o espírito encontra aquilo a que ele aspira já desenvolvido na língua, mais estreitamente poderá se ligar a ela.

Quando se contemplam as línguas considerando todas as exigências aqui impostas, então elas só as cumprem, de forma mais ou menos perfeita, se tiverem verdadeiras formas gramaticais e não apenas analogias delas, o que revela a grande pertinência dessa distinção.

A primeira e mais essencial exigência do espírito para com a língua é que ela diferencie claramente entre substância e forma, objeto e relação, em vez de misturá-los. A depender do modo como a língua acostuma o espírito a essa mistura ou lhe dificulta a diferenciação, ela pode paralisar e corromper a atuação intrínseca do espírito. Essa diferenciação só acontece de forma pura com a criação de genuínas formas gramaticais por flexão ou por palavras gramaticais, como vimos acima nas representações das formas gramaticais, apresentadas passo a passo. Nas línguas que têm apenas analogias de formas, os elementos de substância marcam as relações gramaticais, quando deveriam ser os elementos formais.

Nos casos em que a junção das formas, como descrita acima, não foi totalmente bem-sucedida, o espírito permanece com a impressão de que os elementos estão separados, e consequentemente a língua não mostra a devida congruência em relação às leis de atuação do espírito.

O espírito percebe as lacunas e tenta preenchê-las; ele não está lidando com um número moderado de elementos bem-definidos, mas com um número perturbador de elementos semiligados. Logo, ele não trabalha com a mesma velocidade e agilidade nem com o mesmo prazer que tem quando transforma facilmente conceitos particulares em conceitos gerais por meio de formas linguísticas adequadas e em sintonia com suas próprias leis (1822 [2021: 63-65]).

A mesma linha de raciocínio se apresenta quando Humboldt compara os sistemas de escrita. Assim como privilegia as línguas flexionais, também considera mais desenvolvida a escrita alfabética — em oposição, por exemplo, à escrita hieroglífica dos egípcios ou aos ideogramas do chinês —, precisamente aquela empregada pelas línguas europeias. A escrita alfabética, ao tentar representar cada som da língua, é superior porque "a distinção dos elementos fonéticos [...] exerce uma influência ainda mais profunda no espírito da língua, porque ela apresenta a articulação dos sons à alma na medida em que isola e representa os sons articulados" (1824 [2021: 137]). E isso porque "o efeito mais fundamental que a escrita alfabética tem na língua, embora não tão óbvio e visível em detalhes, é que apenas através dela o conhecimento da estruturação da língua é aperfeiçoado" (1824 [2021: 149]), de maneira que "uma precisa percepção intelectual da língua, um processamento de sons com vivacidade e refinamento, e a escrita alfabética são interdependentes e assistem-se mutuamente" (1824 [2021: 151]).

Conforme dissemos pouco acima, toda a argumentação de Humboldt se apoia, ao considerar as línguas "desenvolvidas", em variedades fixadas pela escrita, dotadas de longa tradição literária, muito distantes da realidade dos usos mais gerais. Ao contrário da escrita, no entanto, a fala — que tem sido objeto de investigação intensa desde inícios do século 20 — revela processamentos particulares: as subordinações são raras; a quantidade de sintagmas é reduzida devido às capacidades de memorização dos interlocutores; os falsos começos, as repetições, as hesitações são características da produção oral espontânea; os marcadores conversacionais são muito diferentes dos elementos que, no texto escrito, garantem a coesão e a coerência etc. Daí resulta que é um equívoco metodológico evidente a comparação entre línguas como as ameríndias, as africanas, as asiáticas e oceânicas não dotadas de escrita e estudadas apenas em suas manifestações orais, e as normas escritas convencionalizadas das línguas europeias e do sânscrito.

Num texto em que analisa as estruturas do chinês, Humboldt volta a enfatizar a inferioridade das línguas isolantes com relação às flexionais:

> Tenho a profunda convicção de que [...] o chinês fica muito aquém das línguas com as quais foi comparado.
> O pensamento recebe clareza e precisão por meio da língua, e esse efeito se completa somente quando tudo o que o influencia também encontra uma expressão analógica na língua. Qualquer língua que deixe a desejar nesse sentido se encontra em desvantagem.
> Quanto mais o pensamento é individualizado em todos os aspectos, mais ele entusiasma e comove, e quanto mais todas as forças da alma atuam em sua expressão, mais individualizado ele fica (1824 [2021: 213]).

Humboldt faz uma analogia entre a ausência de formas gramaticais "verdadeiras" no chinês — em que as palavras não apresentam flexões que permitam identificar sua classe gramatical — e a escrita ideográfica: por não representar os sons e não permitir uma análise da estrutura das palavras, essa escrita impede uma relação mais "pura" entre pensamento e língua. Como no exemplo que demos acima, o ideograma 吃 do chinês não oferece nenhum indício da função gramatical da palavra, contrariamente a *comer, comida, comidinhas, comilança, comível, comeríamos* etc. do português, em que essa funções estão "visíveis" na escrita.

Apesar de todas essas evidentes comprovações de uma visão eurocêntrica da relação entre língua, pensamento e "nação", também encontramos em Humboldt contundentes defesas dos povos ditos "selvagens", como a seguinte:

> Afirma o Sr. Schmitthenner [...]: "Se não se considerar que vale a pena fazer uma exposição detalhada apontando que as línguas da América e da África devem ser imperfeitas e diferentes umas das outras, menos as nações que as falam se elevarão da tolice da vida na natureza em direção à luz da razão, e da dispersão bárbara à unidade da cultura, etc." Não acredito que seriam muitos os que gostariam de assinar uma declaração tão depreciativa que exclui totalmente qualquer investigação. Não tenho como não ter uma opinião contrária. Não vou me referir aqui à curiosa construção de várias línguas africanas e americanas. [...] Deve-se enfatizar que o estado cultural dessas tribos, especialmente das americanas, não é coerente com o descrito por Schmitthenner, sobretudo em relação à expressão do pensamento. Os relatos sobre as assembleias tribais e os discursos de alguns dos caciques das nações norte-americanas fornecem imagens completamente diferentes. Muitos trechos são de uma eloquência verdadeiramente comovente e, mesmo que essas tribos mantenham um contato próximo com os habitantes dos Estados Unidos, é inconfundível o caráter de singularidade pura e genuína no modo de se expressar. Certamente, eles se recusam a trocar a liberdade de suas florestas e montanhas pelo trabalho na agricultura e pelo confinamento em casas e aldeias, mas preservam em suas vidas uma atitude simples, veraz, muitas vezes magnífica e nobre. [...] Mas, ainda que todos os povos indígenas americanos de hoje estivessem em um estado de rudeza absoluta e vida natural maçante, o que certamente não é o caso, de qualquer maneira seria impossível afirmar que tenha sido sempre assim. O estado florescente dos impérios mexicano e peruano é bem conhecido, e que vários povos na América tinham atingido um grau mais elevado de educação comprovam os vestígios da cultura antiga dos Muiscas e Panos, acidentalmente encontrados [...]. Será que não valeria a pena o esforço de investigar se as línguas americanas atualmente por nós conhecidas ostentam o caráter daquelas culturas ou a rudeza atualmente alegada? (1824 [2021: 225, nota]).

Trata-se, decerto, da oscilação que parece caracterizar a escrita de Humboldt e que tem dificultado a construção de interpretações coerentes de suas ideias, a "sistematicidade" mencionada por Di Cesare. Esse também é o argumento de Gonçalves (2020: 123-125), para quem

> há uma série de tensões não resolvidas, aparentes paradoxos e uma dificuldade de exprimir em linhas gerais o que seria *a* teoria humboldtiana da linguagem. Em grande medida, isso se deve ao fato de [...] Humboldt ter sido influenciado em grande medida tanto pelos iluministas quanto pelos idealistas e românticos alemães, o que, em si, já estabelece uma tensão importante e de difícil resolução. [...] Humboldt nunca resolveu as tensões inerentes nos próprios autores e ideias dos quais ele deriva as suas, mesmo que seu pensamento tenha mudado bastante ao longo do tempo. É como se testemunhássemos o crescimento e o desenvolvimento do ideário humboldtiano através da própria sequência de seus textos, um crescimento e desenvolvimento que, no entanto, mantinha intocados certos problemas constantes de suas reflexões.

Apesar de todas as dificuldades que apresenta, o pensamento filosófico-linguístico de Humboldt exercerá forte impacto sobre intelectuais das gerações seguintes, como os já citados Pott, Steinthal e Gabelentz, bem como o filólogo **Georg Curtius** (1820-1885). Mas o legado de Humboldt se estenderá para muito além do século 19. É possível considerar o pensador alemão como o iniciador moderno das investigações que entrecruzam língua, cultura e sociedade. Como veremos logo a seguir, Whitney reproduz em seus escritos diversos postulados que se vinculam diretamente ao pensamento humboldtiano, sobretudo a hierarquização das línguas (e de seus falantes) em escalas de "civilização" e "selvageria", muito embora alegue se tratar de um "pensador obscuro e totalmente impraticável", apesar de "engenhoso e profundo" (1872: 272).

Já na virada do século 19 para o 20, e desta vez na mesma América do Norte de Whitney, mas impulsionado por imigrantes europeus, o movimento que fará surgir a **antropologia linguística** não esconde a influência de Humboldt sobre seus praticantes. O nome que inaugura essa vertente é o do judeu **Franz Uri Boas** (1858-1942), nascido na Prússia e emigrado para os Estados Unidos em 1887. Boas compartilhava do postulado humboldtiano de que existe um vínculo profundo entre a língua e a visão de mundo do povo que a fala, mas recusava a classificação das línguas como mais ou menos desenvolvidas. Foi pioneiro no trabalho de campo antropológico que recolheu grandes volumes de dados sobre as línguas indígenas norte-americanas, com destaque para as línguas dos assim chamados "esquimós" (inuítes). Também judeu e igualmente nascido do outro lado do Atlântico, na região chamada Pomerânia (no norte da Polônia atual), **Edward Sapir** (1884-1939) chegou ainda criança com a família, que se estabeleceu nos Estados Unidos. Fez estudos no paradigma já tradicional da linguística indo-europeia mas, depois de assistir um seminário ministrado por Boas, mudou radicalmente a direção de seus interesses científicos e passou a se dedicar também à investigação de línguas ameríndias norte-americanas, tendo descrito 39 delas, algumas em vias de extinção. Sapir foi professor do já mencionado Benjamin Lee Whorf, responsável pela divulgação do chamado relativismo linguístico que, na esteira de Humboldt, supunha uma dependência estreita entre estrutura linguística e concepção da realidade. A tradição da antropologia linguística norte-americana se prolonga até o surgimento das disciplinas chamadas **sociologia da linguagem** e **sociolinguística**, que se contrapõem ao paradigma formalista do estruturalismo clássico e gerativista e procuram explicar a sociedade pelo prisma da língua ou explicar a língua pelo prisma da sociedade, diferenças de foco e de metodologia que, no entanto, acabam por se complementar. Nessas áreas se destacaram principalmente **John J. Gumperz** (1922-2013), **Joshua Fishman** (1926-2015), **William Labov** (n. 1927), **Uriel Weinreich** (1926-1967), estadunidenses, o canadense **Erving Goffman** (1922-1982), todos, curiosamente, também judeus como Boas e Sapir (Gumperz e Weinreich igualmente nascidos na Europa), além de **Dell Hymes** (1927-2009), estadunidense, formulador da chamada **etnografia da comunicação**. Já distantes da vertente inicial propriamente humboldtiana, ainda assim compartilham com ela a noção fundamental de que o estudo da língua só é completo se levar em conta os indivíduos que a falam e, por conseguinte, a dinâmica social e cultural em que estão envolvidos.

BOX 6F: A FALÁCIA DOS NOMES PARA NEVE NA LÍNGUA DOS "ESQUIMÓS"

A ideia de que a língua condiciona a maneira como um povo vê o mundo, ideia que está na base da versão "radical" do relativismo linguístico, teve imenso sucesso durante as décadas seguintes aos trabalhos publicados por B. L. Whorf nos anos 1950. Franz Boas, em suas pesquisas junto aos inuítes ("esquimós"), verificou que na língua dessas populações havia uma raiz para a neve que cai (*qana*) e outra para a neve que está no chão (*api*) e que essas raízes eram empregadas em diversas expressões que envolviam esse fenômeno atmosférico. Essas observações de Boas serviram a Whorf como argumento para sustentar a tese do relativismo linguístico. Nessa linha de pensamento, um povo que vive nas gélidas regiões polares precisaria ter em sua língua muitas formas para designar um elemento crucial de seu mundo, o que caracterizaria essa língua-sociedade de modo radicalmente distinto com relação a qualquer outra: onde outros povos veem apenas neve, os esquimós "enxergariam" muito mais coisas, graças a sua língua, que chega mesmo a diferenciar os dois tipos de neve, como se fossem entidades distintas. Em pouco tempo, isso se tornou uma das balelas mais repetidas na cultura popular ocidental acerca das línguas, amparada na suposta cientificidade de sua fonte. Seguindo o que diz o provérbio "quem conta um conto aumenta um ponto", foi se formando, vale o trocadilho, uma verdadeira bola de neve lexical: os esquimós teriam dezenas, senão centenas de palavras diferentes para designar a neve. Mas há algumas décadas os linguistas e antropólogos vêm se empenhando em desmascarar esse engodo. Veja-se, por exemplo, o que diz a respeito o linguista britânico **Michael Stubbs** (2007: 362-363):

> Um mito (pelo qual Whorf é parcialmente responsável) tem de ser imediatamente descartado. É a ideia de que "o esquimó tem dezenas de palavras para neve". A neve, reza a lenda, é importante para os esquimós, por isso eles têm um sistema categorial refinadíssimo e montes de palavras para ela. Ora, eles não têm: são uma dúzia mais ou menos. Mas também é assim em inglês: *snow, frost, ice, slush, sleet, blizzard, avalanche, cornice*, sem mencionar os compostos como *snowfall, snowfield, snowflake, snowdrift, snowstorm, snowball, snowman, snowshoe, snowplow* etc. De fato, esses compostos mostram o quanto é impossível contar as palavras para coisas relacionadas à neve em inglês. E o problema da contagem é ainda pior em dialetos do inuíte e do yupik, já que são altamente polissintéticos.
>
> Mesmo que tais línguas tivessem tantas palavras para neve, isso não seria especialmente interessante. Os grupos especializados normalmente têm termos técnicos para coisas importantes para eles. Os cozinheiros têm termos para equipamentos de cozinha e métodos de cocção; os linguistas têm centenas de termos linguísticos (e dicionários especializados); e os esquiadores e montanhistas têm ainda mais palavras para diferentes condições de neve.
>
> Esse mito mostra o tipo de argumento que não queremos. Não basta apontar um conjunto de palavras frouxamente definido, e que não são fundamentais para o sistema conceitual. As palavras para neve são tão isoladas quanto muitas palavras relativas à cozinha em francês ou à música em italiano. Precisamos de caminhos mais interessantes para buscar os vínculos entre língua e cognição.

O problema com a tese do relativismo linguístico é que ela parte da língua como uma coisa dada, prévia a seus falantes: a língua sempre teria existido como tal e, por ser como é, ela molda a mentalidade do povo que a fala, "obrigando-o" a ver o mundo de um modo tal e não de outro. A direção inversa é que parece a mais plausível: as experiências de um povo em suas interações com a realidade em que vive é que acabam gerando categorias cognitivas que vêm expressas na língua. A demonstração mais clara disso é a prática milenar e universal da **tradução**: por mais aparentemente difícil que seja, qualquer expressão linguística pode ser vertida de uma língua para outra, ainda que, por exemplo, um único substantivo precise ser traduzido por um sintagma verbal completo, entre outros processos. A explicação para isso é óbvia e, justamente por sua obviedade, escapa com facilidade da apreensão imediata: todos os seres humanos são dotados das mesmas capacidades cognitivas e têm de resolver os mesmos problemas que lhes são postos pela realidade circundante. Isso não significa, porém, como querem aqueles que — em oposição aos relativistas — defendem a tese do inatismo (que remonta a Platão), que as categorias linguísticas surgidas disso estariam geneticamente implantadas no ADN dos seres humanos. As soluções encontradas para dar conta da realidade por meio da língua são sempre **emergentes** e decorrem precisamente das interações, no tempo e no espaço, entre os seres humanos e a realidade empírica: a transmissão dessas soluções às gerações seguintes é que constituem a **cultura**, fundamental para o entendimento de como funciona a mente individual e a sociocognição, coletiva (Tomasello, 1999).

6.5.2 William D. Whitney e Michel Bréal: a língua como instituição social

Schleicher, como se viu, vinculava o estudo das línguas diretamente às ciências naturais, como a botânica ou a zoologia, uma vez que considerava uma língua como um organismo sujeito às mesmas "leis da natureza" que os demais seres vivos. Humboldt e Steinthal, cada um a seu modo, relacionaram linguagem e pensamento, mas já não, especialmente com Steinthal, ao modo da lógica tradicional, e sim com recurso à psicologia coletiva. Faltava quem postulasse o caráter **social** da linguagem e das línguas particulares, tarefa levada a cabo pelo estadunidense **William Dwight Whitney** (1827-1894) e pelo francês (judeu, nascido na Alemanha) **Michel Bréal** (1832-1915), ambos nascidos, portanto, na geração posterior a Humboldt.

Temos visto que a historiografia da linguística do século 19 é repleta de nomes alemães, salpicados com os de alguns outros europeus (dinamarqueses e suíços, por exemplo), de modo que Whitney constitui o único representante de destaque da linguística que se praticava na outra margem do Atlântico. Mesmo assim, era uma linguística nos mesmos moldes histórico-comparativos empreendida na Europa: Whitney foi um renomado especialista do sânscrito e fez parte de seus estudos na Alemanha. Publicou duas obras de divulgação que se tornaram muito conhecidas na Europa na segunda metade do século 19: *Language and the Study of Language* ("A língua e o estudo da língua", 1867) e *The Life and Growth of Language* ("Vida e desenvolvimento da língua", 1875). Whitney se opunha à noção da língua como um organismo vivo, enfatizando, ao contrário, o caráter da língua como uma *instituição* social:

> Jamais obteremos uma apreensão clara dos fenômenos da história linguística, seja em sua individualidade, seja em sua totalidade, se nos enganarmos quanto à natureza das forças que agem na produção deles. A língua é, de fato, uma instituição — o termo pode parecer desajeitado, mas não conseguimos encontrar nenhum melhor ou com mais verdade descritiva —, o trabalho daqueles a cujas necessidades ela atende; somente eles a conservam e a controlam; tem sido adaptada por eles a suas circunstâncias e necessidades, e ainda está por toda parte sofrendo tais adaptações pelas mãos deles; cada item separado do qual ela se compõe é, em sua forma presente [...], o produto de uma série de mudanças, efetuadas pela vontade e pelo acordo dos homens, produzindo-se sob condições históricas, e condições da natureza humana [...] (1867: 45).

Na esteira de Humboldt, ele considerava as línguas indo-europeias e seus falantes os expoentes máximos da civilização e, como já vimos, nutria um desprezo manifesto pelas línguas indígenas americanas. Seu discurso é estranhamente ambíguo: embora reconheça a inevitabilidade da mudança linguística e a vincule à atividade social, lança sobre ela juízos de valor extremamente negativos, puristas e elitistas:

> E não há ninguém que não esteja sujeito, por descuido ou instrução defeituosa, a aprender uma palavra ou locução incorretamente ou a reproduzi-la de maneira inexata. Por tais razões, existe sempre em pleno vigor e emprego corrente nas camadas mais baixas dos usuários da língua — ou, como poderíamos chamá-los, entre os incultos ou semicultos — uma profusão de desvios do melhor uso, de ofensas contra a dignidade do discurso, reprimidas em geral pela influência controladora dos bons falantes, mas ameaçando o tempo todo emergir e, vez por outra, tendo êxito em forçar seu acesso à superfície e impor o reconhecimento e a aceitação até mesmo das melhores autoridades.
>
> Essa é a origem dos tipos de mudanças na língua que vamos examinar agora. Em seus primórdios, elas são inexatidões da fala. Atestam a influência dessa imensa maioria de falantes de inglês que não se esforçam o bastante para falar corretamente, mas cuja inépcia se torna por fim a norma da língua (1867: 30-31).

De fato, ocorrem em seus escritos com muita frequência termos como *blunder* ("erro grosseiro"), *corruption* ("corrupção"), *degeneration* ("degeneração") *inaccuracies* ("inexatidões; equívocos") etc. Fica evidente que a instituição social que ele chama de "língua" é a norma das camadas privilegiadas da população. E, alinhando-se a uma longa tradição que vincula o uso correto da língua a supostas boas práticas morais, assim se manifestou quanto ao apagamento da distinção entre os auxiliares *shall* e *will* na formação do futuro em inglês:

> Trata-se, porém, de um caso que implica uma violação não só do bom uso do inglês como também da moralidade etimológica profunda: *shall* originalmente e em sentido próprio contém a ideia de dever, e *will*, a de decisão. Desconsiderar a obrigação ao planejar um ação futura, tomando como único guia a decisão arbitrária, é uma lição que a comunidade não deveria aprender de nenhuma categoria ou classe, tanto na língua quanto na conduta política e social (1867: 75).

Como teremos a ocasião de discutir mais adiante |6.9|, o conceito de *langue* de Saussure, mesmo não expresso em termos tão preconceituosos, acaba se equiparando à norma-padrão convencional ou à assim chamada, sobretudo naquela época, "língua literária".

As ideias de Whitney exerceram influência sobre Hermann Paul, os Jovens Gramáticos e, já no século 20, sobre Leonard Bloomfield. Segundo

Koerner (1971: 92), que fez o rastreamento minucioso das fontes do pensamento saussuriano, "podemos dizer que Whitney foi em diversos aspectos uma fonte importante, senão a mais importante, da inspiração linguística de Saussure". A concepção da língua como *sistema*, por exemplo, aparece com clareza em Whitney: "Uma língua é, em plena verdade, um grande sistema, de uma estrutura altamente complexa e simétrica" (1867: 47), em que o termo *estrutura* também remete de imediato, não ao *Curso de linguística geral*, onde ocorre apenas três vezes e sem o sentido que apresenta em Whitney, mas ao nome da escola teórica que elegerá Saussure como seu precursor, o *estruturalismo*. A tese da arbitrariedade do signo linguístico vem estampada em quase todo material didático de introdução à linguística como característica da teoria saussuriana, mas afirmações como a seguinte nos obrigam a relativizar o excesso de originalidade atribuído ao linguista suíço:

> Na língua, porém, os agentes fundamentais são seres inteligentes, o material não é apenas o som articulado — que poderia, em certo sentido, ser considerado um produto físico —, mas o som que se torna o *significante* do pensamento (Whitney, 1867: 46, grifo nosso).

Esse trecho, até pela presença do termo *significante* (*significant*), caberia perfeitamente nas páginas do *Curso de linguística geral*. De fato, o caráter arbitrário do signo linguístico é enfatizado diversas vezes na obra de Whitney:

> Portanto, cada vocábulo foi para nós um signo arbitrário e convencional: arbitrário porque qualquer um dentre milhares de vocábulos poderia ter sido aprendido por nós de modo igualmente fácil e associado à mesma ideia; convencional porque o signo que adquirimos tinha sua única base e sanção no uso consensual da comunidade de que fazíamos parte. (1867: 20)

> Toda língua falada é um agregado de signos individuais, chamados palavras, e cada palavra (com a rara exceção dos acréscimos atuais feitos por indivíduos à língua, dos quais trataremos mais tarde) foi aprendida por cada pessoa que a emprega de alguma outra pessoa que a tinha empregado antes. Ela a adotou como o signo de uma certa ideia porque outros já a usavam assim. Em nenhuma língua sobre a terra existe entre ideia e palavra qualquer conexão interna e essencial pela qual a mente que concebe uma apreende e produz a outra de uma só vez. Toda manifestação existente da linguagem humana é um corpo de signos arbitrários e convencionais para o pensamento, transmitido por tradição de uma geração a outra e nenhum indivíduo em qualquer geração recebe ou transmite esse corpo todo: é a soma das coisas dadas e recebidas separadamente que é efetiva para conservar sua existência sem perda essencial (1867: 34).

> A língua, de fato, não existe senão nas mentes e bocas daqueles que a usam; é feita de signos de pensamento separados e articulados, cada um dos quais é vinculado por uma associação mental à ideia que representa, é pronunciado por esforço voluntário e tem seu valor e serventia somente pelo acordo de falantes e ouvintes (1867: 36).

O fato é que a arbitrariedade do signo é um conceito debatido ao longo de muitos séculos, desde o *Crátilo* de Platão |2.4.1|. Na modernidade, quem mais se dedicou a ele foi John Locke |5.3.1|, um pensador que exerceu forte influência sobre o pensamento linguístico de Whitney (Alter, 2005: 54-55).

Whitney é o único autor citado nominalmente no *Curso* com quem Saussure parece manter algum vínculo de dependência teórica — outras ideias de outros autores figuram no livro sem nenhuma menção das fontes. Disso trataremos na seção dedicada a Saussure mais adiante |6.9.5|. Um dado importante é que os trechos do *Curso* referentes a Whitney não derivam das aulas ministradas por Saussure, mas de um esboço para um artigo, jamais publicado, sobre o linguista estadunidense (esboço publicado em Saussure, 2002: 203-221), mais uma comprovação das interpolações pouco coerentes praticadas pelos editores do livro atribuído a Saussure.

Bréal é autor de *Essai de sémantique (sciences des significations)* ("Ensaio de semântica: ciência das significações", 1897), em que pôs em circulação o termo *semântica*, que se firmaria como um área importante e específica da linguística. Sustenta que a linguística não é uma ciência natural, mas uma ciência histórica, já que "o objeto de que ela trata não existe na natureza. A linguagem é um ato do homem: não tem realidade fora da atividade humana" (1897: 334), de modo que não é "na zoologia ou na botânica que eu iria buscar meu termo de confronto, mas na história das instituições" (p. 338-339). Até Bréal, o termo *semântica* tivera um uso restringido à terminologia militar, com o sentido de "movimentar as tropas por meio de sinais". Bréal emprega *semântica* em oposição a *fonética*, porque considera mais importante o estudo das "leis intelectuais" do que das "leis fonéticas". As leis fonéticas, como postuladas por Schleicher em sua visão organicista, são cegas e independem da vontade humana, ao passo que as transformações semânticas se vinculam à dinâmica das sociedades, aos progressos técnicos e às reinterpretações que os indivíduos e as comunidades fazem dos sentidos das palavras. Antoine Meillet, que foi aluno de Bréal e ocupou a cadeira do mestre no prestigioso Collège de France, compartilhará dessa visão em seu clássico ensaio, já aqui mencionado, "Como as palavras mudam de sentido" (1906 [2020]).

6.6 Os Jovens Gramáticos e as polêmicas do final do século

Em praticamente todas as obras de história da linguística, encontramos a explicação de que o termo **neogramáticos** aplicado a um grupo de jovens linguistas alemães do final do século 19 é resultado de uma tradução equivocada do alemão **Junggrammatiker**. Se assim é, por que continuar insistindo nessa denominação? Seuren (1998: 92ss.), que se diferencia da historiografia tradicional por rejeitar o termo *neogramático*, explica que o alemão *"Junggrammatiker"* surgiu

> para ser interpretado como um decalque das expressões "Jungdeutscher", "Junghellenen" ou "Jungtürken", que denotavam uma série de impetuosos movimentos nacionalistas, literários e políticos na Alemanha, na Grécia e no Império Otomano, respectivamente. Esses movimentos tinham emergido em anos anteriores ao manifesto dos Junggrammatiker, e era óbvio na época que o termo "Junggrammatiker" deveria ser entendido como implicando uma semelhança com aqueles, o que não era considerado um elogio.

Seuren argumenta que o equivalente em inglês de termos como *Jungtürken* é *Young Turks* ("Jovens Turcos"), e que lhe parece mais apropriado traduzir *Junggrammatiker* por *Young Grammarians* ("Jovens Gramáticos"), "e não como o comumente usado, mas insípido, 'neogramáticos'". Seguiremos essa sugestão, mencionando esse grupo de linguistas como Jovens Gramáticos. Também usaremos "Jovens Gramáticos" quando traduzirmos citações, ainda que no original apareça o equivalente a "neogramáticos" na língua-fonte.

O movimento dos Jovens Gramáticos provocou enorme turbulência no meio universitário alemão das três últimas décadas do século 19. Seu quartel-general foi a **Universidade de Leipzig**, onde atuaram e atuavam alguns dos principais nomes da linguística histórico-comparativa, dois dos quais, **Georg Curtius** (1820-1885) e **August Leskien** (1840-1916), ocupariam lugar de destaque no movimento: o primeiro, professor de vários dos Jovens Gramáticos, se tornou o alvo preferencial de ataques da nova geração rebelada; o segundo se tornou seu polo agregador, uma espécie de "guru". Os nomes dos Jovens Gramáticos mais comumente citados são **Karl Brugmann** (1849-1919), **Hermann Osthoff** (1847-1909), **Berthold Delbrück** (1842-1922), **Hermann Paul** (1846-1921), **Eduard Sievers** (1850-1932), **Wilhelm Braune** (1850-1926) e **Johann Heinrich Hübschmann** (1848-1908), todos alemães, e o dinamarquês **Karl Verner** (1846-1896), que viria a se tornar célebre graças à chamada **Lei de Verner**, que discutiremos mais abaixo.

Tamanha perturbação causaram os Jovens Gramáticos em sua época, e tamanho foi o repúdio que conquistaram, que ainda em 1965 o então presidente da Linguistic Society of America, **Charles Hockett** (1916-2000), declarou: "Até hoje, a menção aos Jovens Gramáticos, por mais disfarçada que seja, pode suscitar tamanha emoção ruidosa que ninguém consegue ouvir o que você está dizendo" (1965: 186), e os classificou como um grupo radical, "armado com uma ideia de importância vital e com enorme arrogância, conquistando convertidos e fazendo inimigos tanto por meio do carisma quanto pela persuasão razoável" — para Hockett, "o preço da ruptura foi um cisma amargo, de cegueira intelectual, do qual ainda não nos recuperamos". Seja como for, segundo Davies (2014: 230), "o essencial para o historiador da linguística é que perto do final do século não havia nenhuma teoria linguística que pudesse se permitir desconsiderar os Jovens Gramáticos, nem que fosse para atacá-los". Faraco (2006: 139), por seu turno, considera que o movimento dos Jovens Gramáticos foi "um divisor de águas".

A linguística histórico-comparativa parecia solidamente constituída desde que Schleicher desenvolvera a metodologia para a reconstrução da protolíngua, tendo como principal suporte as *leis fonéticas* (*Lautzgesetze*). Mas o edifício teórico firmado por Schleicher trazia uma série de fundamentos que não tardaram a ser duramente criticados como pouco consistentes: a reivindicação de que a linguística se incluía entre as ciências naturais, a concepção da língua como um organismo vivo cujo funcionamento independia da consciência dos falantes, a hipótese dos períodos de desenvolvimento e decadência etc. Já no ano da morte de Schleicher, o germanista **Wilhelm Scherer** (1841-1886) negava a tese dos dois períodos e proclamava um princípio *uniformitarista* para a história das línguas, ou seja, os processos de mudança linguística ocorridos no passado continuam em ação no presente: "A distinção entre desenvolvimento e decadência se baseia num erro. No que me diz respeito, tenho encontrado por toda parte somente desenvolvimento, somente história" (1868: ix). Desse modo,

> nos últimos decênios do século 19, os progressos da linguística histórico-comparativa foram tão rápidos que, um quarto de século ou menos depois da morte de Schleicher, a imagem das relações entre a língua-mãe indo-europeia e as várias línguas dela derivadas tinha mudado tanto a ponto de tornar seu *Compendium* já amplamente superado. Assim, enquanto esse volume hoje tem quase exclusivamente um interesse histórico, os tratados de linguística indo-

-europeia publicados entre o final do século 19 e o início do 20 ainda são uma referência obrigatória para quem quer que se ocupe dessas temáticas (Graffi, 2019b: 143).

Os dois grandes alvos da polêmica teórica dos Jovens Gramáticos foram **a natureza das leis fonéticas** e o papel dos **processos psicológicos** na mudança linguística. A esse respeito, é preciso recordar o impacto do **positivismo** como filosofia da ciência no final daquele século: como outras áreas de conhecimento que se firmavam então, a linguística precisava alcançar, na visão de seus praticantes mais jovens, um rigor que lhe garantisse o estatuto de *ciência* de pleno direito.

Os princípios da escola dos Jovens Gramáticos foram explicitados num texto que passou à história como seu "manifesto": o prefácio assinado por Brugmann e Osthoff (mas, de fato, de autoria só de Brugmann) ao primeiro número da revista por eles fundada em 1878, *Morphologische Untersuchungen* ("Investigações morfológicas"). Nesse texto aparece a negação explícita do organicismo: *"A língua não é algo que esteja além e acima do homem e leve uma vida em si mesma, mas tem sua verdadeira existência somente no indivíduo"*. Também se assume o princípio uniformitarista, negado por Schleicher e outros de sua geração: *"A atividade psíquica e física desempenhada pelo homem ao apropriar-se da língua herdada de seus antepassados e ao reproduzir e dar forma nova às imagens acústicas acolhidas na consciência deve ter sido essencialmente a mesma em todos os tempos"*, ou seja, os Jovens Gramáticos consideravam o desenvolvimento das línguas como sujeito a exatamente os mesmos fatores e restrições de todos os outros períodos: os processos de mudança são básicos e constantes, e é plausível supor que o que ocorre na história observável ocorreu em todas as etapas da evolução linguística, incluindo os de línguas reconstruídas como o protoindo-europeu:

> Uma vez que nenhum estágio linguístico pode ser qualitativamente diferente em épocas diferentes no processo de evolução (isto é, visto como crescimento ou decadência), o pensamento dos Jovens Gramáticos entrava em claro conflito com a concepção naturalista de língua de Schleicher (e outros). Ao rejeitar o modelo biológico para o desenvolvimento histórico das línguas, eles transferiram a ênfase da língua para o indivíduo falante e a sociedade como um todo. Em vez de um organismo natural, a língua era a manifestação da cognição humana e do comportamento social; as mudanças sonoras procediam com *blinde Naturnotwendigkeit* ("necessidade cega da natureza") fisiológica, mas eram ao mesmo tempo mudanças nos hábitos linguísticos dos falantes (isto é, não ocor-

> riam independentemente dos indivíduos). Isso logo permitiu a mudança de foco das línguas escritas para línguas e dialetos vivos contemporâneos como as fontes mais valiosas para a investigação linguística (Burridge, 2013: 159).

No que dizia respeito às mudanças fonéticas, os linguistas vinham chamando-as de "leis" há pelo menos meio século, mas para que merecessem esse rótulo era necessário que fossem obedecidas rigorosamente, o que não era o caso: praticamente todas as leis postuladas até então apresentavam exceções. Um construto teórico que não dá conta de resolver todos os casos que lhe são submetidos não pode ter lugar numa ciência (positivista) digna do nome.

A mais notória das exceções se encontrava na *Lei de Grimm* |6.4.4|, que de fato, como se viu, é uma Lei de Rask: se de um [t] indo-europeu (presente, por exemplo, no sânscrito e no latim) a lei prevê uma interdental surda [θ] nas línguas germânicas (pronunciada como o *th* do inglês *think*), como se explica que esse resultado se verifique no gótico *bro*[θ]*ar* ("irmão"), mas não em *fa*[ð]*ar* ("pai") (em que o *d* representa [ð], a interdental sonora do inglês *father*)? Foi o já citado Karl Verner quem respondeu satisfatoriamente a pergunta num texto de 1875: se no indo-europeu o acento incidir sobre a sílaba que precede as oclusivas surdas, estas se tornarão fricativas surdas nas línguas germânicas (por isso se tem *bhrátar-* em sânscrito e *bro*[θ]*ar* em gótico); se o acento incidir sobre a sílaba seguinte, as mesmas oclusivas se tornarão fricativas sonoras (por isso o sânscrito *pitár-* e o gótico *fa*[ð]*ar*), embora em ambas as palavras do gótico o acento incida sobre a sílaba inicial. Outros exemplos:

Lei de Verner	Sânscrito	Anglo-saxão	
raiz acentuada + t → *þ* [θ]	vár*t*āmi	weor*þ*	*"torno-me"*
	vavár*t*a	wear*þ*	*"tornei-me"*
acento após raiz + t → *d* [ð]	vavr*t*imá	wur*d*on	*"tornamo-nos"* (pass.)
	vavr*t*āná	wor*d*en	*"tornado"* (part. pass.)

Assim, a irregularidade encontrada na Lei de Grimm é apenas aparente, porque de fato é resultante de outra lei. Nas palavras de Joseph (2012: 97), "os linguistas históricos sentiram como se tivessem alcançado a maturidade com a publicação da Lei de Verner em 1875. O esclarecimento dos últimos graves resíduos da Lei de Grimm deu-lhes a confiança para proclamar que o que estavam fazendo era realmente ciência, tanto quanto a química e a biologia". Ao lado de outros avanços obtidos no estudo das mudanças sonoras, a Lei de Verner trouxe a prova necessária para justificar um dos dois postulados centrais dos Jovens Gramáticos: o de que **as leis fonéticas não admitem exceções**. Se aparecerem exceções, como escreveu Verner, "deve haver, por assim dizer, uma regra para a irregularidade: trata-se apenas de encontrá-la" (1875: 101). Esse postulado aparece assim formulado no manifesto dos Jovens Gramáticos:

> Toda mudança fonética, desde que proceda mecanicamente, se faz segundo leis sem exceção; isto é, a direção do movimento fonético é constantemente a mesma entre todos os pertencentes a uma comunidade linguística, exceto quando ocorre cisão dialetal e quando todas as palavras em que o som afetado pela mudança ocorre em circunstâncias semelhantes estão compreendidas na mudança sem exceção.

O outro princípio fundamental dos Jovens Gramáticos vem assim explicitado no mesmo texto:

> Uma vez evidente que a associação formal, isto é, a composição de novas formas linguísticas por meio da analogia, desempenha um papel importantíssimo na vida das línguas modernas, inclusive para os períodos antigos e mais antigos, deve-se admitir esse tipo de inovação linguística, e não somente admitir, mas também fazer valer esse princípio explicativo [...].

A **analogia**, um fenômeno que vinha sendo debatido desde a Antiguidade clássica |2.12|, assumia agora entre os Jovens Gramáticos um valor explicativo fundamental, na medida em que substituía a biologia como ciência de apoio à linguística histórica pela **psicologia** — no entanto, como se viu acima |6.4|, o reconhecimento da analogia como explicação da mudança linguística já tinha sido postulado por Schleicher em 1860, mas foi devidamente "esquecido" pelos Jovens Gramáticos, empenhados em firmar o caráter "revolucionário" de sua nova escola teórica em contraposição às supostas deficiências da escola "antiga". Enquanto as leis fonéticas dependem da **fisiologia** do indivíduo, a analogia é um processamento mental (hoje diríamos *cognitivo*) que leva o indivíduo a construir novas formas linguísticas. O vínculo entre os dois princípios está na consideração de que, se uma lei fonética apresenta alguma exceção, ela se deve à analogia. Um exemplo simples pode explicar esse princípio: a forma verbal latina *ardĕo*, 1ª pessoa do singular do verbo *ardĕre*, se transformou em *arço* na fase mais antiga do português, seguindo um padrão de mudança regular em que o grupo latino *oclusiva + semivogal seguida de vogal* resultou em [ts], escrito *ç*. Numa fase posterior, contudo, *arço* foi substituído por *ardo*, devido à analogia com o resto da conjugação (*ardes, arde, ardemos, ardeis, ardem*). A analogia não age de maneira uniforme, porque ainda existem as formas *peço* (< *petio*), *meço* (< *metior*) e *ouço* (< *audio*), que conservam a consoante que resultou da palatalização de *oclusiva + semivogal*, ou seja, na visão dos Jovens Gramáticos, a lei fonética agiu sem exceção.

Dentro da corrente de linguística histórica dos Jovens Gramáticos, se formou também o suíço **Wilhelm Meyer-Lübke** (1861-1936), que se dedicou ao estudo das **línguas românicas**, um campo de investigação previamente explorado pelo alemão **Friedrich Diez** (1794-1876), considerado o pioneiro do que viria a se chamar precisamente **filologia românica** (ou, mais modernamente, **linguística românica**) — de fato, Meyer-Lübke ocupou a cátedra em que antes atuara Diez na Universidade de Bonn. Suas obras constituem até hoje importantes referências na área: *Grammatik der romanischen Sprachen* ("Gramática das línguas românicas", 4 volumes, 1890-1902); *Einführung in das Studium der romanischen Sprachwissenschaft* ("Introdução ao estudo da linguística românica", 1901); *Romanisches etymologisches Wörterbuch* ("Dicionário etimológico românico", 1911). As línguas românicas ofereciam aos estudiosos daquele período a inestimável vantagem de terem um ancestral, o latim, devidamente documentado numa volumosa literatura que se estende por mais de cinco séculos nos mais diferentes gêneros textuais, o que permite acompanhar não só a evolução do latim até as línguas românicas como também a do latim arcaico ao latim clássico e ao chamado **latim vulgar**, isto é, o conjunto de variedades faladas pelos soldados, funcionários imperiais e colonos que se instalaram nas terras conquistadas pelos romanos. A apreensão das "leis fonéticas" que tinham agido na passagem do latim para as línguas românicas se tornava incomparavelmente mais fácil e segura do que o trabalho com o indo-europeu e os idiomas seus descendentes, trabalho que exigia alto poder de abstração e recurso a hipóteses de reconstrução nem sempre de aceitação unânime entre os pesquisadores. A comprovação das regularidades concretamente observáveis no grupo românico podia servir de apoio àquelas reconstruções.

6.6.1 Hermann Paul e a centralidade do indivíduo

Os princípios teóricos dos Jovens Gramáticos encontraram sua formulação mais bem-acabada na obra de **Hermann Paul** (1846-1921) intitulada *Prinzipien der Sprachgeschichte* ("Princípios de história da língua"), publicada inicialmente em 1880 e que conheceu diversas reformulações sucessivas a cada nova edição, sendo a última de 1920, um ano antes da morte do autor.

Aos 20 anos, Hermann Paul passou um ano na Universidade de Berlim, onde teve contato com o trabalho de Steinthal, que o marcou significativamente. No ano seguinte, foi para Leipzig, onde concluiu o doutorado em 1870. Ali foi aluno de Georg Curtius, importante nome da linguística comparada, e também de August Leskien, que o influenciaria por toda a vida. Em 1874, assumiu uma cadeira de língua e literatura alemãs na Universidade de Freiburg. As condições de trabalho em Freiburg não eram as melhores, o salário era muito baixo se comparado ao de outras universidades, de modo que Paul se candidatou a diversas vagas em outros lugares (Kiel, Jena, Tübingen e Halle), mas somente em 1893 foi admitido na Universidade de Munique, onde ensinou até 1916. Foi principalmente um germanista, tendo publicado muitas obras sobre a história do alemão e sua literatura. Mas foram os *Prinzipien* que o tornaram conhecido e debatido para além dos círculos da germanística.

Nas primeiras páginas da obra, Paul trata de identificar o lugar da linguística entre as diferentes ciências e, para isso, recorre a duas classificações: as ciências *nomotéticas*, isto é, baseadas em leis (*Gesetzeswissenschaften*) — do grego *nomos*, "lei" — e as ciências *históricas* (*Geschichtswissenschaften*). Trata-se de uma distinção que não corresponde à tradicional entre ciências da natureza e ciências humanas (ou, na terminologia da época, "do espírito"). Para Paul, a psicologia decerto é uma ciência humana, mas é nomotética por se firmar em leis. De igual modo, as ciências históricas não são necessariamente as ciências humanas, porque existem "ciências históricas da natureza" (como a teoria da evolução) e "ciências históricas da cultura". O critério para distinguir as ciências nomotéticas das históricas é que nas nomotéticas não se faz nenhuma referência a qualquer forma de "desenvolvimento" ou evolução, elementos que caracterizam, porém, as ciências históricas (tanto as da cultura quanto as da natureza). Dentro desse quadro teórico, Paul vai definir a linguística como uma **ciência histórica** dotada de um componente nomotético essencial, o componente **psicológico**.

A linguística histórico-comparativa da geração anterior se valeu, como vimos, da metáfora do organismo vivo para tratar da língua. Em reação a essa concepção da língua como algo que independe da ação dos falantes, os Jovens Gramáticos vão localizar o fenômeno linguístico nos processamentos mentais do indivíduo e na concretização da língua pelos movimentos fisiológicos do corpo humano. Desse modo, a língua deixa de ser uma abstração e adquire o caráter de uma entidade passível de investigação empírica.

A psicologia abraçada por Paul é a que foi teorizada pelo alemão **Johann Friedrich Herbart** (1776-1841), filósofo, psicólogo e pioneiro das formulações teóricas sobre educação, explicitamente citado nos *Prinzipien*. Herbart deu caráter técnico a dois termos que serão empregados por Paul em sua obra para teorizar o funcionamento da língua na mente individual: as **representações** (*Vorstellungen*), unidades básicas da mente, construtos mentais estruturados na psicologia de cada indivíduo a partir de suas percepções do mundo (semelhante aos *pathemata* de Aristóteles |2.7|), e as **associações** (*Assoziationen*) que se estabelecem entre essas representações.

Opondo-se já nas primeiras páginas às teorias de Steinthal e Wundt (de inspiração humboldtiana) acerca de uma "alma do povo" (*Völkergeist*) ou "psicologia coletiva" (*Völkerpsychologie*), Paul tem como único objeto de estudo o **indivíduo**: "Há tantas línguas quanto indivíduos", escreveu. Essa aposta radical na psicologia individual — que faz dele um precursor das correntes cognitivistas da linguística que ganharão impulso a partir do final do século 20 — estará nas respostas que ele oferecerá para cinco problemas fundamentais:

(1) o modo como se realiza a atividade linguística;
(2) a aprendizagem (ou, diríamos hoje, a aquisição) da língua;
(3) a mudança da língua no tempo;
(4) a fragmentação da língua em dialetos;
(5) a origem da linguagem.

Todos esses problemas, segundo Paul, devem ser resolvidos por uma **linguística geral** (*allgemeine Sprachwissenschaft*), o que representa uma importante mudança de rota dos Jovens Gramáticos com relação a seus predecessores histórico-comparatistas, que não buscavam o que poderia haver de comum ou universal nos fenômenos que estudavam, concentrados que estavam em comparar e/ou reconstruir línguas pertencentes a uma única família (a indo-europeia), frequentemente consideradas "superiores" às línguas das demais famílias (ou de outros tipos). Se "há tantas línguas quanto indivíduos", como é possível falar de "língua alemã", "língua espanhola", "língua francesa" etc.? Como fazem os indivíduos para se comunicar e interagir por meio da linguagem? A resposta de Paul está na introspecção e no pressuposto que cada um de nós assume de que nossas capacidades mentais são as mesmas das demais pessoas:

O conteúdo da própria representação é, portanto, intransferível. Tudo o que pensamos saber sobre outro indivíduo é baseado apenas em conclusões tiradas de nossas próprias conclusões. Assumimos que a mente do outro está na mesma relação com o mundo externo que a nossa, que as mesmas impressões físicas produzem nele as mesmas representações que na nossa, e que estas representações se combinam da mesma maneira. Um certo grau de concordância na organização mental e física, na natureza e nas experiências ao redor, é, portanto, a condição prévia para a possibilidade de comunicação entre diferentes indivíduos. Quanto maior for o acordo, mais fácil será a compreensão. Por outro lado, qualquer diferença a este respeito implica não apenas a possibilidade, mas a inevitabilidade de desentendimentos, de compreensão imperfeita ou de mal-entendidos (1920: 15).

A psicologia individual e a interação entre indivíduos dotados das mesmas capacidades fisiológicas e psicológicas trariam a resposta àqueles cinco problemas elencados acima. Paul teria antecipado, desse modo, uma ampla corrente de estudos em psicologia comportamental que tem em Michael Tomasello seu nome mais destacado na atualidade: a corrente da **cognição social**. O trecho que acabamos de citar da obra de Paul encontra um eco contemporâneo em Tomasello (2003: 56), que no entanto não faz nenhuma referência ao linguista alemão:

1. A evolução da comunicação linguística na espécie humana e a **aquisição** da língua por crianças humanas repousam crucialmente em habilidades exclusivamente humanas de cognição social. Essas habilidades permitem que os indivíduos leiam as intenções comunicativas dos outros, tal como incorporadas em seus comportamentos simbólicos, e também que aprendam culturalmente esses mesmos comportamentos simbólicos.
2. Quando usadas em atos de comunicação, essas habilidades sociocognitivas servem para criar símbolos linguísticos intersubjetivamente compreendidos e perspectivamente baseados, os quais podem ser usados para convidar outras pessoas a interpretar fenômenos a partir de qualquer uma das muitas perspectivas simultaneamente disponíveis. A interiorização desses atos de comunicação simbólica cria formas especialmente flexíveis e poderosas de representação cognitiva, e estas, então, mais tarde na ontogenia, possibilitam o pensamento metafórico, dialógico e reflexivo.
3. Comunicar-se linguisticamente com outras pessoas, portanto, leva os seres humanos a conceitualizar as coisas e os eventos no mundo numa miríade de diferentes maneiras complexas. Sem essas atividades comunicativas, os se-

res humanos não teriam razão alguma para conceitualizar coisas e eventos dessas maneiras e, assim, simplesmente não o fariam.

A interação entre a fisiologia e a psicologia individuais é a base da teorização de Paul (e dos Jovens Gramáticos em geral) sobre a língua:

> A mente humana deve sempre interagir com o corpo humano e com a natureza que o rodeia, a fim de dar origem a qualquer produto cultural, e a natureza deste, a forma como ele surge, depende tanto das condições físicas quanto das psíquicas; conhecer tanto estas quanto aquelas é necessário para uma perfeita compreensão do desenvolvimento histórico. O conhecimento das leis segundo as quais os fatores físicos da cultura se movem é, portanto, necessário, além da psicologia. As ciências naturais e a matemática também são uma base necessária das ciências da cultura. Se geralmente não temos consciência disso, é porque habitualmente nos contentamos com a observação não científica da vida cotidiana, e assim conseguimos lidar bastante bem com o que geralmente é entendido pela história. Não é diferente com o psíquico, e não tem sido diferente até tempos recentes. Mas é inconcebível que, sem uma soma de experiência sobre a possibilidade ou impossibilidade física de um processo, seria possível compreender qualquer acontecimento da história ou exercer qualquer tipo de crítica histórica. A principal tarefa dos princípios da ciência cultural é, portanto, explicar as condições gerais sob as quais os fatores psíquicos e físicos, seguindo suas próprias leis, vêm a trabalhar juntos para um propósito comum (1920: 6-7).

No que se refere à língua, os fatores físicos dizem respeito primordialmente à produção da fala, que pode ser sistematizada pelas assim chamadas *leis fonéticas*, enquanto a *analogia* responde pelo processamento mental da língua. O livro de Paul dominou os estudos linguísticos entre o final do século 19 e o início do século 20: “Por mais de quatro décadas, esta obra foi parte da formação essencial de todos os linguistas e filólogos. Independentemente de abraçá-la ou rejeitá-la, os *Princípios* de Paul não podiam ser ignorados” (Auer; Murray, 2015: pos. 148). No entanto, a importância de Paul como inegável pioneiro de uma linguística moderna acabou obscurecida pela ascensão fulgurante do estruturalismo no início do século 20, que elegeu Saussure como seu fundador, junto com uma representação pejorativa, quando não caricata, do trabalho dos Jovens Gramáticos. Koerner (1972: 275) lamenta esse estado de coisas e se empenha em

> reabilitar o trabalho de Hermann Paul à luz de sua contribuição para a teoria linguística moderna, ao mesmo tempo em que tentamos corroborar a recente

afirmação de W. K. Percival de que o estruturalismo "nasceu no século 19 como parte integrante da linguística histórica indo-europeia".

Na mesma linha de argumentação segue J. Albrecht ao escrever:

> Se tomarmos "estrutura linguística" como qualquer tipo de padrão que ocorra regularmente na fala, então o estruturalismo linguístico é tão antigo quanto o próprio estudo da língua. Considera-se em geral que os campeões do paradigma "comparativo e histórico" do século 19 tiveram pouco trato com o pensamento estrutural, mas sua descoberta e descrição de fenômenos como a Grande Mutação Vocálica do inglês ou a primeira e a segunda Mutações Sonoras do alemão é uma manifestação impressionante de uma abordagem estrutural *ante litteram* na linguística. *Hermann Paul (1846-1921), o teórico que liderou a terceira geração dos assim chamados Jovens Gramáticos, esteve muito mais próximo da abordagem estrutural do que Saussure imaginou* (2011: 822; grifos nossos).

O impacto do pensamento de Paul se evidencia, como se verá mais adiante |6.6.1|, no uso — sem qualquer referência explícita — que o *Curso de linguística geral* atribuído a Saussure faz de termos, conceitos e explanações presentes na obra do linguista alemão. De resto, a comparação entre os *Princípios* de Paul e o *Curso* deixa este último em evidente desvantagem, uma vez que a sofisticação teórica e o aprofundamento das teses presentes em Paul encontram um paralelo um tanto superficial e pouco coerente na obra publicada sob o nome do linguista suíço, "um livro estranho e intrigante" (Seuren, 1998: 147), que se revela "muito confuso e, em parte, inconsistente" (Seuren, 1998: 155). O *Curso* esboça uma linguística que não vai além da palavra, enquanto nos *Princípios* encontramos um tratamento rigoroso da sintaxe, além de um amplo espectro de temas e objetos de investigação.

Sem dúvida, a avalanche ideológica provocada pela entronização do estruturalismo como paradigma dominante nas primeiras décadas do século 20 é o que explica a marginalização do trabalho de Paul e dos Jovens Gramáticos, alvos de preconceito e de condenações sumárias inspiradas em leituras apressadas, quando feitas (ver em |6.9.2| o que diz Koerner a respeito). No entanto, como escreve Murray (2015: pos. 6253): "No objetivo que temos hoje em dia de reavaliar nossa herança estrutural, ainda existem valiosos *insights* a extrair de nossos antecessores do século 19 — livres como eram do peso de uma tradição estritamente estruturalista". Uma lamentável consequência desse obscurecimento da obra de Paul é o fato de ter sido traduzida apenas para o inglês (ainda no século 19) e, inesperadamente, para o português (com o título de *Princípios fundamentais da história da língua*, sem muita justificação para o "fundamentais" adicionado ao título, tradução de Maria Luísa Schemann, cuja segunda edição foi publicada em 1983): nenhuma tradução está disponível em francês, italiano ou espanhol, tampouco uma tradução contemporânea do texto integral para o inglês.

Infelizmente, a tradução portuguesa compromete uma apreensão adequada das teses de Paul. O termo *Vorstellung*, por exemplo, foi traduzido por "ideia" ou, pior, "ideologia", quando *representação* é o termo técnico que se emprega na psicologia. *Idee* ("ideia") só aparece 5 vezes na obra, contra 123 ocorrências de *Vorstellung(en)*. Outro problema é a tradução de *Geist* por "alma" ou "espírito", incompatível com um autor refratário a toda metafísica como Paul. Apesar de *Geist* corresponder a "espírito" na linguagem teológica e filosófica, já no século 19 entrou no léxico científico com o sentido que se dá em português a "mente" (inglês *mind*). A "mente do indivíduo" aparece como "a alma de cada um"... A inovação surgida por analogia foi traduzida por "neologismo", termo que jamais ocorre no livro em alemão. Sendo a única tradução moderna da obra completa, é lamentável que apresente tantos problemas. Por isso, os trechos citados aqui são de tradução nossa a partir da quinta e última edição dos *Prinzipien*, de 1920.

Em 2015, porém, Peter Auer, David Fertig, Paul Hopper e Robert Murray, com o objetivo de demonstrar a atualidade do pensamento de Hermann Paul, traduziram capítulos selecionados dos *Prinzipien* e produziram reflexões sobre os temas neles abordados. Em seus textos, esses autores procuram mostrar de que modo Paul se antecipou na discussão de diversas questões teóricas que interessam vivamente algumas correntes da linguística no início do século 21. Assim, por exemplo, Auer reconhece em Paul um precursor do que agora se chama **gramática baseada no uso**, enquanto Hopper, na mesma linha, vê no linguista alemão um proponente da perspectiva denominada **gramática emergente**. Na opinião dos autores, "a abordagem de Paul é totalmente incompatível com o pensamento estruturalista, ao mesmo tempo em que há muito terreno comum compartilhado com vários linguistas cognitivos contemporâneos que trabalham em abordagens baseadas no uso" (Auer; Murray, 2015: pos. 247). Hopper encontra vínculos entre Paul e a **análise da conversação**, a **linguística interacional** e a já mencionada gramática emergente. Também há alguns pontos de interseção com certos postulados da sociolinguística variacionista (apesar das críticas feitas a Paul por Weinreich, Labov e Herzog em seu texto clássico de 1968, como se verá adiante) e com o que se poderia chamar hoje **sociologia da linguagem**, especificamente no tocante às discussões sobre a constituição de uma **norma** linguística (que Paul chama "língua comum", *Gemeinsprache*, à qual dedica todo o último capítulo do livro).

Na obra de Paul há, portanto, uma tomada de posição epistemológica inicial, seguida de tratamentos da cognição individual, da mudança linguística, da sintaxe, da semântica, da estrutura gramatical e de questões sociais e antropológicas a respeito da relação fala/escrita, do bilinguismo, do contato de línguas e da normatização.

Um ponto importante destacado por vários estudiosos diz respeito ao título do livro. O termo *Sprachgeschichte* poderia fazer supor algo como "história da língua" ou mesmo "linguística histórica", ou seja, uma abordagem eminentemente diacrônica. Auer e Murray (2015: pos. 242), no entanto, alertam:

> O livro de Paul se chama *Prinzipien der Sprachgeschichte*. No entanto, *Sprachgeschichte* tem um sentido muito especial para ele, diferente do atual. Enquanto uma "história de uma língua" ou "história da língua" seria hoje uma visão geral do desenvolvimento de uma língua ao longo dos séculos, a *Sprachgeschichte*, para Paul, se ocupa de todos os enunciados de uma língua em sua sucessão temporal e de todas as sempre mutantes representações da língua nas mentes dos indivíduos. Em outras palavras, Paul está interessado na gama total de princípios físicos, cognitivos e em alguma medida sociais subjacentes ao desenvolvimento das línguas no curso do tempo, de momento em momento, assim como através das gerações e milênios.

"De fato", escreve Paul, "a história de uma língua inclui todas as combinações de som já faladas, ouvidas ou imaginadas por um indivíduo e as representações associadas das quais elas foram símbolos, assim como as múltiplas relações em que os elementos de uma língua entraram nas mentes dos indivíduos" (1920: 24). Aqui parece haver um eco do pensamento de Humboldt, citado aliás nominalmente no início da obra de Paul.

Assim, "há ampla evidência da preocupação de Paul com a descrição linguística e de sua consciência de que uma abordagem puramente diacrônica não era possível" (Davies, 2014: 250). Para Hopper (2015: pos. 5472), há razão para se aproximar o pensamento de Paul do conceito de gramática emergente precisamente porque "a estrutura gramatical e fonológica para Paul é sempre uma obra em progresso", como se depreende das palavras do linguista alemão:

> É tão importante quanto óbvio que este sistema de grupos de representações está em permanente fluxo em cada indivíduo. Primeiramente, toda força na mente não revigorada por uma renovação da impressão ou pela reintrodução na consciência perde continuamente seu vigor. Em segundo lugar, todo ato de fala, audição ou pensamento acrescenta algo novo. Mesmo por uma repetição exata de um ato prévio, algumas forças do sistema mental já existente são revigoradas. E mesmo que alguém possa remontar a uma rica vida linguística, sempre existe a oportunidade para algo novo: além da introdução de coisas que eram anteriormente incomuns na língua, pelo menos uma nova variante pode ser acrescida a elementos antigos. Em terceiro, tanto a atenuação quanto

> o fortalecimento dos elementos antigos, assim como a adição de novos, alteram constantemente as associações dentro do sistema de representações. Por conseguinte, muito embora ele tenha certa estabilidade nos adultos quando comparado aos estágios de desenvolvimento da primeira infância, sempre permanece sujeito a flutuações múltiplas (1920: 27).

Não parece haver lugar, portanto, para um "estado de língua" bem delineado, que seria o objeto de investigação da "linguística estática" ou sincrônica, tal como aparece no *Curso de linguística geral*: "Em momento algum há um completo sistema *a priori*, e isso vale tanto para a fonologia quanto para a sintaxe" (Hopper, 2015: pos. 5482). O fato é que a doutrina dos Jovens Gramáticos "advogava pelo estudo das línguas modernas e vivas" (Davies, 2014: 267), ou *Sprachleben* (*Sprach*, "língua" + *Leben*, "vida"), aliado a uma investigação da mudança linguística, não como algo que ocorreu no passado e fez a língua ser o que é hoje, mas como um processo contínuo, conforme a tese do uniformitarismo |6.2.5|, que se pode depreender destas palavras de Paul:

> A única pergunta que podemos responder é: como foi possível que a linguagem emergisse? A pergunta é adequadamente respondida se tivermos sucesso em deduzir as origens da linguagem dos mecanismos daqueles fatores que ainda observamos em operação no desenvolvimento contínuo da língua hoje. De todo modo, não se sustenta uma oposição entre a criação original da linguagem e seu mero desenvolvimento. Tão logo se deram os primeiros inícios, a linguagem existe e se desenvolve. Existem apenas diferenças graduais entre os primeiros inícios da linguagem e os estágios posteriores (1920: 35).

Desse modo,

> a promoção do estudo da língua como é realmente usada pelas pessoas não foi uma invenção do estruturalismo posterior com sua tese da primazia da sincronia sobre a diacronia (uma oposição que não faria absolutamente nenhum sentido para os Jovens Gramáticos), mas já era fundamental no pensamento dos Jovens Gramáticos (Auer; Murray, 2015: pos. 129).

O caráter emergente da gramática teorizada por Paul se manifesta em seus pormenorizados exames do que hoje chamaríamos **gramaticalização** (termo proposto em 1912 por Antoine Meillet |6.10.2|) e que recebe na obra do autor alemão o nome de *Gliederungsverschiebung*, "alteração de fronteiras": um sintagma como [vou][sair] significava originalmente (ou, em termos paulianos, era representado mentalmente como) <desloco-me no espaço em direção à saída>; por meio da **reanálise** (um processo cognitivo), essa representação se altera em [vou sair], ou seja, a fronteira entre os componentes foi deslocada, e a nova representação é <em algum ponto no tempo me dirigirei à saída>, o que resultou no surgimento de uma locução verbal com sentido de ação futura — um processamento cognitivo verificável em muitas línguas do mundo sem parentesco entre si, o que comprova a universalidade (mas não o inatismo) dos fenômenos de gramaticalização. A reanálise não altera de imediato a materialidade das formas envolvidas, mas sua interpretação por parte do falante: de *vou sair*-espacial para *vou sair*-temporal as palavras são as mesmas, mas já não o sentido. Mais uma vez, a comparação entre o tratamento da gramaticalização em Paul e do que se chama *aglutinação* no *Curso de linguística geral* revela uma grande diferença de extensão e profundidade.

Houve autores num passado recente que sugeriram uma aproximação entre algumas ideias de Hermann Paul e certos postulados do gerativismo, devido, por exemplo, a afirmações como as seguintes:

> Não pode haver dúvida de que com a ajuda de grupos proporcionais os falantes não só podem produzir, como frequentemente produzem, uma ampla variedade de formas lexicais e combinações sintáticas que nunca foram introduzidas do exterior para dentro da mente, de modo bastante confiante e sem qualquer sentimento de estarem abandonando o terreno firme daquilo que adquiriram (1920: 110).

Hopper, no entanto, que procura mostrar o possível vínculo entre Paul e os paradigmas da gramática emergente e da linguística baseada no uso, argumenta haver

> diferenças fundamentais entre a analogia de Paul e o sistema de regras dos gramáticos gerativistas. Paul argumenta que sentenças novas são produzidas por analogia com enunciados específicos experienciados previamente, ainda que o enunciado antecedente possa não ser explicitamente recuperável na memória, ao passo que, ao derivar uma dada sentença, o gerativista opera desde uma estrutura básica abstrata invariante que se torna progressivamente mais concreta à medida que regras formais são aplicadas a ela. Além disso, para Paul, o padrão que formou a base de uma analogia era ele mesmo uma forma fluida e variável. A gramática-fonte de Paul é um alvo móvel. Para os gerativistas chomskianos, o ponto de partida para a estrutura era uma forma abstrata fixa (Hopper, 2015: pos. 5314-15).

Desse modo, prossegue o autor,

> a *Satz* ["oração"] de Paul é uma realização em tempo real alcançada pela conjunção de representações; a sentença de Chomsky é um pré-requisito conceitual *a*

priori para qualquer tipo de análise sintática. Por conseguinte, diferentemente das estruturas especificadas por uma gramática gerativa, que são fixas, a base para a analogia é uma que constantemente se move (Hopper, 2015: pos. 5325)

A **analogia** é, na teoria de Paul, algo que vai além do mecanismo que responde pelas exceções verificadas na aplicação das chamadas *leis fonéticas* (esse mecanismo poderia ser chamado de "analogia fonética"). A analogia é, na verdade, a fonte mesma da criatividade linguística do falante: "O verdadeiro mecanismo para criar novos enunciados" (Hopper, 2015: pos. 5518). A analogia implica "'produção' — no sentido de falantes usando suas gramáticas mentais para criar formas que podem nunca antes ter encontrado — em oposição a 'reprodução' de formas armazenadas na memória" (Fertig, 2015: pos. 4528). Segundo Paul,

> as palavras individuais se atraem umas às outras na mente, fazendo surgir numerosos grupos maiores e menores. Essa atração mútua se baseia sempre numa correspondência parcial em som ou significado ou tanto em som quanto em significado. Os grupos individuais não existem todos separadamente lado a lado. Ao contrário, há grupos maiores que contêm um número de grupos menores, e os grupos se interseccionam também. Distinguimos aqui dois grupos principais, aos quais nos referiremos como grupos materiais e formais (*stoffliche und formale Gruppen*) (1920: 106).

Essa distinção entre **grupos materiais** e **grupos formais** evoca imediatamente o conceituado par presente no *Curso de linguística geral* composto pelas *relações sintagmáticas* e pelas *relações associativas* |6.9.6| em que o adjetivo *associativas* nos remete diretamente às *Assoziationen* tão presentes na obra de Paul. Mais uma vez, a complexidade teórica dessa elaboração só encontra um eco longínquo na que se apresenta no *Curso*, sobretudo porque, no livro atribuído a Saussure, esse par de relações vem exposto numa parte do livro totalmente independente daquela em que se aborda a analogia. Em Paul, no entanto, são construtos teóricos inseparáveis.

Os grupos materiais se compõem de palavras que se correspondem no significado, embora também possam apresentar semelhanças sonoras:

- *Ochs* — *Kuh* ["boi" — "vaca"]
- *Mann* — *Weib* ["homem" — "mulher"]
- *alt* — *neu* ["velho" — "novo"]
- *sein* — *werden* ["ser" — "tornar-se"]
- *bin* — *ist* — *war* ["sou" — "é" — "foi"] etc.

Quanto aos grupos formais, eles incluem, entre outros,

Nomina actionis: "nomes de ação", substantivos, em geral derivados de verbos, que indicam ações: a *compra*, o *fornecimento*, a *realização* etc.

> a totalidade dos *nomina actionis*, todos os comparativos, todos os nominativos, todas as formas verbais de primeira pessoa etc. Aqui também existem grupos maiores que contêm grupos menores; assim, por exemplo, o grupo de todas as formas verbais de primeira pessoa contém 1ª pes. sing. indic., 1ª pes. sing. subj. etc. (1920: 107).

Os grupos materiais e formais se interseccionam para formar **grupos proporcionais** (*Proportionengruppen*), que abrigam as formas analógicas resultantes dessas intersecções. Aparecem então as equações (o termo é de Paul) do tipo *animus : animi = senatus : x*, numa formalização retomada no *Curso de linguística geral* no exemplo (que será reproduzido *ad nauseam* em manuais de história da linguística) em que *honos : honorem* se torna *honor : honorem* por analogia com *orator : oratorem* etc. As relações sintagmáticas e associativas (mais tarde chamadas *paradigmáticas*) aparecem no *Curso* como mobilizando dados preexistentes na *langue*, disponíveis no sistema (no "estado da língua", sincrônico), ao passo que em Paul elas são uma força de constante renovação e criação, emergentes portanto. O novo par *honor : honorem* surge da ativação dos grupos materiais e dos grupos formais — observe-se que em nenhum momento o *Curso* chama a formação analógica *honor : honorem* de "relação sintagmática", embora se trate nitidamente de um fato de (morfos)sintaxe.

Ao analisar a relação que Paul estabelece entre três pares de verbos alemães (*bekommen : haben : behalten = werden : sein : bleiben* [obter : ter : conservar = tornar-se : ser : ficar], Albrecht conclui:

> A equação (a : b = c : d) é a expressão formal do pensamento analógico, e um padrão de relações analógicas existente entre os componentes de um conjunto complexo de fenômenos é comumente chamado de "estrutura". Hermann Paul merece ser considerado um sucessor tardio da Escola de Alexandria e um precursor do estruturalismo linguístico *stricto sensu*, especialmente da assim chamada semântica estrutural (2011: 822).

Os alexandrinos, como vimos em |2.8|, assumiram a defesa do caráter predominantemente analógico da gramática, em oposição aos anomalistas. As formas analógicas foram durante séculos consideradas (e, no senso comum, continuam a ser) como "algo patológico e degenerativo no desenvolvimento de uma língua" (Brugmann: 1876: 317, nota 33). Os Jovens Gramáticos reagiram contra essa visão tradicional, sustentando a tese de que "toda língua está constantemente ocupada em eliminar tudo o que se desvia inutilmente da uniformidade, criando as mesmas expressões fonéticas para aquilo que é funcionalmente o mesmo" (Paul, 1920: 227). A analogia se revela, então, um poderoso processamento cognitivo da língua, e é assim que vem sendo considerada nos estudos atuais sobre a mudança linguística (ver o box 6G: A analogia ontem e hoje).

Ao tratar das consequências sociais da analogia, Paul enuncia alguns princípios que se tornarão centrais na sociolinguística variacionista:

> Uma formação analógica não desaloja logo de imediato uma forma previamente existente com o mesmo sentido. É sem dúvida inconcebível que a representação da forma antiga desaparecesse simultaneamente em todos os indivíduos, de modo que a formação analógica pudesse prosseguir sem inibição. Ao contrário, existem sempre alguns indivíduos que retêm a forma antiga enquanto outros já estão usando a inovação. Mas enquanto uma comunicação ininterrupta se mantiver entre estes e aqueles indivíduos, é preciso ocorrer uma acomodação. Portanto, ambas as formas devem se tornar familiares a um número maior ou menor de indivíduos. Somente depois de demorada batalha entre as duas formas, é possível a vitória total da inovação (1920: 115).

O postulado central da sociolinguística variacionista é a de que uma mudança ocorre depois que duas formas — uma, conservadora e outra, inovadora — convivem e competem em variação até que, graças a dinâmicas sociais diversas, a inovadora se torna a mais amplamente empregada dentro da comunidade de fala. É evidente que nem todas as mudanças examinadas pela sociolinguística decorrem da competição entre uma forma antiga e uma nova forma analógica, dentro do conceito pauliano de analogia, mas o que Paul diz a respeito delas decerto se aplica aos outros tipos de mudança estudados pelos sociolinguistas. A história das flexões nominais e verbais das línguas que as apresentam é repleta de exemplos de coocorrência e concorrência entre formas analógicas que tiveram por resultado a vitória da forma inovadora: a 1ª pessoa do singular *sou* decorre da analogia com *estou*, pois as mudanças fonéticas regulares fizeram inicialmente surgir do latim *sum* a forma *son*; no francês antigo havia *il aime, nous amons*, enquanto hoje se tem *nous aimons*, por analogia com as formas com *ai-*; os verbos *impedir, expedir, despedir* se conjugavam, ainda no século 17, *eu impido, eu expido, eu despido* etc., mas por analogia com a conjugação de *pedir* (*eu peço*), aqueles verbos, que não têm nenhum parentesco etimológico com *pedir*, passaram a se conjugar como ele etc.

Apesar disso, a sociolinguística variacionista se fundou numa crítica veemente ao pensamento de Hermann Paul. De fato, o texto inaugurador daquela disciplina, "Fundamentos empíricos para uma teoria da mudança linguística" (Weinreich, Labov e Herzog, 1968 [tradução brasileira: 2006]), dedica mais de vinte páginas à noção de **idioleto**, termo com que se costuma traduzir a *individuelle Sprechtätigkeit* ("atividade linguística do indivíduo") de Paul, para refutá-la. Afinal, como escreve Labov (2010: 7),

> o dogma central da sociolinguística é o de que a comunidade precede o indivíduo [...]. A língua é vista como um padrão abstrato localizado na comunidade de fala e exterior ao indivíduo. A faculdade humana da linguagem [...] é vista portanto como a capacidade de perceber, reproduzir e empregar esse padrão.

A ideia da língua como um "padrão abstrato" é herança direta do estruturalismo e, portanto, estranha à doutrina de Paul e dos Jovens Gramáticos em geral. Paul, aliás, exclama em seu livro: *"Weg mit allen Abstraktionen!"* (*"Abaixo toda abstração!"*, § 6). Tudo o que se pode observar concreta e empiricamente em termos de língua é a atividade do indivíduo, que deve ser estudada em suas características fisiológicas e psicológicas. É o que afirma Jean-Claude Corbeil (2001: 117), numa formulação em perfeita sintonia com o pensamento de Hermann Paul, embora sem fazer nenhuma referência a ele:

> A única coisa real é o comportamento linguístico do indivíduo, cuja única manifestação explícita, concreta, é a cadeia sonora produzida, portanto uma série de sons que se sucedem no tempo e formam grupos mais ou menos complexos separados por respirações, pausas, paradas, silêncios. Todo o resto, sobretudo o sentido e as regras que comandam a reunião dos elementos, é implícito, escondido na inteligência e na memória dos falantes, fora do alcance imediato tanto do ouvinte quanto do observador. Na linguística, o real é sempre individual e sempre em situação, determinado por coordenadas temporais, espaciais e sociais. Dentro deste espírito, poderia se dizer que a língua não existe, mas que só existem os indivíduos que falam.

Assim, quanto à priorização da comunidade em detrimento do indivíduo,

> para Paul (e, suponho, para a maioria dos atuais estudiosos da gramática baseada no uso) o oposto é que é o caso; o indivíduo é o primeiro e principal objeto de investigação, não a comunidade, cuja "língua" resulta somente da interação entre os indivíduos. Essa convicção foi central para Paul em sua luta vitalícia contra a *Völkerpsychologie* [...], um ramo da linguística contemporâ-

nea sua que enfatizava a prioridade do sociocultural sobre o individual (Auer, 2015: pos. 3900).

Conforme escreve Koerner (2020: 136),

> Paul insiste em que a língua da comunidade de fala não passa de um artefato do linguista: o hábito linguístico ('Sprachusus') a que chega o analista por meio da comparação de um número de 'idioletos' é uma abstração e não tem nenhuma existência própria. Podemos concluir que o hábito linguístico ('Sprachusus') [...] é derivativo, vago e não diretamente acessível ao investigador, em contraste com a língua do indivíduo, para a qual Paul reivindica tanta importância teórica.

A língua como uma abstração é, mais do que uma herança estruturalista, um exemplo eloquente da perene influência do platonismo sobre a produção intelectual do Ocidente. Para um pensador de matriz positivista como Paul, o conceito de *Völkergeist*, a ideia de que uma "nação" (*Volk*) pode ter um "espírito" (*Geist*), devia soar como misticismo. Por outro lado,

> como uma consequência de sua insistência no indivíduo como portador da língua, os Jovens Gramáticos tinham pouco a contribuir para a atmosfera nacionalista do final do século 19 e início do século 20, e o fato de serem crescentemente criticados como *Lautschieber* ("remendadores de sons") na comunidade científica certamente pode ser explicado ao menos em parte pela mudança de clima político na Alemanha, em que a *Germanistik* servia à pauta política da construção da nação alemã (Auer, 2015, nota 82).

Temos visto neste capítulo o quanto a ideologia nacionalista influenciou todos os campos de investigação intelectual alemã ao longo do século 19 e desaguou nas tragédias que foram a Primeira Guerra Mundial e o pesadelo nazista na primeira metade do século 20.

O biólogo evolucionista e historiador da ciência estadunidense **Stephen Jay Gould** (1941-2002) faz reflexões sobre o peso do platonismo na biologia que poderiam se aplicar aos esforços por abstrair uma *língua* homogênea dos usos concretos dos indivíduos:

> Na sua célebre alegoria da caverna, Platão [...] afirmava que os organismos reais eram apenas sombras na parede da caverna (natureza empírica) — e que um reino ideal de essências deveria existir para lançar as sombras. Poucos de nós defenderiam um platonismo desvairado desse tipo hoje em dia, mas nunca conseguimos abandonar essa opinião característica de que as populações dos indivíduos reais formam um conjunto de acidentes, uma coleção de exemplos

fracassados, cada um necessariamente imperfeito e incapaz de se aproximar do ideal além de certo ponto (Gould, 2001: 66).

Essa atitude é que permitiu a chamada *ficção de homogeneidade* (Lyons, 1981: 24), a criação de um objeto abstrato, a *língua/sistema* do estruturalismo, idealizada por cima das reais atividades de linguagem dos indivíduos — um platonismo enunciado sem rodeios no *Curso de linguística geral* (2021: 179), quando se afirma: "A língua é forma, não substância". Uma vez inventada, essa língua pode ser estudada, analisada, descrita sem precisar levar em conta os usos efetivos, as atividades linguísticas individuais. Paradoxalmente, essa *língua/sistema* é qualificada no mesmo *Curso de linguística geral* como a "parte social" da linguagem, numa concepção de "sociedade" também ficcionalmente homogênea, uma vez que não é, de fato, língua de ninguém.

Apesar de sua inflexibilidade quanto à posição central do indivíduo no estudo da língua, Paul reconhece:

> Toda a teoria da mudança linguística (*Prinzipienlehre der Sprachgeschichte*) pode se reduzir a uma pergunta: qual é a relação entre o uso geral da língua (*Sprachusus*) e a atividade linguística do indivíduo (*individuellen Sprechtätigkeit*)? De que modo a fala de um indivíduo é determinada pelo uso geral na comunidade e como, por seu turno, a fala do indivíduo afeta o uso geral? (1920: 33).

A dúvida permanece, mas, conforme escreve Davies (2014: 303), "apesar de todas as questões deixadas em aberto, o modelo de Paul tem a vantagem de combinar (ou visar combinar) fatores sociais e psicológicos sob o guarda-chuva de uma teoria única".

O livro de Paul é um marco miliário na história do pensamento sobre a linguagem e poderia talvez ser considerado a obra fundadora da linguística moderna, se as vicissitudes históricas e ideológicas não tivessem atribuído esse rótulo ao *Curso de linguística geral* publicado à revelia de Saussure |6.9.3|. Os *Prinzipien* condensam muito do que circulava na época e propõem novas ideias e concepções, junto com uma terminologia nova, e não é exagero dizer que tudo o que se fez nos estudos da linguagem entre 1880, data da primeira edição do livro, até as primeiras décadas do século 20 (a última edição será de 1920, um ano antes da morte do autor), traz a marca do impacto de suas ideias, seja para levá-las adiante, seja para refutá-las (como se verá abaixo com Gilliéron, Ascoli e Schuchardt). Somente a difusão, iniciada no período entre as duas grandes guerras mundiais, do *Curso de linguística geral* foi capaz de obnubilar aquele impacto. Se os Jovens Gramáticos foram repudiados, em seu tempo, por não contribuírem para a ideologia nacionalista alemã, também foram repudiados, mais adiante, pelo simples fato de serem alemães, consequência de um profundo sentimento xenófobo antigermânico que imperou na Europa depois das investidas bélicas da Alemanha nas duas grandes guerras.

No entanto, o que a crítica mais recente tem se esforçado em mostrar (cf. Koerner, 1971; 1972; 2020) é que o suposto ineditismo dos conceitos apresentados no *Curso* é em boa medida dependente da obra de Paul, às vezes apenas sob o manto de uma terminologia diferente, às vezes nem isso |6.9.5|. Na seção dedicada a Saussure mais adiante, mostraremos como muitos trechos do *Curso de linguística geral* são paráfrases, quando não verdadeiras traduções, de outros tantos encontráveis na obra de Paul, sem nenhuma referência explícita a este autor. Mais recente ainda é o empenho de linguistas do século 21 por demonstrar o quanto Hermann Paul se antecipou a seu tempo e produziu reflexões que só viriam a encontrar maior ressonância mais de cem anos depois da publicação de sua obra mais influente.

6.6.2 A crítica aos Jovens Gramáticos

A redução dos processos de mudança linguística a dois únicos fatores — o caráter mecânico das leis fonéticas, que não admitem exceção, e a analogia —, junto com o foco dirigido para a psicologia do indivíduo, não tardaram a suscitar forte oposição já na época em que atuaram os Jovens Gramáticos. De todo modo, sua ousadia foi importante para redefinir os rumos da linguística histórica a partir do século 20:

> O desafio posto pelos neogramáticos é, em si, uma diretriz fundamental para quem estuda os fenômenos de história das línguas; e, acreditamos, majoritariamente aceito pelos linguistas diacrônicos. Nesse sentido, a herança dos neogramáticos é fundamental. O questionável não é o desafio, mas as formas de enfrentá-lo (por meio, por exemplo, da interferência da chamada analogia: os estudos empíricos têm mostrado que a realidade da história das línguas envolve grande complexidade e que as soluções para fenômenos irregulares, por meio de conceitos vagos, como o da analogia, ou de qualquer outro de caráter puramente interno, dificilmente auxiliam a destrinçar tal complexidade) (Faraco, 2006: 148-149).

A respeito das leis fonéticas, Faraco (2006: 148-149) informa:

> Para Leonard Bloomfield (1887-1949) — linguista norte-americano dos mais importantes do século XX —, grande parte dessas polêmicas se deveu apenas

a questões terminológicas (cf. cap. 20 de seu livro *Language*). O termo *lei*, segundo ele, nunca poderia ser entendido como um enunciado absoluto, já que se estava tratando de fenômenos históricos; e, por outro lado, que a formulação dos neogramáticos, de que tais "leis" não admitiam exceções, era um modo inexato de dizer que fatores não fonéticos, tais como a frequência ou o significado das palavras, não interferiam na mudança sonora concreta. O ponto central da questão, segundo Bloomfield, é o escopo das classes de correspondência fonética (isto é, a extensão da regularidade) e a significação dos resíduos (isto é, das irregularidades). Os neogramáticos introduziram o desafio de que os resíduos deviam receber uma análise completa, não se aceitando que fossem vistos como meros desvios ou ocorrências casuais, fortuitas.

Quanto à analogia, tal como mobilizada pelos Jovens Gramáticos, o mesmo Faraco (2006: 148-149) escreve:

> O imanentismo subjacente ao conceito de analogia, antes de esclarecer qualquer coisa, acaba por obscurecer a compreensão dos fenômenos, na medida em que escapa pela saída simples da existência de um princípio regularizador cuja realidade é extremamente vaga, além de ser de aplicação totalmente assistemática (a analogia não se aplica sempre que há, em tese, condições para tanto) e, portanto, dificilmente tratável por qualquer princípio geral.

BOX 6G: A ANALOGIA ONTEM E HOJE

O recurso frequente à analogia levou a uma desconfiança quanto ao uso desse processamento cognitivo para a explicação dos processos irregulares de mudança linguística. Foi preciso esperar pelos desenvolvimentos das correntes **sociocognitivistas** no segundo terço do século 20 para que a importância dos processos analógicos fosse recuperada. Assim é que R. Antilla (2006: 426) afirma: "A analogia medeia entre a atualidade e a potencialidade", é "a trama e a urdidura da cognição", uma vez que "a similaridade é o mais importante processo holístico da vida mental" (p. 430). Segundo o autor,

> a analogia é crucial em qualquer ciência; ela aperfeiçoa as explicações dentro de teorias e sustenta hipóteses já descobertas. [...] A analogia pode ser considerada como uma inferência que leva à solução de um problema, mesclando portanto abdução, indução e o silogismo prático, isto é, percepção e contexto experiencial na medida em que premissas (condições necessárias) levam à interpretação como conclusão (p. 432).

Autores filiados a essas correntes teóricas têm apontado a analogia como um dos processos fundamentais da mudança linguística, ao lado da **gramaticalização** e da **economia linguística**, junto, é claro, com a **variação** e o **contato de línguas** (Aitchison, 2001; Deutscher, 2005; Bagno, 2012; Bybee, 2020): "A analogia tradicional, tal como manifestada e conhecida na linguística histórica, era e é correta" (Antilla, 2006: 432). Assim, numa tentativa de desfazer certos equívocos associados aos Jovens Gramáticos, John E. Joseph (2012: 227) escreve:

> Os dois mais importantes princípios do movimento dos "Jovens Gramáticos" são os seguintes. Primeiro, toda mudança sonora, desde que ocorra mecanicamente, se dá segundo leis que não admitem exceção. O "desde que ocorra mecanicamente" implica de maneira clara que nem toda mudança sonora é mecânica, mas tem aspectos não-mecânicos que não seguem leis sem exceção. A declaração prossegue, especificando casos ulteriores em que o princípio não se aplicaria: ou seja, a direção da mudança sonora é sempre a mesma para todos os membros de uma comunidade linguística, exceto onde ocorre uma divisão em dialetos; e todas as palavras em que aparece na mesma relação o som sujeito à mudança são afetadas pela mudança, sem exceção. Uma lei sonora pode se aplicar somente em alguns ambientes, mas neles ela se aplicará a todos os sons, a despeito de seu significado ou função. Os Jovens Gramáticos pareciam afirmar um antipsicologismo pesado, em que não havia espaço algum para analisar os "motivos" que os falantes podiam ter e que fazia sua língua mudar, ou algumas partes dela mudarem e outras não. Essa é, de novo, uma caracterização inexata. Eles atribuíam o papel central em mudanças *ad hoc* ao processo da analogia, baseada num princípio psicológico que associa semelhança de forma a semelhança de significado ou função [...]. O princípio dos Jovens Gramáticos não pretendia ser um dogma psicológico ou evolutivo, mas uma metodologia que protegesse a linguística histórica de explicações arbitrárias.

Em sua influente obra sobre gramaticalização, Hopper e Traugott (1993) sugerem que a analogia opera no **eixo paradigmático**, enquanto a **reanálise** opera no **eixo sintagmático** e que somente a reanálise pode criar novas estruturas gramaticais. Para os autores, "a analogia é mais bem concebida como generalização de regras" e, além disso, essa generalização se faz "por meio de padrões de uso, tal como refletidos pela frequência com que ocorrências dessas estruturas podem se dar através do tempo" (1993: 59). E concluem: "Reanálise e analogia são os principais mecanismos da mudança linguística" (p. 61). É comum associar a analogia (similaridade) com o eixo paradigmático e, portanto, com o mecanismo cognitivo da **metáfora**, enquanto a reanálise (contiguidade) é associada ao eixo sintagmático e, portanto, com o mecanismo cognitivo da **metonímia**. Tomando como exemplo a transformação do verbo inglês *to go* de verbo pleno a auxiliar, os autores oferecem a seguinte representação gráfica das mudanças (p. 61):

eixo sintagmático
mecanismo: reanálise

Estágio I	be PROGRESSIVO	going VERBO DE DIREÇÃO	[to visit Bill] [META]
Estágio II	[be going to] TEMPO VERBAL	visit Bill VERBO DE AÇÃO	
(por reanálise)			
Estágio III	[be going to] TEMPO VERBAL	like Bill VERBO	
(por analogia)			
Estágio IV (por analogia)		[gonna] like/visit Bill	

eixo paradigmático
mecanismo: analogia

Casos de mudança analógica são, por exemplo, em português, a regularização de incontáveis particípios passados que, em latim, eram irregulares: *metido, mordido, ofendido, oferecido, oprimido, rompido, assumido, tendido, vencido* etc. (cf. latim: *missu-, morsu-, offensu-, offertu-, oppressu-, ruptu-, tensu-, victu-*). Mas a analogia também pode operar no sentido oposto, isto é, da transformação de formas regulares em formas irregulares. No português brasileiro contemporâneo, os verbos *trazer* e *chegar*, que têm particípios regulares (*trazido, chegado*), vêm sendo cada vez mais empregados com particípios irregulares (*trago, chego*), ainda não aceitos pelas instâncias normatizadoras, decorrentes da analogia com outros irregulares (*pego, dito, feito, pago* etc.) e também por **hipercorreção**. A tendência à regularização, no entanto, parece ser sempre mais acentuada, uma vez que "as mudanças tendem a ir das formas marcadas para as formas não marcadas" (Antilla, 2006: 435), dado que "o nivelamento e a extensão permanecem como os conceitos de mudança analógica mais prevalentes" (Antilla, 2006: 427), algo que Hermann Paul já tinha escrito em sua obra principal: "Toda língua está constantemente ocupada em eliminar tudo o que se desvia inutilmente da uniformidade, criando as mesmas expressões fonéticas para aquilo que é funcionalmente o mesmo" (Paul, 1920: 227).

Na aquisição da língua pelas crianças, a analogia atua de forma bem notável. São conhecidas as formas regularizantes do tipo *eu sabo* (por *eu sei*), *eu pido* (por *eu peço*), *se eu sesse* (por *se eu fosse*) etc., que demonstram a força da analogia como processamento cognitivo da língua. Essas formas analógicas costumam ser corrigidas pelos pais e outros membros da comunidade da criança. Outras, porém, acabam se incorporando ao uso mais geral, provocando a mudança. As formas irregulares que sobrevivem por mais tempo são justamente as de uso mais intenso e frequente, como é o caso dos verbos de significado fundamental como *ser, ter, ver, ir, vir, saber, dar, fazer* etc. A alta frequência de uso e o rápido acesso, na memória, às formas irregulares são as barreiras que protegem essas formas do poder regularizador da analogia. Apesar da analogia agir com frequência na aquisição da língua pelas crianças, não é nesse processo que se dá a mudança linguística, como sustentava Paul e sustentam, nos dias de hoje, linguistas de filiação gerativista:

> O primeiro problema desse tipo de interpretação é dessocializar a criança, isto é, isolá-la, ignorando o contexto de suas experiências interacionais, que são básicas no processo de aquisição da linguagem. Além disso, há um pressuposto de sucessão discreta de gerações (uma geração homogeneamente substituindo a outra), o que não tem, como mostram os estudos sociolinguísticos, qualquer fundamento empírico (Faraco, 2006: 150).

De fato, as diferentes gerações de falantes convivem no mesmo lapso temporal, às vezes até sob um mesmo teto (avó, mãe e filhas-netas podem morar juntas, por exemplo), de modo que num dado espaço-tempo coabitam e interagem diferentes "estados de língua". Essa concepção, no entanto, como se viu acima, estava bem presente no pensamento de Hermann Paul. As pesquisas empíricas de W. Labov e outros sociolinguistas têm mostrado que a fala particular de um indivíduo se consolida por volta dos 17 anos, muito mais sob a influência de seus pares de mesma geração do que de seus familiares mais velhos, e é nesse processo de formação de uma nova geração de falantes que as formas variantes inovadoras ganham a dianteira. A comprovação empírica dessas conclusões se dá pelas pesquisas que contrapõem o chamado **tempo real** (a cronologia objetiva) ao chamado **tempo aparente**, que analisa precisamente a atividade linguística de gerações diferentes num mesmo recorte temporal: quanto mais jovem o informante, maior a frequência de uso de formas inovadoras; quanto mais velho, maior a frequência de formas conservadoras (Labov, 1972).

Em proposta teórica mais recente, Traugott e Trousdale (2013: 38) questionam o emprego do termo *analogia* porque, em seu entender, ele engloba, ao mesmo tempo, uma motivação e um mecanismo de mudança linguística. Assim, preferem distinguir o **pensamento analógico** [*analogical thinking*] como a motivação (o "porquê" da mudança) da **analogização** [*analogization*] como o mecanismo (o "como" da mudança):

> O pensamento analógico combina aspectos de significado e de forma; ele habilita a mudança, mas pode ou não resultar em mudança. Em contrapartida, a analogização é um mecanismo ou processo de mudança que faz surgir combinações de significado e forma que não existiam antes.

Todos esses desdobramentos teóricos e metodológicos são mais uma comprovação de que os Jovens Gramáticos puseram em circulação problemas centrais da pesquisa linguística e mais especificamente da linguística que se ocupa da mudança das línguas.

6.7 A reação aos Jovens Gramáticos fora da Alemanha

A polêmica suscitada no meio acadêmico alemão pelas propostas radicais dos Jovens Gramáticos teve repercussão também em outros países. Aqui vamos nos deter em três nomes importantes da linguística do final do século 19 e início do século 20: o italiano Ascoli, o alemão Schuchardt (que passou a maior parte da vida na Áustria) e o suíço-francês Gilliéron.

6.7.1 Ascoli e o contato de línguas

Graziadio Isaia Ascoli (1829-1907), de origem judaica, é considerado o fundador da linguística científica na Itália, à qual deu o nome de *glotologia* (*glottologia* em italiano), nos moldes do alemão *Sprachwissenschaft*, utilizando dois elementos de origem grega (*glotto-*, "língua", e *-logia*, "estudo"). Devido à morte do pai, teve de se dedicar muito jovem aos negócios da abastada família (uma indústria de tecido e outra, de produção de papel), de modo que sua formação — ao contrário dos linguistas alemães de sua geração — se deu praticamente como autodidata. Além disso, "enquanto a geração alemã contemporânea ofereceu estudiosos que eram indo-europeístas, romanistas ou linguistas gerais ou, no melhor dos casos, se dedicavam a dois desses campos, em Ascoli temos alguém que ganhou reconhecimento em todos eles" (Davies, 2014: 155-156). Fundou, em 1873, a revista *Archivio glottologico italiano*, que desde então vem sendo publicada sem interrupção. Foi dos primeiros a se dedicar ao estudo dos chamados "dialetos" italianos, que são, de fato, línguas bem diferentes entre si.

Entre as contribuições de Ascoli à linguística indo-europeia está a proposta de reconstrução do sistema de **consoantes velares** da protolíngua, publicada em 1870. Com isso, resolveu algumas questões que permaneciam inexplicadas até então. Estudiosos anteriores tinham observado que, por exemplo, ao [k] do latim correspondia em sânscrito ora [k], ora [ʃ] (que soa como o *x* de *xadrez*) em palavras derivadas de uma mesma raiz indo-europeia que continha [k]:

- **ḱm̥tom* > lat. *centum* [kentum], sânsc. *śatam* [ʃatam] ("cem")
- **h_1éḱwos* > lat. *equus*, sânsc. *aśva* [aʃva] ("cavalo")
- **kreuə-* > lat. *crudus* ("cru"), sânsc. *kravis* ("carne crua")
- **kaput-* > lat. *caput*, sânsc. *kaput* ("cabeça")

Há uma tendência universal à palatalização das sílabas [ke] e [ki] devido à posição alta das vogais em jogo. O lat. clássico [ke]/[ki] se transformou em [ce]/[ci] e depois em [tse]/[tsi] em lat. vulgar, com diferentes mudanças posteriores:
ital.: [tse]/[tsi] > [tʃe]/[tʃi] (*cento / cinque*)
fr.: [tse]/[tsi] > [se]/[si] (*cent / cinq*)
port.: [tse]/[tsi] > [se]/[si] (*cem / cinco*)
esp.: [tse]/[tsi] > [θe]/ [θi] (*centena / cinco*)
(No espanhol americano, [θ] se tornou [s], como em português e francês.)
Fenômeno semelhante na história do inglês (onde *c* = [k] e *ch* = [tʃ]):
cēosan > *choose* ("escolher")
cest > *chest* ("peito")
cyrice > *church* ("igreja")
cinn > *chin* ("queixo")

Por outro lado, a um [k] sânscrito corresponde ora um [k] latino (como no exemplo *kravis/crudus* acima), ora um [k] acompanhado de um arredondamento dos lábios, de modo que ao sânscrito *kas* corresponde o latim *quis* ("quem"), pronunciado [kʷis]. Com base nessas observações, Ascoli sugeriu que o protoindo-europeu dispunha de três consoantes velares diferentes: um [k] "puro", um [k] palatalizado, representado graficamente por *ḱ* (no Alfabeto Fonético Internacional por [c]) e um labiovelar representado graficamente por *kw* (no AFI por [kʷ]). O som [c] ocorre em português diante de [e] e [i] como em *quero* e *quilo*; o [kʷ] ocorre em *quase*. Nenhuma das línguas derivadas do protoindo-europeu conservou as três velares: o latim e as línguas indo-europeias ditas "ocidentais" (como o grego, as germânicas etc.) unificaram a velar palatal e a velar "pura", mantendo distinta a labiovelar, de modo que [k] se apresenta tanto em *centum* quanto em *cruor*, ao passo que se tem [kʷ] em *quis*. No sânscrito e nas outras línguas ditas "orientais" (que incluem as eslavas), por seu turno, a velar palatal [c] se transformou em sibilante (como *śatam* em sânscrito e *satəm* em avéstico), enquanto a labiovelar e a velar "pura" convergiram em [k]. Esses postulados de Ascoli foram amplamente aceitos e lhe renderam grande prestígio internacional, a ponto de seu texto de 1870 ter sido traduzido para o alemão pouco tempo depois de publicado.

Essas descobertas sobre as velares da protolíngua levaram o alemão **Peter von Bradke** (1853-1897) a propor uma classificação das línguas indo-europeias em dois grandes ramos: as línguas *centum* [kentum], ou "línguas ocidentais", e as línguas *satəm*, ou "línguas orientais". Ao primeiro ramo pertencem as línguas dos grupos helênico, céltico, itálico e germânico. Ao ramo *satəm* pertencem as línguas indo-iranianas (como o sânscrito), as bálticas (lituano e letão) e as eslavas — o armênio e o albanês costumam ser incluídos também nesse ramo, mas há divergência entre os linguistas. A divisão proposta por von Bradke teve de ser revista no início do século 20, quando foram descobertos dois outros grupos de línguas indo-europeias até então desconhecidas: o hitita e o tocariano (com suas variedades chamadas "tocariano A" e "tocariano B"). Apesar de terem sido faladas em regiões "orientais" — o hitita na atual Turquia e o tocariano no oeste da China, o que faz dele a língua indo-europeia mais oriental de todas —, ambas pertencem ao grupo *centum*.

As línguas *centum* se encontram à esquerda da linha, as *satəm*, à direita. O hitita e o tocariano não estão contemplados no mapa, que retrata a proposta de von Bradke (1890), anterior à descoberta dessas línguas.

Embora tivesse contribuído para o desenvolvimento da linguística histórica do final do século 19, em que a descoberta de "leis fonéticas" como a de Verner e outras levaram à formulação dos princípios da escola dos Jovens Gramáticos, Ascoli estava muito distante de partilhar a concepção de língua e de linguística dessa escola. Para o glotólogo italiano, a linguística não era uma ciência da natureza, mas uma **ciência etnológica**, isto é, uma disciplina dedicada ao estudo das **populações** em consonância com as línguas que elas falam: "[...] parece-me manifesto que [...] doravante a nossa análise, cada vez mais firme e mais ampla, nos faz diversas vezes tocar com a mão os motivos étnicos da variação da fala [...]" (Ascoli, 1877: 2-3). Desse modo é que Ascoli se tornou um pioneiro dos estudos sobre o **contato de línguas**, ao propor a teoria do **substrato**.

A visão organicista da linguística histórico-comparativa da primeira metade do século foi, como vimos, substituída pela rigidez da regularidade sem exceção das mudanças fonéticas e pelo subjetivismo do indivíduo tal como postulado pelos Jovens Gramáticos. Ambas as concepções, no entanto, tinham em comum o fato de considerar a mudança linguística como algo interno às línguas, sobretudo quando comparadas a organismos vivos, na perspectiva imanentista já abordada acima. Dessa forma, a possível influência de fatores externos sobre a "evolução" das línguas era desprezada como algo marginal, se é que tivesse ocorrido: do protoindo-europeu até as línguas modernas, tudo tinha se transformado "de dentro para dentro", já que as línguas eram vistas "em si e por si mesmas". Uma concepção etnológica da linguística, no entanto, obriga a considerar o que, a bem da verdade, é uma inevitabilidade evidente: se de fato os falantes do protoindo-europeu partiram de uma área geográfica original e se deslocaram em ondas migratórias rumo à Europa, à Ásia Menor, à Índia e ao oeste da China, é óbvio que não ocuparam terras vazias e despovoadas — qualquer que tenha sido o resultado desses encontros (por exemplo, a submissão de outras populações às hordas "indo-europeias", como prefere ver uma longa tradição que considera os "árias" como inevitáveis "conquistadores" devido a algum "mandato da Providência" |6.4.6|), a consequência deles só pode ter sido o entrecruzamento cultural, linguístico e genético, de modo que as discordâncias entre as diferentes línguas "filhas" do protoindo-europeu não se devem exclusivamente à regularidade infalível das "leis fonéticas", mas também a toda sorte de interpenetração ocorrida ao longo de milênios de contatos. A negação radical dessas interações e de seu papel na mudança linguística foi expressa sem rodeios por Max Müller em 1862: *"Es gibt keine Mischsprache"* ("não existe nenhuma língua misturada"). Veremos mais abaixo de que modo a existência das chamadas **línguas crioulas**, que mereceram a atenção de Hugo Schuchardt, veio desmentir categoricamente a afirmação de Müller.

A dedicação de Ascoli ao estudo das línguas faladas na Itália o levou a sugerir que aquelas faladas no norte do país — **piemontês**, **lombardo**, **lígure**, **emiliano-romanholo** e **vêneto** — apresentavam características comuns que as diferenciavam das faladas no centro-sul da península (**toscano**, **napolitano**, **siciliano** etc.), e que essas características se deviam à presença de um substrato **celta**. De fato, o território que hoje configura o norte da Itália era chamado pelos romanos de **Gália Cisalpina**, isto é, Gália aquém dos Alpes, em contraponto com a Gália Transalpina, para além dos Alpes, correspondente ao território que hoje constitui grande parte da França. As populações que viviam na Cisalpina foram submetidas a Roma — mas somente depois de sucessivas guerras — nas últimas décadas do século 3 AEC (a conquista se iniciou em 222 AEC com a ocupação romana da importante cidade gálica de *Mediolanum*, a atual Milão, latinização do celta *Medhelan*, "meio da planície", mais precisamente a planície do rio Pó, o maior da Itália). O latim se impôs em toda a região, mas, como defende a teoria do substrato, as populações que adotaram a nova língua transferiram para ela hábitos fonéticos, gramaticais bem como palavras de seus idiomas ancestrais. Após uma fase inicial de bilinguismo, as novas gerações já falavam latim, mas um latim caracterizado por traços particulares advindos do contato das línguas.

É um fenômeno semelhante, no plano individual, quando uma pessoa aprende uma língua estrangeira: por melhor que a fale, sempre deixará transparecer alguma coisa de sua própria língua, o que se revela pelo assim chamado "sotaque" e por outras interferências no plano morfossintático e lexical. Por exemplo, falantes de português — uma língua rica em vogais e ditongos nasais — tendem a pronunciar palavras do espanhol ou do italiano como *fama, tema* ou *zona* com vogais nasais (*f[ã]ma, t[ẽ]ma, z[õ]na*), quando em tais línguas a pronúncia dessas vogais não é nasal (*f[a]ma, t[e]ma, z[o]na*): não por acaso, a variedade paulistana do português brasileiro apresenta uma desnasalização em palavras como *h[ɔ]mem, f[ɔ]me, fiz[ɛ]mos*, devida à forte e antiga presença de imigrantes italianos na cidade de São Paulo. De igual modo, um falante de espanhol pode tender a construir orações em português do tipo *"O livro que me emprestou Carlos"* porque em sua língua as orações iniciadas pelo pronome relativo *que* apresentam regularmente a inversão da ordem sujeito-verbo em verbo-sujeito: *"El libro que me prestó Carlos"*.

Ascoli sugeriu que alguns traços característicos da variedade toscana do italiano poderiam ser atribuídos a um substrato **etrusco**, mas essa tese não encontra mais apoio entre os linguistas contemporâneos. Já a explicação de características próprias das línguas chamadas precisamente **galo-itálicas** por um substrato celta continua sendo considerada bastante plausível, até mesmo porque essas características são compartilhadas pelas línguas acima e a ocidente dos Alpes italianos: romanche, francês, provençal, catalão, espanhol, português, asturiano e galego. Uma dessas características comuns é a **lenição das consoantes surdas intervocálicas** (chamada precisamente de *lenição celta*), mudança que não ocorreu em italiano:

LATIM	ITALIANO	EMILIANO	FRANCÊS	ESPANHOL	PORTUGUÊS
amicu-	amico	amig	ami	amigo	amigo
securu-	sicuro	sgùr	sûr	seguro	seguro
lupu-	lupo	luv	loup [lu]	lobo	lobo
pratu-	prato	prè	pré	prado	prado

As oclusivas surdas intervocálicas [k], [p] e [t] se transformaram em suas homorgânicas sonoras [g], [b] e [d]. O **emiliano** (ou emiliano-romanholo, língua galo-itálica falada na região italiana da Emília-Romanha) e o **francês** oferecem as mudanças mais radicais: em emiliano, *lupu-* apresenta um [v], que é uma lenição posterior do [b], enquanto em francês não sobrou nenhuma consoante, pois apesar da escrita *loup*, a pronúncia é simplesmente [lu]. Nas duas línguas, o latim *pratu-* se reduziu a *prè/pré*, o que indica a queda provável de um [d] mais antigo. Em francês também, o latim *amicu-* se reduziu a *ami*. A razão para as mudanças mais drásticas em emiliano e em francês se deve hipoteticamente ao fato de que o norte da Itália e toda a França eram regiões habitadas por grandes contingentes de falantes de línguas celtas. As línguas galo-itálicas também apresentam a vogal arredondada [y], tal como em francês, em que a grafia é *u*. A Península Ibérica, por seu turno, abrigava uma população celta, mas junto dela existiam outros povos (iberos, tartéssios, lusitanos, vetões, turdetanos, aquitanos...), além dos chamados **celtiberos**, resultantes da interação étnica entre celtas e iberos (estes de língua não indo-europeia, até hoje não classificada). Ainda assim, os processos da chamada lenição celta estão bem verificados nas línguas ibero-românicas. De fato, num artigo de 1952, o francês André Martinet (que cunhou o termo *lenição celta*) comparou os fenômenos de lenição nas línguas célticas (galês, irlandês, bretão) com os ocorridos nas línguas românicas ocidentais. Esses fenômenos podem ser sintetizados na cadeia abaixo, tomando como exemplo a oclusiva [t]:

	[tt] >	[t] >	[d] >	[ð] >	zero
latim > esp./port.	*gutta*	gota			
latim > esp./port.		*vita*	vida	vi[ð]a[1]	
latim > francês		*vita*	vida	vi[ðə]	vie [vi]

[1] A pronúncia fricativa [ð] ocorre em espanhol e no português europeu, mas não no brasileiro.

A sequência, portanto, é: oclusiva surda dupla > oclusiva surda simples > oclusiva sonora > fricativa sonora > zero. O francês, como dissemos, levou até a última etapa o processo de lenição. Em muitas variedades de espanhol, os particípios passados terminados em *-ado* podem ser pronunciados *-a'o* (*acaba'o, compra'o, prepara'o*), o que representa, como em francês, a fase final da lenição. Em variedades da mesma língua, é comum a palavra *nada* se reduzir a *na'a* ou simplesmente a *na*.

A tese do substrato celta levou o linguista alemão **Gehrard Rohlfs** (1892-1986) a propor uma **isoglossa** (linha imaginária que separa dialetos) no norte da Itália, acima da qual se encontram as línguas com aquele substrato, enquanto abaixo dela se situam as que não o apresentam. Essa isoglossa ficou conhecida como **Linha La Spezia-Rimini**, porque partia da cidade de La Spezia, à beira do mar Tirreno, e terminava em Rimini, à beira do Adriático. Revisões mais recentes propuseram alterar a isoglossa, criando assim a **Linha Massa-Senigallia** — e o nome *Senigallia* vem muito a propósito, já que é a *Gália* habitada pelos *Sénones*, uma tribo celta (cujo nome significa "antigos", de um termo celta cognato do latim *senior*, "mais velho") que também se estabelecera na França atual (na região da cidade de Sens, nome igualmente derivado de Sénones).

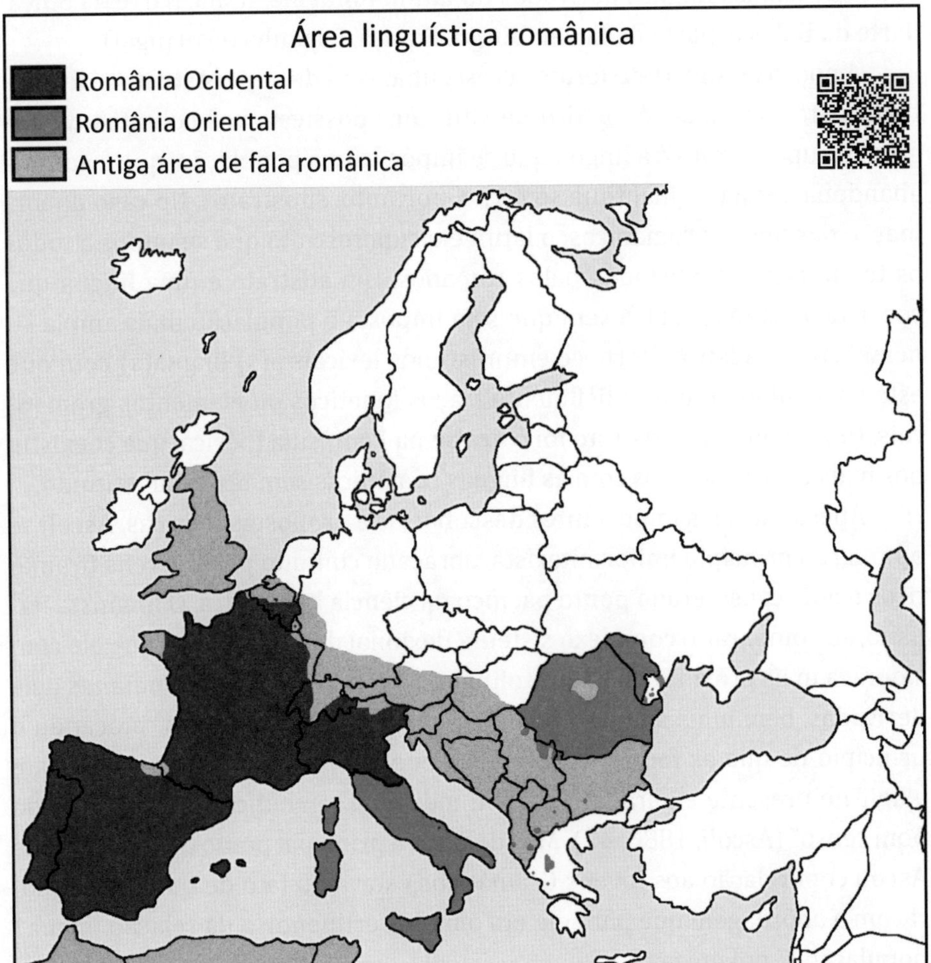

A Linha Massa-Senigallia, no entanto, não separa apenas as línguas faladas na Itália: ela serve também de divisa entre a **România Ocidental**, acima da linha, e a **România Oriental**, abaixo da linha, isto é, todo o centro-sul da Itália, mas também a Romênia, o que constitui uma área geográfica descontínua — menos descontínua até o dia 10 de junho de 1898, quando morreu **Tuone Udaina** (nascido em 1823), último falante do **dálmata**, uma língua românica que tinha sido falada na Dalmácia, antigo nome da região litorânea da atual Croácia. Udaina serviu de informante ao linguista italiano **Matteo Bartoli** (1873-1946), que fez seu doutorado sob orientação de Meyer-Lübke, estudou com Gilliéron, do qual tomou o gosto pelo estudo de campo. É justamente a presença ou ausência de substrato celta que separa as duas porções da România (termo que engloba todos os territórios europeus onde são faladas línguas derivadas do latim: Romênia, Itália, parte da Suíça, parte da Bélgica, parte de Luxemburgo, França, Espanha e Portugal).

À noção de substrato foram acrescentadas as de **superestrato** e de **adstrato** para completar o quadro de situações possíveis nos contatos de línguas. O superestrato é a língua que se impõe a uma população, que a adota e abandona a sua original (que se torna, portanto, substrato). No caso da formação das línguas românicas, o latim é o superestrato que se impôs a todos os territórios conquistados pelos romanos. Um adstrato é uma língua que coexiste ao lado de outra sem que seja imposta à população mais ampla — nesse caso, o adstrato fornece empréstimos lexicais à(s) língua(s) com que está em contato, muito dificilmente traços fonéticos ou elementos gramaticais. Um exemplo de adstrato foi o **árabe** na Península Ibérica, que coexistiu por mais de sete séculos com as línguas românicas sem tê-las substituído.

Apesar de suas importantes descobertas e propostas teóricas, Ascoli se opunha ao princípio uniformitarista, abraçado contudo pelos Jovens Gramáticos e hoje considerado ponto pacífico na ciência linguística. O linguista italiano, ao comparar o complexo sistema flexional do sânscrito — que ele considerava mais próximo do da protolíngua — com o das línguas indianas dele derivadas, bem mais simples, polemizou contra a "nova escola" atacando o princípio de que as forças de mudança que agiram no passado continuam a agir no presente e para isso chegou mesmo a reivindicar "a santidade do bom senso" (Ascoli, 1886: 42). Mas decerto o principal ponto de discórdia de Ascoli com relação aos Jovens Gramáticos estava no fato de que estes ignoravam a abordagem que para ele era a mais pertinente: a da relação língua/população. E polemizava:

Nega essa "nova escola" o motivo etnológico nas transformações da fala romana? Não é bastante evidente, para essa "escola", o contraste que há, por exemplo, dentro dos confins geográficos da Itália mesma, entre o tipo toscano, ou genuinamente italiano, de um lado, e o galo-romano, do outro? (Ascolli, 1886: 38).

Com isso,

a divergência de fundo entre Ascoli e os Jovens Gramáticos estava portanto, provavelmente, na concepção diferente das causas da mudança fonética: enquanto o estudioso italiano dava grande importância aos fatores étnicos, estes eram negligenciados pelos Jovens Gramáticos, os quais, na realidade, jamais conseguiram elaborar hipóteses convincentes para a mudança linguística, limitando-se a verificar sua inelutabilidade e regularidade (Graffi, 2019b: 164).

6.7.2 Jules Gilliéron e a dialetologia

Ascoli, como se viu, e Schuchardt, como se verá, demonstraram um marcado interesse pelos **dialetos**, isto é, pelas variedades linguísticas que existem dentro de um mesmo território, em contraposição à tradição da linguística histórico-comparativa de trabalhar quase exclusivamente com línguas documentadas em textos escritos e, portanto, em maior ou menor grau, submetidas a algum tipo de **padronização**, mesmo que inconsciente e/ou implícita, padronização inevitável já pelo simples uso da escrita, que exige sempre um mínimo de reflexão e monitoramento, além de sofrer a pressão de modelos e gêneros já fixados como "clássicos" (como o do sânscrito védico, no caso das línguas indianas, ou do grego e do latim, para as línguas europeias).

No entanto, o verdadeiro fundador da disciplina que virá a se chamar **dialetologia** foi o suíço-francês **Jules Gilliéron** (1854-1926). Apesar de reivindicar uma abordagem etnológica, Ascoli trabalhou essencialmente com dados dialetais obtidos de textos escritos. Gilliéron, ao contrário, inaugura uma nova metodologia de pesquisa: a coleta de dados linguísticos em **trabalho de campo**, por meio de entrevistas padronizadas feitas com os falantes dos dialetos em questão. Para tanto, pôde contar com a ajuda excepcional de **Edmond Edmont** (1849-1926), um comerciante não especializado em linguística, mas dotado de uma extraordinária sensibilidade para distinções fonéticas, o que lhe permitia detectar a mais sutil diferenciação dialetal. Dessa maneira, Gilliéron poderia obter um resultado duplo:

De um lado, fazer com que os dados coletados não fossem de modo algum influenciados por opiniões teóricas preconcebidas (e isso lhe era assegurado pelo fato de que seu coletor não era linguista); do outro, obter uma coleta totalmente homogênea (enquanto fruto da atividade de um só coletor) (Graffi, 2019b: 159).

Gilliéron e Edmont percorreram 639 localidades francesas, entrevistaram falantes de dialetos por meio de um questionário que continha 1.900 palavras, selecionadas de tal modo a permitir obter dados não somente sobre o léxico como também sobre a morfologia e a sintaxe. A capital Paris não foi incluída na pesquisa por não dispor de um "dialeto" próprio, mas de variedades "populares" do francês-padrão. Os dados foram coletados entre 1897 e 1901 com o objetivo de retratar a realidade dialetal da França no ano de 1900, com que se encerrava o século 19. A figura de Edmont percorrendo o país em sua bicicleta se tornou proverbial como o protótipo do investigador de campo. O resultado do trabalho foi o *Atlas linguistique de la France* ("Atlas linguístico da França"), publicado entre 1902 e 1910, que tem servido desde então de modelo para a produção de incontáveis outros atlas linguísticos nos mais diferentes países, seguindo a mesma metodologia de coleta de dados fornecidos por informantes previamente selecionados segundo critérios específicos (idade, gênero, ocupação, grau de instrução formal etc.). A dialetologia é, dessa forma, a precursora da **sociolinguística**, que se desenvolverá a partir da década de 1960 nos Estados Unidos. A diferença marcante entre a dialetologia clássica e a sociolinguística é que esta se interessa sobretudo pela variação linguística em **ambientes urbanos** complexos, ao passo que aquela se dedicava primordialmente às variedades e/ou línguas não oficiais empregadas no meio rural ou em pequenas localidades.

A partir de seu trabalho empírico, Gilliéron pôde extrair algumas conclusões mais gerais. Uma delas é a impossibilidade de fixar limites precisos entre os dialetos, de maneira que a relação dialeto/área geográfica era muito menos clara do que se poderia supor. Além disso, associando a observação linguística com a etnográfica (tão cara a Ascoli), percebeu que as características próprias de cada dialeto não podiam ser atribuídas exclusivamente a mudanças fonéticas, mas também a fatores de ordem cultural, social. Que fatores seriam esses?

Gilliéron (em artigo publicado em 1910, em parceria com o filólogo francês, nascido no Peru, **Mario Roques** [1875-1961]) atribuiu a diversidade dialetal, por exemplo, ao que denominou **colisão homonímica**, isto é, o embate entre duas formas iguais com significado diferente. Um exemplo que se tornou célebre é o das palavras que designam o *galo* nos dialetos do sudoeste da França. Em quase todas essas variedades, a palavra que nomeia

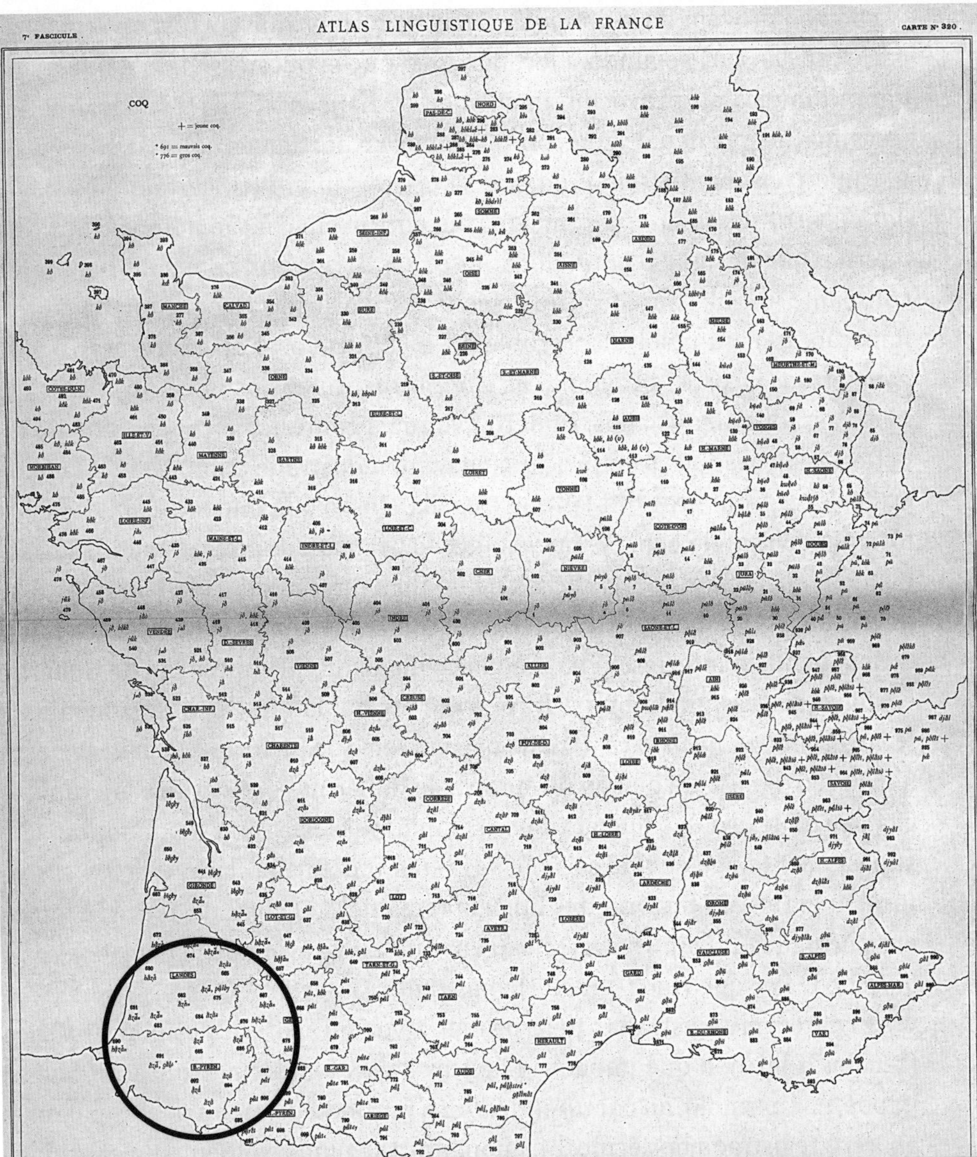

Mapa 320 do *Atlas linguistique de la France* de J. Gilliéron e E. Edmont com as palavras que designam o galo (*coq* em francês padrão) nas 639 localidades selecionadas para a pesquisa. Na área circundada por nós, os termos empregados são variantes de *hazan* ("faisão") ou *bigey* ("vigário"). É uma região onde se fala, além do francês e seus dialetos, variedades do basco, o que explica a aspirada [h] no termo para "faisão" (lat. *phasianu-*) e o [b] inicial no que designa o "vigário" (lat. *vicariu-*). É comum atribuir ao substrato ibero ou ao adstrato basco a passagem de [f] latino a [h] no castelhano, com uma aspiração que mais tarde desapareceu: *fabulare* > *fablar* > *hablar*. O basco também não apresenta [v], o que explica o [b] inicial de *bigey*. Das línguas faladas na Península Ibérica, o português é a única que apresenta o par distintivo [b]/[v], enquanto nas demais existe apenas [b] ou [β]. Ainda assim, em dialetos do Norte de Portugal, o par [b]/[v] se neutraliza em [b].

o galo não provém do latim *gallu-*, mas de termos que correspondem a "vigário" ou "faisão", segundo a localidade. O que explica esse fato é que a mudança fonética ali provocou, inicialmente, a apócope da terminação latina (terminação que deu origem, por exemplo, ao português *gal-o*); em seguida, o grupo consonântico final de *gall* se converteu em [t], gerando a palavra *gat*. A partir dessa fase, o nome do galo entrou em colisão homonímica com o termo que designa o *gato*: do latim *cattu-* deriva *gat*, com sonorização da consoante inicial, simplificação da consoante oclusiva dupla e queda da terminação *-u*. Para resolver o problema, a cultura local decidiu tratar o galo com termos jocosos, a exemplo de *vigário*, ou pretensiosos, como *faisão*.

Passados alguns anos, Gilliéron voltou a contestar o conceito de lei fonética. Suas pesquisas empíricas tinham demonstrado a impossibilidade de estabelecer fronteiras nítidas entre os dialetos, o que impede a aplicação da fórmula de cautela expressa pelos Jovens Gramáticos em seu manifesto, segundo a qual aparentes exceções na implementação de dada lei fonética se deveriam à fragmentação dialetal: para Gilliéron, fatores culturais e de outra ordem também interferem na mudança linguística. A concepção de Gilliéron costuma ser resumida numa frase a ele atribuída, mas não documentada: *"Chaque mot a son histoire"* ("Cada palavra tem sua história"). A justeza dessa afirmação — seja ela ou não de autoria de Gilliéron — se verifica em rápidos exames do léxico das línguas. Por exemplo, se existe uma "lei fonética" que supostamente age sem exceção e reza que todo grupo latino *-ct-* se transformou em *-it-* na história das línguas românicas ocidentais, por que temos em português *sujeito* (< *subjectu-*), em que a regra se aplica, mas *objeto* (< *objectu-*)? Por que *reto* (< *rectu-*), mas *reitor* (< *rectore-*)? Todas essas palavras aparecem registradas pela primeira vez no mesmo período histórico (séculos 13-14), o que impediria aplicar a elas a mesma explicação que se impõe, por exemplo, ao par *direito/direto*, porque a primeira dessas palavras aparece registrada no século 14, enquanto a segunda, somente no século 19. Por que de *october-* se tem *outubro* na norma-padrão, enquanto *oitubro*, em que se aplica a "lei", ficou relegada a dialetos rurais? Por que do mesmo latim *regula-* derivam em português *régua, regra* e *relha*; ou de *macula-* provêm *mágoa, mancha* e *malha*, mas não *magra*, conforme o modelo de *regra*? Decerto porque cada uma dessas palavras se formou em ambientes sociais diversos: *mágoa* e *regra*, por exemplo, são conceitos abstratos, provavelmente surgiram entre pessoas letradas e resultam de usos metafóricos; *malha, régua* e *relha* são objetos palpáveis; *relha* provém do meio rural, *régua* deve ter surgido como instrumento de ofícios urbanos etc. Conforme se verá a seguir, Schuchardt se opunha às "leis fonéticas" justamente porque tinha uma concepção particular da relação entre as palavras e as coisas.

6.7.3 Hugo Schuchardt e as mesclas linguísticas

Hugo Schuchardt (1842-1927) nasceu em Gotha (Alemanha), estudou em Jena, onde foi aluno de Schleicher, e também em Bonn, onde teve aulas com Friedrich Diez, fundador da linguística românica. A tese de doutorado de Schuchardt foi defendida em Bonn em 1862 e se tornou a base para sua obra em três volumes sobre o vocalismo do latim vulgar (*Der Vokalismus des Vulgärlateins*, 1866-1868), que estabeleceu um importante vínculo entre a filologia clássica e a românica. Durante a primeira metade do século 19 prevalecia a ideia de que as línguas românicas derivavam do latim clássico, mas foi o trabalho de Schuchardt que comprovou definitivamente que elas descendem do latim vulgar, um conjunto de variedades múltiplo e complexo, mas também com algumas características comuns.

Depois de ter ensinado em Leipzig e Halle, Schuchardt se tornou professor na Universidade de Graz, na Áustria, onde permaneceu de 1876 a 1900, quando se aposentou, mas sem deixar a cidade austríaca, onde morreu. Os interesses de Schuchardt cobrem uma multiplicidade de esferas de estudos da linguagem e das línguas, sobre os quais produziu ao menos 770 publicações. Opôs-se ao uso feito por Schleicher das teorias de Darwin, especialmente a classificação genealógica das línguas, porque a variação geográfica dos dialetos compõe um *continuum* e muito raramente se consegue fazer um recorte nítido das variedades — a única separação possível seria entre as falas urbanas e as rurais, uma noção que se tornou amplamente aceita nas investigações sociolinguísticas contemporâneas (embora mais recentemente, devido à intensa urbanização ocorrida em todo o mundo durante o século 20, essas distinções entre o rural e o urbano tenham se dissipado em grande medida, dando origem também ao conceito de **rurbano**). Schuchardt era partidário da *teoria das ondas*, proposta por Schmidt |6.4.7|.

Um ***continuum* dialetal**, de fato, é uma situação muito comum na qual os dialetos geográficos vizinhos, especialmente os dialetos rurais mais antigos, se distinguem uns dos outros minimamente, embora suas diferenças sejam cumulativas, isto é, aumentam quanto maior for a distância geográfica entre eles. Todos os dialetos são inteligíveis para os falantes dos dialetos vizinhos, mas, quanto maior for a distância entre eles, maiores serão as dificuldades de **inteligibilidade mútua**. Assim, por exemplo, o falante A entenderá o falante B de uma área vizinha e também o falante C de uma área um pouco mais distante. O falante A não será capaz de compreender o falante D, que vive ainda mais longe, mas tanto o falante B quanto o C poderão se comunicar com D. O falante C também poderá se comunicar com o falante E, e assim por diante:

Continuum dialetal esquemático (reproduzido de Crystal, 1987: 25). O grau de inteligibilidade mútua é representado pela gradação da cor: quanto mais próxima a cor, maior a inteligibilidade.

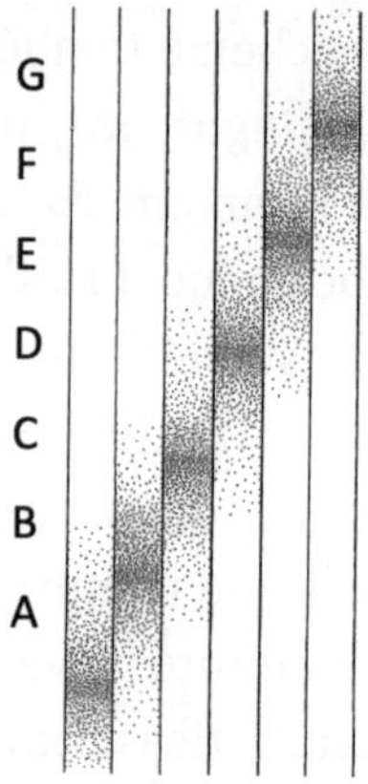

Se uma área geográfica for suficientemente grande, é possível que os dialetos situados nos extremos do *continuum* não sejam mutuamente inteligíveis, mas estarão unidos por uma cadeia de inteligibilidade mútua de variedades intermediárias. Em nenhum ponto há um corte completo tamanho que torne os dialetos contíguos mutuamente ininteligíveis. A razão para isso é que os dialetos geográficos (regionais) não são de modo algum entidades discretas, e as fronteiras dialetais não existem como áreas definidas a não ser como áreas de transição dentro de um *continuum* linguístico. Assim, as diferenças na língua são em geral uma questão de *mais ou menos* e nunca de *tudo ou nada*. Essa realidade empiricamente verificável inviabiliza a ideia de línguas que "brotam" prontas e inteiras, com nomes próprios bem definidos, de um tronco que, por sua vez, brota de outro tronco maior, além de deixar evidente que a separação entre "língua" e "dialeto" é de caráter essencialmente sociopolítico e ideológico.

Na contramão do que afirmava Max Müller — *"Es gibt keine Mischprache"*, como se viu acima —, Schuchardt escreveu: *"Es gibt keine völlig ungemischte Sprache"* ("Não há nenhuma língua completamente sem mistura"), e se valeu de termos como *Sprachmischung* ("mescla de línguas") e *Sprachkreuzung* ("cruzamento de línguas"). Era inadmissível para ele, portanto, como também postulava Ascoli, a ideia de uma língua que se projeta no tempo sem qualquer interferência de outras. Schuchardt chegou a essa conclusão ao estudar situações de interação entre línguas das mais diferentes famílias e localizações geográficas, o que faz dele também outro pioneiro dos estudos de **contatos de línguas** e um precursor da **sociolinguística**. Também se distinguiu pelas pesquisas sobre o **basco**.

Schuchardt é considerado o fundador da **crioulística**, a disciplina que estuda a emergência e formação das línguas ditas **crioulas**, surgidas das interações de toda natureza — especialmente da **escravização** — entre falantes de línguas europeias e de línguas africanas, sobretudo, embora também existam crioulos na Ásia e na Oceania. Schuchardt se dedicou às descrições dos crioulos de base portuguesa, francesa, espanhola, inglesa e neerlandesa.

BOX 6H: LÍNGUAS CRIOULAS ONTEM E HOJE

O processo de surgimento dos **crioulos** se dá em diferentes etapas. Segundo a teoria mais difundida, para conseguir se comunicar com o europeu, a população local desenvolve inicialmente um código rudimentar baseado na língua do estrangeiro. Esse código é chamado **pidgin**. Com o passar do tempo e com a intensificação das relações, o pidgin se generaliza entre a população local. Numa nova etapa, esse meio de comunicação surgido do contato acaba por se tornar **língua materna** dos residentes, transmitida de geração em geração. É quando se constitui um crioulo. Também surgem crioulos fora do local de origem da população que os emprega: transportadas à força para outros continentes, as pessoas escravizadas, geralmente falantes de línguas diversas, sem condições de adquirir de forma sistemática a língua do colonizador, elaboraram um pidgin com base nessa língua, o qual, mais adiante, se torna língua materna de sua descendência. Evidentemente, para poder desempenhar todas as funções sociais, culturais, identitárias de uma língua humana, o crioulo se torna um **sistema linguístico completo e complexo**, com fonologia, gramática e léxico próprios. Um crioulo é classificado como *de base X* de acordo com a língua europeia da qual se originou: existem crioulos de base portuguesa, inglesa, francesa, espanhola e neerlandesa resultantes do processo colonial-imperial moderno. As línguas europeias dos colonizadores configuram, desse modo, os **superestratos** na formação dos crioulos.

Os crioulos são, portanto, línguas como quaisquer outras que não recebem esse nome. Imaginar que sejam línguas "estropiadas", "rudimentares" ou "primitivas" é tão absurdo quanto julgar que o francês, o espanhol ou o português são formas "estropiadas" ou "rudimentares" do latim. A única diferença entre as línguas crioulas e as outras línguas é sua origem no processo de colonização iniciado no final do século 15.

Segundo o linguista congolês Salikoko Mufwene,

> os crioulos são especiais do ponto de vista epistemológico somente por um acidente do modo como nós temos feito linguística, não porque eles tenham se desenvolvido por qualquer processo evolutivo que não tenha ocorrido no desenvolvimento de outras línguas,

nem porque sua gênese esteja inserida em ecologias sócio-históricas drasticamente diferentes do tipo em que evoluíram as línguas não crioulas, nem sequer porque representem algum tipo estrutural global de sistemas linguísticos. São tão naturais quanto as línguas não crioulas (Mufwene, 2006: xi).

Para Mufwene, a formação dos crioulos em nada se diferencia de outros processos de reestruturação linguística disparados pelo contato entre línguas, como ocorreu, por exemplo, na formação das línguas românicas a partir do latim. Afinal, as línguas românicas são tão diferentes do latim quanto o cabo-verdiano e o forro são diferentes do português, quanto o haitiano do francês, ou o tok-pisin do inglês. Mufwene afirma que muitas das supostas especificidades das línguas crioulas são, de fato, ilusões teóricas criadas pelo fato de que os crioulos surgiram do processo colonial e são falados predominantemente por pessoas negras. Ele acusa, sem rodeios, a ciência linguística de se deixar guiar por critérios de etnicidade, ou seja, por racismo, ainda que não explícito.

Desde Schuchardt e Ascoli, o contato linguístico é reconhecido como um elemento acelerador dos ritmos da mudança linguística. Por isso, as línguas crioulas aparentam ser transformações radicais das gramáticas das quais se originaram. No entanto, transformações igualmente radicais se processaram na formação histórica do francês, decerto a que mais se distancia do latim, e do inglês, muitíssimo diferente do anglo-saxão falado na Inglaterra após a invasão da ilha por populações vindas do norte do que hoje é a Alemanha, da Dinamarca e da Noruega — apenas o *ritmo* da mudança difere no caso dos "crioulos" e do francês e do inglês. De resto, a simplificação da morfologia do inglês é atribuída ao contato linguístico de falantes do anglo-saxão com os falantes de línguas escandinavas (os viquingues) que migraram para a Grã-Bretanha e ali se estabeleceram a partir do século 8.

Para o linguista francês Bernard Cerquiglini (2007), o francês é *"un créole réussi"* ("um crioulo que deu certo"), isto é, uma língua surgida de transformações muito profundas e que ganhou importância política e se impôs como língua nacional e imperial. Outro aspecto sempre enfatizado no estudo dos crioulos é a simplificação dos paradigmas verbais, com o pronome-sujeito sempre explícito e o verbo numa forma única para todas as pessoas. Ora, essa é uma descrição que se encaixa perfeitamente no sueco e no norueguês, por exemplo, em que a forma verbal permanece inalterada, o que obriga à enunciação fonética do sujeito.

O processo de formação das línguas crioulas é idêntico, portanto, ao da formação das línguas que não recebem essa classificação. É frequente a referência à simplificação gramatical operada nas línguas crioulas quando comparadas às suas línguas-bases — mas já temos abordado neste capítulo o fenômeno da **perda de flexão** ocorrido ao longo da história das línguas indo-europeias. As simplificações ocorridas na formação das línguas crioulas são atribuídas à forma imperfeita, irregular, assistemática com que os falantes locais aprenderam a língua do colonizador. No entanto, cabe perguntar se não foi isso também o que ocorreu, por exemplo, quando os celtiberos que habitavam a Península Ibérica passaram a usar o latim. Além disso, assim como as línguas crioulas se formaram com base em variedades faladas muito distantes das normas literárias — já que os marinheiros, mercadores e colonos não pertenciam à reduzidíssima elite letrada de seus países de origem —, também as línguas românicas se formaram com base no chamado **latim vulgar**, que nem de longe se assemelhava à língua dos grandes oradores da Roma clássica. É portanto de um conjunto de variedades próprias das camadas menos prestigiadas da população e de um aprendizado assistemático que as línguas surgidas de contato se formaram e se formam. A única e fundamental diferença, de novo, é o tempo que umas e outras línguas tiveram para se constituir.

O linguista haitiano **Michel DeGraff** afirma que a "falácia da excepcionalidade do crioulo" é o "mito mais perigoso dos linguistas" (2005). Ele argumenta que a suposta excepcionalidade das línguas crioulas deriva do **racismo científico** |6.3| preponderante na cultura europeia do século 19: uma ideologia que buscava justificar a escravização por meio da representação dos escravos como seres humanos "inferiores", quase não humanos, cognitivamente deficientes e, por conseguinte, incapazes de falar uma língua digna do nome. Na contramão dessa ideologia, que, segundo o autor, contamina até hoje os estudos sobre os crioulos, DeGraff postula uma crioulística *pós-colonial*, que desconstrua o mito da excepcionalidade e permita a visão das línguas crioulas de dentro das sociedades em que são faladas e não como objetos externos ao pesquisador, sempre branco e de ascendência europeia. De igual modo, o linguista beninense **Enoch O. Aboh** afirma que "a aquisição da língua ocorre sempre numa situação de contato comparável aos contextos crioulos, em que os aprendizes são confrontados a estímulos heterogêneos e recombinam traços linguísticos concorrentes em novos itens linguísticos. Nessa perspectiva, todas as línguas naturais implicam uma gramática híbrida" (2019).

Tudo isso tem levado alguns teóricos, como Mufwene, DeGraff, Aboh e Cerquiglini, a afirmar que na prática todas as línguas do mundo poderiam ser chamadas de crioulas, uma vez que é raríssimo encontrar línguas isoladas cujos falantes nunca tenham entrado em contato com outras línguas e nas quais não tenham ocorrido os processos de mudança inerentes a toda e qualquer língua humana — ou seja, como diria Schuchardt, "não existe nenhuma língua completamente sem mistura". Assim, ou todas as línguas são crioulas, ou nenhuma língua é.

É possível dizer, portanto, que o latim está para o português assim como o português está para o cabo-verdiano — as dinâmicas de toda ordem (variação, contato, mudança) que tornam o latim apenas reconhecível no português foram e têm sido similares às que tornam o português apenas reconhecível nas novas línguas que dele surgiram, como se comprova pelos trechos abaixo, traduções de uma passagem dos Atos dos Apóstolos em latim, português e cabo-verdiano:

> "... sed accipietis virtutem superveniente Sancto Spiritu in vos et eritis mihi testes et in Ierusalem et in omni Iudaea et Samaria et usque ad ultimum terrae" (Actus 1,8).
>
> " ... mas recebereis uma força, a força do Espírito Santo que virá sobre vós; e sereis minhas testemunhas em Jerusalém, em toda a Judeia e Samaria, até as extremidades da terra" (Atos 1,8).
>
> "... má nhos ta ben rasebe puder óra ki Spritu Santu dixi riba nhos. Dipos nhos ta ben ser nha tistimunha na sidadi di Jiruzalen, na tudu pruvínsia di Judea, ku pruvínsia di Samaria i na tudu kantu di mundu" (Atus 1,8).

Para Schuchardt, o desenvolvimento das línguas depende dos falantes e de seus vínculos étnicos, sociais e psíquicos, mas não dos falantes vistos como grupo. Cada indivíduo fala uma "língua" própria, diferente da de qualquer outro, ou seja, fala seu **idioleto**, como se chamará mais tarde. Essa conclusão coincidia com a de Hermann Paul |6.6.1|, mas as consequências que cada um dos dois linguistas extraiu dela são bem diferentes, ou mesmo opostas: Paul acreditava ser possível oferecer descrições sistemáticas dos fenômenos linguísticos, tomando como base o pressuposto da "uniformidade constitutiva dos indivíduos" e algumas leis da psicologia individual; Schuchardt, ao contrário, considerava possíveis somente pesquisas específicas, como a etimologia das palavras isoladas.

A evolução das línguas não pode ser apreendida pela descrição de leis fonéticas porque ela se deve à mudança nos *conceitos, pensamentos* e *significados*, o que regula, portanto, uma mudança na expressão. Os conceitos dependem das coisas existentes no mundo concreto, o qual, por conseguinte, tem de ser incluído entre os objetivos da pesquisa linguística. As palavras tornam acessível ao investigador o pano de fundo cultural das coisas, de tal modo que a história da palavra precede a história da língua e de seu correlato, a história da cultura. Trata-se de uma *Sachwortkunde* ("ciência das coisas e das palavras"), o que faz Schuchardt estar em pleno acordo com Gilliéron. A posição de Schuchardt é contrária à de seu colega da Universidade de Graz, o austríaco **Rudolf Meringer** (1859-1931), fundador da revista *Wörter und Sachen* ("Palavras e coisas", 1900). Em seu artigo "Sachen und Wörter" (1912), que inverte o título da revista, Schuchardt afirma que as coisas são formas estáveis de existência, sendo assim primárias, enquanto as palavras são secundárias. Os conceitos, de fato, dependem das culturas e das sociedades, mas embora sejam amplamente universais, suas expressões (as palavras) dependem de sistemas linguísticos particulares (dialetos).

Em 1885, Schuchardt publicou um texto que pode ser considerado uma espécie de manifesto: *Über die Lautgesetze. Gegen die Junggrammatiker* ("Sobre as leis fonéticas. Contra os Jovens Gramáticos"). A oposição de Schuchardt à ideia de leis fonéticas era explícita: o simples falar delas pressupõe que existem, o que para ele é inadmissível:

> Atribuir "leis" à linguagem significava permanecer ancorado a uma concepção semelhante à de Schleicher, quisessem os Jovens Gramáticos ou não: isto é, uma concepção da língua como organismo natural, enquanto já se tinha descoberto que se trata de um fenômeno social. Por conseguinte, a linguística não pode ser uma ciência natural, como desejariam os Jovens Gramáticos, mas uma "ciência do espírito" (*Geisteswissenschaft*) (Graffi, 2019b: 164).

Assim, não é possível distinguir a mudança "regular" (aquela explicada pelas supostas "leis fonéticas") da mudança ocasionada pela analogia, isto é, nos termos de Osthoff, o "momento fisiológico" do "momento psicológico". Para Schuchardt, o fator psicológico está em ação nos dois "momentos". Ele também atacava a ideia de atribuir a "cisões dialetais" as exceções às leis fonéticas, como aparece no manifesto dos Jovens Gramáticos, porque se tem ali um conceito de dialeto não devidamente definido. Além disso, uma vez que os dialetos não são "puros" nem discretos, não há como atribuir, entre duas formas distintas, uma a um dialeto, a outra a outro — e sobretudo porque, ao fim e ao cabo, Schuchardt só reconhecia a existência concreta de idioletos.

Mas nem sequer admitindo essa diversidade entre os idioletos (que também era sustentada por Paul) era possível descartar as dificuldades inerentes à ideia de leis fonéticas sem exceção. E, para sustentar seu argumento, Schuchardt recorre a noções que serão fundamentais para a constituição da sociolinguística variacionista na década de 1960: "O comportamento linguístico de cada indivíduo é em parte espontâneo, em parte fruto da imitação do comportamento de outros indivíduos, de modo que mesmo no interior de um mesmo idioleto o mesmo som pode se modificar num certo modo em certas palavras e em outro modo em outras" (Graffi, 2019b: 165). Esse é o conceito de **variação estilística** que será proposto por Labov (1972). Ao lado da **variação social**, que diz respeito a formas variantes de uso da língua compartilhadas por uma comunidade de fala, existe a variação estilística (ou de registro), que diz respeito precisamente ao indivíduo. Em seu clássico estudo sobre a pronúncia ou não de [r] em travamento silábico na fala da cidade de Nova York na década de 1960, Labov (1972) constatou que uma mesma pessoa, conforme o grau de monitoramento estilístico de seu discurso, tendia a pronunciar o som com cada vez mais frequência à medida que aumentava o grau de monitoramento, já que a pronúncia do [r] goza de prestígio entre as camadas dominantes da sociedade.

Schuchardt considerava impossível distinguir uma mudança fonética devida à ação de uma "lei fonética" de outra mudança devida a uma "cisão dialetal", exatamente uma das bases da doutrina dos Jovens Gramáticos. Por fim,

> Schuchardt sustentava que nem sequer a afirmação de que as leis fonéticas valem só por determinado período cronológico podia ser aceita: é impossível determinar exatamente o início e o fim de um período cronológico na história

das línguas, na medida em que "qualquer estágio da língua é um estágio transitório" (Graffi, 2019b: 165).

Apesar das oposições de Ascoli, Gilliéron e Schuchardt que passamos em revista, Graffi (2019b: 167) considera que no debate em torno das leis fonéticas os Jovens Gramáticos saíram vencedores no que diz respeito à metodologia empírica. Mesmo Gilliéron e Roques, por exemplo, ao examinar a passagem de *gall* a *gat* e a de *pull* a *put* (do latim *pullu-*, "frango", outro nome para o galo em dialetos do sudoeste francês) disseram que ambas "caem sob os golpes da mesma lei fonética". Foram os efeitos da lei fonética em conjunção com a colisão homonímica que resultaram na substituição de *gat* por "faisão" ou "vigário". Assim,

> se de um lado seus adversários [dos Jovens Gramáticos] mais ferrenhos acabaram por fim obrigados a admitir, mais ou menos explicitamente, que as mudanças fonéticas são regulares, a menos que intervenha algum fator de perturbação, do outro lado a ideia de fundo de que a língua é um fenômeno, sim, psicológico, mas deve ser analisado com uma metodologia análoga à das ciências naturais, não foi aceita por todos. Estudiosos como Schuchardt, Gilliéron e muitos outros continuavam a considerar a língua como uma entidade de tipo essencialmente histórico e social, que se deve analisar portanto com métodos próprios, diferentes dos das ciências da natureza. Essa era, aliás, a posição de Whitney e de Bréal [...]. (Graffi, 2019b: 167)

BOX 6I: LEIS FONÉTICAS ONTEM E HOJE

Toda a longa polêmica em torno das chamadas "leis fonéticas" no século 19 resultou, como afirma Graffi na citação acima, na "vitória" dos Jovens Gramáticos. De fato, após abandonar a rigidez mecanicista da formulação original dos Jovens Gramáticos, a linguística contemporânea tem estudado os processos de mudança sonora nas mais diferentes línguas do mundo e encontrado padrões regulares e semelhantes de mutação fonética, devidos, evidentemente, a fenômenos articulatórios interpretados, conforme se viu acima (box 6d), como **gestos** produzidos pelos falantes no momento de emitir as cadeias sonoras de sua língua. Observe-se, por exemplo, a sequência de mudanças abaixo, que envolvem a lenição de oclusivas desvozeadas (= surdas):

OCLUSIVA DESVOZEADA	> AFRICADA	> FRICATIVA	> DESVOZEAMENTO	> ZERO
p	> pf	> f	> h	> ø
t	> ts/tθ	> s/θ	> h	> ø
k	> kx	> x	> h	> ø

Línguas diferentes apresentam etapas diferentes dessas mudanças, mas sempre na mesma direção. Recorrendo somente a exemplos de línguas indo-europeias, temos a mudança [p] > [pf] > [f] no alemão, em que *pisk* > *pfisk* > *Fisch* ("peixe"). Em diversas variedades do espanhol americano, ocorre [s] > [h] > ø, especialmente na América Central e no Caribe: *fie[s]ta* > *fie[h]ta* > *fie[ ]ta*. A mesma mudança ocorreu na história do francês: *fe[s]te* > *fe[h]te* > *fête*. Em variedades do português brasileiro, na carioca, por exemplo, é comum ouvir a palavra *mesmo* pronunciada *me[h]mo* ou *memo*. A mutação [f] > [h] > ø é conhecida na história do espanhol: *fablar* > *[h]ablar* > *hablar*, em que o *h* gráfico não se pronuncia. Também em espanhol, a africada [ts] se tornou [θ], depois de uma fase [tθ]: *zero* [θero], *cinco* [θinko], *ceniza* [θeniθa] etc., pronúncia que se conserva no espanhol europeu padrão. No espanhol americano, por sua vez, [θ] se reduziu a [s]. A Lei de Grimm (ou de Rask) já tinha mostrado a sequência [k] > [kx] > [x] > [h], como na raiz indo-europeia **kap-* que se tornou **hab-* em gótico, com os estágios intermediários não documentados. Uma das características principais da variedade do inglês londrino chamada *Cockney* é o *H-dropping*, "queda do H", que se verifica também em muitas outras variedades da língua. Já no latim vulgar, a aspiração inicial [h] tinha se perdido e, portanto, não comparece nas línguas românicas. Em francês, as palavras de origem germânica introduzidas na língua depois da conquista do território pelos francos conservaram durante algum tempo o [h] aspirado inicial, que logo deixou de ser pronunciado, embora ainda hoje seja escrito. A ocorrência generalizada dessas mudanças (e sua unidirecionalidade, isto é, uma trilha que se faz sempre da esquerda para a direita nas sequências acima) amplia o escopo das "leis fonéticas" postuladas no século 19 apenas para as línguas indo-europeias e comprova sua **universalidade**, sem que se deva esquecer, obviamente, que "cada palavra tem sua história", de modo que fatores de outra ordem que não a articulatória podem intervir (e intervêm) nos processos de mudança: o *Cockney*, por exemplo, é alvo de forte estigma social, de modo que a pronúncia de [h] inicial é conscientemente preservada pelos falantes que não querem se identificar com essa camada populacional desprestigiada.

6.8 O desenvolvimento dos estudos fonéticos

A história do progresso das especulações sobre as línguas humanas e a linguagem em geral é a história das tentativas de compreender a origem e o funcionamento de algo intangível e incapturável, algo que tem uma existência óbvia, até por estar encapsulada na própria biologia de cada ser humano — a ponto de ser possível dizer, parodiando Descartes, *"je parle, donc je suis"*: "Estou falando, logo existo" —, mas que escapa à manipulação direta, algo que não se pode tocar.

É precisamente essa incapacidade de apreensão concreta da língua que tem feito seus estudiosos oscilar, ao longo dos séculos, entre considerar o estudo das línguas como uma *ciência da natureza* ou como uma *ciência humana/social*, tal como temos visto até agora em nossa narrativa sobre a linguística do século 19. Tudo o que se tem dito sobre as línguas é fruto, portanto, de **teorização**: definir as classes de palavras, analisar as palavras em sua composição morfológica, propor regras que subjazem ao encadeamento sintático, atribuir sentidos e significados a morfemas, palavras, sentenças e textos — são todas operações intelectuais executadas por meio de induções, deduções e abduções que têm como matéria de trabalho um "objeto escondido", o qual, como se lê no *Curso de linguística geral*, precisa antes ser criado por uma teoria para em seguida ser estudado: *"C'est le point de vue qui crée l'objet"* ("é o ponto de vista que cria o objeto", 1916: 23), e a palavra grega *theoría* significa precisamente "ponto de vista, contemplação, observação". Assim, retomando uma citação que já tínhamos apresentado acima |6.6.1|, J.-C. Corbeil (2001: 177) afirma:

> A única coisa real é o comportamento linguístico do indivíduo, cuja única manifestação explícita, concreta, é a cadeia sonora produzida, portanto uma série de sons que se sucedem no tempo e formam grupos mais ou menos complexos separados por respirações, pausas, paradas, silêncios. Todo o resto, sobretudo o sentido e as regras que comandam a reunião dos elementos, é implícito, escondido na inteligência e na memória dos falantes, fora de alcance imediato tanto do ouvinte quanto do observador. Na linguística, o real é sempre individual e sempre em situação, determinado por coordenadas temporais, espaciais e sociais. Dentro deste espírito, poderia se dizer que a língua não existe, mas que só existem indivíduos que falam!

Evidentemente, as pessoas surdas constituem uma categoria social que se relaciona de forma particular com a linguagem, de modo que as propriedades listadas aqui não se aplicam integralmente a elas.

De concreto, portanto, só existe "uma série de sons que se sucedem no tempo". Os **sons da fala** têm, de fato, uma propriedade particular e exclusiva com relação aos demais componentes atribuídos às línguas: podem ser *produzidos* por toda e qualquer pessoa; podem ser *captados, reconhecidos e interpretados* graças à audição e a dispositivos cerebrais; e podem, desde há pelo menos século e meio, graças aos desenvolvimentos tecnológicos, ser *gravados, armazenados, segmentados, sintetizados, reproduzidos, editados* etc. Essa característica dos sons da fala humana confere às disciplinas que se ocupam deles, a **fonética** e a **fonologia**, o privilégio, digamos assim, de poderem competir em pé de igualdade com outras ciências experimentais, de poderem se atribuir um caráter eminentemente técnico.

Ao fazer um relato histórico das investigações dos sons da fala, Harry van der Hulst (2013: 169), argumenta:

> O mais antigo e relevante desenvolvimento para a história da fonologia, tanto quanto saibamos, é talvez o desenvolvimento da escrita, e especialmente de sistemas *fonográficos*, mais especificamente *alfabéticos*. No passado, como hoje, os sistemas fonográficos de escrita tendem a ter caráter fonêmico, evitando símbolos diferentes para distinções alofônicas linguisticamente não funcionais, não relevantes para diferenciar sentidos lexicais. Isso vale tanto para os sistemas alfabéticos quanto para os que implicam unidades silábicas maiores. No entanto, os sistemas alfabéticos antecipam especificamente a noção moderna de que as unidades do tamanho do fonema são os componentes *sequenciais* básicos que subjazem à fala. Pode-se até dizer que os caracteres diacríticos ocasionais representando qualidades sonoras subfonêmicas anteciparam a noção de traços distintivos.

A escrita alfabética faz, por assim dizer, uma *análise* dos sons da fala e os distingue, aproximadamente, de acordo com o que têm de mais geral na língua, deixando de lado as variantes de pronúncia, que são incontáveis: o que se escreve <e> em português, por exemplo, pode ser pronunciado [e], [ɛ], [i] ou [ɨ]. Normalmente, é a fala de uma camada específica da população e/ou de uma região particular que serve de objeto para essa análise. A grafia padronizada também tende a ser **conservadora**, no sentido de manter registradas ao longo dos séculos diferenças fonêmicas que se perderam depois: por exemplo, o português transcreve até hoje diferenças entre *coser* e *cozer*, entre *cassar* e *caçar*, entre *chá* e *xá* etc., que remontam a um período na história da língua (mais de quinhentos anos atrás) em que os pares de grafemas <s/z, ss/ç, ch/x> entre outros serviam para distinguir sons diferentes (por exemplo: o s de *coser* soava [z], enquanto o <z> de *cozer* soava [dz]).

Allan (2009: 198ss.) faz um retrospecto dessas relações entre som e letra, partindo da invenção do alfabeto pelos gregos no século 9 AEC, inspirados nos caracteres fenícios. A correspondência quase perfeita entre os sons básicos do grego e as letras criadas para reproduzi-los fez com que a palavra *letra* (*grámma* em grego) designasse ao mesmo tempo o sinal gráfico e sua qualidade sonora |2.2|, prática continuada pelos romanos e estendida até pelo menos a primeira metade do século 19. Como vimos, os primeiros linguistas histórico-comparativos ainda falavam das mudanças ocorridas nas "letras" desde a protolíngua pré-histórica até as línguas atuais. No século 4 AEC, Aristóteles descreveu a letra como "um som indivisível de um tipo particular, um som que pode ser um constituinte de uma palavra". Donato, no século 4 EC, declarou que "a letra é a menor parte da fala articulada". Desse modo, "desde tempos antigos, os estudiosos tinham à disposição algo muito semelhante à noção de fonema do século 20, embora não houvesse nenhuma teoria dos fonemas nem um procedimento sistemático de descoberta para identificá-los" (Allan, 2009: 195). Mas, prossegue o autor, havia um reconhecimento geral de que sons diferentes eram produzidos em posições diferentes na boca. Os gregos antigos estabeleceram uma tríade classificatória para as consoantes que seria usada por séculos (até mesmo por Grimm |6.4.4|): *psilón*, *dasý* e *mesē* ("branda", "rude" e "média"), que os latinos traduziram por *tenuis, aspirata* e *media* — descrições que, tanto em grego quanto em latim, não são acusticamente precisas. Na categoria *psilón*, estavam as oclusivas surdas [p], [t] e [k]; como *dasý* e *aspirata* apareciam fricativas e aspiradas. As "médias" eram sistematicamente diferenciadas das outras, mas sem algum tipo de conceito que indicasse o vozeamento, isto é, a diferença existente entre [p], [t] e [k], de um lado, e [b], [d] e [g], do outro. Os gramáticos alexandrinos introduziram um sinal diacrítico para marcar a aspiração inicial, que não dispunha de símbolo no alfabeto grego mais antigo. Também criaram os acentos para indicar traços prosódicos como sílaba tônica, vogal longa e altura da vogal. Marciano Capela |3.1|, em Cartago por volta de 470 EC, descreveu cada uma das 23 letras do alfabeto latino no Livro III (*De arte grammatica*) de sua conhecida obra *De Nuptiis Philologiae et Mercurii*:

> A aspiração inicial do grego é representada na escrita por um diacrítico (sinal) como o que se vê em ἁ, chamado *dasý pneûma* em grego e *spiritus asper* ("espírito áspero") em latim. Pelo apreço que existia entre os gregos pela simetria, a não aspiração também veio a ser indicada pelo sinal invertido, como em ἀ, chamado *psilòn pneûma* (*spiritus lenis*, "espírito brando"), lembrando que o grego *pneûma* e o latim *spiritus* significam "sopro". Ao transcrever palavras gregas com aspiração inicial, os latinos usaram a letra <h>, que até hoje é empregada com esse fim nas línguas que têm esse som em seu repertório fonético, como o inglês (*house*), o alemão (*Haus*) etc. Também é o símbolo empregado no Alfabeto Fonético Internacional: [h]. De fato, o diacrítico grego (ʽ) é uma simplificação de um h usado para tal fim em tempos mais remotos, e foi justamente por isso que os latinos se valeram dele.

- C: "consoante articulada com os molares sobre o dorso da língua";
- D: "consoante feita com a língua tocando os dentes superiores";
- I: "vogal feita com os dentes aproximados";
- M: "pressão dos lábios juntos";
- T: "consoante feita com a língua sendo golpeada contra os dentes";
- Q: "consoante feita com uma oclusão do palato".

Segundo Allan (2009: 198 ss.), essa é uma "descrição detalhada e articulatória como nenhuma outra na literatura anterior e não houve nenhuma análise fonética ou fonológica sistemática até o século 12". A menção ao século 12 evoca o trabalho do assim chamado *Primeiro Gramático* |3.4.6|, cujas intuições sobre fonética e fonologia, apesar de brilhantes e avançadíssimas para a época, só vieram a público no início do século 19.

Vimos |4.9.2| de que modo os primeiros gramáticos do português — Fernão de Oliveira e João de Barros — fizeram uso de letras e diacríticos (e mesmo de letras gregas) para delimitar algumas especificidades de pronúncia que lhes pareciam merecedoras de grafias particulares (como as diferenças entre vogais abertas e fechadas). Mas foi preciso esperar até bem entrado o século 19 para se estabelecer uma ciência bem estruturada dos sons da fala:

> O século 19 mostra grandes desenvolvimentos no estudo comparativo de línguas (normalmente chamado "filologia"), com ênfase nos desenvolvimentos históricos de sons ou grupos de sons particulares. Embora esse trabalho não tenha sido em geral muito preciso em fazer referência às propriedades fonéticas desses sons, há várias exceções, como Karl Verner (1846-1896). Também é preciso notar que os numerosos estudos do desenvolvimento histórico de "sons da fala" com quase toda a certeza repousavam no reconhecimento *implícito* de unidades fonêmicas e propriedades sonoras distintivas, muito embora ainda não se fizesse a distinção entre propriedades fonéticas relevantes e irrelevantes (Hulst, 2013: 170-171).

6.8.1 Henry Sweet, Paul Passy e o alfabeto fonético

Já perto do final do século 19, grandes avanços tinham sido feitos, sobretudo graças a experimentos práticos, que permitiram aos estudiosos distinguir entre os sons que podiam diferenciar palavras e os que não podiam, e nisso é imperioso citar o padre francês **Jean Rousselot** (1846-1924), fundador da **fonética experimental**, para quem "a fonética devia ter por base, não textos mortos, mas o homem vivo e falante", uma postura na contramão da prática que se fixara na linguística histórico-comparativa de deduzir as mudanças fonéticas pela análise de documentos escritos de diversas épocas — Rousselot se propunha, portanto, a fazer um trabalho *sincrônico*, com vistas sobretudo ao ensino das línguas e às terapias da fala.

Quando se estabelece essa diferença entre sons mais relevantes e menos relevantes, é porque se atingiu a consciência do que é *fonético* e do que é *fonológico* (ou *fonêmico*), ou seja, entre **alofones** e **fonemas**: *"Um fonema é uma categoria abstrata que se generaliza por sobre um conjunto amplo (in-*

finito) de sons de fala reais, que são seus alofones" (Hulst, 2013: 170.). A concepção do fonema como uma categoria *abstrata* parece ser a de mais difícil apreensão por parte da maioria das pessoas, incluindo as que se dedicam ao ensino de línguas, para quem fonema é o mesmo que "som da fala" — a ponto de haver exercícios em materiais didáticos que solicitam ao aluno "pronunciar bem o fonema *X*", quando é simplesmente impossível pronunciar uma entidade abstrata. Assim, por exemplo, /s/ é uma entidade abstrata em português, ao passo que suas realizações concretas podem ser [s] (*seu*), [z] (*asma*), [ʃ] (*caspa*, nas variedades que apresentam o chamado "s chiado"), [ʒ] (*rasga*, nessas mesmas variedades) etc. O que distingue o fonema do alofone é o **significado** que uma palavra pode adquirir se houver uma troca de som: as pronúncias [kaspa] e [kaʃpa] para o que se escreve *caspa* não alteram o significado da palavra, de modo que é possível abstrair uma entidade /s/ que se realiza como os alofones [s] ou [ʃ]. Já entre [segah] e [ʃegah] a alternância [s]/[ʃ] provoca mudança de significado (*cegar* e *chegar*), de modo que é possível também estabelecer uma entidade abstrata /ʃ/ no repertório de fonemas do português. Essas distinções importantes só começaram a ser teorizadas no final do século 19.

O avanço dos estudos experimentais levou diversas pessoas a sentir a necessidade de uma forma de transcrição dos sons da fala que permitisse retratá-los mais fielmente e sem as deficiências que as ortografias padronizadas tinham acumulado ao longo dos séculos. Pessoas dedicadas ao **ensino de línguas** também começaram a se dar conta de que um sistema de transcrição universal dos sons da fala traria grandes benefícios para o ensino-aprendizagem. Não admira que tenham sido justamente falantes de francês e de inglês — línguas que têm alguns dos sistemas ortográficos menos racionais do mundo — os proponentes daquilo que viria a se tornar o **Alfabeto Fonético Internacional** (muito conhecido por sua sigla em inglês **IPA**), nascido dos trabalhos empreendidos pela Associação Fonética Internacional (Association Phonétique Internationale), fundada em Paris em 1888 por **Paul Passy** (1859-1940). Várias propostas surgiram ao longo do século, mas foi a da Associação Fonética Internacional a que prevaleceu e se emprega até hoje. O que o Alfabeto Fonético Internacional tornou evidente é que, por mais diferentes que sejam os repertórios de sons significativos das línguas humanas, o número deles é limitado e finito e, justamente por isso, podem ser representados pelos mesmos símbolos. Por exemplo, as vogais orais que podem ocorrer nas línguas são as seguintes:

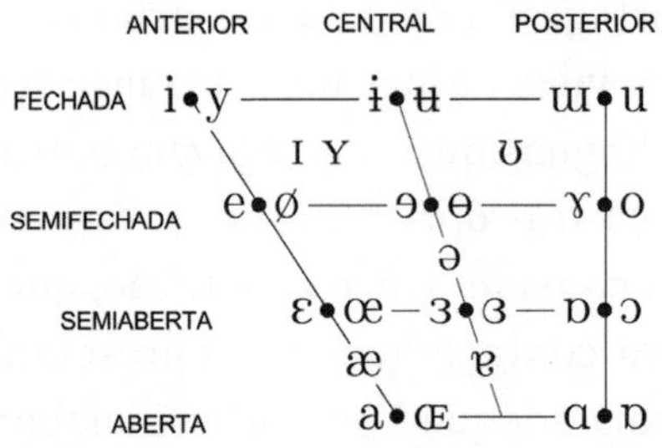

A posição das vogais no desenho representa seu ponto de produção dentro do espaço da boca: é o grau de abertura e fechamento da boca que causa a diferença entre as vogais. Foi o linguista inglês **Daniel Jones** (1881--1967) quem estabeleceu as noções de altura/fechamento, anterioridade/posterioridade e arredondamento das vogais. É costume dizer que todas as vogais são de fato variações do [a] aberto anterior, um som que existe em praticamente todas as línguas do mundo, sendo as outras mais comuns o [i] e o [u], que representam o grau máximo de fechamento. As vogais podem também apresentar características como nasalidade, tom, alongamento etc., que são indicadas por meio de **diacríticos**, pequenos sinais colocados acima, abaixo ou ao lado das vogais como [ã] para nasalidade, [a:] para vogal longa, [ǎ] para tom ascendente etc. Também são chamados diacríticos os sinais adotados na ortografia, como os acentos agudo, grave, circunflexo e o til em português. Dentro desse quadro total de possibilidades, cada língua apresenta um recorte específico: o árabe-padrão moderno tem apenas três ([a], [u], [i]), o espanhol costuma ser descrito como dotado de cinco vogais orais ([a], [e], [i], [o], [u]), todas fechadas, enquanto o grego moderno tem as mesmas cinco, porém com um /o/ e um /e/ semiabertos; o português e o francês dispõem de vogais abertas, fechadas e nasais (com mais nasais em português do que em francês), mas o português não tem as vogais centrais do francês ([y], [ø] e [œ]); o dinamarquês é conhecido por sua grande quantidade de vogais (mais de vinte, entre longas e breves, tensas e relaxadas etc.).

Mas a necessidade de um modo de transcrição que permitisse a representação dos sons de todas as línguas já tinha sido apontada pelo mesmo William Jones, que pronunciou o célebre discurso em que estabelecia os vínculos de parentesco entre o sânscrito e outras línguas faladas na Europa e na Ásia |5.11|. O conhecimento que Jones tinha dos fenômenos articulatórios era bastante refinado. Em 1807, ele publicou uma *Dissertation on the Orthography of Asiatick Words in Roman Letters* ("Dissertação sobre

संस्कृतम्

O nome do sânscrito em sânscrito [ˈsẽskr̩tem] escrito em devanágari ("escrita divina da cidade"). As letras ficam alinhadas pelo alto, como se fossem roupas penduradas num varal.

a ortografia de palavras asiáticas em letras romanas"), com vistas a permitir a transcrição em alfabeto latino de línguas que empregavam outros sistemas de escrita, como o próprio sânscrito, escrito em **devanágari**. Jones considerava, e com razão, que o alfabeto latino não dava conta sequer de representar a língua inglesa de forma adequada e por isso elaborou uma notação que lhe parecia capaz de transcrever qualquer língua. Para ilustrar sua proposta, apresentou a seguinte transcrição de um trecho do poema "The Campaign" ("A campanha"), do inglês **Joseph Addison** (1672-1719) (cf. Burridge, 2013: 144-5):

Só hwen sm énjel, bai divain cămánd,	So when some angel by divine command
Widh rais1n tempests shécs a gilti land,	With rising tempests shakes a guilty land,
Sch az ăv lét ór pél Britanya pást,	Such as of late o'er pale Britannia passed,
Cálm and s1rín hi draivz dhi fyúryas blást,	Calm and serene he drives the furious blast;
And, pl1z'd dh'ālmaitiz ārderz tu perfórm,	And, pleas'd th'Almighty's orders do perform,
Raids in dhi hwerlwind and dairects dhi stārm.	Rides in the whilrwind, and directs the storm.

[Então, quando algum anjo por divino comando
Com tempestades crescentes abala uma terra culpada,
Tal como a que passou por último sobre a pálida Britânia,
Calmo e sereno ele conduz a furiosa explosão;
E alegre por cumprir as ordens do Onipotente,
Cavalga o redemoinho e dirige a tormenta.]

Investigações e propostas desse tipo permaneceram em hibernação na Grã-Bretanha até que **Henry Sweet** (1845-1912) levasse adiante um trabalho no qual

> vemos o conceito de fonema começar a emergir mais claramente como uma unidade fonológica distintiva. Ele reconheceu que as mesmas diferenças fonéticas podiam ser contrastivas numa língua, mas não em outra, e argumentava que só os sons distintivos precisavam ser capturados na escrita (Burridge, 2013: 162).

Para Sweet, *"é necessário ter um alfabeto que indique somente aquelas distinções mais amplas de som que de fato correspondem a distinções de sig-*

nificado e indicá-las com letras que possam ser facilmente escritas e memorizadas" (1877: 102). Essa facilidade de escrita e memorização poderia ser obtida com o emprego das letras do alfabeto latino, que Sweet chamou de *Romic* (*rômicas*, isto é, de Roma, latinas). Elas serão a base do Alfabeto Fonético Internacional, que desde então é amplamente usado.

Pouco mais adiante, o já citado Paul Passy, ao esboçar a primeira declaração formal da Associação Fonética Internacional em 1888, afirmava que era preciso haver uma letra separada para cada som distintivo, ou seja, para cada som que, ao ser usado no lugar de outro, pode mudar o sentido de uma palavra:

> O que agora emerge é a necessidade (em parte determinada por considerações práticas) de identificar unidades funcionais e distinguir entre fatos físicos e fisiológicos, de um lado, e fatos linguísticos, do outro; em outras palavras, chega-se mais perto do contraste entre fonética e fonêmica, embora ainda não se possa falar de uma distinção teórica entre os dois níveis de análise (Davies, 2014: 302).

Um dos primeiros impulsos para a criação de um alfabeto fonético foi o ensino de línguas, especialmente de línguas estrangeiras. Por exemplo, a grafia convencional de *telha*, *velha*, *vento*, *face* e *gávea* não permite ao aprendiz distinguir os diferentes sons representados pela letra <*e*> nessas palavras. O recurso a um sistema único de notação facilita a tarefa (o sinal [ˈ] precede a sílaba tônica):

telha [ˈteʎɐ]
velha [ˈvɛʎɐ]
vento [ˈvẽtu]
face [ˈfasɪ]
gávea [ˈgavɪ̯ɐ]

6.8.2 A Escola de Kazan e o conceito de fonema

Enquanto na Grã-Bretanha e na França os estudos fonéticos se desenvolviam, estimulados sobretudo por necessidades práticas, do outro lado do continente, na Rússia, elaborava-se um estudo mais teórico dos fenômenos relativos à produção e percepção dos sons das línguas. Foi lá, mais precisamente na **Universidade de Kazan** — cidade cerca de 700 quilômetros a oeste de Moscou —, que **Jan Baudouin de Courtenay** (1845-1929), polonês, apesar de seu nome de origem francesa, e seu aluno **Mikołaj Kruszewski** (1851--1887), igualmente polonês, lançaram as bases sobre as quais a fonética e a fonologia modernas se estabeleceriam mais firmemente. Apesar de sua curta vida, Kruszewski deixou reflexões muito importantes para a posteridade dessas disciplinas. Tal como tantos outros linguistas da época, ele criticava o conceito de *leis fonéticas* empregado pelos Jovens Gramáticos, especialmente por Hermann Paul. Este afirmava em sua obra principal que o único estudo possível da linguagem é *histórico*, enquanto Kruszewski e Baudouin reivindicavam duas vertentes para a investigação dos sons: uma, *dinâmica*, que estuda as leis e as condições de desenvolvimento dos sons no tempo; e a outra, *estática*, que examina os sons, por um lado, como fenômeno puramente físico e, do outro, segundo seu papel no mecanismo da língua. Essa oposição entre dinâmico e estático feita pela Escola de Kazan antecipava (se é que não influenciou) a distinção entre *diacronia* e *sincronia* que aparecerá trinta anos mais tarde nos escritos de Saussure — como se verá, a mesma oposição já ocorria nos textos de Auguste Comte que fundamentaram o positivismo |6.9.4|.

Na perspectiva estática, os foneticistas poloneses diferenciavam o estudo exclusivamente físico, de um lado, do estudo dos sons empregados para criar distinções de significados na língua, do outro. Para delimitar esses campos de estudo, criaram uma terminologia própria: o exame das características físicas e fisiológicas dos sons foi chamado **antropofônico**; o exame da relação entre os sons e os significados das palavras se chamou **fonético**. As alternâncias de sons podem ser devidas a fatos puramente fisiológicos: por exemplo, o [s] do português *raspar* se torna [z] em *rasgar* pelo simples fato de estar diante de uma consoante vozeada, que provoca o vozeamento de [s] — um fenômeno, portanto, *antropofônico*. Na terminologia de Kazan, [s] e [z] seriam sons *divergentes*, enquanto os sons *correlativos* são os que opõem duas categorias morfológicas diferentes: *faz* e *fez* apresentam uma alternância [a] ~ [e] que se deve à categoria verbal *tempo*; *osso* e *ossos*, uma alternância [o] ~ [ɔ] devida à oposição entre singular e plural. Num texto de 1881, Baudouin afirmava:

> As grandezas fonéticas correlativas ou correspondentes não podem ser identificadas com os sons, e é preciso escolher para elas um termo diferente. Para tanto, se utilizará o termo *fonema* (*apud* Graffi, 2019b: 190).

Graffi nos informa que *fonema* (*phonème*) foi criação de um linguista francês, **Antoni Dufriche-Desgenettes** (1804-1878), e apareceu num texto publicado em 1878 como tradução do alemão *Sprachlaut* ("som da língua"). O termo logo foi empregado pelo romanista francês **Louis Havet** (1849-1925) e também por Ferdinand de Saussure em seu *Mémoire* de 1878 |6.9.2|. É provável que Kruszewski tenha adotado o termo de Saussure, mas deu a ele um sentido técnico ausente do *Mémoire*: "Proponho usar o termo *fonema* para designar a unidade fonética (isto é, aquela que é foneticamente indivisível) enquanto oposta ao termo *som*, que designaria a unidade antropofônica" (*apud* Graffi, 2019b: 191). Mas Graffi alerta:

Devemos levar em conta que esse uso de "fonema" nem sempre corresponde ao moderno. Para nós, de fato, ele indica sempre um único elemento da cadeia falada, enquanto para os linguistas de Kazan pode corresponder também a mais elementos; por exemplo, analisando as formas verbais gregas *élipon* ("deixei") e *leípo* ("deixo"), Kruszewski chama de fonemas tanto /i/ quanto /ei/, dado que sua alternância produz uma mudança de significado. Fonema no sentido de Kruszewski, portanto, corresponde bem mais ao que hoje chamaríamos "morfofonema", isto é, uma alternância fonética condicionada pelo contexto morfológico (Graffi, 2019b: 191).

A Baudouin também se deve a introdução do termo **morfema**, formado segundo o molde de *fonema* (embora a *noção* de morfema, isto é, unidade mínima de significado, já estivesse presente no trabalho dos comparatistas desde Schlegel e Bopp). O morfema é, na definição atual, o elemento mínimo portador de significado, de modo que em *gatinhas* é possível distinguir os morfemas *gat-*, "animal doméstico da família dos felinos", *-inh-*, "diminutivo", *-a-*, "feminino" e *-s*, "plural".

Um aspecto importante das definições de fonema e morfema de Baudouin, já na virada do século, é o componente *psicológico* que introduz nelas. Para ele, o fonema será o "equivalente psíquico do som", enquanto o morfema é "qualquer parte da palavra dotada de vida psíquica autônoma, e não ulteriormente divisível desse ponto de vista". Se é possível, então, que os foneticistas de Kazan tenham tomado de empréstimo a Saussure o termo *fonema*, também é mais que provável que o mesmo Saussure tenha se valido da definição "psicologista" de Baudouin ao insistir, como se verá, que o *significante* não é o conjunto de sons de um signo, mas sua *imagem acústica*, a representação psicológica, portanto, desses sons. No entanto — e essa é uma das principais críticas dirigidas, se não a Saussure, ao menos ao que dele foi transmitido pelos organizadores do *Curso de linguística geral* —, neste particular, como também em outros, nenhuma referência se faz ao trabalho de seus predecessores, o que provocou a ilusão generalizada de uma "originalidade" ou de um "ineditismo" das ideias do linguista suíço — aliás, a noção de *imagem acústica* está bem enunciada na obra de Hermann Paul, que Saussure tampouco cita |6.9.5|. Por outro lado, convém assinalar que a noção de *fonema* que aparece no *Curso de linguística geral* não corresponde nem à da Escola de Kazan nem àquela que se tornaria consensual no século 20. Veremos em |6.8.3| que a palavra *fonema* ocorre no *Curso de linguística geral* de forma incongruente e contraditória.

Nas palavras de Graffi (2019b: 192),

> esta escola [de Kazan] tinha introduzido uma distinção fundamental entre um aspecto concreto, físico-fisiológico, da linguagem, constituído pelos sons, e um aspecto mais abstrato, o dos fonemas: esta distinção, substancialmente ausente em quase todos os linguistas do século 19, incluídos os Jovens Gramáticos, será fundamental para quase todas as teorias linguísticas do século seguinte.

Os trabalhos de Baudouin e Kruszewski, por estarem escritos em russo e polonês, estiveram muito mais acessíveis aos estudiosos que, no início do século 20, revolucionariam os estudos fonético-fonológicos, pertencentes ao chamado **Círculo Linguístico de Praga**: o já citado Roman Jakobson (que introduziu o conceito de *traço distintivo*) e o príncipe russo **Nikolai Sergeievitch Trubetskoi** (1890-1938), considerado o fundador da **morfofonologia**.

Por fim, convém assinalar que, apesar do estabelecimento definitivo da noção de *fonema* no final do século 19 e de seu amplíssimo emprego na linguística do século 20, ela tem sido contestada mais recentemente, a ponto de surgirem propostas para seu abandono puro e simples:

> Desde 1950, mais ou menos, se sabe que há vários problemas com o conceito de fonema. Em alguns dialetos do inglês americano, por exemplo, a distinção fonêmica entre /ɪ/ e /ɛ/ (p. ex. cf. *pit/pet*) é neutralizada diante de uma nasal, de modo que *pin* e *pen* ou *Jim* e *gem* são homófonas. A vogal que ocorre nessas palavras, aproximadamente um [ɛ̃], deve ser um alofone de /ɪ/ ou /ɛ/, porque ela se acha em distribuição complementar com ambas — mas é um alofone de qual das duas? A fonologia gerativa considera esse e outros paradoxos como argumento definitivo contra o postulado de um nível fonêmico de representação. Esses argumentos contra o fonema foram amplamente aceitos, levando a uma rejeição quase universal do fonema como um elemento da teoria linguística (McCarthy, 2003: 298).

6.9 Ferdinand de Saussure: o improvável "pai da linguística moderna"

Abrimos este capítulo afirmando que entre 1816, ano da publicação do livro de Bopp sobre a conjugação nas línguas indo-europeias, e 1916, quando vem à luz o *Curso de linguística geral* sob o nome de Saussure, os estudos linguísticos experimentaram um avanço suficientemente extraordinário para que a linguística se tornasse uma disciplina autônoma dentro do sistema acadêmico e seus praticantes fossem reconhecidos como profissionais integralmente dedicados a uma ciência rotulada como tal. De igual modo, entre 1916 e esta terceira década de século 21 em que escrevemos, transcorreram mais de cem anos durante os quais a linguística conheceu uma série de importantes revoluções epistemológicas, mudanças de paradigmas, aprimoramentos metodológicos e progressos garantidos pelo incessante desenvolvimento da tecnologia, especialmente a da chamada era digital.

Essa distância é que nos permite abordar a vida, a obra e o suposto legado de Saussure em tom sereno, esperamos, mas suficientemente *crítico* para demonstrar que o rótulo já tradicional que lhe é atribuído de "pai da linguística moderna" — ao qual ele jamais aspirou e do qual nunca veio a ter notícia — tem sua explicação histórica, decerto, mas carece já de qualquer justificativa que o sustente, a não ser, talvez, a "mitificação" de Saussure depois da Segunda Guerra Mundial, para empregar o termo de Auroux (1988: 41), mitificação que fez dele o linguista sobre quem mais se tem publicado livros desde aquela época, a grande maioria deles tomando essa paternidade como ponto pacífico e se esforçando por extrair uma filosofia da linguagem ou uma heurística consistente do conjunto heteróclito de ideias e conceitos (vários deles em contradição interna em diversas passagens do livro) alinhavado pelos editores do *Curso de linguística geral* (doravante CLG) — ideias e conceitos, por outro lado, que já circulavam de forma mais coerente na obra de antecessores e contemporâneos de Saussure, aos quais, no entanto, o CLG não faz praticamente nenhuma menção. Uma vez que ele não é obra de Saussure, mas de seus editores, **é sobre o livro que incidirão as críticas**, não sobre a pessoa do linguista suíço — justamente por isso, nos esforçaremos, no que segue, por construir a narrativa usando o CLG como sujeito e objeto, evitando também expressões como "segundo Saussure", "para Saussure", "no pensamento de Saussure" etc.

Para que nossa crítica fosse mais bem fundamentada, empreendemos uma nova tradução brasileira do *Curso de linguística geral*. É dela que vamos extrair todas as citações feitas nesta seção. Na bibliografia, ela consta como Saussure (2021). Esta nova tradução conta com uma série de notas ao texto e também com um extenso posfácio crítico, cujos argumentos sintetizamos aqui.

6.9.1 Vida de Saussure

Ferdinand Mongin de Saussure (1857-1913) nasceu em Genebra, na Suíça de língua francesa, numa família extremamente abastada e influente, de confissão calvinista, cujos ancestrais mais remotos tinham fugido da França por causa da perseguição movida pela monarquia francesa contra os protestantes no século 16. Seu bisavô foi o geólogo, meteorologista, físico e inventor **Horace-Bénédict de Saussure** (1740-1799), considerado o iniciador da prática do *alpinismo*, e cujo nome está ligado ao mineral chamado *saussurita*, bem como a uma cratera lunar chamada *Saussure* em sua homenagem. O pai de Ferdinand, **Henri-Louis-Frédéric de Saussure** (1829-1905) se especializou no estudo dos insetos (entomologia) e na mineralogia, além de ter empreendido viagens de exploração arqueológica ao México. As famílias Pictet (a que pertencia Adolphe Pictet |6.4.6|) e Saussure estão unidas há mais de duzentos anos em empreendimentos financeiros, uma atividade em que sempre se destacou a Suíça (paradigma exitoso de "paraíso fiscal", em cujos bancos descansam as fortunas acumuladas por corruptos e ditadores de todos os cantos do planeta).

Depois de concluir o ensino secundário, período em que despertou seu interesse pelas línguas clássicas e seu talento de etimologista, Ferdinand de Saussure ingressou na Universidade de Genebra em 1875. Ao contrário do pai e de outros destacados membros da família, Saussure não quis se dedicar às ciências naturais, apesar de ter empreendido estudos na área. Sua predileção residia na linguística histórico-comparativa, em pleno desenvolvimento havia já mais de meio século. Um ano depois, foi enviado pelo pai, ciente das preferências intelectuais do filho, à Universidade de Leipzig, decerto o mais importante centro de estudos linguísticos da época, onde pontificavam e polemizavam os Jovens Gramáticos. Em Leipzig, foi aluno de linguistas pouco mais velhos que ele, como August Leskien e Karl Brugmann. A doutrina dos Jovens Gramáticos se tornaria, incontornavelmente, a base para todo o trabalho posterior de Saussure (basta ver o espaço que ocupam no CLG as discussões sobre fonética e analogia), conforme enfatiza o filólogo brasileiro **Serafim da Silva Neto** (1917-1960):

> Qualquer análise ou interpretação da obra de Ferdinand de Saussure tem de levar em conta, evidentemente, a mentalidade científica do tempo em que ele se formou, assim como as fontes que lhe moldaram o espírito. Não há dúvida, a esse respeito, de que o mestre genebrino é um egresso do positivismo linguístico do século XIX, e de que os seus formadores pertenciam à escola dos neogramáticos (Silva Neto, 1960: 24).

Enquanto ainda cursava o doutorado, Saussure publicou, em dezembro de 1878, uma extensa monografia (326 páginas), que o tornaria memorável da noite para o dia: *Mémoire sur le système primitif des voyelles dans les langues indo-européennes* ("Dissertação sobre o sistema primitivo das vogais nas línguas indo-europeias"), do qual vamos tratar na próxima subseção. Alguns anos depois, em 1881, produziu sua tese de doutoramento sobre a construção do genitivo absoluto em sânscrito, com apenas 95 páginas e considerada uma obra sem grande inovação, "um simples artigo técnico", escreveria seu ex-aluno Meillet em 1914 (2020: 252) em seu obituário de homenagem ao mestre recém-falecido.

Conforme se pode ler na minuciosa e extensa biografia de Saussure escrita pelo britânico **John E. Joseph** (n. 1956), publicada em 2012, o *Mémoire* provocou intensa polêmica, tão logo veio a público, devido à acusação de plágio lançada contra o linguista de 21 anos por seus professores de Leipzig. Na França, o trabalho foi saudado como a obra de um jovem prodígio: o latinista Louis Havet publicou uma resenha encomiástica em fevereiro de 1879 e pouco depois escreveu uma carta ao próprio Saussure cujas últimas palavras eram: "Em poucos anos, quando o Sr. tiver sido reconhecido como um dos três ou quatro sábios que existem na Europa, ainda terei o prazer de saber que fui eu seu primeiro apóstolo" (Joseph, 2012: 244). De fato, segundo Joseph, "Havet se tornou o primeiro a difundir o evangelho segundo Ferdinand no *establishment* acadêmico de Paris, onde a análise proposta no *Mémoire* deixaria uma forte marca até bem entrado o século 20" (2012: 244). Já em 1914, pouco depois da morte de Saussure, Meillet escrevia: "Nunca antes nem depois do *Mémoire* se publicou sobre a gramática comparada um livro tão seguro, tão novo e tão pleno" (Meillet, 2020: 251).

Longe da França, entretanto, a reação foi muito diferente:

> Quando os professores de Saussure na Alemanha leram o *Mémoire*, o que os atingiu em cheio não foi sua ousada originalidade, mas sua *falta* de originalidade, no sentido de que encontraram naquelas páginas o que consideravam ser suas próprias ideias, intuições e hipóteses, com insuficiente atribuição das fontes. Na maioria dos exemplos, não se dava absolutamente nenhum crédito (Joseph, 2012: 244).

Já vimos o quanto era tenso e conflituoso o clima intelectual no meio universitário alemão, especialmente por causa das polêmicas geradas conscientemente pelos Jovens Gramáticos, e o igualmente jovem e (ao que parece, segundo os testemunhos da época) recatado Saussure se viu apanhado naquela rede de intrigas ferozmente tecida. Joseph lamenta que ninguém em Leipzig tenha movido um processo legal contra Saussure, porque isso "lhe teria dado um foro público para se defender". Em lugar de uma disputa judicial, Saussure foi submetido a "uma campanha de boatos, efetivamente condenando-o por plágio, sem um julgamento" (Joseph, 2012: 245). E o biógrafo prossegue: "Embora intelectualmente mais maduro, Saussure no fundo permanecia em boa parte o jovem poeta sensível de quatro anos antes. Ficou profundamente ferido, e permanentemente amedrontado, pelos rumores que lhe chegavam aos ouvidos". É comum atribuir a esse episódio de juventude a recusa que Saussure mostrou pelo resto da vida em publicar quase mais nada, além de pequenas notas filológicas no boletim da Sociedade de Linguística de Paris. O conturbado ambiente acadêmico alemão da época não permite avaliar a justeza ou a leviandade daquelas acusações de plágio. No entanto, a ausência, no CLG (e também nas anotações feitas pelos alunos do curso), de referências ao trabalho dos linguistas que o precederam e que atuavam em seu tempo tem sido apontada por algumas pessoas como uma possível comprovação dessa prática de fazer menções sem referência explícita:

> De modo geral, Saussure parece ter sofrido de uma insuficiente interação com seu ambiente intelectual. No CLG, ele não entra em diálogo com a literatura linguística existente, nem define sua posição frente às ideias prevalentes. Desse modo, rastrear as influências a que ele sem dúvida estava sujeito, assim como identificar as linhas de pensamento que rejeitava e com as quais não queria ser associado, torna-se uma questão de conjectura e crítica textual (Seuren, 2018: 18).

De fato, somente vinte autores vêm registrados no índice remissivo da edição original do *Curso*: Franz Bopp, **Paul Broca** (1824-1880), Georg Curtius, Friedrich Diez, Jules Gilliéron, Jacob Grimm, **Hermann Hirt** (1865-1936), William Jones, **Adalbert Kuhn** (1812-1881), Max Müller, Hermann Osthoff, Hermann Paul, Adolphe Pictet, **Wilhelm Friedrich Ritschl** (1806-1876), August Schleicher, Johannes Schmidt, Eduard Sievens, **Alfredo Trombetti** (1866-1926), William D. Whitney e **Friedrich August Wolf** (1759-1824). Outros nomes, no entanto, são mencionados no livro, embora ausentes do índice: Theodor Benfey (1809-1881), **Theodor Aufrecht** (1822-1907), Theodor Wilhelm Braune e **Georg Wenker** (1852-1911), linguistas alemães; **André Berthelot** (1862-1938), intelectual e político francês; **Gaston Deschamps** (1861-1931), arqueólogo e escritor francês; **Gaston Paris** (1839-1903), filólogo francês; **Kristoffer Nyrop** (1858-1931), linguista dinamarquês; e o filósofo suíço Jean-Jacques Rousseau. Nenhum desses autores, porém, com a exceção de Whitney, é objeto de algum exame de teorias ou conceitos, e a grande maioria deles aparecem apenas listados de forma sumária no capítulo de abertura do livro intitulado "Resumo da história da linguística" ("Coup d'œil sur l'histoire de la linguistique"). E mesmo sobre Whitney a discussão é superficial (Seuren, 2018: 19). Seuren também destaca a ausência no CLG de nomes importantes, como o de Schuchardt:

> Já que o aspecto social da linguagem era um elemento explícito no próprio pensamento de Saussure, seria de esperar alguma referência a Schuchardt, mas não há nenhuma. Tampouco Saussure parece ter sido afetado de alguma maneira pela obra de Schuchardt, por mais que ela fosse conhecida e influente (p. 21).

Outro nome que não aparece é o de Wilhelm Wundt,

> muito embora as opiniões de Wundt sobre linguagem fossem amplamente discutidas por todos os principais linguistas, muitos dos quais lhe eram críticos em diferentes graus. [...] Isso é ainda mais notável dado que Wundt chegou à Universidade de Leipzig em 1875 e estabeleceu seu laboratório de psicologia em 1879, provocando grande interesse público, o que significa que Saussure, no mínimo, deve ter ouvido e lido sobre Wundt. Pode até tê-lo encontrado ou ter comparecido a uma ou duas de suas concorridas palestras (p. 23).

Acrescentaríamos entre os muitos nomes ausentes o de Baudouin de Courtenay, que Saussure conheceu pessoalmente em 1881, quando o foneticista polonês foi eleito membro da Sociedade de Linguística de Paris, no mesmo ano em que o suíço se tornou secretário da agremiação — no entanto, as discussões sobre fonologia (além de uma concepção pouco coerente e até contraditória da noção de *fonema*, como se verá adiante) ocupam muitas páginas do CLG.

No mesmo ano de 1881, e decerto graças à fama adquirida na França pelo *Mémoire*, Saussure se tornou professor na École Pratique des Hautes Études de Paris, fundada em 1868, onde ensinou gótico e alto-alemão antigo, por indicação de Michel Bréal (outro nome de peso ausente do *Curso*). Foi nesse período que Saussure teve como aluno Antoine Meillet, que sucedeu ao mestre na École Pratique quando este, em 1891, retornou para a Suíça natal, a fim de assumir a cátedra de linguística indo-europeia e de sânscrito na Universidade de Genebra. Em 1906, a cátedra passou a abrigar também a disciplina de *linguística geral*, uma vez que o encarregado da matéria, o rabino **Joseph Wertheimer** (1833-1908), se aposentara. É a partir desse ano que Saussure vai oferecer os três cursos de linguística geral que servirão de base para a elaboração do *Curso* e se tornarão o conjunto de aulas mais célebres e celebradas da história da linguística: o primeiro em 1907-1908, o segundo em 1908-1909, e o terceiro em 1910-1911. Joseph reporta que o primeiro curso teve 7 inscritos (2012: 492), o segundo teve 16 (p. 532) e o terceiro, 14 (p. 567). Apesar da fama adquirida na França, e que lhe valeu ser convocado para a Universidade de Genebra (uma instituição desimportante na época), Saussure nunca teve grande audiência. Por exemplo, no curso de sânscrito do semestre 1895-1896, teve um único aluno, **Virgile Tojetti** (1867-1932), "um dos mais sortudos estudantes de língua que já viveram", nas palavras de seu biógrafo (Joseph, 2012: 419).

Os conhecimentos que Saussure tinha das línguas clássicas e do sânscrito o levaram a ser convidado a participar de um empreendimento um tanto insólito para um pesquisador movido pela racionalidade geralmente atribuída ao labor científico. A partir de 1894, uma jovem genebrina com pouco mais de 30 anos, atendente do comércio, de nome **Catherine-Élise Müller** (1861-1929), começou a chamar a atenção por suas supostas incorporações de espíritos de pessoas mortas, entre elas o escritor francês Victor Hugo (falecido havia pouco, em 1885), a rainha francesa de origem austríaca **Maria Antonieta** (1755-1792), um conde siciliano e uma princesa hindu. Ao incorporar essa princesa, Élise Müller pronunciava palavras numa língua desconhecida que os assistentes às sessões julgavam ser sânscrito, razão por que Saussure foi convocado. Após acompanhar os transes de Élise ao longo de muito tempo, Saussure acabou convencido de que o pretenso sânscrito era uma ilusão. Superada a fase hindu, Élise passou a falar uma língua que ela mesma identificou como "marciana" e, em etapa sucessiva, outra língua, agora "ultramarciana", de algum planeta além-Marte. Saussure, dessa vez, comprovou que as supostas línguas eram, na verdade, francês disfarçado. Joseph relata que Saussure se ocupou da suposta xenoglossia (capacidade de falar línguas desconhecidas pelo médium) de Élise por cinco anos.

Outro empreendimento intelectual de Saussure, mais conhecido, é sua busca quase obsessiva por **anagramas** supostamente embutidos em versos antigos gregos e romanos, renascentistas e modernos, uma pesquisa que o ocupou durante anos a fio e o fez acumular dezenas de cadernos (115 no total) com

Um anagrama é um rearranjo das letras de uma palavra para se obter uma palavra nova em que a original está, por assim dizer, camuflada. Um exemplo é o nome *Iracema*, criado pelo escritor **José de Alencar** (1829-1877), que é um anagrama de *América*. Desse modo, o romancista quis identificar a personagem indígena com o Novo Mundo, em contraste com a Europa do "descobridor" português.

exemplos e anotações. A dúvida era se tais supostos anagramas eram intencionais ou inconscientes. Até mesmo em poetas contemporâneos Saussure julgou encontrá-los. Por exemplo, em carta ao italiano **Giovanni Pascoli** (1855-1912), que escreveu versos em latim, Saussure perguntava se era intencional ou casual que o nome *Falerni* (da cidade italiana de Falerna) aparecesse criptografado no verso

... / facundi calices hausere - alterni
FA AL ER ALERNI

ou o nome *Ulixes* numa série de palavras como

Urbium simul / Undique pepulit lux umbras ... resides
U UL U ULI X S S ES

Pascoli preferiu não responder. Saussure acabou por abandonar o projeto. O curioso é pensar que um autor de aparente filiação racionalista, que passou a ser conhecido como o defensor intransigente do caráter arbitrário do signo linguístico, tenha dedicado tanto esforço para encontrar um suposto simbolismo sonoro (inconsciente, ainda por cima) oculto em textos das mais diferentes épocas.

Com a saúde cada vez mais debilitada a partir de 1910, Saussure foi obrigado a reduzir sua atividade docente. Morreu aos 55 anos em 1913.

6.9.2 A proeza do *Mémoire*

A fama que Saussure conquistou na França depois da publicação do *Mémoire* em 1878 (bem como a infâmia de que foi alvo na Alemanha) se deve a uma hipótese extremamente ousada, cuja ousadia foi mais tarde recompensada — Saussure, infelizmente, já morto — pela comprovação empírica, o que sem dúvida é a glória para qualquer cientista. Trata-se da assim chamada **teoria laringal**. Para compreender sua importância e seu impacto na linguística histórica, é necessário reconstituir algo do problema que ela tentava resolver, ainda que isso exija recorrer a algum aprofundamento técnico. Para tanto vamos nos valer da síntese oferecida por Bybee (2020: 384ss.).

Vimos neste capítulo de que modo, a partir de Schleicher, a grande tarefa da linguística histórico-comparativa foi a **reconstrução** da protolíngua indo-europeia, uma vez descartada a crença de que o sânscrito fosse a "língua-mãe" de todas as outras da "família". Essa reconstrução teve como principal instrumento de trabalho as polêmicas *leis fonéticas*, cuja importância atingiu seu ápice com os Jovens Gramáticos, para quem elas eram isentas de exceção em sua ocorrência mecânica. As eventuais exceções eram atribuídas à _analogia_, contraparte psicológica das leis fonéticas, de natureza fisiológica. A reconstrução oferecida por Schleicher pretendia obter palavras inteiras, a ponto de lhe permitir aventurar-se pela sintaxe e escrever sua famosa e ridicularizada fábula "A ovelha e os cavalos" |6.5.7|. Com os Jovens Gramáticos, a reconstrução atingiu sua mais alta sofisticação técnica — como testemunha a Lei de Verner |6.6|, entre outros êxitos — e as raízes indo-europeias foram assumidas como entidades abstratas, hipotéticas, capazes de oferecer respostas teóricas às formas concretas encontradas nas diferentes línguas e às correlações entre estas. O trabalho de Saussure no _Mémoire_ constitui, segundo Bybee (2020: 384), "o caso mais famoso de reconstrução interna".

Muitas línguas da família indo-europeia apresentam casos evidentes de _apofonia_ (ou _Ablaut_, em alemão |6.4.4|), alternâncias vocálicas como no inglês _drink/drank/drunk_ ou nos morfemas do grego _leip-/-loip-/-lip-_ (de uma raiz verbal que significa "deixar"). Essas alternâncias vocálicas levaram os linguistas a reconstruir as raízes indo-europeias sistematicamente com uma vogal *_e_:

(1) reconstruções do tipo CVC (consoante-vogal-consoante):

*_bher-_ ("carregar") *_dher-_ ("escuro")
*_ker-_ ("chifre") *_mel-_ ("macio")
*_ped-_ ("pé") *_sed-_ ("sentar-se")

(2) reconstruções do tipo CVC mais uma _ressoante_ (_y, w, ṇ, ṛ_ ou _ḷ_):

*_meḷg-_ ("leite") *_keṛs-_ ("correr")
*_pḷek-_ ("dobrar") *_meṛg-_ ("fronteira")

(3) reconstruções com um *_s_ que antecede CVC:

*_spek-_ ("observar") *_stel-_ ("pôr")

Apesar de serem essas as mais comuns, também existem raízes só com a estrutura VC ou CV:

(4)

*_ed-_ ("comer") *_es-_ ("ser")
*_sē-_ ("porca") *_ghrē-_ ("crescer"; "verde")

Levando-se em conta os padrões de apofonia para essas raízes, muitas delas não podem ser reconstruídas com a vogal habitual *_e_. No lugar desta, ocorrem *_a_ ou *_o_, vogais que frequentemente são tidas como longas:

(5)

**ag-*	("conduzir")	**ank-*	("arquear")
**stā-*	("estar de pé")	**snā-*	("nadar")
**od-*	("cheirar")	**op-*	("trabalhar")
**dō-*	("dar")	**gnō-*	("saber")

Em seu *Mémoire* de 1878, Saussure tentou oferecer uma explicação para as exceções representadas pelos casos (4) e (5) acima. Elas poderiam ser reconduzidas ao tipo regular CVC se em algum momento de sua história tivessem apresentado consoantes na posição em que estas já não ocorrem por terem sido posteriormente apagadas. Saussure também sugeriu que as vogais longas das raízes CV resultavam do alongamento compensatório ocorrido depois da queda daquela consoante final. Por fim, as vogais **e* originais das raízes foram alteradas para **a* ou **o* pelas consoantes hipotéticas, antes de elas serem apagadas:

> Portanto, perseguindo as metas da reconstrução interna, ele propunha um sistema de raízes completamente regular: * CeC (com a possibilidade de ressoantes acrescidas). Saussure propôs originalmente que as consoantes apagadas fossem ressoantes de algum tipo. Como na reconstrução comparativa, um passo é propor um protofonema, mas outro passo é determinar seu caráter fonético (Bybee, 2020: 386).

Somente um conhecimento profundo das técnicas de reconstrução e uma similar capacidade de abstração permitem a alguém fazer esse tipo de proposta, essencialmente teórica e de impossível constatação empírica — impossível segundo o conhecimento da época, porque a descoberta de uma língua desconhecida até o início do século 20 comprovou a intuição de Saussure. Essa língua é o **hitita**, decifrada pelo linguista tcheco **Bedřich Hrozný** (1879-1952), que, num livro publicado em 1917, defendeu a teoria de que se tratava de uma língua indo-europeia. Escrito em caracteres cuneiformes, o hitita (chamado *nešili* por seus falantes) deve ter sido falado até cerca de 1100 AEC na Turquia atual (chamada *Anatólia* na antiguidade) por uma sociedade que constituiu um importante império, frequentemente em confli-

> *"Nu ninda-an ezzatteni watar-ma ekutteni."* Foi graças a essa frase que Hrozný intuiu que o hitita era uma língua indo-europeia. A forma *ezza-tteni* parecia conter a mesma raiz de onde procedem o lat. *edere*, o ing. *eat* e o alem. *essen*, que significam "comer". A forma *watar* traz uma surpreendente semelhança com o ing. *water*, "água", assim como *eku-* (em *eku-tteni*) se assemelha ao latim *aqua* ("água"). O termo *ninda* era representado pelo símbolo cuneiforme que significava "pão" em sumério. Hrozný então traduziu a frase por *"agora comereis pão e bebereis água"*. A primeira palavra, *nu*, é muito semelhante ao inglês *now*, "agora".

to com o rival Egito. Dez anos depois, o polonês **Jerzy Kuryłowicz** (1895--1978) comprovou que certas palavras do hitita confirmavam as suposições de Saussure (morto catorze anos antes), porque eram escritas com uma consoante em posições sugeridas por ele:

> No silabário cuneiforme, os símbolos consonantais usados eram os que representavam fricativas velares. Considere-se estes exemplos: a raiz do PIE [protoindo-europeu] **plā-* ("plano") seria **pleh₂-* no sistema de Saussure e ela aparece na escrita hitita como *pal-ḫi-išt* significando "largo", e a palavra do PIE para "osso", **os-*, aparece em hitita como *ḫastai*. As consoantes reconstruídas foram portanto confirmadas, o que é uma poderosa validação do método de reconstrução interna (Bybee, 2020: 387).

Linguistas posteriores a Saussure têm sugerido que essas consoantes (ou ressonantes) eram três, representadas como h_1, h_2 e h_3, uma representação empregada na indo-europeística atual (compare-se as versões da fábula de Schleicher apresentadas em |6.4.7|). A propriedade fonética dessas consoantes (chamadas convencionalmente de "laringais") ainda levanta discussão e, como escreve Bybee, "talvez nunca venhamos a saber".

A sugestão de Saussure em seu *Mémoire* resolvia alguns problemas que persistiam no método reconstrutivo, o que lhe valeu, como dissemos, uma fama imediata logo após a publicação do trabalho em forma de livro. No entanto,

> descontadas as diferenças tanto qualitativas quanto quantitativas que caracterizam um trabalho de gênio, é difícil alegar que a obra-prima de Saussure pertença a um paradigma distinto do dos Jovens Gramáticos. Sem dúvida, como se repete com frequência, e corretamente, a ênfase firme no *Mémoire* na reconstrução de um sistema enquanto contrastado com o de sons individuais antecipa as concepções posteriores do fundador do estruturalismo, mas um interesse em observações sistêmicas é algo que os Jovens Gramáticos também compartilhavam. A acusação de atomismo é simplesmente equivocada para esse período e, pelo menos, para os melhores entre eles (Davies, 2014: 244).

As reiteradas alegações de que Saussure fundou uma linguística geral (ou estrutural) *ab ovo* (ou, como diz Graffi [2019b: 215], "como Minerva da cabeça de Júpiter") são, portanto, fruto da mitificação posterior de que o *Curso* foi objeto: o terreno em que o professor de Genebra se movia era basicamente o que tinha sido muito bem aplainado pelo trabalho dos Jovens Gramáticos, cujos maiores representantes foram seus mestres em Leipzig. Não admira, portanto, que no *Curso* as leis fonéticas e a analogia — os dois instrumentos heurísticos da escola dos Jovens Gramáticos — ocupem grande parte do livro. As demais supostas originalidades ali contidas, como veremos, são reapropriações de ideias que circulavam na época. Talvez seja correta, portanto, a opinião de Roger Lass (1997: 396) de que

> nada na linguística histórica pós-Jovens Gramáticos — exceto talvez o reconhecimento da heterogeneidade, variação e difusão ordenadas —, acrescentou grande coisa ao nosso entendimento da mudança linguística ou à nossa capacidade de descrever a mudança e a história da língua. Ainda trabalhamos com os velhos procedimentos da filologia arquivológica e ainda reconstruímos (se formos responsáveis) à moda dos Jovens Gramáticos.

O reconhecimento de que a heterogeneidade, a variação e a difusão das formas linguísticas são ordenadas se deve ao ensaio intitulado "Empirical Foundations for a Theory of Language Change" ("Fundamentos empíricos para uma teoria da mudança linguística"), publicado em 1968 por **Uriel Weinreich** (1926-1967), William Labov e **Marvin Herzog** (1927-2013). Ver na bibliografia deste livro Weinreich, Labov e Herzog (2006) para a nossa tradução brasileira.

A razão, portanto, pode estar com as pessoas que preferem recuar a data do nascimento da linguística moderna para antes de 1916 e situá-la, justamente, no momento em que surge e prospera a escola dos Jovens Gramáticos. Quem sabe um marco simbólico interessante poderia ser a data de publicação da primeira versão dos *Prinzipien* de Hermann Paul (1880), um autor cujo trabalho reverbera em diversas passagens no *Curso* sem que, no entanto, seu nome seja citado uma única vez como inspirador das teses defendidas na obra |6.6.1|. Por isso, na avaliação do linguista alemão **Karl Bühler** (1879-1963), Hermann Paul constitui a maior fonte da *Bewusstseinsklärung* ("clareza de consciência") cartesiana de Saussure (cf. Koerner, 2014: 105).

6.9.3 Gênese e composição do *Curso de linguística geral*

A história da publicação do CLG é bastante conhecida: após a morte de Saussure, que deixou pouquíssimos registros escritos de suas aulas, alguns colegas de universidade decidiram recorrer às anotações dos participantes do curso para compor um livro que reuniria as ideias do mestre, finalmente publicado em 1916. Os editores da obra foram **Albert Sechehaye** (1870-1946) e **Charles Bally** (1865-1947), linguistas, professores da Universidade de Genebra e ex-alunos de Saussure, que não assistiram os cursos, um fato de relevante importância para a apreciação crítica do trabalho que empreenderam. Contaram também com as anotações feitas por **Albert Riedlinger**

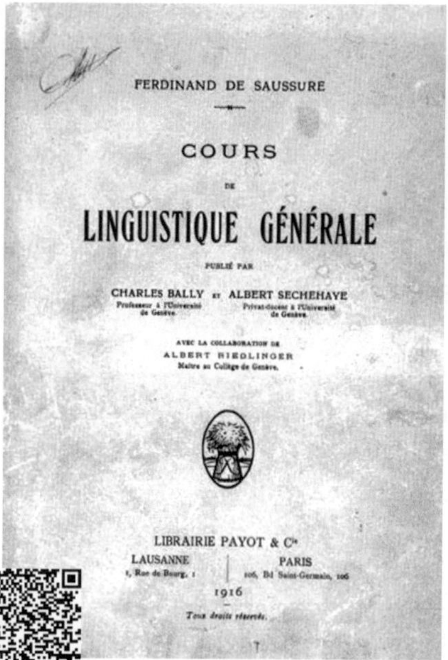
FERDINAND DE SAUSSURE

COURS

DE

LINGUISTIQUE GÉNÉRALE

PUBLIÉ PAR

CHARLES BALLY ET ALBERT SECHEHAYE

AVEC LA COLLABORATION DE

ALBERT RIEDLINGER

LIBRAIRIE PAYOT & Cie

LAUSANNE PARIS

1916

Tous droits réservés.

(1882-1978), que assistira os dois primeiros cursos. São estes os três nomes que aparecem no frontispício de todas as edições do livro desde 1916. Mais do que editores do material recolhido, Bally e Sechehaye são considerados atualmente como os principais responsáveis pela seleção das noções estampadas no livro que publicaram, pela ordem em que as organizaram (e que não corresponde à cronologia dos cursos) e pelas não poucas interpolações e extrapolações que realizaram no texto final: "É geralmente aceito hoje em dia que o *Curso de linguística geral* (CLG) reflete mais as opiniões da nascente Escola de Genebra do que o pensamento do próprio Saussure" (Albrecht, 2011: 825). Além desse problema de partida, Jörn Albrecht afirma que "as escolas estruturalistas posteriores tiveram uma influência sobre a compreensão mesma do CLG [...]. Uma interpretação não enviesada mesmo do Saussure 'apócrifo' parece impossível. Hoje o CLG é lido, quando é lido, com preconcepções 'estruturalistas' que modificam imperceptivelmente as ideias originais" (Albrecht, 2011: 836). E o mesmo E. F. K. Koerner, que defendeu em 1971 a tese em que louva o trabalho de sistematização que Saussure teria empreendido a partir dos postulados encontrados em outros autores, acabou por reconhecer, década e meia depois, o quanto é problemático atribuir esse trabalho ao linguista suíço:

> Desde a publicação da *édition critique* do *Curso* por Rudolf Engler, fico um tanto hesitante em falar do *Curso* de Saussure como se ele tivesse sido o autor desse livro. Além do fato de ter sido publicado sem o *imprimatur* de Saussure — pelo que sabemos de Saussure, ele teria objetado a tal iniciativa —, os editores, Charles Bally e (especialmente) Albert Sechehaye, introduziram tantas mudanças nas notas dos alunos a sua disposição ao compilar o texto que muitas das afirmações resultantes estão de fato em clara discordância com o pensamento de Saussure (Koerner, 1984: 17).

Sem dúvida, nenhuma outra publicação individual na história da linguística tem provocado tantas controvérsias, polêmicas, disputas, para não dizer verdadeiras batalhas acadêmicas, com diversas facções tentando defender os mais diferentes pontos de vista: o de que o livro retrata fielmente o pensamento de Saussure, o de que é preciso desprezar *in limine* e *in totum* o trabalho dos editores (que teriam traído o pensamento original do mestre), o de que é necessário continuar a pesquisa arqueológica e a crítica textual para separar o joio do trigo etc. São muitas as edições críticas (como a que acompanha a tradução italiana feita por Tullio De Mauro, publicada em 1972, com um aparato de notas que supera amplamente o volume do próprio CLG) e as edições sinópticas (que colocam lado a lado o texto publicado, as anotações dos alunos e os rascunhos de Saussure).

Em 1996, foram encontradas centenas de folhas manuscritas de existência até então desconhecida pela própria família de Saussure. Elas estavam armazenadas na *orangerie* (viveiro de plantas) da casa da família em Genebra. Editados pelo francês **Simon Bouquet** e pelo suíço **Rudolf Engler** (1930-2003), os fragmentos foram publicados em 2002 num livro intitulado *Écrits de linguistique générale* (*Escritos de linguística geral*). A descoberta causou alvoroço no meio acadêmico e foi saudada com grande entusiasmo, a ponto de merecer da editora Gallimard, responsável pela publicação, a seguinte peça publicitária:

Rudolf Engler publicou uma edição crítica do CLG em dois volumes: o primeiro, em 1968, e o segundo, em 1974, contendo as anotações que o próprio Saussure preparou para os cursos. Também merece destaque o trabalho de outro suíço, **Robert Godel** (1902-1984), que publicou em 1957 um livro intitulado *Les sources manuscrites du Cours de linguistique générale de F. de Saussure* ("As fontes manuscritas do *Curso de linguística geral* de F. de Saussure").

> Graças a esses textos, uma nova leitura do pensamento saussuriano pode ganhar forma, permitindo romper uma espessa ganga de preconceitos. Eles obrigam a rever a imagem que se tinha fixado com base na reconstrução do pensamento do mestre por seus alunos, efetuada no *Curso de linguística geral*, publicado em 1916. O linguista genebrino aparece hoje, em seus escritos originais, ao mesmo tempo como um epistemólogo de sua disciplina e como um filósofo, zeloso em denunciar as ilusões de toda sorte de que a linguagem é alvo, para repensar os fundamentos de seu estudo. No limiar do século 21, a herança postergada desse pensamento entra em ressonância de forma espantosamente atual com os questionamentos das ciências da linguagem, das ciências humanas e das filosofias da linguagem. A maneira saussuriana de se interrogar sobre a natureza do sentido da linguagem permanece, mais do que nunca, *perturbadora* (https://cutt.ly/jyVP9sj, acesso em 25 abr. 2023).

O biógrafo de Saussure, no entanto, que não esconde sua admiração pelo biografado, assim se expressa a respeito da descoberta:

> Tamanha era a coerência intelectual que ele manteve ao longo da vida que provavelmente não são muitas as grandes surpresas ainda por vir. A publicação dos *Escritos de linguística geral* em 2002 foi alardeada por muitos resenhadores como reveladora de um lado novo de Saussure — mas somente porque esses resenhadores nunca estiveram a par do material publicado por Engler em 1974, ou porque estavam aproveitando a ocasião para rever sua própria interpretação de Saussure (Joseph, 2012: 650).

Não nos parece descabida a hipótese de que a atribuição da paternidade da linguística moderna a Saussure possa, em alguma medida, ter tido como motivação, mais ou menos silenciada, o forte sentimento antigermânico que impregnou as mentalidades na Europa ocidental entre o final do século 19 e meados do século 20, sentimento provocado pela ofensiva prussiana contra a França em 1870-1871, que redundaram na invasão de Paris e na derrota francesa, e, mais adiante, pelas duas guerras mundiais, desencadeadas pela Alemanha. Se assim tiver sido, não surpreende que o *Curso de linguística geral*, publicado inicialmente em 1916, em plena Primeira Guerra, só tenha de fato encontrado ampla acolhida nos círculos intelectuais francófonos a partir de sua segunda edição, em 1922, já findo o primeiro conflito e, mais ainda, depois de 1945. Talvez um pensador de língua francesa, discreto cidadão da neutra Suíça, fosse o melhor antídoto contra o esmagador predomínio alemão sobre os estudos linguísticos desde o início do século 19. Até mesmo o biógrafo de Saussure reconhece:

> A nova época [1922] era propícia para que uma nova abordagem do estudo da língua fosse assumida por linguistas dispostos a *se desvencilhar da dominação cultural alemã* e abraçar o modernismo que estava varrendo o mundo (Joseph, 2012: 635, grifo nosso).

Opinião semelhante já estava presente, de fato, em Malkiel (1969: 557), para quem o sucesso do *Curso de linguística geral*

> não pode ser adequadamente avaliado sem algum reconhecimento dos sentimentos da época: a aceitação da liderança de um gênio franco-suíço representou para muitos [europeus] ocidentais que se opunham à Alemanha uma via de escape fortemente desejada e racionalizada do mundo de Brugmann, Leskien, Osthoff e Paul.

Além disso, a identificação da linguística histórico-comparativa como uma "ciência alemã" (que em grande medida de fato era) pode ter contribuído em parte para o abandono das investigações diacrônicas e sua substituição quase exclusiva, nas mãos dos primeiros estruturalistas (nenhum deles alemão), pelo estudo da sincronia. Consequentemente, a própria língua alemã, como veículo do conhecimento científico, viu seu indisputado prestígio ao longo do século 19 sofrer um declínio vertiginoso naquele mesmo período, fato que sem dúvida contribuiu para a marginalização do enorme legado da linguística histórico-comparativa.

A repercussão das ideias contidas no *Curso* demorou a se fazer sentir fora do ambiente de língua francesa. Se a tradução do livro em alemão só apareceu em 1931, a primeira versão em inglês demorou ainda mais, publicada que foi em 1959, antecedida pela tradução em espanhol, de 1945 — curiosamente, a primeira tradução do *Curso* foi feita para o japonês, em 1929. A primeira tradução brasileira é de 1970. De fato, as principais repercussões do alegado **estruturalismo** esboçado na obra tiveram impacto principalmente na França e, sobretudo, fora da linguística: na antropologia estrutural de **Claude Lévi-Strauss** (1908-2009), na psicanálise de **Jacques Lacan** (1901-1981) e na semiótica de **Roland Barthes** (1915-1980).

6.9.4 As teses expostas no *Curso de linguística geral*

As apresentações normalmente feitas do conteúdo do *Curso* recorrem à exposição das **dicotomias** em que se estrutura a linha de argumentação que se pode depreender da leitura da obra. Esses pares de conceitos, em que um é de natureza abstrata/formalizável/idealizável e o outro, de natureza concreta/empírica/perceptível, revelam uma forma de raciocínio tipicamente **dualista**, suscetível de ser reconduzida portanto ao platonismo, de modo que é possível situar o *Curso* na multissecular tradição racionalista do pensamento ocidental. De cada um desses pares, a obra vai optar por constituir uma ciência da linguagem baseada no polo abstrato, formal, não-empírico da dicotomia. Podemos sintetizar esses conceitos no seguinte quadro:

LÍNGUA (*LANGUE*)	FALA (*PAROLE*)
Sistema abstrato, homogêneo, composto de todas as realizações potenciais de expressão, formado por unidades que se opõem entre si, compartilhado por todos os falantes de um grupo social; é invariável pois não pode ser alterado por nenhum falante individual.	Manifestação individual, particular, heterogênea, das potencialidades do sistema; apresenta variação, mas essa variação não prejudica a intercompreensão dos falantes, uma vez que todos eles reconhecem que, por trás das substâncias variantes, existe, num nível mais abstrato, uma forma comum, geral.

SINCRONIA	DIACRONIA
Estado do sistema linguístico num dado momento histórico; a sincronia é um construto teórico, feito com base nas deduções operadas pelo linguista.	Estudo da língua ao longo do tempo, observando seus diferentes estados, seus processos de mudança, documentados em textos escritos.
SIGNIFICADO	**SIGNIFICANTE**
Conceito abstrato, ideia na mente, representação cognitiva compartilhada universalmente por todos os seres humanos dotados de linguagem.	Imagem acústica associada a um significado numa língua, para formar o signo linguístico; essa imagem acústica não é o som material, falado, mas a impressão psíquica desse som.
PARADIGMA	**SINTAGMA**
Repertório virtual de signos que o falante pode ativar para dele escolher os elementos na hora de se expressar.	Encadeamento concreto de signos na cadeia falada; reunião de signos decorrente dos processos mentais de seleção dentro do paradigma.

O último par aparece no *Curso* composto de *relações associativas* e *relações sintagmáticas*: a substituição das primeiras por *relações paradigmáticas* será proposta por Hjelmslev em 1938 e amplamente utilizada desde então.

A distinção entre *língua* e *fala* (frequentemente citada com os termos em francês *langue* e *parole*, que adquiriram a partir do *Curso* um sentido técnico que não deve ser confundido com os usos habituais dessas palavras) se inspira numa divisão entre o *social* e o *individual*, o que leva à seguinte definição de *língua*:

> É um tesouro depositado pela prática da fala nos sujeitos pertencentes a uma mesma comunidade, um sistema gramatical virtualmente existente em cada cérebro ou, mais exatamente, nos cérebros de um conjunto de indivíduos; pois a língua não está completa em nenhum, ela só existe perfeitamente na massa (CLG, 56-57).
>
> [N.B.: Conforme informamos mais acima, todas as citações que faremos do CLG derivam da nossa tradução da obra, referida na bibliografia como Saussure, 2021.]

A linguística estruturalista, que se formará a partir dos anos 1930, utilizará com mais frequência o termo **sistema**, já presente no *Curso* (de fato, desde o título do *Mémoire* de 1878), para designar esse "tesouro" gramatical "existente virtualmente em cada cérebro" — e o advérbio *virtualmente* vem se acrescentar às oposições que elencamos acima entre o abstrato/formalizável/dedutível e o concreto/empírico/perceptível. Ainda sobre a distinção entre *língua* e *fala*, assim se manifesta o *Curso* (p. 63):

> A língua existe na coletividade sob a forma de uma soma de impressões depositadas em cada cérebro, mais ou menos como um dicionário cujos exemplares, todos idênticos, seriam distribuídos entre os indivíduos. É algo, portanto, que está dentro de cada um deles, sendo ao mesmo tempo comum a todos e posto fora do alcance da vontade dos depositários. Esse modo de existência da língua pode ser representado pela fórmula:
>
> 1 + 1 + 1 + 1 ... = I (modelo coletivo).
>
> De que maneira a fala está presente nessa mesma coletividade? Ela é a soma daquilo que as pessoas dizem e abrange: (*a*) combinações individuais, dependentes da vontade dos que falam, (*b*) atos de fonação igualmente voluntários, necessários à execução dessas combinações.
>
> Não existe, portanto, nada de coletivo na fala; suas manifestações são individuais e momentâneas. Aqui não há nada além da soma dos casos particulares segundo a fórmula:
>
> (1 + 1' + 1"+ 1'"...).
>
> Por todas essas razões, seria uma quimera reunir sob um mesmo ponto de vista a língua e a fala. O todo global da linguagem é incognoscível, porque não é homogêneo, ao passo que a distinção e a subordinação propostas esclarecem tudo.

A *langue* seria, por assim dizer, como a partitura de uma peça para piano: independentemente do modo como cada pianista executa o que está na pauta (com variações de ritmo, de andamento, de duração das notas etc.), a peça será sempre a mesma, ou seja, uma virtualidade homogênea que pode se concretizar empiricamente sob diferentes formas audíveis, heterogêneas (cf. CLG, 62: "Nessa perspectiva, podemos comparar a língua a uma sinfonia, cuja realidade é independente da maneira como é executada; as falhas que os músicos que a tocam podem cometer não comprometem de modo algum essa realidade").

Essa concepção homogênea do sistema virtual que é a língua se revela claramente no modo como será teorizada a emissão dos **sons** da fala e servirá, de fato, para a separação de tarefas, na linguística estrutural, entre *fonologia* e *fonética*: a fonologia busca reconhecer e delimitar as entidades que pertencem a uma *língua* e que a individualizam como um sistema distinto de outros, enquanto a fonética estuda as diferentes realizações empiricamente observáveis dessas entidades nas falas individuais. Desse modo, por exemplo, existe em português brasileiro uma entidade abstrata /l/ (ou seja, um *fonema*, como se viu em |6.8.2|), que em palavras como *calma, alto, multa* etc. pode se realizar concretamente como [l], [ɫ], [ʊ̯] ou [ɽ] (que seriam *alofones* de /l/). Essa distinção clara entre fonema e alofone, no entanto, não ocorre no CLG (veja-se mais adiante).

"Se contemplamos essas funções [intelectuais] do ponto de vista **estático**, seu estudo pode consistir apenas na determinação das condições orgânicas de que dependem; ela forma assim uma parte essencial da anatomia e da fisiologia. Considerando-as do ponto de vista **dinâmico**, tudo se reduz a estudar a marcha efetiva do espírito humano em exercício, pelo exame dos procedimentos realmente empregados pelos diversos conhecimentos exatos que ele já adquiriu, o que constitui essencialmente o objeto geral da filosofia positiva, assim como a tenho definido neste discurso" (Comte, 1936: 47, realces nossos).

A segunda dicotomia importante no CLG é a que distingue a **sincronia** da **diacronia** ou, em outros termos também presentes no livro, entre uma linguística "estática" e uma linguística "dinâmica" (termos herdados do positivismo de Comte, mas não reconhecidos como tais no CLG, se não tiverem sido tomados de empréstimo à Escola de Kazan, que os empregou também |6.8.2|). O estudo diacrônico se dedica ao exame das mudanças ocorridas num sistema ao longo do tempo e constitui, como temos visto, o núcleo das investigações da linguística histórica tal como praticada ao longo do século 19. O estudo sincrônico se interessa, ao contrário, pelo *estado da língua* num determinado recorte temporal. Traçar a diacronia de uma língua significa recorrer a dados esparsos, distribuídos em monumentos escritos, e deles abstrair dedutivamente um sistema, reconstruí-lo, o que leva inevitavelmente a falhas e a conflitos de interpretação (como se viu na retificação da Lei de Grimm pela Lei de Verner). A sincronia, por outro lado, é a língua presente, tal como empregada aqui e agora e, portanto, acessível ao pesquisador, que deve se concentrar, não em textos escritos, mas na língua falada. Mas é preciso não confundir a sincronia com as falas individuais: a investigação sincrônica tem por objetivo abstrair o sistema subjacente a essas falas, formalizar e depreender o que há de homogêneo por trás (ou por dentro ou por cima) do uso e que permite a cada pessoa se reconhecer como falante da mesma língua:

> Assim, a linguística se acha aqui diante de sua segunda bifurcação. Foi preciso, primeiro, escolher entre a língua e a fala. Agora nos vemos na encruzilhada dos caminhos que conduzem um à diacronia, o outro à sincronia.

Uma vez na posse desse duplo princípio de classificação, pode-se acrescentar que *tudo o que é diacrônico na língua só o é pela fala*. É na fala que se encontra o germe de todas as mudanças: cada uma delas é lançada primeiramente por um certo número de indivíduos antes de entrar no uso [...].
Um fato de evolução é sempre precedido de um fato ou, antes, de uma multiplicidade de fatos semelhantes na esfera da fala; isso em nada invalida a distinção estabelecida acima, ela até se vê confirmada, já que na história de toda inovação se encontram sempre dois momentos distintos: 1º aquele em que ela surge entre os indivíduos; 2º aquele em que ela se tornou um fato de língua, idêntico exteriormente, mas adotado pela coletividade.
O esquema seguinte indica a forma racional que o estudo linguístico deve assumir:

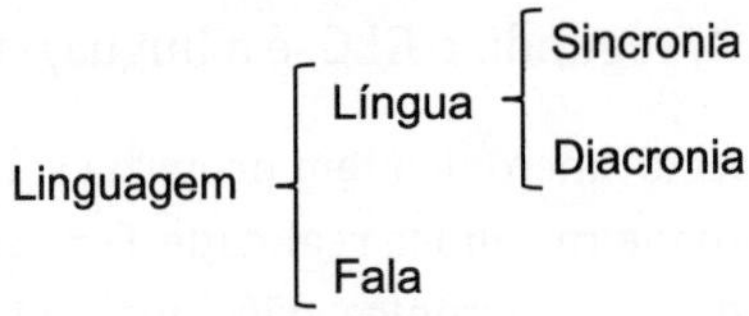

(CLG: 149-150)

A sincronia, portanto, é deduzida da multiplicidade de realizações concretas observáveis na *fala*. Retomando o exemplo do fonema /l/, é possível dizer que sua existência sincrônica como elemento do sistema é abstraída do conjunto das realizações fonéticas observáveis, reconduzíveis a /l/:

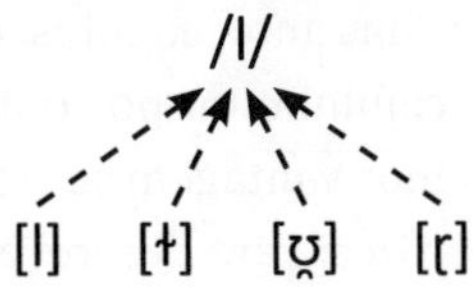

São os alofones encontráveis nas falas que permitem afirmar a existência de um fonema na língua. Esse método é semelhante ao da reconstrução praticada pela linguística histórico-comparativa, com a diferença de que, nesta, a perspectiva é diacrônica, mas o resultado é o mesmo: pela comparação das palavras de fato existentes nas diferentes línguas indo-europeias é possível abstrair uma raiz hipotética:

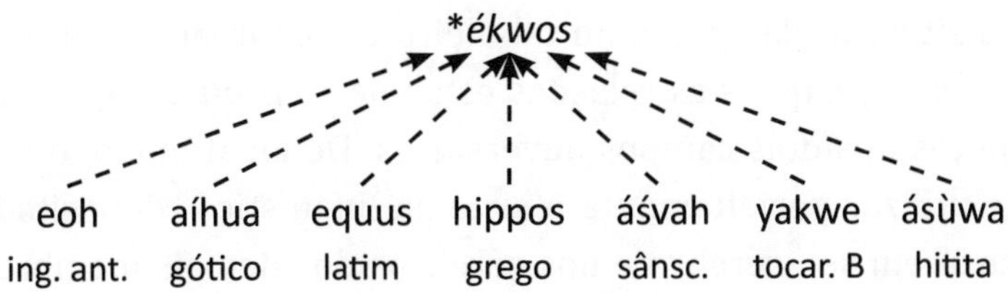

A atribuição ao sistema de uma entidade homogênea /l/ é que permitiu à linguística estruturalista chamar de *variação livre* a ocorrência dos alofones [l], [ɫ], [u̯], [ɾ], como se a existência destes fosse independente de fatores de ordem social, uma vez que o rótulo (vago e impreciso) de *social* só se aplica, nesta escola de pensamento linguístico, ao que pertence ao sistema. A noção de variação livre será criticada e abandonada a partir dos anos 1960 pela sociolinguística variacionista que mostrará empiricamente que toda variação é *ordenada* e condicionada por fatores sociais como idade, gênero, ocupação profissional, grau de instrução formal, origem geográfica do falante etc.

Se a língua está relacionada com a sincronia, e a fala, com a diacronia, e se o objeto da linguística, segundo o CLG, é a língua/sistema, então

> é evidente que o aspecto sincrônico tem primazia sobre o outro, já que para a massa falante é a verdadeira e única realidade. O mesmo vale para o linguista: se se coloca na perspectiva diacrônica, não é mais a língua que ele avista, mas uma série de eventos que a modificam (CLG: 141).

Para ilustrar a oposição entre o sincrônico e o diacrônico, ocorre no CLG a comparação da língua enquanto sistema ao **jogo de xadrez** (comparação que se repete outras vezes no livro):

> Numa partida de xadrez, qualquer posição dada tem como característica singular estar desprendida de suas antecedentes: é totalmente indiferente que se tenha chegado ali por um caminho ou por outro. A pessoa que acompanhou toda a partida não tem a menor vantagem sobre o curioso que vem espiar o estado do jogo no momento crítico. Para descrever essa posição, é perfeitamente inútil evocar o que acaba de se passar dez segundos antes. Tudo isso se aplica igualmente à língua e confirma a distinção radical do diacrônico e do sincrônico (CLG: 140).

Seria, portanto, teoricamente possível descrever um estado de língua sem precisar recorrer a todas as etapas evolutivas que levaram a língua a ser como é neste estado atual. Se uma pessoa tem pleno conhecimento das regras do xadrez, pode chegar a qualquer momento durante uma partida, observar a situação das peças no tabuleiro e compreender perfeitamente o que está *em jogo*, quais as relações estabelecidas *ali e naquele momento* entre as peças dos dois campos adversários. De igual modo, o falante comum sabe utilizar perfeitamente o sistema linguístico "depositado" como um "tesouro" em seu cérebro e nos cérebros dos demais membros de sua comunidade e não precisa, para ativar o sistema, ter nenhum conhecimento de como esse sistema chegou a ser o que é *aqui e agora*. Um falante de português, por exemplo, sabe que os antônimos de *amigo* e de *fácil* são, respectivamente, *inimigo* e *difícil* (e não, como se poderia esperar, **inamigo* e **disfácil*) e emprega estas palavras corretamente como antônimos daquelas, sem para tanto necessitar da informação de que, em latim, a junção de um prevérbio a uma raiz com [a] acarretava uma apofonia que levava o [a], em dados contextos fonéticos, a se fechar em [i] (*ad+t**a**ngo* > *att**i**ngo*; *ex+**a**gere* > *ex**i**gere*; *pro+h**a**bere* > *proh**i**bere* etc.), nem que em diversos casos a afixação do prevérbio acarretava uma assimilação da consoante do prevérbio: *dis-* + *facilis* = *di**ff**icilis*; *ad-* + *tango* = *a**tt**ingo*; *ad-* + *captu-* = *a**cc**eptu-* etc. Desse modo, para compreender o que está em jogo *aqui e agora* na língua, isto é, para formalizar seu sistema de regras, é preciso que o linguista recorra ao conhecimento intuitivo e (na maior parte) inconsciente que o falante tem de sua língua, ainda que a noção de *inconsciente* não compareça no CLG, de filiação racionalista, conforme já dito.

A opção pelo sincrônico será considerada como a principal ruptura promovida pelo CLG com relação à linguística até então praticada, isto é, a histórica, cujo nome já revela em si mesmo a abordagem diacrônica dos fatos de língua. É nessa opção que se firmará a principal corrente da linguística nas primeiras décadas do século 20, o **estruturalismo**, e que lhe permitirá distanciar-se da tradição histórico-comparativa do século anterior e inaugurar uma (alegadamente) nova. No entanto, como se viu ao analisar a obra de Hermann Paul acima, a opção pela língua viva (*Sprachleben*) já fazia parte do programa dos Jovens Gramáticos.

Outra definição que se tornará notável é a do **signo linguístico** postulada no CLG. O signo é a junção inseparável de duas entidades: o **significado**, isto é, o conceito expresso no signo, e o **significante**, sua "imagem acústica":

> O signo linguístico não une uma coisa e um nome, mas um conceito e uma imagem acústica. Esta não é o som material, coisa puramente física, mas a impressão psíquica desse som, a representação que dele nos dá o testemunho de nossos sentidos; ela é sensorial, e se nos ocorre chamá-la "material" é unicamente nesse sentido e por oposição ao outro termo da associação, o conceito, geralmente mais abstrato.
>
> O caráter psíquico de nossas imagens acústicas fica bem claro quando observamos nossa própria linguagem. Sem mexer os lábios nem a língua, podemos nos falar a nós mesmos ou recitar mentalmente um trecho de poesia. [...]

O signo linguístico é, portanto, uma entidade psíquica com duas faces, que pode ser representada pela figura

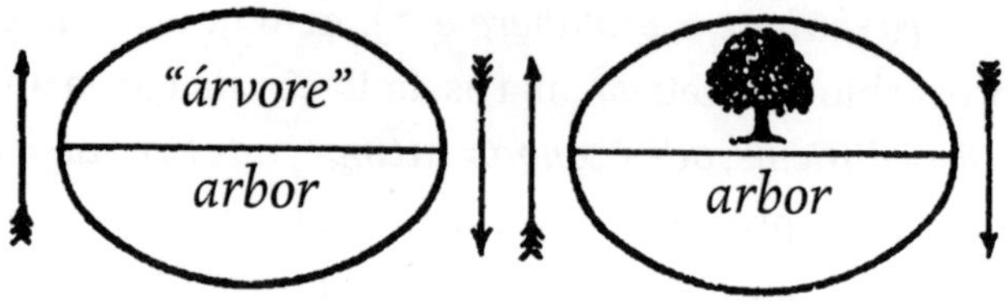

> Esses dois elementos estão intimamente unidos e se interpelam um ao outro. Quer busquemos o sentido da palavra latina *arbor* ou a palavra pela qual o latim designa o conceito "árvore", fica evidente que só as conexões consagradas pela língua nos parecem conformes à realidade, e descartamos qualquer outra que se pudesse imaginar (CLG: 115-116).

O texto segue na discussão e propõe chamar *significado* ao "conceito" e *significante* à "imagem acústica" (CLG: 117):

Segue-se uma longa teorização sobre a **arbitrariedade do signo linguístico**, que retoma uma milenar discussão iniciada com Platão no *Crátilo* |2.4.1|, prosseguida com Aristóteles e os estoicos |2.7; 2.8|, abordada por Agostinho |3.3|, por Dante Alighieri no século 14 e nunca abandonada, como se viu na oposição de concepções a esse respeito que dividia os racionalistas e os empiristas nos séculos 17 e 18 |5.2|:

> Hoc equidem *signum* est ipsum subiectum nobile de quo loquimur: nam sensuale quid est in quantum *sonus* est; rationale vero in quantum aliquid *significare* videtur *ad placitum* (Dante, *De vulgari eloquentia*, I, 3; grifos nossos).

Exatamente esse signo *é o nobre tema de que falamos: ele é sensível enquanto* som *e racional enquanto* significa *algo de maneira convencional.*

O texto do CLG, no entanto, não faz absolutamente nenhuma referência a essa longuíssima tradição, cujo desconhecimento da parte de não poucas pessoas (incluindo linguistas) contribuiu para a cristalização da ideia, em tudo equivocada, de que foi Saussure quem definiu por primeira vez o caráter arbitrário do signo.

A última dicotomia é a que opõe **relações sintagmáticas** a **relações associativas** (ou, como vimos, *paradigmáticas*) e vem assim explicada:

> As relações e as diferenças entre termos linguísticos se desenvolvem em duas esferas distintas, cada uma das quais é geradora de certa ordem de valores; a oposição entre essas duas ordens permite compreender melhor a natureza de cada uma. Elas correspondem a duas formas de nossa atividade mental, ambas indispensáveis para a vida da língua.
>
> Por um lado, no discurso, as palavras contraem entre si, em virtude de seu encadeamento, relações baseadas no caráter linear da língua, que exclui a possibilidade de pronunciar dois elementos de uma vez. Eles se organizam uns depois dos outros na cadeia da fala. Essas combinações que têm por suporte a extensão podem ser chamadas de *sintagmas*. O sintagma se compõe sempre, portanto, de duas ou mais unidades consecutivas (por exemplo: *re-ler; contra todos, a vida humana; Deus é bom; se fizer bom tempo, sairemos* etc.). Colocado num sintagma, um termo só adquire seu valor porque se opõe àquele que precede ou sucede, ou a ambos.
>
> Por outro lado, fora do discurso, as palavras que apresentam algo de comum se associam na memória, e assim se formam grupos no interior dos quais reinam relações muito diversas. Assim, a palavra *ensinamento* fará surgir inconscientemente diante do espírito uma profusão de outras palavras (*ensinar, ensino* etc., ou então *armamento, funcionamento* etc., ou então *educação, aprendizagem*); por um lado ou pelo outro, todas têm algo de comum entre si.
>
> Vê-se que essas coordenações são de uma espécie muito diferente das primeiras. Não têm a extensão como suporte: sua sede é o cérebro, fazem parte desse tesouro interior que constitui a língua em cada indivíduo. Nós as chamaremos de *relações associativas*.
>
> A relação sintagmática é *in praesentia*, repousa sobre dois ou mais termos igualmente presentes numa série efetiva. Ao contrário, a relação associativa une termos *in absentia* numa série mnemônica virtual (CLG: 181).

O exemplo dessas relações que aparece no CLG é representado pela figura a seguir (p. 184):

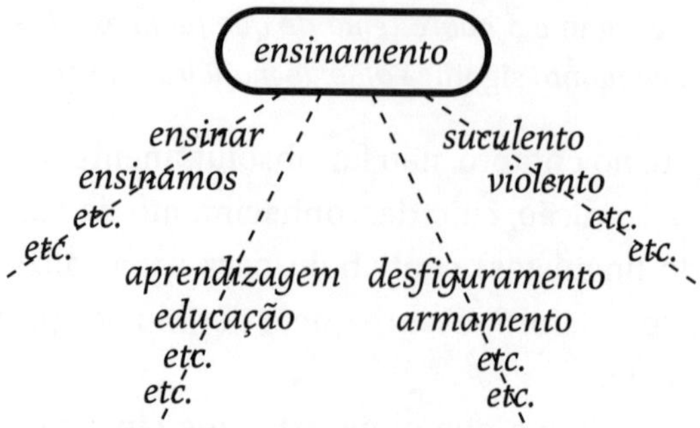

Ensinamento é um *sintagma* porque se constitui de *ensina-* + *-mento*, ou seja, é uma composição de dois morfemas. O mesmo vale para *ensin-a-r*, *aprend-iz-agem*, *arma-mento* etc. O sintagma, portanto, é de natureza concreta, tem a ver com a substância do signo, enquanto o paradigma — por ser virtual — é de natureza abstrata, depende de associações mentais feitas pelo falante: *ensinamento* se associa a *ensinar, ensinemos* etc., porque todos se vinculam à família lexical de *ensino*; também se associa a *aprendizagem* e *educação* por semelhanças de significado; a associação com *desfiguramento* e *armamento* se faz pelo sufixo *-mento*, enquanto com *elemento* e *lento* se deve à rima, a uma associação de natureza sonora. Muito significativo é o emprego de *associações sintagmáticas* e não *sintáticas*, dado que a sintaxe é completamente estranha à "linguística geral" que o CLG pretende transformar em ciência autônoma. A linearidade da fala, portanto, só produz, nessa perspectiva, construtos compostos de morfemas soldados entre si, e não frases, sentenças, textos. É que o CLG apresenta, de fato, uma linguística do signo isolado e não avança para muito além da palavra. A comparação entre esse par de conceitos apresentado no CLG e as discussões de Hermann Paul em torno dos grupos formais, grupos materiais e grupos proporcionais deixa entrever não só a influência de Paul sobre Saussure (ou seus editores) como a maior sofisticação do pensamento teórico do alemão com relação ao que aparece no CLG |6.6.1|.

Na verdade, reina certa confusão no texto sobre os domínios a que pertencem as relações sintagmáticas. As paradigmáticas, por sua virtualidade, pertencem sem dúvida à *langue*, mas a atribuição das sintagmáticas é pouco clara na obra. Em dado trecho se lê que "a frase é o tipo por excelência do sintagma. Mas ela pertence à fala, não à língua" (p. 182), o que justificaria não estudar a frase, uma vez que a *língua* é o objeto escolhido para constituir uma ciência da linguagem. No entanto, também se lê que "é preciso atribuir à língua, não à fala, todos os tipos de sintagmas construídos sobre formas regulares" (p. 183). Em outro trecho ainda se diz que "no domínio do sintagma não há limite rígido entre o fato de língua, marca do uso coletivo, e o fato de fala, que depende da liberdade individual" (p. 183). Essas oscilações, como se verá abaixo, se juntam a algumas importantes contradições internas que, muito provavelmente, se devem à natureza do CLG, isto é, uma espécie de bricolagem forçada de ideias que ainda não tinham atingido sua forma mais segura ou definitiva no pensamento de Saussure.

A dicotomia *sintagma/paradigma* se vincula, portanto, mais uma vez, à separação entre o que é *real* e o que é *virtual* na língua. No momento de se expressar, o indivíduo é constrangido pela linearidade da cadeia falada: "No discurso, as palavras contraem entre si, em virtude de seu encadeamento, relações baseadas no caráter linear da língua, que exclui a possibilidade de pronunciar dois elementos de uma vez" (CLG: 181). O encadeamento sintagmático, portanto, resulta de realizações audíveis de uma série de associações mentais possíveis que o sistema põe à disposição do falante. Desse modo, por exemplo, para dizer *"Quero comprar um carro novo"*, o falante faz "rolar" (como numa máquina caça-níquel ou *slot machine*) uma série de conjuntos virtuais dos quais escolhe os elementos que se encadearão sintagmaticamente, preenchendo os *slots* disponíveis:

queria	trocar	um	barro	zero
quis	comprar	este	jarro	recente
quero	carregar	algum	carro	inédito
queira	preparar	o	sarro	atual
quiser...	praticar...	todo...	esbarro...	novo...

A dimensão sintagmática da língua tem sido equiparada à *metonímia* da retórica tradicional (associação por contiguidade, *in præsentia*), enquanto a paradigmática se equipara à *metáfora* (associação por virtualidade, *in absentia*).

Essas dicotomias, que se tornaram célebres, revelam, repetimos, a filiação (de Saussure?) a uma tradição filosófica racionalista e, em última análise, dualista e platônica, filiação que se expressa com nitidez na afirmação de que "*a língua é uma forma e não uma substância*" (p. 179, itálico no original), em que *forma* remete imediatamente às Formas ideais do platonismo, acessíveis unicamente pela razão, contrapostas à substância das coisas, apreensíveis pelos sentidos, que só podem oferecer uma ideia deformada da realidade (e usamos aqui *deformada* propositadamente, em contraposição a *forma*). As substâncias fônicas [l], [ɫ], [ʊ̯], [ɽ] etc. não são a língua-em-si, mas apenas as sombras (ou ecos) projetadas na parede da caverna, fora da qual existe a entidade /l/, uma Forma alcançável apenas pela reflexão consciente e pelo poder de abstração do linguista.

Por fim, um conceito célebre nas discussões oferecidas pelo CLG, mas que não aparece em dicotomia, é o de **valor**. Da noção de valor depende a concepção da língua como um sistema formado por elementos que mantêm entre si uma relação de **oposição**. Os componentes da língua não se definem pelo que são, mas por *não serem* o que os outros são: o fonema /l/ pode ser estabelecido como um fonema da língua, não por suas propriedades particulares, mas pelo fato de *não ser* /r/, /b/, /z/, /f/ etc.:

> Cada idioma compõe suas palavras sobre a base de um sistema de elementos sonoros em que cada um deles forma uma unidade claramente delimitada e cujo número é perfeitamente determinado. Ora, o que os caracteriza não é, como se poderia crer, sua qualidade própria e positiva, mas simplesmente o fato de que não se confundem entre si. Os fonemas são, antes de tudo, entidades opositivas, relativas e negativas (CLG: 176).
>
> [...] *na língua só existem diferenças*. Ainda mais: uma diferença pressupõe em geral termos positivos entre os quais ela se estabelece; mas na língua só existem diferenças *sem termos positivos* (CLG: 177, grifos no original).
>
> Uma nova comparação com o jogo de xadrez nos fará compreender. Tomemos um cavalo: ele sozinho é um elemento do jogo? Seguramente não, já que em sua materialidade pura, fora de sua casa e das outras condições do jogo, ele não representa nada para o jogador e só se torna elemento real e concreto uma vez revestido de seu valor e fazendo corpo com ele. Suponhamos que no decorrer de uma partida essa peça seja destruída ou extraviada: podemos substituí-la por outra equivalente? Sem dúvida: não somente outro cavalo, mas até mesmo uma figura desprovida de qualquer semelhança com ele será declarada idêntica, desde que se lhe atribua o mesmo valor. Vemos que nos sistemas semiológicos, como a língua, em que os elementos se mantêm reciprocamente em equilíbrio segundo regras determinadas, a noção de identidade se confunde com a de valor e vice-versa (CLG: 166).

Como argumento para sustentar a tese de que na língua tudo é oposição e diferença, o CLG menciona "a liberdade de que gozam os sujeitos para a pronúncia no limite em que os sons permanecem distintos uns dos outros" (p. 176). O exemplo que se oferece ali é a pronúncia de /r/ em francês, mas podemos ilustrar a noção com fatos do português brasileiro. Em palavras como *perto, arco, corpo* etc. a "liberdade" dos falantes lhes permite pronunciar de diversas maneiras o que a escrita registra como <r>: [h], [ɾ], [ʀ], [ɽ], [x], [ɹ̣] etc. Mas essa "liberdade" só pode existir na medida em que não comprometa o significado da palavra e na medida, mais uma vez, em que remeta a uma forma ideal /r/: o que importa é que todas essas pronúncias *não são* iguais a [f], [s], [b], [k] etc. Já vimos, no entanto, o quanto essa noção de "variação livre" depende de uma concepção idealizada de sociedade homogênea. Mais uma vez, percebe-se aqui uma referência não explicitada ao pensamento de Hermann Paul. Uma das imagens mais citadas presentes nos *Princípios de história da língua* é a do arqueiro que, por mais habilidoso que seja, nunca acerta uma nova flecha exatamente no mesmo ponto do alvo atingido pela anterior: sempre haverá uma zona limitada de variação. De igual modo, cada vez que um falante pronuncia uma palavra, pode variar a pronúncia até certo limite, desde que não comprometa o entendimento da palavra por parte do ouvinte:

> Mesmo o arqueiro mais experiente erra o alvo de vez em quando e, de fato, erraria na maioria das vezes se o alvo fosse somente um ponto sem extensão, e a flecha tivesse somente um único ponto que pudesse atingir o alvo. [...] O mesmo deve valer para os movimentos que produzem sons. Essa variabilidade na pronúncia, que permanece despercebida devido a seu espectro limitado, é a chave para entender de que modo uma mudança fonética no uso geral pode ocorrer gradualmente sem que os envolvidos tenham a menor ideia do fato (Paul, 1920 § 37).

A noção de *valor* no CLG, portanto, depende da concepção da língua como um sistema abstrato homogêneo, cujas realizações concretas na fala dos indivíduos têm uma margem de variação que não compromete essa homogeneidade estática. Em Paul, ao contrário, essa margem de variação é que vai, aos poucos, produzindo mudanças, o que revela uma concepção de língua mais dinâmica, uma *enérgeia*, como postulou Humboldt |6.5.1|, em que a diacronia futura já está embutida na sincronia presente, uma vez que, como se viu acima |6.6.1| a língua, para Paul, é um sistema sempre em constante movimento. Isso também antecipa o postulado da sociolinguística de que toda mudança constatada resultou de variação prévia, ao passo que nem toda variação sincrônica redundará em mudança futura.

Murray (2015: pos. 5855) relata que Hermann Paul, numa resenha de um texto de Schuchardt, escreveu que o adjetivo *neogramático* (como em "o tratamento neogramático da analogia") seria dispensável quando finalmente se reconhecesse que de fato só existe um modo científico de fazer linguística, ou seja, o dos Jovens Gramáticos. Ironicamente, parece que a previsão de Paul veio a se confirmar nas páginas do *Curso de linguística geral*.

6.9.5 A noção de "valor" e seus problemas

Ora, a noção de *valor* (a ideia de que tudo na língua é oposição e diferença),

> embora frequentemente apresentada pelos saussurologistas como o ápice de sua [de Saussure] genialidade, nunca foi retomada pelo mundo da linguística, pela simples razão de que é inoperável. Nenhum real e bem elaborado sistema saussuriano de "valores" foi jamais apresentado, e não há nenhum bom motivo para que alguém tente fazê-lo (Seuren, 2018: 94).

Koerner (1971: 131) afirma que o conceito de *valor* foi sugerido a Saussure pela leitura de Whitney, mas Allan (2009: 258) observa que, "embora tenha tomado o termo de empréstimo, Saussure estendeu e definiu o conceito, já que Whitney o usou num sentido vago; por exemplo, ao dizer que o morfema de plural tem o 'valor' de transformar um singular num plural" (como se verá abaixo ao se discutir o conceito de *morfema zero*). O conceito de *valor* que se firmou na historiografia da linguística a partir do CLG pode ser resumido na fórmula: *um signo não é o que é por alguma propriedade intrínseca, mas por ser o que os outros signos não são*. É o que se pode ler no CLG:

> [U]ma palavra pode ser trocada por algo de dessemelhante: uma ideia; além disso, pode ser comparada com algo de mesma natureza: uma outra palavra. Seu valor não está fixado enquanto nos limitarmos a constatar que ela pode ser "trocada" por tal ou qual conceito, isto é, que ela tem esta ou aquela significação; ainda é preciso compará-la com os valores semelhantes, com as outras palavras que lhe são oponíveis. Seu conteúdo só é realmente determinado pelo concurso daquilo que existe fora dela. Fazendo parte de um sistema, ela se reveste, não só de uma significação, mas também e sobretudo de um valor, e isso é coisa bem diferente (CLG: 171-172).

Desse modo é que se chega à famosa afirmação de que *"na língua só existem diferenças"* (p. 177), diferenças definidas *negativamente*, isto é, *X* é *X* por *não ser* nem *Y* nem *Z*. E são essas diferenças que permitem distinguir dois sistemas linguísticos, isto é, duas línguas, porque nelas os elementos não têm o mesmo valor quando se opõem uns aos outros. Assim, conforme o exemplo dado na p. 173, em francês o signo *mouton* ("carneiro") se aplica tanto ao animal vivo quanto à sua carne preparada como alimento, enquanto em inglês o animal vivo é designado por *sheep* e sua carne preparada é *mutton*.

Mas em que medida essa noção de valor construída sobre diferenças é de fato aplicável à análise linguística? Allan (2009) demonstra os limites dessa aplicabilidade. Toma como exemplo os termos básicos para as cores em **dani** (uma língua da Nova Guiné) e em inglês. Em dani só existem dois termos para as cores: *mili* (verde-azul-preto) e *laambu* (branco-vermelho-amarelo), o que faz a opção por um deles eliminar a opção pelo outro, de modo que

> o valor diferencial de *laambu* é "não-*mili*". O inglês tem onze termos básicos para as cores, de maneira que *yellow* tem o valor diferencial de "não-*white*, não-*red*, não-*green*, não-*blue*, não-*black*, não-*brown*, não-*pink*, não-*purple*, não-*orange*, não-*grey*". Assim, o valor diferencial dos "equivalentes tradutórios" do dani e do inglês de fato não é equivalente entre as línguas. Embora a noção de valor diferencial seja acurada num sistema de termos fechado como o campo semântico das cores ou do parentesco, num campo semântico aberto ela é nebulosa, senão inútil: considere-se o valor diferencial de *swim* ['nadar'] no campo semântico 'movimento' ("não-*run*, não-*climb*, não-*fly*... *ad infinitum*) e de *tuna* ['atum'] no campo semântico 'peixe' ("não-*perch*, não-*marlin*... etc.) (Allan, 2009: 257-258).
>
> [OBS.: Mantivemos os termos em inglês, já que a discussão é lexical, embora essas cores básicas sejam praticamente as mesmas em português: *yellow* ('amarelo'), *white* ('branco'), *red* ('vermelho'), *green* ('verde'), *blue* ('azul'), *black* ('preto'), *brown* ('marrom'), *pink* ('cor de rosa'), *purple* ('roxo'), *orange* ('laranja'), *grey* ('cinza'). Quanto aos verbos: *run* ('correr'), *climb* ('escalar'), *fly* ('voar'). Quanto aos peixes: *perch* ('perca'), *marlin* ('marlim').]

Por outro lado, como argumenta Auer (2015: pos. 4321) numa perspectiva cognitivista, "a negatividade é uma relação abstrata entre os signos que é difícil de localizar na mente do usuário da língua". Poderíamos dizer, além disso, que afirmar que *X só é X* porque *não é Y* constitui, a rigor, um truísmo...

A noção de valor diferencial foi útil para a fonologia estrutural em sua definição mais rigorosa do que é um *fonema*, uma unidade constituída pela combinação de um número fixo de traços distintivos e que pode ser isolada das demais por sua capacidade de criar oposições no interior do sistema, graças ao teste dos *pares mínimos*: são os valores diferenciais de /t/ e /d/ que permitem a existência na língua de *gato* e *gado*. Mas a noção de valor, no CLG, se aplica aos *signos*, enquanto os fonemas, desprovidos da associação de um "significado" a um "significante", não podem receber tal classificação. Estranhamente, porém, o CLG chama de "signos" as letras do alfabeto usadas na escrita, comparando-as aos fonemas (p. 176). Ao traçar este símile entre *letra* e *fonema* o resultado se revela incoerente, uma vez que as letras, como unidades que se opõem negativamente, seriam "signos" de um "sistema" (a escrita), ao passo que os fonemas não recebem essa classificação e são rotulados como "os elementos materiais da língua". Mas como será que a letra *t* (o exemplo dado ali) pode ser um "signo" se nela não existe a associação entre um significado e um significante? A forma da letra até poderia ser seu "significante" (gráfico), mas qual é o "conceito" associado a ela?

De uma perspectiva sociológica, contudo, além dos aspectos apontados por Allan, Auer e Seuren, a noção de *valor* também é problemática por estar vinculada à concepção da língua como *homogênea*: "Enquanto a linguagem é heterogênea, a língua assim delimitada é de natureza homogênea" (CLG: 58). Ora, a noção saussuriana de *valor* não resiste ao choque contra a comprovação empírica de que a *heterogeneidade* é intrínseca ao sistema linguístico (porque é intrínseca à sociedade). Quando se introduz a *variação* no sistema (ou, melhor, quando se *deduz* empiricamente que o sistema é variável), o que antes era visto como X se revela, na realidade, X^1, X^2, X^3 etc., o que faz evaporar-se a noção de valor — recordando, mais uma vez, que se trata de uma variação *ordenada*, que nada tem de "livre", como postula o CLG e, em sua esteira, o estruturalismo.

O problema de fato começa com a ideia mesma de *signo* que, apesar de toda a longa discussão empreendida no CLG, nunca recebe uma definição clara. Embora o texto faça uma demorada explanação, a fim de mostrar que as unidades da língua (ou *signos*) não devem ser confundidas com a noção habitual de *palavra* (II Parte, Cap. III, § 3, "Dificuldades práticas de delimitação"), logo adiante (II Parte, Cap. IV, § 1, "A língua como pensamento organizado na matéria fônica", último parágrafo), será exatamente a palavra a unidade escolhida para delimitar o que é uma entidade concreta ou unidade da língua:

> Não podendo apreender diretamente as entidades concretas ou unidades da língua, operaremos com as palavras. Estas, sem recobrir exatamente a definição da unidade linguística, dão pelo menos uma ideia aproximativa dela, que tem a vantagem de ser concreta; nós as tomaremos, portanto, como espécimes equivalentes dos termos reais de um sistema sincrônico, e os princípios depreendidos a propósito das palavras serão válidos para as entidades em geral (CLG: 171).

Se "os princípios depreendidos a propósito das palavras serão válidos para as entidades em geral" é porque, em conclusão lógica, as palavras e as entidades em geral são a mesma coisa, já que compartilham os mesmos princípios...

Qual é, afinal, a extensão de um signo? É a palavra como item lexical, a palavra como morfema livre, é um morfema preso, um sintagma, uma sentença, um texto completo? Seria possível, por exemplo, atribuir a um soneto o rótulo de signo? Afinal, um soneto tem uma unidade de sentido que nasce da ativação em rede das significações tal como arranjadas no conjunto dos versos em sua totalidade; e também é uma "imagem acústica" única, na medida em que sua constituição fônica está limitada exatamente àquelas porções sonoras, e nenhuma outra pode ser acrescida ou eliminada porque assim o soneto deixa de ser o que é.

Mas ainda que nos limitemos a equiparar *signo* a *palavra*, a heterogeneidade intrínseca da língua põe em xeque a noção de *valor*. No português brasileiro, por exemplo, ocorrem as pronúncias [mu'ʎɛh], [mu'ʎɛʀ], [mu'ʎɛɽ], [mu'ʎɛ], [mu'ɪ̯ɛ], [mu'lɛ] etc. Algumas delas são variáveis na atividade linguística de um único falante, a depender do registro que esteja empregando em dada situação; mas, no idioleto de muitos falantes, existe somente uma "imagem acústica", independentemente de variação estilística. Qual desses significantes é a outra face do significado "mulher"? A existência num mesmo estado de língua, isto é, a coexistência *sincrônica* dessas várias "imagens acústicas" invalida a concepção diádica do signo saussuriano, formado por *uma* imagem acústica e *um* conceito. A qual dessas pronúncias se vai atribuir um *valor diferencial* para que esse signo (?) integre o sistema do português brasileiro?

O mesmo ocorre no nível da morfologia. O valor da desinência verbal *-mos* em *chegamos* depende de ser negativamente diferente da desinência verbal *-s* de *chegas*. Mas ao lado de *chegamos* existe (*nós*) *chega*, assim como ao lado de *chegas* existe (*tu*) *chega*. Na verdade, a forma *chega* corresponde, em muitas variedades do português brasileiro, a todas as pessoas verbais, com exceção da primeira: *eu chego / tu-ele-você-a gente-nós-vocês-eles chega*. Como definir o valor de *-mos* e de *-s* se cada um deles não se opõe negativamente ao zero morfológico de *chega*? Seria possível argumentar que a diferença estaria na relação opositiva entre *nós* e *tu*, pronomes cuja presença é obrigatória para distinguir cada uma das ocorrências possíveis de *chega*, mas neste caso já não se trataria de um único signo, mas de dois: *nós chega* é que se opõe a *tu chega*... *Nós chega* e *tu chega* são sintagmas: sintagmas são signos?

Para se ter uma ideia mais clara do que realmente estamos querendo pôr em jogo aqui, é preciso sair da esfera do "propriamente linguístico" e passar à esfera, sempre movediça, da *ideologia linguística*. O signo saussuriano, em todos os exemplos dados no CLG, extrai seu valor da concepção de uma língua homogênea, língua que corresponde, de fato, à *norma urbana culta* do francês falado em Genebra durante a vida de Saussure ou, talvez mais, à chamada *língua literária*, ainda mais convencional e conservadora — é a impregnação, na teoria linguística, do que Milroy (2011) chama de *ideologia do padrão* (cf. mais adiante). Quando no CLG se faz referência a formas dialetais, elas sempre estão vinculadas à noção clássica de dialeto como variedade local, regional, mas nunca como variedade *social* ou socioleto, o uso característico de algum dos diferentes grupos sociais que compõem toda e qualquer comunidade humana. Assim, é bastante significativa a afirmação: *"A língua existe na coletividade sob a forma de uma soma de impressões depositadas em cada cérebro, mais ou menos como um dicionário cujos exemplares, todos idênticos, seriam distribuídos entre os indivíduos"* (CLG: 63). Ora, na medida em que existe *heterogeneidade social* e, junto com ela, *heterogeneidade linguística*, a metáfora da língua como *"um dicionário [de] exemplares todos idênticos"* faz pensar na lexicografia tradicional, prescritivo-normativa, que só registra as formas tidas por corretas, com indicação de pronúncia única (a das classes sociais urbanas letradas ou, mais restritivamente ainda, a pronúncia de uma norma idealizada que não corresponde sequer à atividade linguística autêntica dessas classes sociais) e de ortografia também única. Desse modo é que o *Dicionário Houaiss da língua portuguesa* indica a pronúncia de *ruim* como "/ru-ím/" dissílaba, embora a pronúncia monossilábica [hũĩ], com ditongo nasal, ocorra com muito maior frequência no português brasileiro, mesmo entre falantes ditos cultos. A qual dessas duas pronúncias se vai atribuir um "valor" para *ruim* figurar, em oposição negativa a outros signos, no sistema supostamente homogêneo da língua?

Essa concepção de língua homogênea decorre de uma concepção de sociedade homogênea, em que a visão de mundo das camadas dominantes é ideologizada como "natural", enquanto seus usos linguísticos são "a língua em si". É esse viés elitista, decerto inconsciente, que permite imaginar a "língua" segundo a fórmula da p. 63 do CLG,

$$1 + 1 + 1 + 1 \ldots = \text{I (modelo coletivo)},$$

em que cada *1* representa um indivíduo portador, em seu "cérebro", de um exemplar idêntico do "dicionário" que é a língua. Ora, esse indivíduo sem características individuais e sociais definidas (idade, raça, gênero, orientação sexual, nível de renda, grau de letramento, crenças, pulsões, fantasias e desejos) é o ancestral direto do "falante-ouvinte ideal" de Chomsky, um ente igualmente associal, que vamos criticar mais abaixo.

6.9.6 As fontes (subterrâneas?) do CLG

Robert Godel reproduz um interessante depoimento de um contemporâneo de Saussure acerca dos cursos de linguística geral que este teria de ministrar:

> Perto do final de 1906, [Saussure] foi incumbido de oferecer um curso de linguística geral na Universidade de Genebra, onde vinha ensinando sânscrito e filologia comparada por quinze anos. Um amigo dele me contou que aquela nova incumbência simplesmente o aterrorizava: ele não se sentia à altura da tarefa e não tinha vontade alguma de se debater mais uma vez com aqueles problemas. No entanto, assumiu aquilo que acreditava ser seu dever (Godel, 1966: 493).

O relato pode ser considerado verossímil quando comparado ao que se lê numa carta enviada por Saussure a Meillet em 4 de janeiro de 1894:

> É, em última análise, somente o lado pitoresco de uma língua, aquele que a faz diferir de todas as outras como pertencente a determinado povo que tem determinadas origens, é este lado quase etnográfico que conserva para mim um interesse; e precisamente não tenho mais o prazer de poder me entregar a esse estudo sem segundas intenções e de gozar do fato particular relativo a um ambiente particular.
>
> Sem cessar, a inépcia absoluta da terminologia corrente, a necessidade da reforma e de mostrar por isso qual espécie de objeto é a língua em geral vêm estragar meu prazer histórico, embora eu não tenha desejo mais caro do que *não ter de me ocupar com a língua em geral* (Meillet, 2020: 263, grifo nosso).

Saussure era, de fato, um exímio comparatista, como tinha deixado evidente a genialidade expressa no *Mémoire*, e tudo leva a crer que não se interessava por elaborar uma linguística geral. Sua predileção por uma língua ou família linguística *particular*, algo que lhe dava "prazer histórico", junto com sua rejeição de uma linguística geral, se revela em sua aula inaugural na Universidade de Genebra em 1891:

> Não são linguistas como **Friedrich Müller** [1834-1898], da Universidade de Viena, que abraçam praticamente todos os idiomas do mundo, os que já fizeram o conhecimento da linguagem dar um passo à frente; os nomes que se poderia citar nesse sentido seriam, sim, os de romanistas como Gaston Paris, **Paul Meyer** [1840-1917], Schuchardt, nomes de germanistas como Hermann Paul, nomes da escola russa que se ocupam especialmente do russo e do eslavo, como N. Baudouin de Courtenay, Kruszewski (Saussure, 2002: 147).

Talvez por isso Saussure tenha ministrado "um curso que ele parece não preparar, não redigir, improvisando no mais das vezes a partir de notas apressadas, de 'pedaços de papel'" (Calvet, 1975: 51). E talvez também seja essa a razão por não aparecerem, no CLG, devidamente nomeadas, as fontes teóricas que o auxiliaram nessa tarefa.

No prefácio à primeira edição do CLG, os editores Sechehaye e Bally reconhecem que Saussure *"talvez não autorizasse a publicação destas páginas"* (CLG: 38). Em sua resenha, bastante negativa aliás, do CLG, publicada no mesmo ano de 1916, Meillet, decerto ecoando os editores do livro, afirma: *"F. de Saussure seguramente teria se recusado a deixar publicar, em vida, a redação que deles tivesse feito um de seus ouvintes"* (Meillet, 2020: 257), mas conclui declarando: *"Não cabe aqui entrar na crítica pormenorizada de um livro que não passa da adaptação de um ensino oral fugaz e no qual não se sabe se os detalhes que seriam criticáveis vêm do autor ou dos editores"* (p. 260). Mesmo assim, impelido por sua insistência num enfoque sempre *social* dos fatos de linguagem, Meillet censura algumas das formas de argumentação empregadas no CLG, a exemplo da análise da mudança linguística como dependente da língua em si e por si mesma. As mudanças, ao contrário, afirma Meillet, são

> fatos históricos que só adquirem algum sentido quando se investiga as condições que determinaram essas mudanças. Uma mudança que resulta do fato de que, ao adotar uma língua estrangeira, uma população conservou seus antigos hábitos articulatórios é coisa totalmente diferente de uma mudança que resulta de uma série de adaptações comandadas por alguma tendência, de caráter universal, a se articular da maneira mais natural possível. Ao separar a mudança linguística das condições externas de que ela depende, F. de Saussure a priva de realidade; ele a reduz a uma abstração, necessariamente inexplicável. E isso se vê bem quando, na p. 208, aparece uma pequena exposição das causas das mudanças fonéticas: F. de Saussure se limita então a uma revisão das opiniões que ele critica rapidamente, mas não esboça nenhuma classificação, não traz nenhuma visão nova, nenhum agenciamento novo das opiniões emitidas. E fica parecendo, na leitura dessas páginas, que o problema é quase quimérico.
>
> Considerado na "diacronia", o fato linguístico é um fato histórico que só se compreende em meio a fatos históricos. Assim, não se pode fazer a teoria das sucessões fonéticas de uma língua senão por meio de aproximações etimológicas. Mas a transmissão de cada palavra levanta um problema particular, que deve ser estudado à luz dos fatos históricos. E, se se quiser descrever uma língua atualmente falada, só é possível fazê-lo levando em conta as diferenças que resultam da *diversidade das condições sociais e de toda a estrutura da sociedade considerada* (Meillet, 2020: 259-260, grifo nosso).

Ainda seria possível mencionar outras críticas feitas ao CLG pouco depois da publicação de sua segunda edição em 1922. Uma das mais conhecidas é da autoria do já citado Volóchinov no livro *Marksizm i filosofiya yazyka* (*Marxismo e filosofia da linguagem*, 1929), que no entanto só veio a ser conhecido fora da Rússia na década de 1970 e equivocadamente atribuído a Mikhail Bakhtin. Nesse livro o autor critica dois conjuntos de ideias sobre língua e linguagem: o **subjetivismo idealista**, que tem como alvo explícito a filosofia da linguagem de Wilhelm von Humboldt, e o **objetivismo abstrato**, que se dirige, também explicitamente, a Saussure (ou, como temos insistido, ao CLG). O subjetivismo abstrato é assim definido por Volóchinov (2017: 148-149):

1. *A língua é atividade, um processo ininterrupto de criação (*enérgeia*), realizado por meio de atos discursivos individuais.*
2. *As leis da criação linguística são, em sua essência, leis individuais e psicológicas.*
3. *A criação linguística é uma criação consciente, análoga à criação artística.*
4. *A língua como um produto pronto* (érgon), *como um sistema linguístico estável* (dotado de vocabulário, gramática, fonética) *representa uma espécie de sedimentação imóvel*, de lava petrificada da criação linguística, *construída de modo abstrato pela linguística com o objetivo prático de ensinar a língua como um instrumento pronto.*

Por sua vez, o objetivismo abstrato é sintetizado da seguinte maneira (p. 162):

1. *A língua é um sistema estável e imutável, de formas linguísticas normativas e idênticas, encontrado previamente pela consciência individual e indiscutível* para ela.
2. *As leis da língua são leis linguísticas específicas de conexão entre os signos linguísticos dentro de um sistema linguístico fechado.* Essas leis são objetivas em relação a qualquer consciência subjetiva.
3. *As leis linguísticas específicas não possuem nada em comum com os valores ideológicos* (artísticos, cognitivos e outros). Nenhum motivo ideológico é capaz de fundamentar o fenômeno da língua. Entre a palavra e a sua significação não existe uma conexão, seja ela natural e compreensível para a consciência, seja artística.
4. *Os atos individuais da fala são, do ponto de vista da língua, apenas refrações e variações ocasionais ou simplesmente distorções das formas normativas idênticas,* mas justamente esses atos de uma fala individual explicam a mutabilidade histórica das formas linguísticas, que, como tal, do ponto de vista do sistema da língua, é irracional e sem sentido. *Entre o sistema da língua e sua história não existe nem conexão nem motivos em comum. Eles são alheios entre si.*

Para um autor de filiação marxista, é inadmissível uma concepção da língua *em si e por si mesma*, tal como vem elaborada no CLG (ainda que saibamos que a frase final do livro foi inserida por Bally — embora, com toda probabilidade, inspirado nas ideias de seu professor). A ausência de uma verdadeira abordagem social da língua (e da fala), já criticada na resenha de Meillet em 1916 e no livro de Volóchinov de 1929 será, de fato, uma das principais fragilidades epistemológicas da linguística estruturalista a sofrer pesada crítica a partir da segunda metade do século 20:

> De uns anos a esta parte, certos linguistas se encastelam na preocupação de criar uma ciência pura e exclusivamente linguística, independente da sociologia, da psicologia, da história e da etnografia. Imaginam com isso, num orgulho compreensível, dar um passo à frente dos antecessores, que não se haviam conseguido libertar daquelas fiéis intérpretes do homem. Contudo [...], tal atitude, ao contrário do que se pretende, significa um empobrecimento: a unidade é o homem: tudo o que lhe diz respeito está intimamente entrelaçado. A língua constitui, sem dúvida possível, o mais importante traço da cultura; nada ganha, porém, em isolar-se dos demais. Pelo contrário, o seu verdadeiro realce só se nota no confronto com os outros elementos que, reunidos, vêm a ser a complexa teia da vida (Silva Neto, 1960: 21).

Calvet dirá praticamente a mesma coisa ao afirmar:

> De fato, o estruturalismo em linguística se constituiu ao mesmo tempo sobre a vontade de autonomizar essa ciência e sobre a recusa de considerar as determinações sociais e psicológicas da linguagem. Mais uma vez, a língua descrita (inventada) pelo linguista é abstraída da sociedade na qual ela funciona, é cortada da prática social. Desse ponto de vista, o estruturalismo aparece como profundamente a-histórico e portanto, politicamente, como reacionário (Calvet, 1975: 64).

Na próxima subseção, nos demoraremos mais nessas críticas. Aqui vamos procurar argumentos que permitam modalizar e relativizar a já tradicional atribuição a Saussure do rótulo de "pai da linguística moderna", feita com base exclusivamente no texto do CLG. A pretensa originalidade das ideias apresentadas no livro se tornou uma espécie de *fable convenue*, de lugar-comum quase axiomático nas narrativas mais apressadas da história do pensamento linguístico moderno, a ponto de obscurecer e marginalizar todo o acumulado progresso obtido pela linguística geral e pela linguística histórico-comparativa desde o final do século 18 até o início do século 20.

Tudo o que vem antes de Saussure passou a ter interesse apenas historiográfico, como se os mais de dois milênios de reflexões sobre a linguagem no Ocidente tivessem atingido seu ápice na obra publicada sob o nome do linguista suíço. No entanto,

> Saussure não foi tão inovador quando se esperaria de alguém rotulado como o pai da linguística moderna e cujo CLG foi descrito por Roman Jakobson como "um ponto de partida para nossas discussões sobre as questões básicas da linguística", de modo que "nenhum outro livro de nosso século [20] tem exercido uma tão vasta e profunda influência sobre a linguística internacional" (Allan, 2009: 261).

Na opinião de Allan, a verdadeira inovação trazida por Saussure está em seu *Mémoire* de 1878, uma vez que

> sua insistência na primazia da língua falada se encontra anteriormente em Sweet; a arbitrariedade do signo, a diferenciação entre significante e significado, o germe da concepção de *valor* e a relevância do aspecto social da linguagem se encontram todos em Whitney; a noção de relações associativas *versus* sintagmáticas e a diferenciação entre linguística sincrônica e diacrônica se encontram em Paul (Allan, 2009: 261).

De igual modo, tanto Allan (2009) quanto Seuren (2018) ressaltam a presença, no CLG, de ideias já bem desenvolvidas anteriormente no livro de Sechehaye publicado em 1908, *Programme et méthodes de la linguistique théorique* e dedicado a ninguém menos do que a seu professor Saussure. Obscurecido pela fama adquirida pelo livro que ajudou a editar compilando as ideias atribuídas ao mestre, o trabalho de Sechehaye ficou abandonado à margem da linguística moderna, jamais foi traduzido, e seu nome só é lembrado precisamente como o de um dos editores do CLG. O livro de Seuren (2018) tenta resgatar, talvez de forma algo exagerada, o pensamento de Sechehaye da espécie de limbo a que foi relegado, rotulando Saussure de "mito" e Sechehaye de "gênio". Mas opinião semelhante acerca de Saussure já tinha sido expressa anteriormente pelo linguista-antropólogo estadunidense **Dell Hymes** (1927-2009):

> Assim como a abordagem histórico-comparativa tem seu fundador mítico em Sir William Jones, também a abordagem estrutural tem tido seu fundador mítico em Ferdinand de Saussure. O grande respeito que devemos ter por ambos não deve impedir o questionamento sobre o verdadeiro papel que desempe-

nharam; em ambos os casos, este se deveu, de modo bem dramático, ao uso simbólico que se fez postumamente de cada um (Hymes, 1983: 375).

O estruturalismo, portanto, não teria sido fundado por Saussure, como habitualmente se alega: os estruturalistas é que tentaram encontrar no CLG a fonte original de suas próprias ideias:

> Segundo [Françoise] Gadet (1995: 457), Jakobson "usou Saussure sem reconhecer a originalidade de Saussure em termos gerais e sem acompanhar os textos de Saussure ao pé da letra". Referindo-se a uma entrevista que teve com Cornelis van Schooneveld (1921-2003) em 1992, Gadet menciona ter ele contado que seu amigo Jakobson lhe disse, pouco antes de morrer em 1982, em resposta à pergunta sobre o que via de tão inspirador em Saussure: "Precisávamos de uma bandeira para cobrir o navio" (*"Il fallait bien un pavillon pour couvrir le bateau"*) (Seuren, 2018: 200).

Além disso, Koerner (1971; 1972) demonstra que noções estruturalistas *avant la lettre* já estavam presentes nas teorias linguísticas que circulavam no final do século 19, especialmente na obra de Hermann Paul.

A afirmação de Allan de que Saussure foi menos inovador do que se costuma acreditar é a conclusão a que ele chega depois de comparar as teses defendidas no CLG com as encontráveis em autores com os quais o linguista suíço sem dúvida tinha muita familiaridade:

- As relações associativas e sintagmáticas podem ter inspiração nos conceitos de *stoffliche und formale Gruppen* ("grupos materiais e formais"); *Proportionengruppen* ("grupos de proporção") e *syntaktischen Verbindungen* ("conexões sintáticas") e *kombinatorische Tätigkeit* ("atividade combinatória"), que se encontram no livro de Hermann Paul, como já várias vezes mencionamos.
- A noção de *imagem acústica* pode ter a influência de **Carl Wernicke** (1848-1904), que tratou do "monitoramento inconsciente da imagem da palavra falada". Mas pode ter sido também inspirada por Paul, como veremos logo abaixo.
- O par *langue/parole* deriva, mais uma vez, de Paul, que distinguiu o *Sprachusus* ("uso geral da língua"), uma abstração por sobre os idioletos, da *individuelle Sprechtätigkeit* ("atividade linguística individual"), assim como o par *Gemeinschprache* ("língua comum", "o conjunto dos usos correntes [...] uma norma ideal que prescreve regras para a fala") e *individuelle Sprachen* ("falas individuais").

- A noção de que o sistema linguístico é uma expressão da interação social foi colhida diretamente de Whitney (como reconhece o texto do CLG), mas é uma tradição que remonta a Humboldt, Herder, Locke, Lucrécio e Epicuro.
- Sobre a impossibilidade de um indivíduo ter o poder de modificar sozinho a língua, trata-se de uma ideia já presente em Paul, Humboldt, assim como em Bloomfield (em texto de 1914, anterior, portanto ao CLG).

Allan, por fim, observa:

> Frequentemente se diz que Saussure foi o primeiro a emergir da filologia comparada do século 19 distinguindo entre linguística sincrônica e diacrônica; mas a distinção já se encontrava nos *Prinzipien der Sprachgeschichte* de Hermann Paul (1880) e foi afirmada de maneira independente por Boas (1911), antes da publicação do CLG em 1916. Koerner (1972) sugere plausivelmente um paralelo entre *allgemeine Prinzipienwissenschaft = deskriptive Grammatik + historische Grammatik* (ou *Sprachgeschichte*) de Paul e a *linguistique générale = linguistique statique + linguistique évolutive* de Saussure. Paul diz que a gramática histórica é apenas o estudo de uma sequência de gramáticas "descritivas". Saussure sugere a mesma coisa em CLG: 115-17 [...] (Allan, 2009: 261).

Aos pontos levantados por Allan poderíamos acrescentar mais um conceito de Paul, conforme relata Burridge (2013: 162):

> Embora Paul geralmente evitasse a abstração para dar conta de fenômenos linguísticos, seu conceito de *Lautbild* ("imagem sonora") chega muito perto das definições psicológicas do fonema na primeira metade do século 20 e, conforme argumenta Koerner, é provavelmente a inspiração para a *"image accoustique"* de Saussure. Paul escreveu sobre a ampla variabilidade de sons e a dificuldade de dividir o espectro sonoro em segmentos; por conseguinte, como uma espécie de imagem sonora idealizada, o *Lautbild* agia como um controle para limitar essa variabilidade. Em seu terceiro capítulo sobre mudança sonora, ele escreveu de que modo a "Vorstellung des noch zu sprechenden Lautes" ("a ideia do som que ainda está para ser dito") influenciava as mudanças acarretadas por processos tais como a assimilação progressiva.

O trabalho de Koerner (1971) é um minucioso levantamento historiográfico das influências exercidas sobre Saussure por um amplo conjunto de teorias linguísticas que circulavam no meio científico desde pelo menos a década de 1870. Koerner destaca dois autores que mais teriam influenciado o pensamento do linguista suíço: Whitney e Paul (embora também discuta o papel que nele teriam os trabalhos de Sievers, Baudouin e Kruszewski). Sobre o primeiro, nas palavras de Koerner, *"podemos dizer que Whitney foi, em diversos aspectos, uma fonte importante, senão a mais importante, de inspiração para a linguística de Saussure"* (1971: 92). O linguista estadunidense é, de fato, o que mais comparece no texto do CLG, o que poderia levar a supor o reconhecimento dessa influência. No entanto, são apenas quatro as ocorrências do nome de Whitney: a primeira (CLG, 2021: 45) está na recapitulação sucinta que se faz da história da linguística; a segunda e a terceira (p. 53), assim como a quarta (p. 126), se referem à definição que Whitney faz da língua como instituição social e à natureza arbitrária e convencional do signo linguístico. Entretanto, outras teses postuladas por Whitney aparecem desdobradas no CLG sem nenhuma referência. É o caso, já visto, da noção de *valor*. O mesmo se aplica à noção do *zero* morfológico: Whitney não emprega o termo *zero*, que o CLG introduz, mas a descrição que ele faz do fenômeno aparece em formulação muito semelhante no CLG:

> O *s* de *brooks*, por exemplo, é formal em relação a *brook*, que é material; a letra acrescentada indica algo subordinado, uma modificação da concepção de *brook*, a existência dessa concepção em mais de um indivíduo: torna um singular em plural. *Men* tem valor semelhante no tocante a *man*, o meio de fazer a mesma distinção formal sendo de um tipo diferente do outro, como uma mudança interna em vez de externa. *Brooks* e *men* não são meros materiais; são materiais "formados", signos para concepções com uma importante característica acrescida, o número. Mas então, pelo simples contraste entre os dois, *brook* e *man* também são "formados"; cada um deles implica, não por meio de um signo, mas, ao contrário, pela ausência de um signo necessário em outras circunstâncias, restrição a um único item do tipo nomeado (Whitney, 2017 [1875]: pos. 3176-77).

Observe-se, de passagem, o uso de *valor* (*value*) nesse trecho de Whitney. Por seu turno, o CLG assim se manifesta a respeito do zero morfológico:

> No antigo eslavo, *slovo*, "palavra", se torna, no instrumental singular, *slovemъ*; no nominativo plural, *slova*; no genitivo plural *slovъ* etc. Nesta declinação, cada caso tem sua desinência, mas hoje em dia as vogais "fracas" ь e ъ, representantes eslavas do *ĭ* e do *ŭ* indo-europeus, desapareceram; daí o tcheco, por exemplo, *slovo, slovem, slova, slov*; assim como *žena*, "mulher", acusativo singular, *ženu*, nominativo plural, *ženy*, genitivo plural, *žen*. Aqui, o genitivo (*slov*, *žen*) tem zero como expoente. Vê-se, então, que nenhum signo material é necessário para exprimir uma ideia; a língua pode se contentar com a oposição de algo

a nada. Aqui, por exemplo, reconhece-se o genitivo plural *žen* simplesmente por não ser nem *žena* nem *ženu*, nem qualquer das outras formas (CLG: 138; sublinhado nosso).

Tanto a ideia de *zero* morfológico quanto a de *valor* presentes nesse trecho mostram a repercussão das ideias de Whitney no CLG.

Koerner (1971: 92) faz uma lista das noções presentes na obra de Whitney ressurgentes no CLG sem referência explícita:

(1) a distinção entre a força inovadora do indivíduo e a força conservadora da comunidade, o que seria uma antecipação da dicotomia saussuriana *langue/parole* (segundo o linguista italiano **Giacomo Devoto** [1898-1974], citado por Koerner [1971: 92], que porém não concorda com ele);
(2) o cárater sistêmico da língua, enfatizado diversas vezes por Whitney;
(3) a concepção da oposição morfológica;
(4) a necessidade de estudar a língua por si mesma, sem recurso a outras ciências, sobretudo a biologia, a fisiologia e a psicologia;
(5) a distinção entre *língua* e *faculdade da linguagem*;
(6) os termos *intercurso social* e *valor*;
(7) a noção de zero morfológico (embora sem o termo).

A conclusão de Koerner (1971: 92) é que

> Whitney é o precursor *par excellence* de Saussure; conforme declarou Saussure em 1908, Whitney nunca disse qualquer coisa acerca de uma metodologia precisa para o estudo da linguagem que não estivesse correta, mas, acrescentou Saussure, nunca formulou uma sistematização de suas ideias: ter feito isso é o mérito e a grandeza do gênio de Saussure.

Sem dúvida, sistematizar um arcabouço teórico próprio tomando como ponto de partida terminologias e noções propostas por outros pensadores é procedimento quase obrigatório, senão inevitável, da produção intelectual (sobretudo da que se pretende científica, onde, afinal, *ex nihilo nihil*), ainda que, como vimos acima, o próprio Koerner, em 1984, tenha deixado de atribuir a suposta sistematização ao "mérito e à grandeza do gênio de Saussure". O que parece problemático é fazer isso *sem explicitar as fontes a que se recorreu*, seja para reaproveitá-las no que for pertinente, seja para criticá-las e até descartá-las. É mais do que provável, como temos insistido, que essa falha importante se deva, não a Saussure, mas às condições de produção do *Curso de linguística geral*. No entanto, não se pode aplicar a mesma condescendência à historiografia posterior ao CLG, que identificou tantas originalidades no livro sem proceder ao cálculo justo dos débitos e dos créditos.

Antes de detalhar o impacto de Hermann Paul sobre Saussure, Koerner faz uma crítica importante acerca do lugar que a historiografia pós-estruturalista dedicou aos Jovens Gramáticos e seu trabalho:

> A linguística estrutural substituiu quase que por completo o trabalho histórico na descrição e na comparação das línguas durante as duas últimas décadas [1950-1960]. Em consequência disso, o interesse pelas contribuições dos Jovens Gramáticos se tornou marginal e, lamentavelmente, a representação do trabalho deles tem se tornado cada vez mais distorcida, já que muitos linguistas parecem basear suas opiniões em fontes secundárias e terciárias, as assim chamadas histórias da linguística, em vez de se darem ao trabalho de ler os textos originais. Assim, os Jovens Gramáticos se tornaram os bodes expiatórios de todos os aparentes vícios da linguística histórica, e passou a ser uma atitude habitual acusá-los de "atomismo" em seu tratamento dos fenômenos linguísticos (Koerner, 1971: 101).

Desse modo, prossegue o autor,

> afirmar que Saussure, o pai da linguística estrutural, foi profundamente influenciado por alguns de seus [dos Jovens Gramáticos] princípios de descrição linguística pode parecer quase uma blasfêmia, uma vez que a opinião geral é a de que Saussure desenvolveu suas ideias em oposição às noções dos Jovens Gramáticos.

Uma década antes de Koerner, porém, como demonstramos acima, o filólogo brasileiro Serafim da Silva Neto já tinha chamado a atenção para essa dívida de Saussure com os Jovens Gramáticos. Também anterior à tese de Koerner é o reconhecimento que Silva Neto faz da dependência do CLG em relação ao pensamento de Paul:

> A famosa dicotomia *langue-parole* não é criação original de Saussure. Já antes dele Hermann Paul distinguira entre *Sprachusus*, que vem a ser a *langue* do mestre genebrino, e a *individuelle Sprechtätigkeit*, ou seja, a *parole*. Vai além o injustamente esquecido autor dos *Prinzipien der Sprachgeschichte* ("Princípios da história da linguagem") e frisa que as mudanças no *Usus* tem a sua origem na atividade falante dos indivíduos: é exatamente o que ensina Saussure ao dizer que as modificações da *langue* têm a sua origem na *parole* (Silva Neto, 1960: 28).

Uma vez que a obra de Paul é considerada a síntese mais bem acabada das teorias postuladas e defendidas pelos Jovens Gramáticos, Koerner se dedica a nela identificar as fontes prováveis de algumas das mais importantes teses enunciadas no CLG e, a partir deste, invariavelmente estampadas na maioria dos manuais de introdução à linguística e à história da linguística. Dessa investigação o autor conclui ser

> apropriado considerar Paul como uma das fontes, embora uma fonte importante, de inspiração da linguística de Saussure, pois seus *Prinzipien* refletem em diversos aspectos as ideias correntes nas últimas décadas do século 19, quando a teoria de Saussure começava a tomar forma. Ao estabelecer uma lista de paralelos terminológicos e conceituais entre ideias de Paul e noções de Saussure, pretendemos não somente sustentar nossa afirmação de que os *Prinzipien* de Paul tiveram de fato uma profunda influência no desenvolvimento do pensamento linguístico de Saussure, mas também demonstrar de algum modo o "clima de opinião" (Becker) do período, o qual não era alheio a ideias estruturais, como geralmente afirmam historiadores da ciência linguística. [...] [É] possível demonstrar que não existem apenas semelhanças terminológicas [entre Paul e Saussure], mas também afinidades conceituais que não podem ser negadas (Koerner, 1972: 301-302).

"Clima de opinião" é o título do primeiro capítulo do livro *The Heavenly City of the Eighteenth-Century Philosophers* (1932) do historiador estadunidense **Carl Becker** (1873-1945), de quem Koerner recupera a expressão. Curiosamente, muitas pessoas atualmente atribuem a noção ao próprio Koerner, o que é no mínimo irônico, já que se trata de um autor que se esforçou por apontar e explicitar as "influências" presentes nas obras dos autores que analisa.

Uma dessas afinidades conceituais é a expressão da necessidade teórica de não confundir uma abordagem histórica (diacrônica) com a abordagem de um estado de língua (sincrônica). Koerner cita um trecho de Paul que, segundo ele, "o linguista de hoje atribuiria a Saussure sem hesitação":

> É muito fácil que a imagem de determinado estado da língua fique nublada se o observador estiver familiarizado com uma língua intimamente relacionada ou com um estágio de desenvolvimento mais antigo ou mais recente. Aqui é necessário o maior cuidado para garantir que nada de estranho seja misturado. Desse ponto de vista, a pesquisa linguística histórica pecou muito ao simplesmente transferir o que ela abstraiu do estudo do estado linguístico mais antigo para o mais novo (Paul, 1920: pos. 859).

E Koerner acrescenta (1972: 288):

> Não conseguiríamos pensar num pronunciamento mais claro a respeito da necessidade de desconsiderar outros estágios de uma língua ao descrever dado estado dessa língua. Além disso, a crítica que Paul faz em 1886 aos linguistas que não distinguem nitidamente vários estágios da língua faria a crítica poste-

rior de Saussure parecer um tanto anacrônica, se os contemporâneos de Paul tivessem lido sua obra mais atentamente.

Em seu artigo de 1972 (que retoma um dos capítulos da tese do ano anterior e vai ser retomado e ampliado em 2020), Koerner faz detidas considerações sobre os termos empregados por Paul e Saussure, de modo a comprovar que o linguista suíço se valeu de muitas das ideias do alemão. Além disso, cita também um par de termos/conceitos propostos por Kruszewski, o colaborador de Baudouin de Courtenay na Universidade de Kazan: *Angrengzungsassoziationen* ("associações de contiguidade") e *Ähnlichkeitsassoziationen* ("associações de similaridade"), que se assemelham (e precedem cronologicamente, até porque Kruszewski morreu em 1887) às *relações sintagmáticas* e *relações associativas* (mais tarde chamadas *paradigmáticas*) discutidas no CLG. Em suma,

> os *Prinzipien* de Paul certamente desempenharam um papel importante no desenvolvimento do pensamento linguístico de Saussure, não apenas *ex negativo*, mas também, com bastante frequência, num sentido positivo, *embora as anotações de Saussure assim como as de seus alunos recuperadas até o momento não façam nenhum reconhecimento explícito desse fato inegável* (Koerner, 1971: 109; grifos nossos).

Afirmamos acima |6.6.1| que diversos trechos do CLG são paráfrases ou quase traduções literais de diversas afirmações presentes nos *Prinzipien* de Paul, publicados 36 anos antes:

Cours de linguistique générale	*Prinzipien der Sprachgeschichte*
É [a língua] a parte social da linguagem, externa ao **indivíduo**, que **sozinho** não pode nem criá-la nem modificá-la; ela só existe em virtude de uma espécie de **contrato firmado** entre os membros da **comunidade** (2021: 58).	Enquanto um **indivíduo** permanecer **sozinho** numa tendência a se desviar de outros falantes na **comunidade**, ele só poderá se entregar a essa tendência num grau extremamente limitado, já que seus efeitos serão sempre paralisados pelas **forças reguladoras opostas** (1920: 59).
Entre todos os **indivíduos** assim conectados pela linguagem se estabelecerá **uma espécie de média**: todos reproduzirão — não exatamente, decerto, mas aproximadamente — os mesmos signos unidos aos mesmos conceitos (p. 56).	A partir da comparação dos organismos **individuais** da língua, pode-se obter **uma certa média**, em que se determina o que é realmente normal na língua, o uso geral (p. 29).
A língua existe na coletividade sob a forma de **uma soma de impressões depositadas em cada cérebro**, mais ou menos como um dicionário cujos exemplares todos, idênticos, seriam distribuídos **entre os indivíduos** (p. 63).	Para fazer uma descrição completa do estado de uma língua, seria de fato necessário observar exaustivamente o comportamento da **massa de representações linguísticas em cada indivíduo** da comunidade linguística e então comparar os resultados **entre os indivíduos** (p. 29).

[...] as modificações da língua não estão ligadas à sucessão das gerações que, longe de se superporem umas às outras como as gavetas de um móvel, **se mesclam, se interpenetram e contêm, cada uma, indivíduos de todas as idades** (p. 123).	Uma geração que tem uma relação meramente passiva [com o fenômeno] **se vê imprensada entre uma que ainda está ativa e a outra que não tem nenhuma relação** [com o fenômeno] (p. 35).
Nada entra na língua sem ter sido experimentado na fala, e **todos os fenômenos evolutivos têm sua origem na esfera do indivíduo** (p. 237).	**Todos os processos mentais ocorrem nas mentes individuais e em nenhum outro lugar** (p. 11). **Toda criação linguística é obra de um único indivíduo** (p. 18).
Assim, história e "linguística histórica" não são utilizáveis, pois evocam ideias demasiado vagas; como a história política compreende a **descrição** das épocas tanto quanto a narração dos eventos, se poderia imaginar que, **descrevendo** estados da língua sucessivos, estuda-se a língua segundo o eixo do tempo; para isso, seria preciso considerar separadamente os fenômenos que fazem a língua passar de um estado a outro (p. 132).	A *gramática histórica* emergiu da gramática mais antiga, puramente *descritiva*, e reteve grande parte dela. Pelo menos na representação sumária tem preservado por todos os meios a forma antiga. Apenas acrescentou uma série de gramáticas **descritivas** em paralelo (p. 23).
De modo geral, é muito mais **difícil** fazer linguística estática do que histórica. [...] [A] linguística que se move entre valores e relações coexistentes apresenta **dificuldades** bem maiores (p. 155).	Fornecer tal descrição de um estado de língua [...] não é, portanto, uma tarefa **fácil** e, em certas circunstâncias, uma tarefa muito **difícil** (p. 31).
Qualquer **palavra** pode sempre evocar tudo o que é suscetível de lhe ser **associado** de uma maneira ou de outra (p. 184).	Quase não há uma **palavra** em nenhuma língua que se situe completamente fora dos **grupos descritos** (p. 109).
Portanto, ora se tem **comunidade dupla do sentido e da forma**, ora **somente comunidade de forma ou de sentido** (p. 183-184).	A atração mútua se baseia sempre numa **correspondência parcial do som ou do sentido** ou do **som** e, **ao mesmo tempo**, do **sentido** (p. 108).
Como se vê, trata-se de um "paraplasmo", da instalação de um concorrente ao lado de uma forma tradicional, de uma criação, enfim. Enquanto a mudança fonética não introduziu nada de novo sem anular o que precedeu (*honōrem* substitui *honōsem*), **a forma analógica não acarreta necessariamente o desaparecimento daquela que ela vem duplicar**. *Honor* e *honōs* coexistiram durante um tempo e puderam ser empregados um pelo outro. Entretanto, como a língua rejeita manter dois significantes para uma mesma ideia, no mais das vezes a forma primitiva, menos reguiar, cai em desuso e desaparece (p. 230-231).	**Uma formação analógica não desaloja logo de imediato uma forma previamente existente com o mesmo sentido**. É sem dúvida inconcebível que a representação da forma antiga desaparecesse simultaneamente em todos os indivíduos de modo que a formação analógica pudesse prosseguir sem inibição. Ao contrário, existem sempre alguns indivíduos que retêm a forma antiga enquanto outros já estão usando a inovação. Mas enquanto uma comunicação ininterrupta se mantiver entre estes e aqueles indivíduos, é preciso ocorrer uma acomodação. Portanto, ambas as formas devem se tornar familiares a um número maior ou menor de indivíduos. Somente depois de uma demorada batalha entre as duas formas é possível a vitória total da inovação (p. 116).

Por sua vez, o sociólogo francês **Pierre Bourdieu** (1930-2002) adverte (1996: 29) que o emprego do termo *tesouro* no CLG remete imediatamente a Auguste Comte, segundo o qual:

> Em relação a riquezas que comportam uma posse simultânea sem sofrer nenhuma alteração, a *linguagem* institui naturalmente uma plena *comunidade* onde todos, haurindo livremente do *tesouro universal*, concorrem espontaneamente para sua conservação (Comte, 1929: 254).

É a mesma ideia, expressa com a mesma palavra, que ocorre em passagens do CLG, onde a língua é definida como "um *tesouro* depositado pela prática da fala nos sujeitos pertencentes a uma mesma *comunidade*" (p. 56), em que se postula um "*tesouro* interior que constitui a língua em cada indivíduo" (p. 181) ou "materiais depositados no *tesouro* da língua" (p. 283). É difícil aceitar a ideia de uma ruptura epistemológica radical provocada pelo CLG quando seu vínculo com o positivismo, filosofia da ciência tão poderosa no final do século 19, é de uma evidência literal.

A opacidade das fontes que apenas se adivinham sob o texto do CLG também tem permitido a atribuição de influências difíceis de comprovar. A noção de "social" que aparece no livro carece de embasamento teórico consistente, é vaga e se limita a atribuir à *langue/sistema* um caráter não individual e, sobretudo, a propriedade de ser autossuficiente, autorreguladora e acionada por seus mecanismos internos — enfim, uma coisa "em si e por si mesma". Conceber a língua como uma instituição social é um reflexo da leitura de Whitney, o único autor, como vimos, que merece uma discussão um pouco menos fugaz do que a dedicada aos outros (poucos) pensadores referidos no texto. Não faltou, no entanto, quem visse no uso de "social" no CLG uma influência do pensamento sociológico de Émile Durkheim, talvez por causa da ocorrência no livro da locução *"fato social"* (mas apenas três vezes) que tem, como se sabe, papel fundamental na obra do sociólogo francês. Koerner, no entanto, refuta essa ideia e explica sua origem:

> [D]esde a apresentação de **Witold Doroszewski** (1899-1976) por ocasião do II Congresso Internacional dos Linguistas realizado em Genebra em 1931 [...] e seu artigo sobre Durkheim e Saussure dois anos mais tarde [...], a tese de que Saussure teria desenvolvido suas ideias sobre a natureza social da linguagem sob influência de Durkheim, sobretudo no que diz respeito ao conceito central da teoria saussuriana, a saber, o da *"langue"* [...], se tornou quase um dogma da historiografia linguística (Koerner, 1988: 65).

E o mesmo Koerner (1988: 66) conclui:

> É sintomático o quanto na história da linguística qualquer oposição a um ponto de vista caro àqueles que querem a todo custo encontrar precursores por toda parte — mesmo que ela esteja facilmente acessível — é na maior parte do tempo ignorada.

Como testemunho de que a expressão *fait social* ("fato social") em Saussure é anterior a Durkheim, Koerner (2020: 146, n. 55) escreve:

> Num texto inédito que remonta provavelmente a 1894, senão antes, Saussure anotou: "la langue est un fait social". As *Règles* de Durkheim, frequentemente citadas como a suposta fonte de Saussure para a expressão, teve sua primeira publicação em 1895, dando a ela sua definição completa somente na segunda edição, de 1901.

Koerner (1971; 2014; 2020) também refuta os argumentos (apresentados por **Eugenio Coseriu** [1921-2002] em artigo de 1967) de que Saussure teria retomado diversos conceitos já encontráveis na obra de Georg von der Gabelentz, publicada em 1891. Novamente, é a ausência de referências explícitas que permite esse tipo de especulação.

Um exemplo claro do problema se dá quando aparece no CLG o seguinte comentário: *"Com frequência se tem comparado essa unidade de duas faces* [o signo] *à unidade da pessoa humana, composta do corpo e da alma"* (p. 158). Essa comparação, na verdade, se encontra explicitada nas reflexões de santo Agostinho em *De quantitate animae* (XXXI, 66) |3.2.2|:

> Cum ergo nomen ipsum sono et significatione constet, sonus autem ad aures, significatio ad mentem pertineat; nonne arbitraris in nomine, velut in aliquo animante, sonum esse corpus, significationem autem quase animam soni?
>
> *O nome consiste de som e significado, o som pertence aos ouvidos e o significado, à mente; não arbitras, portanto, que no nome, como em qualquer criatura viva, o som é o corpo e o significado é, por assim dizer, a alma do som?*

Não é difícil supor que outras tantas referências não explicitadas ocorram no CLG, e é isso que tem levado muitas pessoas a procurar fora do livro o que deveria estar em seu interior devidamente registrado.

Seuren (2018: 35), ao comentar a sugestão feita por Allan (2009: 262) de que a fama adquirida por Saussure se deve ao fato de ele ter "reunido nas aulas que deram origem ao CLG as diversas ideias de seus ilustres contemporâneos e predecessores imediatos, moldando-as naquilo que se imaginou ser uma teoria manuseável [*workable*]", comenta:

> Isso me parece essencialmente correto: é de fato possível ver as aulas de Saussure como uma tentativa de oferecer uma síntese (seletiva) de ideias modernistas sobre linguagem que eram correntes por volta de 1900 e "moldá-las naquilo que se imaginou ser uma teoria manuseável", o que, aparentemente, resultou em algum tipo de cristalização nas mentes de seus alunos e seguidores. Ao mesmo tempo, porém, isso mostra precisamente o mito. Pois se isso foi tudo o que Saussure fez em suas aulas, seria de esperar, primeiro, que ele se referisse às fontes reais das ideias em jogo e, segundo, que tal tentativa em si mesma dificilmente bastaria para explicar a fama que ele adquiriu antes e depois de morto. Pode ser que tenha sido uma tentativa brilhante, mas, de fato, foi fragmentária, confusa e, no geral, inadequada.

Não é preciso enfatizar que o que há de "fragmentário e confuso" no CLG se deve à própria gênese do livro e à falta de uma personalidade intelectual única que pudesse dar coerência teórica à edição das ideias expostas ali. Composto das rarefeitas notas que Saussure não destruiu depois de cada aula e, sobretudo, de anotações feitas por alunos — o que nem de longe garante uma uniformidade de percepção e apreensão do que foi exposto —, o CLG não poderia ser mais do que uma obra já nascida com os flancos abertos a toda sorte de crítica e reprimenda. O que surpreende, porém, como bem destaca Seuren, é que tenha sido, ao contrário, objeto de uma exegese quase devocional, ininterrupta, que tenta extrair dali uma teoria unificada que, além de tudo, deve muito ao trabalho (não reconhecido) de outros pensadores. A ausência de citações explícitas no livro bem como a presença de referências muito fugazes a seus contemporâneos e antecessores também podem ser devidas ao modo como ele foi compilado e publicado.

Além dos problemas nas definições do *valor* que destacamos acima, outro exemplo eloquente das incongruências que comprometem a uniformidade teórica do CLG é a que diz respeito à noção de *fonema*, conforme destaca Seuren (1998: 150-151), a quem seguimos neste tópico. Nos termos consagrados pelo próprio CLG, o fonema deveria ser atribuído à *langue/sistema*, uma vez que, na tradição da fonologia estruturalista, é uma entidade abstrata, deduzida das realizações concretas, sempre variáveis: a fonologia está para a *langue* como a fonética está para a *parole*. Mas o que aparece no CLG a esse respeito é bastante confuso. A primeira definição que se encontra de fonema é a de que se trata

> [d]a soma das impressões acústicas e dos movimentos articulatórios, da unidade ouvida e da unidade falada, uma condicionando a outra: assim já é uma unidade complexa, que tem um pé em cada cadeia (CLG: 88).

Aqui se vê uma atribuição do fonema tanto ao psiquismo (impressões acústicas, isto é, significantes) quanto à fisiologia (movimentos articulatórios), de modo que "tem um pé em cada cadeia". A seguir, porém, o fonema é atribuído ao "discurso", à "palavra falada", ou seja, à *parole*:

> Pelo fato das palavras da língua [*langue*] serem para nós imagens acústicas é que se deve evitar falar dos "fonemas" de que elas são compostas. Esse termo, que implica uma ideia de ação vocal, só pode convir à palavra falada, à realização, no discurso, da imagem interior. Falando dos *sons* e das *sílabas* de uma palavra, evita-se esse mal-entendido, desde que se recorde que se trata da imagem acústica (CLG: 116; sublinhado nosso).

No entanto, quando se compara essa definição com a que aparece em trecho anterior, a incongruência se faz logo notar:

> Na língua, ao contrário, não há mais do que a imagem acústica, e esta pode se traduzir numa imagem visual constante. Porque, se fizermos abstração dessa multidão de movimentos necessários para realizá-la na fala, cada imagem acústica é simplesmente, como veremos, a soma de um número limitado de elementos ou fonemas, suscetíveis por seu turno de serem evocados por um número correspondente de signos na escrita (CLG: 58; sublinhado nosso).

Se na língua só existe "imagem acústica" e se "cada imagem acústica é a soma de fonemas", então o fonema pertenceria à esfera da *langue*... Mas, em outro momento, o que se lê é que "é impossível que o som, elemento material, pertença por si mesmo à língua" (CLG: 175), embora o que venha logo a seguir seja:

> Esse princípio é tão essencial que se aplica a todos os elementos materiais da língua, aí compreendidos os fonemas. Cada idioma compõe suas palavras sobre a base de um sistema de elementos sonoros em que cada um deles forma uma unidade claramente delimitada e cujo número é perfeitamente determinado. Ora, o que os caracteriza não é, como se poderia crer, sua qualidade própria e positiva, mas simplesmente o fato de que não se confundem entre si. Os fonemas são, antes de tudo, entidades opositivas, relativas e negativas (p. 176; sublinhado nosso).

Temos assim, na mesma página, a afirmação da impossibilidade dos fonemas pertencerem à *langue* e, a seguir, a definição de que eles são "entidades opositivas, relativas e negativas", próxima do que se entende hoje em dia por *fonema*. Mas se a língua, como sistema, é precisamente composta de "entidades opositivas, relativas e negativas", de que modo o fonema pode não pertencer a ela? E se, como foi afirmado antes, o fonema é apenas "imagem acústica", uma entidade definida como psíquica, como pode constituir um dos "elementos *materiais* da língua"?

Saussure e Baudouin de Courtenay se conheceram pessoalmente e, segundo o biógrafo de Saussure, trocaram correspondência. No entanto, conforme escreve Seuren (1998: 151), "é de suspeitar que Saussure tenha falado com Baudouin de Courtenay sobre a noção de fonema, mas não soube exatamente o que fazer com ela, acreditando erroneamente que os fonemas de uma palavra pudessem ser distinguidos como tais no som acústico material" — isso apesar de Saussure ter sido professor de Paul Passy, que apreendera a noção de fonema de Baudouin (com quem manteve muita correspondência) e que difundira essa noção na França. Na opinião de Seuren (p. 152), "é impossível que Saussure não tivesse ouvido falar daquele novo conceito durante tal período". No texto do CLG, portanto, *fonema* ora é som, ora é imagem acústica; ora pertence à esfera da língua, ora à da fala. O termo é aplicado indistintamente ao que entendemos hoje por *fonema* e ao que entendemos por *alofone*. Essa indefinição teórica numa área tão crucial para a teoria linguística (e especialmente para o estruturalismo) mostra a que ponto o CLG pode confundir seus leitores menos atentos.

6.9.7 A obsolescência do *Curso de linguística geral*

Independentemente, porém, da originalidade ou falta de originalidade das ideias expostas no CLG, o fato é que, passado mais de um século desde sua publicação, sua importância hoje é, a nosso ver, meramente historiográfica — se o "saussurismo" (criado à revelia do linguista genebrino) empurrou a linguística construída no século 19 para as margens da corrente principal dos estudos da linguagem na primeira metade do século 20, o mesmo se pode dizer dele no início do século 21. O estruturalismo, corrente dominante da linguística durante décadas a partir do intervalo entre as duas grandes guerras, começou a ser criticado na segunda metade do século 20, quase a ponto do adjetivo *estruturalista* se tornar um rótulo depreciativo nos dias de hoje, num destino semelhante ao que foi reservado para o rótulo *neogramático* (embora ambas as posturas sejam injustificáveis quando levadas ao paroxismo).

A reprimenda mais pesada lançada sobre o modo de fazer linguística dos estruturalistas foi a adesão ao *imanentismo* característico dessa escola e que ela, de fato, herdara da linguística histórico-comparativa do século anterior. Se o estruturalismo realmente estava em germe no *Curso de linguística geral* (o que também já tem sido alvo de revisão historiográfica), não se deve esquecer que as últimas palavras impressas no livro — *"a língua em si e por si mesma"* — estavam em conexão direta com palavras semelhantes publicadas nas primeiras obras dedicadas ao estudo do parentesco entre as línguas indo-europeias (Bopp, 1833). Isso é no mínimo irônico, uma vez que um livro que traz *linguística geral* em seu título poderia sugerir uma ruptura verdadeira com aquela tradição.

O estudo da língua como imanência exigiu arrancá-la da realidade social, apagar o falante como membro de uma comunidade atravessada por toda sorte de conflitos, disputas, negociações, redes de interesse, dinâmicas ideológicas etc., algo já denunciado por Volóchinov em seu livro de 1929. Numa comparação talvez grosseira, poderíamos dizer que o modo de fazer linguística da filologia histórico-comparativa e do estruturalismo (em sua versão "clássica" do início do século 20 tanto quanto em sua versão chomskiana) opera como se fosse possível cortar a língua do falante, extraí-la de sua boca para ser estudada como um pedaço de músculo inerte sob um microscópio dentro de um laboratório devidamente asseptizado. Mas essa é uma metáfora que apenas expressa com outras palavras a afirmação de Chomsky de que a teoria linguística

> lida fundamentalmente com um falante-ouvinte ideal, inserido numa comunidade linguística completamente homogênea, que conhece perfeitamente sua língua e a salvo dos efeitos gramaticalmente não pertinentes tais como limitações da memória, distrações, deslizes de atenção ou de interesse, ou erros na aplicação de seu conhecimento da língua durante o desempenho (Chomsky, 1965: 3).

Ao examinar o impacto da linguística estrutural sobre outras ciências sociais, o já citado Bourdieu advoga pela necessidade de

> nos livrarmos dos limites inscritos na própria intenção da linguística estrutural enquanto teoria pura. [...] Nascida da autonomização da língua em relação às suas condições sociais de produção, de reprodução e de utilização, a linguística estrutural não poderia tornar-se a ciência dominante nas ciências sociais sem exercer um efeito ideológico, propiciando as aparências da cientificidade à naturalização desses produtos da história que são os objetos simbólicos (taxionomias

de parentesco, sistemas míticos ou obras de arte), a operação inaugural que fez da linguística *a mais natural das ciências sociais* ao separar o instrumento linguístico de suas condições sociais de produção e de utilização (Bourdieu, 1996: 18).

A linguística estrutural, portanto, na visão de Bourdieu, ao se tornar "a mais natural das ciências sociais", teria conseguido obter, violentando seu próprio objeto, a fusão entre *Naturwissenschaft* e *Geisteswissenschaft*, que representaram durante todo o século 19 uma polarização entre os modos de conceber a linguagem e as línguas.

Não sendo possível escapar às contingências sociais de produção de conhecimento, o próprio linguista, na crença de uma *cientificidade* que lhe permite isolar-se em seu laboratório asseptizado, acaba contrabandeando para dentro dele o vírus das ideologias, mais especificamente a **ideologia da língua-padrão**, conforme a define Milroy (2011). Assim

> a língua, segundo Saussure, código ao mesmo tempo legislativo e comunicativo que existe e subsiste independentemente de seus usuários ("sujeitos falantes") e de suas utilizações ("falas"), possui de fato todas as propriedades comumente atribuídas à língua oficial (Bourdieu, 1996: 31).

As consequências desse travestimento (em tudo ideológico) da norma padronizada convencional em *língua/sistema* são assim descritas por Milroy:

> É uma verdade indiscutível que muito da linguística descritiva e teórica, junto com muito da linguística histórica, tem dependido do (ou moldado seus resultados com base no) estudo de línguas importantes (isto é, amplamente usadas) em culturas de língua-padrão — nas quais a língua tem sido vista como existindo numa forma padrão, clássica ou canônica. A linguística histórica do século 19, por exemplo, se baseava, na prática, em línguas antigas que tinham sido transmitidas como entidades fixas e amplamente invariantes. Teóricos modernos também têm dependido de descrições de estados uniformes de línguas e às vezes têm sido explícitos quanto a reificar línguas particulares (sobretudo o inglês) em sua forma padronizada, tal como fazem os não-especialistas. [...] Assim, quando a variedade-padrão é selecionada, fica difícil evitar contrabandear para dentro de uma análise linguística interna um conjunto de suposições não analisadas que são condicionadas pela ideologia do padrão. Além de ideias de prestígio e correção, as suposições mais gerais condicionadas pela ideologia são as de que as línguas são uniformes em estrutura, que são estáveis e que são entidades rematadas. Contudo, essas tampouco são propriedades de *línguas* reais — são propriedades de estados idealizados de línguas e são, especialmente, propriedades de línguas padronizadas (Milroy, 2011: 70-71).

Além de acabar fazendo a *langue* deslizar para dentro do terreno da norma padronizada (que é, ainda por cima, uma norma para a *escrita*), a divisão entre *langue* e *parole* tenta operar uma separação dicotômica entre duas entidades que compõem, na verdade, dois aspectos de uma mesma realidade, inevitavelmente social e histórica: o sistema e o uso, a gramática e o discurso, o linguístico e o social, o coletivo e o individual compõem um todo indissociável, uma fita de Möbius cujas duas faces acabam por não se distinguir. É a pressão dos usos por meio da interação verbal dos falantes em sociedade que provoca as mudanças na língua/gramática, e não alguma força interna a um sistema concebido como uma Forma ideal.

Ao abordar a mudança linguística, o CLG assim se expressa:

> Um fato de evolução é sempre precedido de um fato ou, antes, de uma multiplicidade de fatos semelhantes na esfera da fala; isso em nada invalida a distinção [*langue/parole*] estabelecida acima, ela até se vê confirmada, já que na história de toda inovação se encontram sempre dois momentos distintos: 1º aquele em que ela surge entre os indivíduos; 2º aquele em que ela se tornou um fato de língua, idêntico exteriormente, mas adotado pela coletividade (CLG: 149-150).

No entanto, "encarados assim os fatos", escreve Silva Neto (1960: 32),

> Saussure não andou bem ao dar a primazia à *langue* sobre a *parole*, visto que esta, participando ao mesmo tempo da *diacronia* e da *sincronia*, contém em essência, o germe de todas as transformações futuras. Isto mesmo reconhece, em estudo memorável, o mais fiel e ortodoxo de seus discípulos, o linguista suíço Albert Sechehaye.

Aqueles "dois momentos distintos" do processo de mudança linguística deixam transparecer uma concepção homogênea da "coletividade". De fato, o "social" com que o CLG opera pressupõe uma sociedade harmoniosa, sem conflitos de interesses, dominada por um consenso entre seus membros (o de que o pertencimento a determinada classe social não merece ser contestado), ou seja, a noção de "Suíça" como um lugar-comum fixado no imaginário ocidental (um

A ideia de que a mudança ocorre por etapas sucessivas ("dois momentos") foi denominada "modelo do girino ao sapo" (*tadpole-to-frog* em inglês), como se uma forma se transformasse paulatinamente em outra. A ele Labov opôs o "modelo do cuco", ave que põe seu ovo no ninho de outra ave e cujo filhote, nascendo antes dos outros, empurra os ovos dos hospedeiros para fora do ninho, de modo que os pais se dediquem exclusivamente a ele. Outros linguistas, porém, têm preferido o modelo chamado "nascimentos múltiplos": diversas formas variantes surgem no seio de diferentes grupos sociais, entram em competição, até que uma delas vença a concorrência e se instale na atividade linguística da maioria dos falantes (até ser, mais adiante, desafiada por outras formas inovadoras). Como se viu em |6.5.1|, essa concepção da mudança já estava presente no pensamento de Hermann Paul.

país tranquilo, "neutro" na geopolítica internacional, sempre em paz, com uma população ordeira, que chega mesmo a dispensar um chefe de Estado). Essa ideia de sociedade plana e sem arestas é que permite uma análise simplista da mudança, em que A, "repetido com frequência" (fato de fala), se torna B (fato de língua). Ora, não é A que se transforma em B: as duas formas coexistem em variação no mesmo espaço-tempo, e é a concorrência entre elas — as disputas sociais pelo domínio do discurso — que vai provocar a mudança. Em contraposição a essa visão, a sociolinguística variacionista, a partir dos anos 1960, vai demonstrar a complexidade dos processos de mudança, sempre vinculados à *variação social*: a comunidade de fala é estratificada em grupos diversos, no interior dos quais os processos de mudança ocorrem em ritmos distintos, determinados por uma rede de variáveis de ordem social e linguística — uma forma inovadora pode ser assumida mais rapidamente por um grupo social, enquanto tarda a se fixar em outro; uma geração pode conservar uma forma mais antiga enquanto outra, mais jovem, a abandona em favor de formas inovadoras; o grau variável de monitoramento da fala pode levar ao uso mais frequente de formas conservadoras ou, ao contrário, favorecer as inovadoras, decisões de política linguística (Estado, sistema educacional, academias, dicionários, meios de comunicação etc.) podem privilegiar e/ou estigmatizar certos usos etc. A separação rígida entre sincronia e diacronia se revela, na prática, impossível, porque num mesmo recorte temporal convivem formas antigas, formas em processo de mudança e mudanças já completadas (cf. no português brasileiro a convivência, com diferentes graus de frequência de uso e de distribuição sociogeográfica, de ['kalmɐ], ['kaɽmɐ], ['kaɫmɐ] e ['kaʊ̯mɐ], para o que se escreve *calma*). A língua é intrinsecamente heterogênea, porque também é heterogênea — e conflituosa — a sociedade em que é falada.

Ao se referir ao trabalho dialetológico de Gilliéron |6.7.2|, Silva Neto (1960: 28) antecipa a ideia, a ser postulada pela sociolinguística variacionista, de que não tem pertinência a separação rígida entre diacronia e sincronia:

> Jules Gilliéron [...] patenteou claramente a interdependência da sincronia e da diacronia. Os Atlas, mostrando-nos formas modernas e formas muito conservadoras, usadas nos falares periféricos, apresentam-nos uma visão linguística ao mesmo tempo *sincrônica* e *diacrônica*: *pancrônica* em suma. Uma carta [= *mapa*] é, a esse respeito, como vários relógios a bater, ao mesmo tempo, horas diferentes.

Sem tratamento da sintaxe e com a semântica reduzida a uma dicotomia *significado/significante*, o CLG não se aventura para além da fonologia (mal definida, conforme se examinou acima) e da morfologia, um legado do século 19 que permanecerá intacto durante toda a primeira metade do século 20.

Há também um problema de fundo **antropológico** na definição de *significado*, um problema que atravessa toda a história da linguística ocidental, desde o *Crátilo* de Platão, que é o de considerar que existem "significados" ou, na terminologia aristotélica, "impressões na alma" |2.7| de caráter universal, independentemente da cultura das sociedades particulares e mesmo dos diversos grupos e classes que as compõem. O exemplo oferecido pelo CLG é bastante emblemático a esse respeito: o latim *arbor* e o francês *arbre* não são significantes diferentes para um "mesmo" significado. Na cultura religiosa grega e, inspirada nesta, na romana, as árvores não eram concebidas como meros vegetais, mas como seres animados por uma energia mística, habitados pelas dríades, uma das muitas categorias de ninfas. Quando um romano dizia *arbor*, ou quando um falante de tupi dizia *mbïra*, os significados ou conceitos que o significante evocava não eram o mesmo do francês *arbre* ou do inglês *tree* — outros tempos, outras culturas, outras crenças, outras representações de mundo e de sociedade.

Locke tratou dessa questão em seu *Essay* de 1690 |5.3.1|: "Não há ideias mais comuns e menos compostas do que as medidas de tempo, extensão e peso, e os nomes latinos *hora*, *pes* e *libra* são sem dificuldade traduzidos pelos nomes ingleses *hour*, *foot* e *pound*; mas não há nada mais evidente do que o fato de que essas ideias que um romano anexava a esses nomes latinos eram muitíssimo diferentes das que um inglês expressa pelos nomes ingleses. E se um ou outro tivesse de fazer uso das medidas que os da outra língua designam por seus nomes, ficaria extraviado em sua conta" (*Essay* I, 22, 6).

Ao examinar os gêneros gramaticais nas línguas indo-europeias, Meillet (1921: 221-228) argumenta que o nome do "fogo" em sânscrito, *agníḥ* (cognato do latim *ignis*) era do gênero masculino por ser concebido como um deus — de fato, uma das mais importantes divindades do panteão védico —, de maneira que ao pronunciar essa palavra o falante de sânscrito não acionava o conceito "fenômeno que consiste no desprendimento de calor e luz produzidos pela combustão de um corpo" (*Dicionário Houaiss*), mas considerava que estava em ação o poder e a vontade de um deus. De igual modo, ainda segundo Meillet, o sânscrito *āpaḥ* é um termo feminino plural que significa "águas", mas não a água concebida como "substância insípida e inodora", e sim como uma divindade feminina; para designar a água H_2O havia em sânscrito *udakám*, neutro singular, de modo que os seguintes versos do *Rigveda*

udnā ná nāvam anayanta dhārā
āçṛṇvatīr āpo árvāg atiṣṭhan

se traduzem por "como os sábios conduziram um navio sobre a água [*udnā*], as águas [*āpo*] se detiveram". Assim, enquanto um falante atual de português, francês, alemão etc. tem apenas *um* conceito de água, os falantes de sânscrito tinham *dois*, expressos por dois significantes diferentes, com dois gêneros gramaticais diferentes — e é precisamente essa diferença de concepção das coisas do mundo que nos obriga a traduzir *udnā* e *āpo* indiferentemente por "água(s)", o que constitui um dos infinitos exemplos das dificuldades que enfrentam os tradutores em sua nada simples tarefa de transplantar uma língua-cultura para outra língua-cultura.

Talvez nem fosse preciso ir tão longe no tempo e no espaço: a "imagem acústica" ['kazɐ] tem significados muito diferentes para uma brasileira negra desempregada que vive numa favela e para um banqueiro brasileiro branco que vive na cobertura de um edifício residencial de luxo no mesmo bairro. Como este último exemplo deixa evidente, não se está aqui recuperando a tese do relativismo linguístico, segundo a qual, em sua versão mais radical, a língua molda a maneira de ver o mundo dos falantes, já que nos referimos a uma mesma língua, o português brasileiro. Ao contrário, estamos propondo entender que é a maneira de ver o mundo (e, mais especificamente, a sociedade com seus conflitos de toda ordem) que produz os conceitos culturais que virão expressos na língua, nunca deixando de enfatizar que toda e qualquer *cultura* é necessariamente plural e multiforme, uma vez que não existe sociedade homogênea e uniforme.

Assim é que o francês **Robert Galisson** (1932-2020) propôs uma terceira face para o signo linguístico: além de *significado* e *significante*, as palavras têm *carga cultural compartilhada* (*charge culturelle partagée*) (1988). Esse reconhecimento das especificidades culturais dos "significados" é reivindicado pelo autor em sua crítica à lexicografia tradicional, que se limita a oferecer definições que não avançam sobre o terreno da cultura compartilhada. Assim, por exemplo, a definição de *azul* em dicionários de línguas europeias não explica a carga cultural compartilhada referente ao fato de azul ser a cor atribuída ao que é masculino, em oposição ao cor-de-rosa, atribuído ao que é feminino — não por acaso, nos campos de concentração nazistas, os homossexuais eram identificados com um triângulo cor-de-rosa. Para os falantes de inglês, *blue* conota sentimentos negativos de tristeza e melancolia (*to get the blues*, "sentir melancolia, tristeza, depressão"), ao passo que em português significa, ao contrário, paz e tranquilidade: *tudo azul*. Em inglês, *blue* pode se referir à cor da pele depois de sofrer uma contusão, enquanto em português se usa *roxo*.

O signo linguístico — a *palavra*, enfim — é, sempre, signo cultural, historicamente constituído, socialmente ancorado e, justamente por isso, sujeito à variação e à mudança, seja de seu(s) significado(s), seja de seu(s) significante(s):

> Neste ponto da teorização saussuriana, podemos fazer as mesmas críticas de antes: o signo assim definido é totalmente cortado da prática social. Podemos mesmo acrescentar que há ausência de relação entre duas afirmações saussurianas, a de que *a língua é um sistema de signos* e a de que *a língua é um fato social*: qual é, fora da noção vaga de "consenso", a relação entre um "sistema de signos" e um "fato social"? (Calvet, 1975: 83).

Já em 1923 os britânicos **Charles Kay Ogden** (1889-1957) e **Ivor Armstrong Richards** (1893-1979), em seu livro *The Meaning of Meaning* ("O significado do significado"), criticavam uma falha central na semiologia do CLG: a língua é um sistema de signos relacionados uns com os outros (e que, sobretudo, *se opõem* uns aos outros), mas nessa definição de signo faltam as coisas (*"the things"*), isto é, os *referentes* do mundo empírico que fazem surgir o conceito mental (significado) consubstanciado por meio da imagem acústica (significante). Assim, escrevem Ogden e Richards, "infelizmente, esta teoria dos signos, ao negligenciar totalmente as coisas que os signos representam, foi separada desde o início de qualquer contato com métodos científicos de verificação" (1923: 6). A crítica desses autores incide sobre esta passagem do CLG: "Os termos implicados no signo linguístico são ambos psíquicos e estão unidos em nosso cérebro por meio da associação" (p. 115).

A origem dessa ausência das coisas na definição do signo linguístico é, muito provavelmente, o pensamento de Whitney, que, já vimos, é a fonte mais importante das ideias compiladas no CLG. Em seu livro de 1867, *Language and the Study of Language*, Whitney escreveu:

> Toda língua falada é um amontoado de signos individuais, chamados palavras; e cada palavra [...] foi aprendida, por toda pessoa que a emprega, de alguma outra pessoa que a tinha empregado antes dela. Ela a adotou como o signo de certa ideia, porque já estava em uso por outras como tal. Não existe, em nenhuma língua na terra, nenhuma conexão intrínseca e essencial entre ideia e palavra, por meio da qual a mente que concebe aquela ao mesmo tempo apreende e produz esta. Toda forma existente de fala humana é uma massa de signos arbitrários e convencionais para o pensamento, transmitida por tradição de uma geração à outra [...] (Whitney, 1867: 33-34).

Uma palavra, como já vimos, não é o reflexo natural de uma ideia, nem sua descrição, nem sua definição; é somente sua designação, um signo arbitrário e convencional com o qual aprendemos a associá-la (Whitney, 1867: 62-63)

Nesses (e em outros muitos) trechos da obra de Whitney, o signo é sempre descrito apenas como uma associação de palavra e ideia e/ou de palavra e pensamento (observe-se nos trechos acima também a presença das noções de *arbitrariedade* e *convenção* do signo linguístico, tão exploradas no CLG): nenhuma referência se faz aos objetos do mundo empírico que estimularão na mente a formação de uma representação mental desses objetos. Por seu turno, Staub (1981: 12) aponta a ausência de qualquer impacto, sobre o CLG, do pensamento de Edmund Husserl (1859-1938), que em suas *Logische Untersuchungen* ("Investigações lógicas", 1900-1901, contemporâneas portanto de Saussure) formulou a tríade *Ausdruck-Bedeutung-Gegenstand* (expressão-conceito-referente), semiologicamente mais ampla do que a dicotomia significado/significante.

Finalmente, acreditamos que vale a pena contrapor a maneira superficial e mecânica como o CLG descreve a interlocução a uma visão mais profunda do fenômeno da interação verbal. À p. 54 do CLG, aparece a conhecida representação do "circuito da fala" (*circuit de la parole*):

O ponto de partida do circuito está no cérebro de uma [pessoa], por exemplo *A*, onde os fatos de consciência, que chamamos de conceitos, se acham associados às representações dos signos linguísticos ou imagens acústicas que servem para sua expressão. Suponhamos que dado conceito desencadeie no cérebro uma imagem acústica correspondente: é um fenômeno inteiramente *psíquico*, seguido por seu turno de um processo *fisiológico*: o cérebro transmite aos órgãos da fonação um impulso correlativo à imagem; depois, as ondas sonoras se propagam da boca de *A* ao ouvido de *B*: processo puramente *físico*. Em seguida, o circuito se prolonga em *B* numa ordem inversa: do ouvido ao cérebro, transmissão fisiológica da imagem acústica; no cérebro, associação psíquica dessa imagem com o conceito correspondente (CLG: 54-55).

A interação verbal se reduz aqui a meros atos de ordem *psíquica* e *fisiológica*, bem ao gosto dos Jovens Gramáticos (e, mais uma vez, a formulação saussuriana procede diretamente de Hermann Paul), em absoluta desconsideração do contexto sociocognitivo e ideológico — no sentido de Volóchinov — da interação. Calvet (1975) já criticava o conceito empobrecido de "comunicação" presente nos trabalhos de estruturalistas como Martinet e Jakobson (com suas conhecidas "funções da linguagem", que ignoram a noção fundamental de **discurso**):

> [O] que se encontra por trás do próprio termo *comunicação* nada tem a ver com o ato efetivo de comunicação, no curso do qual aparece o fato linguístico em contexto. Pois a comunicação implica que se fale a alguém, para alguém, que entre o locutor e o interlocutor possam existir conflitos, vínculos afetivos, relações sociais diversas. Tudo isso se manifesta efetivamente no momento da comunicação, mas a língua tal como a descrevem os linguistas repousa em algo totalmente diferente: a codificação, quando não a informação no sentido matemático do termo (Calvet, 1975: 87).

Seria possível contrapor a essa simplificação o que Nick Evans (2011: 77) designa como "modelo genérico para a cognição social na gramática":

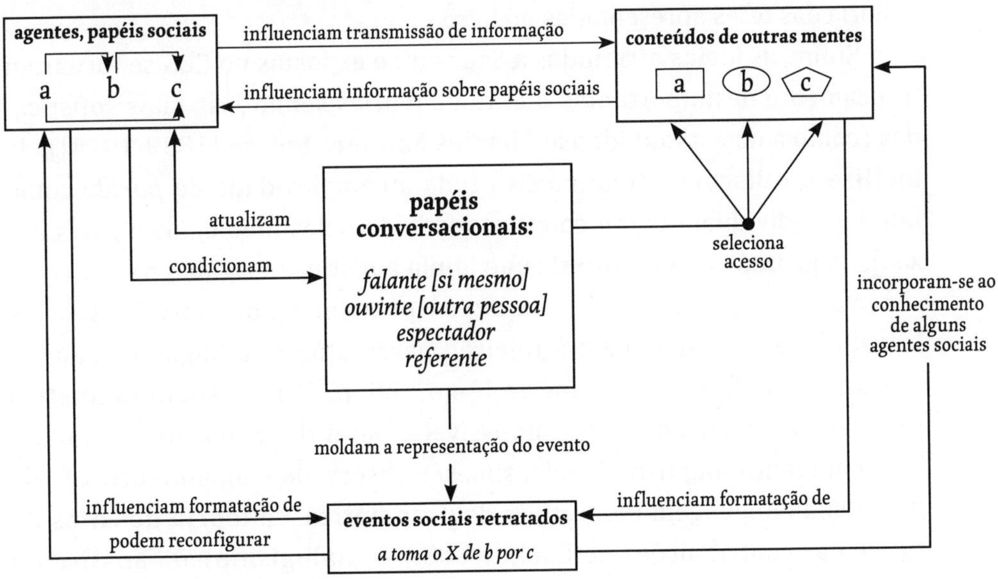

E o mesmo Evans afirma (p. 70):

Está cada vez mais claro que o que faz de nós seres humanos é nossa capacidade de construir e participar do mundo mental compartilhado, de coordenar nossa atenção e nossos objetivos e de nos sintonizar com quem sabe, sente e quer o quê. Foi essa intensa socialidade que deu propulsão ao poderoso salto que nos tirou da companhia de todas as outras espécies animais ao nos capacitar para construir esse mundo compartilhado em constante evolução que chamamos de cultura. Essa proeza reside numa capacidade de mantermos registros constantes sobre as consequências sociais e psicológicas do que acontece à nossa volta.

Foi necessário, portanto, mais de um século para se construir um entendimento mais profundo e pormenorizado do que ocorre nas interações humanas por meio da linguagem, interações que jamais ocorrem num vácuo social, cultural, político-ideológico e cognitivo. De novo, a concepção de interação subjacente no CLG é a de uma sociedade sem conflitos, sem disputas pelo poder-falar, com falantes que se "comunicam" com plena consciência e controle do que dizem (ancestrais diretos do falante-ouvinte ideal de Chomsky). Não se pode, evidentemente, cobrar do CLG uma perspectiva marxista e/ou psicanalítica da interação pela linguagem (embora, como lembra Calvet [1975], as obras de Marx e Freud já estivessem disponíveis na época de Saussure), mas o que está em jogo aqui é a clara obsolescência da maioria das teses apresentadas no livro.

Enfim, as ideias atribuídas a Saussure e expostas no CLG se tornaram francamente desimportantes diante de teorias semióticas mais sofisticadas (como a do estadunidense **Charles Sanders Peirce** [1839-1914]), da **análise do discurso** (que mostra toda a complexidade da *parole* como fato tão individual quanto coletivo, mediado pelas ideologias e pelas doxas), da **gramática funcional** (que anula a distinção rígida entre língua/sistema e fala/uso e postula sua interdependência), dos estudos sobre o **letramento** (que se opõem à rejeição peremptória da língua escrita, ou da "tirania da letra", conforme se lê no CLG, p. 77), da **sociolinguística** (que tem demonstrado que é impossível separar diacronia de sincronia, e que a mudança linguística pode, sim, ser observada enquanto ocorre), da filosofia da linguagem (sobretudo da **pragmática**, da **teoria dos atos de fala** e das contribuições de Bakhtin sobre o **dialogismo**), da **análise da conversação**, da **antropologia linguística** etc. Em suma, ideias que não resistem às críticas que têm assinalado enfaticamente os impasses epistemológicos do estruturalismo (supostamente fundado por Saussure) como escola de filosofia da ciência.

6.9.8 O lugar do CLG no século 21

Apesar de todas as críticas, senão precisamente por causa delas, ler o *Curso de linguística geral* continua a ser uma tarefa incontornável para toda pessoa que deseja ingressar no estudo teórico rigoroso da linguagem humana em geral e das línguas particulares. Só é possível compreender os diferentes rumos que a linguística tomou nos últimos cem anos quando se leva em consideração o que esses rumos significaram de ruptura radical, de adoção e desenvolvimento ou de relativização das ideias compiladas no CLG.

Sem a leitura do CLG não se pode ter clareza da necessidade que as diferentes escolas de análise do discurso sentiram de introduzir na investigação dos usos da linguagem precisamente a noção de *discurso*, que vem se interpor entre a *langue*, demasiado abstrata, e a *parole*, intrinsecamente individual. A mesma necessidade de conceitualizar um "nível intermediário de abstração" entre a *parole* e a *langue* foi sentida por Eugenio Coseriu em sua clássica definição de *norma*, em que critica as contradições encontradas na explanação dessa dicotomia no CLG. O par *langue/parole* parece ter servido de ponto de partida para as conceitualizações, igualmente elaboradas na forma de dicotomias, características dos diversos modelos da gramática gerativo-transformacional de Chomsky (*competência/desempenho*, *estrutura profunda/estrutura superficial*, *língua-I/língua-E*, *princípios/parâmetros*...).

Ter ciência da proposta de distinguir rigidamente a *sincronia* da *diacronia* é fundamental para o entendimento das censuras feitas a ela pela sociolinguística variacionista, que tem demonstrado, empiricamente, a *heterogeneidade* constitutiva de toda língua, na qual convivem, em qualquer recorte temporal, conservações e inovações, o que obriga a introduzir, na noção de *sistema*, a variabilidade intrínseca das regras que o governam.

Conforme bem pontuou Faraco (2021), o "efeito Saussure" se manifestou em outras áreas de conhecimento além da linguística: na antropologia, na psicanálise, na semiótica e na crítica literária, para citar as mais conhecidas. Sem a leitura do CLG, não se pode compreender as críticas que lhe faz Volóchinov em seu livro de 1929. E, obviamente, a relação estabelecida entre os propositores da linguística estrutural e o CLG é razão mais do que suficiente para argumentar em favor da necessidade de conhecer as teses expostas no livro.

De igual modo, se Pieter A. M. Seuren sentiu a necessidade de publicar em 2018 um livro em que a obra de Saussure é criticada a ponto de não restar praticamente nada que dela se aproveite, é porque — paradoxalmente (ou não?) — essa obra ainda é merecedora de atenção e estudo, ainda que para desautorizá-la quase *in totum*.

Assim, o *Curso de linguística geral* se tornou — pelas vicissitudes históricas que expusemos acima — um marco miliário nas ciências da linguagem, um marco muito mais simbólico (e decerto ideológico) talvez do que propriamente epistemológico. Por isso sua leitura é obrigatória.

No entanto, já não tem como escapar de ser uma leitura informada pela abundante exegese crítica acumulada nos últimos cem anos. Sobretudo, tem de ser uma leitura desapaixonada, capaz de situar Saussure entre os muitos autores que, desde o início do século 19, sinalizaram vários dos principais caminhos para a linguística moderna e pós-moderna, e não uma leitura propensa a preservar uma mitificação que não deve ter lugar em nenhum empreendimento intelectual digno do nome.

6.10 Antoine Meillet e a linguística sociológica

Escolhemos encerrar esta narrativa histórica com a figura de **Paul Jules Antoine Meillet** (1866-1936) porque, tal como Humboldt viveu metade da vida no século 18 e a outra metade no 19, Meillet também levou metade de sua existência no século 19 e a outra no século 20 (tendo morrido um século depois de Humboldt), de modo que seu trabalho representa, por assim dizer, uma ponte entre o legado da linguística histórico-comparativa oitocentista e correntes teóricas inovadoras que, no entanto, só se firmariam na segunda metade do século 20.

De fato, o trabalho intelectual de Meillet poderia ter representado, na história da linguística moderna, uma nítida inflexão de um paradigma já tradicional, em sua época, de gramática comparada, rumo a uma heurística nova, alimentada por uma abordagem *social* dos fatos de linguagem, numa radicalização mais bem embasada do trabalho iniciado por Whitney, Bréal, Gilliéron, Ascoli e Schuchardt. Dizemos *poderia ter representado* porque sabemos que esse papel de transição acabou sendo atribuído, devido às várias vicissitudes históricas e ideológicas que abordamos acima, a Ferdinand de Saussure. Outro empecilho foi também o fato de Meillet não ter produzido um livro completo em que explanasse sua concepção sociológica dos fatos de linguagem.

Mencionar Saussure, ao tratar de Meillet, é quase uma inevitabilidade historiográfica. O linguista francês foi aluno do comparatista suíço na École

Pratique des Hautes Études em Paris, tendo ocupado a cátedra de Saussure na mesma escola a partir de 1891, depois de Saussure ter voltado para Genebra. Ambos mantiveram relações amistosas, asseguradas principalmente pela troca de cartas. Meillet dedicou a Saussure um de seus livros, *L'Étude comparative des langues indo-européennes* ("Estudo comparativo das línguas indo-europeias"), de 1903. Por ocasião da morte de Saussure, Meillet publicou um obituário em que ressaltava as diversas qualidades do antigo mestre (2020: 249-256). Quando, porém, compilado por Bally e Sechehaye, veio à luz o *Curso de linguística geral*, Meillet escreveu uma resenha bastante severa da obra, destacando sobretudo sua estranheza diante de ideias que Saussure jamais compartilhara com ele (2020: 257-260). Para Meillet, Saussure permaneceria para sempre o jovem prodígio descobridor das laringais indo-europeias, uma façanha que o francês nunca deixou de admirar. Tanto quanto seu professor suíço, Meillet também teve uma formação sólida na esteira das teses defendidas pelos Jovens Gramáticos.

Meillet é autor de duas dezenas de livros e de mais de quinhentos artigos, toda uma vasta produção dedicada à linguística comparada indo-europeia, à qual deu grandes contribuições, tendo o **armênio** como sua especialidade (viveu uma temporada no Cáucaso para estudar essa língua), e chegou a estabelecer uma regularidade fonética relativa à acentuação das línguas balto-eslávicas que passou a ser chamada **Lei Meillet**. Ao lado dessas obras, no entanto, também publicou uma série de artigos que poderíamos chamar hoje de **divulgação científica**, estampados em revistas de outras áreas de conhecimento como sociologia, antropologia, filosofia e psicologia. Vários desses artigos foram reunidos pelo próprio autor na obra *Linguistique historique et linguistique générale* ("Linguística histórica e linguística geral", 1921). Década e meia depois, alguns de seus alunos decidiram homenagear os 70 anos do mestre organizando um segundo volume com o mesmo título, que acabou publicado em 1936. Meillet, porém, morreu pouco antes do aniversário e da homenagem. São os textos compilados nesses dois volumes que tornaram o nome de Meillet mais conhecido fora do círculo especializado dos linguistas da escola comparatista e lhe valeram o título de fundador de uma "escola sociológica" de linguística. A leitura desses textos revela dois grandes eixos a orientar o pensamento do autor:

- a necessidade da formulação de princípios gerais capazes de explicar o funcionamento das línguas humanas, isto é, a constituição de uma *linguística geral* que não se limitasse às descrições parciais de idiomas pertencentes a famílias específicas, como vinha fazendo a já centenária tradição da linguística histórico-comparativa, concentrada sobretudo no grupo indo-europeu; nessa linguística geral entrariam precisamente, entre outros (de ordem articulatória — as leis fonéticas — e de ordem psicológica — a analogia), os fenômenos de **gramaticalização**, encontráveis em todas as línguas do mundo e responsáveis por muitos dos processos de mudança linguística. Desse modo, a linguística histórica forneceria os dados para uma linguística geral (e isso justifica o título dos dois volumes: *Linguistique historique et linguistique générale*);

- a observação dos fatos de linguagem através de um prisma obrigatoriamente **social**, uma vez que a análise da "língua em si e por si mesma" é insuficiente para dar conta sobretudo dos fenômenos de mudança. Assim, conforme escreve Graffi (2019b: 175),

> o que distingue Meillet daqueles estudiosos [os Jovens Gramáticos] é a busca de leis gerais, ou de princípios, que possam não só descrever mas também *explicar* os vários tipos de mudanças e superem as limitações espaçotemporais próprias das leis fonéticas. Esses princípios (ou leis) gerais poderão, sem dúvida, ser atribuídos a causas físicas, fisiológicas, sociais etc., mas em si mesmos "têm um caráter puramente gramatical" (Meillet, 1926, p. 49) [...]. Esses princípios, todavia, indicam somente possibilidades [...]. São as situações históricas e sociais particulares que determinam quais dessas possibilidades efetivamente se realizam: "A linguística é uma ciência social, e o único elemento variável a que se pode recorrer para dar conta da mudança linguística é a mudança social" (Meillet, 1926: 17).

Todas as citações de textos de Meillet nesta seção provêm da antologia de artigos do autor que selecionamos, traduzimos e anotamos e que aparece na bibliografia como Meillet (2020).

Acerca de um programa de investigação que permitisse a constituição de uma linguística geral, o texto mais eloquente é, sem dúvida, a aula inaugural de Meillet no Collège de France, pronunciada em 1906, ao assumir nessa instituição o posto antes ocupado por seu ex-professor Michel Bréal. O texto foi publicado com o título "O estado atual dos estudos de linguística geral" (Meillet, 2020: 37). Nele encontramos uma clara censura aos estudos exclusivamente *históricos* que não extraem de suas conclusões os elementos propícios a formar um *sistema* de princípios capaz de explicar, de maneira *geral*, os fenômenos de mudança linguística:

> No entanto, por mais perto da realidade que os progressos da filologia, da fisiologia, da psicologia, da geografia linguística, do estudo das coisas mesmas

> nos permitam nos aproximar, e por mais cuidadosamente que os linguistas levem em conta a complicação frequentemente inextricável dos fatos, o defeito de todo método histórico permanece: apesar de todos os esclarecimentos, apesar de todos os enriquecimentos, *os princípios postulados explicam sempre apenas fatos particulares e só oferecem conclusões particulares.* Chega-se a uma miríade de explicações, cada uma das quais talvez seja correta, mas que não constituem um sistema, e que jamais são capazes de constituir um sistema. A composição da história das línguas foi um momento essencial no desenvolvimento da linguística; *porém a história não poderia ser para a linguística nada além de um meio, não um fim* (Meillet, 2020: 42-43 [grifos nossos]).
>
> Desse modo se impõe a necessidade de buscar formular as leis segundo as quais as mudanças linguísticas são capazes de ocorrer. Assim se determinará, não mais leis históricas, tais como as "leis fonéticas" ou as fórmulas analógicas de que estão repletos os atuais manuais de linguística, porém *leis gerais que não valem só para um momento do desenvolvimento de uma língua, mas que, ao contrário, valem para todos os tempos; leis que não estão limitadas a uma língua dada, mas que, ao contrário, se estendem igualmente a todas as línguas.* E, ressalte-se, não serão nem leis fisiológicas nem leis psíquicas, mas *leis linguísticas* (Meillet, 2020: 46 [grifos nossos]).

Observe-se a oposição que Meillet faz entre, de um lado, as leis fisiológicas (isto é, as que se relacionam com a articulação dos sons, as "leis fonéticas" particulares) e as leis psíquicas (as que supostamente respondem pelas fórmulas analógicas) e, do outro, as *leis linguísticas*, isto é, a investigação dos mecanismos fonéticos, morfológicos, sintáticos e semânticos que, em todas as línguas, impulsionam a mudança. Assim,

> a busca de leis gerais, tanto morfológicas quanto fonéticas, deve ser agora um dos principais objetos da linguística. Mas, por sua própria definição, essas leis ultrapassam os limites das famílias de línguas: *elas se aplicam à humanidade inteira* (Meillet, 2020: 47 [grifos nossos]).

Em sua argumentação, Meillet critica a antiga tradição logicista, fruto do racionalismo do século 17, e que levou à produção da *Gramática* de Port-Royal |5.4| com sua pretensão de ser *"générale et raisonnée"*, mas que, de fato, se limitava à análise do latim e do francês:

> A antiga gramática geral caiu num justo descrédito porque não passava de uma aplicação canhestra da lógica formal à linguística, onde as categorias lógicas não têm nada o que fazer. A nova linguística geral, fundada no *estudo preciso e detalhado de todas as línguas em todos os períodos de seu desenvolvimento*, enriqueci-

da pelas observações delicadas e medições precisas da anatomia e da fisiologia, iluminada pelas teorias objetivas da psicologia moderna, suscita uma completa renovação dos métodos e das ideias: aos fatos históricos particulares ela sobrepõe uma doutrina de conjunto, um sistema (Meillet, 2020: 49 [grifos nossos]).

Embora Meillet não empregue os termos *diacronia* e *sincronia*, que se tornarão conhecidos graças ao *Curso de linguística geral*, fica evidente em suas argumentações a necessidade de superar o estudo exclusivamente diacrônico, característico da linguística oitocentista, e associá-lo ao estudo sincrônico, ou seja, como ele escreve, construir um sistema de explicações apoiado no "estudo preciso e detalhado de todas as línguas *em todos os períodos* de seu desenvolvimento" (grifo nosso). Assim, num distanciamento tanto da exclusividade diacrônica da linguística histórica, em que se formou, quanto da exclusividade sincrônica do estruturalismo, que começava a se articular no fim de sua vida, Meillet propôs a conjugação das duas abordagens (como se depreende do trecho que citamos mais acima de sua resenha do CLG |6.9.3|), de modo que o entendimento do presente das línguas pudesse esclarecer seu passado, e vice-versa, uma metodologia que, como se sabe, se tornaria característica, décadas depois, da sociolinguística variacionista (cf. Labov, 1972).

6.10.1 Meillet e a sociologia

Quanto ao uso do adjetivo *social*, é importante destacar que acerca da influência do pensamento sociológico de Émile Durkheim sobre Meillet e Saussure, a crítica historiográfica já nem tão recente vem recusando admiti-la no que diz respeito a Saussure, conforme vimos ao reportar a repreensão de Koerner |6.9.5|. No tocante a Meillet, por outro lado, Durkheim é nominalmente citado nos textos do autor que, além disso, publicou seu artigo "Como as palavras mudam de sentido" justamente em *L'Année sociologique*, revista dirigida pelo sociólogo francês:

> A linguagem tem como primeira condição a existência das sociedades humanas das quais ela é, por seu turno, o instrumento indispensável e constantemente empregado; salvo acidente histórico, os limites das diferentes línguas tendem a coincidir com os dos grupos sociais chamados nações [...]; a linguagem, portanto, é eminentemente um fato social. Com efeito, a linguagem entra com exatidão na definição proposta por Durkheim. Uma língua existe independentemente de cada um dos indivíduos que a falam e, embora não tenha nenhuma realidade fora da soma desses indivíduos, ela é contudo, por sua generalidade,

> exterior a cada um deles [...]. Os traços de exterioridade ao indivíduo e de coerção pelos quais Durkheim define o fato social aparecem na linguagem como evidência máxima (Meilet, 2020: p. 204).

Assim, na mesma aula inaugural de 1906 que reivindica uma linguística geral, encontramos a afirmação explícita do caráter social da linguagem:

> O elemento variável que falta determinar não pode evidentemente ser encontrado na estrutura anatômica dos órgãos ou no funcionamento desses órgãos; tampouco se encontra no funcionamento psíquico: trata-se, no caso, de dados constantes, que são por toda parte sensivelmente os mesmos, e que não encerram em si princípios de variação. Mas há um elemento cujas circunstâncias provocam variações perpétuas, ora repentinas, ora lentas, mas nunca inteiramente interrompidas: é *a estrutura da sociedade* (Meillet, 2020: 50 [grifos nossos]).

Mais de meio século, portanto, antes de Weinreich, Labov e Herzog (1968) reivindicarem o estudo da mudança linguística fundamentados na análise das dinâmicas sociais de uma comunidade de fala, Meillet já reconhecia que, se os processos de mudança apresentam diferenças de uma língua para outra, isso se deve, não aos próprios fenômenos (articulatórios e cognitivos) que impulsionam esses processos — *dados constantes*, isto é, gerais —, mas à *estrutrura da sociedade*, intrinsecamente complexa e profundamente diferente de uma comunidade de falantes para outra. É isso que o leva a afirmar uma *dupla realidade da língua*:

> Ora, a linguagem é eminentemente um fato social. Tem-se repetido frequentemente que as línguas não existem fora dos sujeitos que as falam e que, por conseguinte, não tem cabimento atribuir a elas uma existência autônoma, um ser próprio. É uma constatação evidente, mas sem alcance, como a maioria das proposições evidentes. Pois se a realidade da língua não é algo de substancial, nem por isso ela deixa de existir. Esta realidade é, ao mesmo tempo, linguística e social.
>
> Ela é linguística, pois uma língua constitui um sistema complexo de meios de expressão, um sistema onde tudo se sustém e onde uma inovação individual dificilmente poderá encontrar lugar se, proveniente de um puro capricho, não estiver exatamente adaptada a esse sistema, isto é, se não estiver em harmonia com as regras gerais da língua.
>
> Por outro lado, a realidade da língua é social: ela resulta do fato de uma língua pertencer a um conjunto definido de sujeitos falantes, de ser o meio de comunicação entre os membros de um mesmo grupo e de sua modificação não depender de nenhum dos membros do grupo [...] (Meillet, 2020: 50)

Essa dupla perspectiva da linguagem como uma realidade simultânea e indissociavelmente linguística *e* social, contrasta com a dicotomia *langue/parole* exposta no *Curso de linguística geral*, que tenta marcar uma fronteira rígida entre o "sistema" e o uso individual e definir uma "linguística da *langue*" e uma "linguística da *parole*" como duas disciplinas independentes (uma impossibilidade que Labov [2008: 218] rotulará de "paradoxo de Saussure"). No *Curso*, a *langue* é definida como "a parte social da linguagem", mas esse uso de *social* é muito esquemático, vago e, contrariando o que afirma Meillet ("não tem cabimento atribuir a elas [às línguas] uma existência autônoma, um ser próprio", uma crítica evidente ao organicismo), essa atribuição descabida se enuncia em certas passagens do *Curso* em que se confere nada menos do que "consciência" à entidade abstrata chamada "língua":

> Existe nas fricativas algo que corresponderia a [n], [m], [ŋ] etc. nas oclusivas, isto é, um [v] nasal, um [z] nasal etc.? É fácil supor isso; assim, ouve-se um [v] nasal no francês *inventer*; mas em geral a fricativa nasal não é um som <u>de que a língua tenha consciência</u> (CLG: 94; sublinhado nosso).
>
> <u>A língua não para de interpretar</u> e de decompor as unidades que lhe são dadas (CLG: 238; sublinhado nosso).
>
> Se, com relação à ideia que representa, o significante aparece como livremente escolhido, com relação à comunidade linguística que o emprega, entretanto, ele não é livre, é imposto. A massa social não é consultada, e o significante <u>escolhido pela língua</u> não poderia ser substituído por outro (CLG: 122; sublinhado nosso).
>
> <u>O latim antigo parece favorecer</u> o procedimento analítico. [...] Mas **agtos, *tegtos, *regtos* não são herdados do indo-europeu, que *dizia* certamente **ăktos, *tĕktos* etc. <u>Foi o latim pré-histórico que os introduziu</u>, apesar da dificuldade que há em pronunciar uma sonora diante de uma surda. <u>Ele só pôde chegar aí tomando uma consciência forte</u> das unidades radicais *ag-* e *teg-*. <u>O latim antigo, portanto, tinha em alto grau o sentimento das peças da palavra</u> (radicais, sufixos etc.) e de seu arranjo. <u>É provável que nossas línguas modernas não o tenham de modo tão agudo, mas que o alemão o tenha mais que o francês</u> (CLG: 235; sublinhado nosso).

Destacamos as noções de *social* e de *linguística geral* na obra de Meillet porque nos levam a compreender o interesse do autor pelos fenômenos de gramaticalização, que são *sociais* e dependem, para ocorrer e se firmar, do intercurso verbal no interior da "estrutura da sociedade", e também *gerais*, uma vez que são observados "em todas as línguas, em todos os seus períodos de desenvolvimento" — a menção a *"todos os seus períodos de desenvol-*

vimento" pode ser lida, mais uma vez, como uma recusa *avant la lettre* da separação radical de diacronia e sincronia (o texto, recordemos, é de 1906, dez anos anterior à publicação do CLG). Se Meillet é considerado o precursor da sociolinguística moderna, também antecipou em várias décadas os estudos funcionalistas que se dedicarão à pesquisa sobre a gramaticalização. Isso evidencia que Meillet — ao contrário de Saussure — esboçou programas de pesquisa cuja validade heurística permanece atual.

6.10.2 Meillet e a gramaticalização

Em termos no mínimo grosseiros, a gramaticalização pode ser entendida como a mudança que leva um *item lexical* a se converter em *morfema gramatical*. Essa conversão, porém, ocorre em diversas etapas de um processo complexo e acarreta uma série de consequências. Bybee (2020: cap. 6) elenca os seguintes mecanismos detectáveis nesse processo:

- aglutinação e redução fonética;
- especialização ou perda de contraste paradigmático;
- expansão de categoria;
- descategorização;
- enrijecimento de posição;
- desbotamento (*bleaching*) ou generalização;
- mudança semântica por acréscimo de significado pelo contexto;
- metaforização.

A autora conclui seu minucioso estudo sobre esses processos de mudança com as seguintes palavras:

> Em cada caso, os mecanismos citados no capítulo 6 se aplicam a material lexical diferente e a construções diferentes, com um efeito semelhante: a criação de morfemas gramaticais que fazem o trabalho da gramática, seja dentro do sintagma verbal, do sintagma nominal ou do discurso como um todo. Os exemplos também demonstram que trilhas de mudança muito semelhantes (tanto em forma quanto em significado) existem para muitas línguas não aparentadas, o que mostra que o processo não está restrito a línguas de certo tipo, mas sim que o potencial para a gramaticalização reside no contexto social e cognitivo em que se usa a língua, o qual é semelhante entre as culturas (Bybee, 2020: 279).

A conclusão de que "o processo não está restrito a línguas de certo tipo" e de que "o potencial para a gramaticalização reside no contexto social e cognitivo em que se usa a língua" é uma confirmação das intuições de Meillet quando, no início do século 20, se dedicou a refletir sobre o fenômeno, além de corresponder quase literalmente a algumas afirmações do linguista francês sobre a generalidade dos processos de mudança e sua dependência de fatores de ordem social e "psicológica" (isto é, em termos contemporâneos nossos, *cognitivos*).

O estudo da gramaticalização, depois de Meillet, passou por um longo período de hibernação imposto pelo predomínio da linguística estruturalista e sua concentração quase dogmática na sincronia. Foi principalmente com a obra do alemão **Christian Lehmann** (n. 1948), *Thoughts on Grammaticalization* (1982) que o tema voltou com destaque à cena dos estudos sobre mudança linguística. A partir de então, tem se presenciado um desenvolvimento exponencial das investigações em torno do fenômeno, sobretudo entre os pesquisadores de língua inglesa e alemã e de filiação aos paradigmas ditos *funcionalistas* de análise linguística. No Brasil, por exemplo, as gramáticas descritivas de Castilho (2010) e Bagno (2012) fazem da gramaticalização um importante sustentáculo teórico.

Na historiografia da linguística, o francês Étienne Bonnot de Condillac |5.5| é tido como o primeiro filósofo da linguagem a mencionar, em seu *Ensaio sobre as origens dos conhecimentos humanos* (1746), os processos de mudança linguística que viriam a ser conhecidos mais tarde como gramaticalização. Foi seguido pelo polemista inglês John Horne Tooke |5.6|, que deu a esses processos o nome de *abreviações* [*abbreviations*]. Wilhelm von Humboldt, August Schlegel, Franz Bopp, Georg von der Gabelentz e Hermann Paul são os linguistas alemães que abordaram o fenômeno, que não passou despercebido ao estadunidense W. D. Whitney (*"por todos os fatos conhecidos sobre o desenvolvimento posterior das línguas, somos levados à opinião de que todo elemento formativo remonta a alguma palavra que existiu previamente de maneira independente"*, 1875: 769). No *Curso de linguística geral*, sob o rótulo de *agglutination* ("aglutinação"), o processo é tratado sem muita demora ao lado de dois outros fatores de mudança linguística, a *etimologia popular* e a *analogia* (CLG: 238).

No entanto, foi de fato Meillet quem empreendeu as reflexões modernas mais detalhadas sobre a gramaticalização, termo que foi o primeiro a sugerir, e também mais próximas dos postulados que viriam a se firmar entre os linguistas a partir, principalmente, da década de 1990. Tendo-se formado na escola dos Jovens Gramáticos, ele reconhece o valor heurístico das leis fonéticas e da analogia para explicar os processos de mudança, mas deplora que um terceiro fator importante, que "consiste na passagem de uma palavra autônoma ao papel de elemento gramatical" (Meillet, 2020: 85) tenha recebido menos atenção do que mereceria.

Na sequência, vamos examinar dois dos artigos constantes de *Linguistique historique et linguistique générale* que tratam da gramaticalização: "Convergência dos desenvolvimentos linguísticos" e "A evolução das formas gramaticais".

O termo "convergência" presente no título do primeiro artigo revela o já mencionado projeto de Meillet de formular uma *linguística geral*, ou seja, um conjunto de *princípios* (como ele os designa) capazes de explicar satisfatoriamente os processos de mudança linguística similares verificados em línguas diferentes. Meillet se refere, no texto, aos processos graduais de mudança linguística, alude à forte tendência da substituição de **formas sintéticas** por **formas analíticas**, ao desgaste semântico provocado pelo uso intenso das formas linguísticas, o que obriga os falantes a se valer de formas inovadoras que também serão, mais tarde, esvaziadas de sua intensidade original. Argumenta que, embora sejam muito semelhantes (senão idênticos ou mesmo *universais*, conforme escreve), os processos de mudança linguística ocorrem em ritmos diferentes em cada língua. Isso se deve ao que ele chama de *"condições de existência da linguagem"* e dos falantes. Essas "condições", que ele não tinha como formular na época, devido ao estado dos conhecimentos de então, podem ser interpretadas atualmente como a interação das dinâmicas sociais das comunidades linguísticas com fatores de ordem cognitiva (economia funcional, analogia, gestão da memória, automatização do processamento da fala etc.) e fisiológica (articulatória: ressincronização, sobreposição etc.) (cf. Bybee, 2020). Também aqui Meillet propõe utilizar os dados particulares obtidos pela linguística histórica para a formulação de uma linguística geral. O emprego do termo *universal* pelo autor não deve levar à suposição de que ele seria um precursor dos postulados do gerativismo chomskiano, uma vez que Meillet insiste nas consequências do *uso* sobre a mudança da língua e reafirma a todo momento o caráter essencialmente *histórico* e *social* da atividade linguística: seu emprego de *universal*, portanto, nada tem de *inato* e estaria muito mais próximo, por exemplo, dos postulados sobre **tipologia e universais** propostos na segunda metade do século 20 por **Joseph Greenberg** (1915-2001).

O exemplo escolhido pelo autor para ilustrar essas convergências, isto é, as semelhanças nos processos de mudança nas mais diferentes línguas, é a representação das distinções número-pessoais na morfologia verbal: "Excetuados alguns detalhes [...], as categorias relativas ao número e à pessoa nos verbos são por toda parte as mesmas, e essa identidade resulta das condições de existência da linguagem" (Meillet, 2020: 74). E prossegue:

> Quanto aos procedimentos empregados para exprimir essas categorias [número e pessoa], há somente dois. Um, que é o do indo-europeu comum conservado nas línguas antigas do grupo como o sânscrito, o grego antigo, o latim etc., consiste em fazer variar o verbo e a lhe dar tantas formas quantas são as categorias a exprimir, como em latim *dico, dicis, dicit, dicimus, dicitis, dicunt*. O outro consiste em empregar termos acessórios que indicam cada categoria: é o que se dá em inglês quando se diz *I say, we say, you say, they say*. [...] Ora, cada um dos dois procedimentos tende a se destruir pelo efeito do uso (Meillet, 2020: 74-75).

Segundo o paradigma teórico da gramaticalização, o *uso* é de fato o responsável pelo desaparecimento de formas linguísticas e pela criação de formas novas, que logo cederão lugar a outras mais novas, num ciclo ininterrupto que pode levar séculos ou até milênios, como nos casos observados nas línguas indo-europeias. No fenômeno analisado por Meillet, trata-se do processo de substituição de formas sintéticas por formas analíticas, sendo que estas últimas podem, com o tempo, se cristalizar também em formas sintéticas, como o caso do futuro românico, que o autor vai abordar mais adiante.

O que uma teoria "radical" da gramaticalização postula é que *toda e qualquer forma presa foi, em algum momento do passado, uma forma livre* que acabou por se aglutinar ou se fundir a outra forma livre, cristalizando, assim, um processo de mudança (exatamente como intuído por Whitney, conforme citamos). Com isso, as desinências verbais — como as do latim: *-o/-m, -s, -t, -mus, -tis, -nt* — devem ter sido, pré-historicamente, *pronomes pessoais* que vieram a se soldar ao verbo. Franz Bopp |6.4.2| já tinha chamado a atenção para o fato de que o mesmo *-m[i]* presente no latim *sum*, no grego *eimi*, no sânscrito *ásmi* etc. aparece, por exemplo, nos pronomes latinos *me, mihi* e nos possessivos *meus, mea* etc. (e em seus equivalentes sânscritos), o que pode indicar que aquele *-m[i]* teria sido um pronome pessoal fundido ao verbo. O problema com Bopp é ter se esforçado por encontrar em todas as formas conjugadas o "verbo substantivo" ou "cópula" que teria se aglutinado à raiz para gerar as desinências: *potest* = *pot-+es+-t*, ou seja "potente-ser-ele". Linguistas posteriores criticarão pesadamente esse tipo de análise: Meillet, por exemplo, escreve: "Tal sistema de explicação de Bopp é quimérico e dele nada subsistiu" (2020: 242).

É equivocada, sem dúvida, a tentativa de encontrar o verbo "ser" em todas as formas verbais (como pretendiam os teóricos de Port-Royal, a quem Bopp parece seguir). Mas outras sugestões de Bopp têm sido corroboradas pela pesquisa mais recente sobre mudança linguística. Por exemplo, em todas as línguas onde surgiram pronomes de 3ª pessoa (que são, de fato, pronomes da *não-pessoa* [Bagno, 2012: 463]), eles derivam de outras palavras, especialmente dos *demonstrativos* (Bybee, 2020: 264). O latim, por exemplo, não tinha pronomes da não-pessoa, mas as línguas românicas têm, derivados da gramaticalização dos demonstrativos latinos *ille, illa*, origem de *egli/ella* em italiano, *il/elle* em francês, *ele/ela* em português etc. Em turco, a forma *o* é tanto o pronome da não-pessoa quanto um demonstrativo ("isso"). O inglês *he* deriva do indo-europeu **ki-* ("isto"), enquanto *she* deriva do indo-europeu **so-* ("aquilo"). O sânscrito não tinha pronomes de não-pessoa, função exercida pelos demonstrativos. Dessa forma, as terminações *-ti* do sânscrito e do grego, assim como *-t* do latim são, com forte probabilidade, derivados de um demonstrativo (*ta* em sânscrito e *to* em grego).

Retomando o sugerido por Bopp, é fato que as formas do caso acusativo dos pronomes de 1ª pessoa do singular de outras línguas indo-europeias também apresentam *m-* inicial: *mam* (sânscrito), *mene* (antigo eslavo), *manè* (lituano), *mik* (gótico), *mé* (irlandês). Bopp chegou mesmo a propor que as terminações da 1ª pessoa do plural — como no sânscrito *s-más*, grego *ei-men*, latim *su-mus* ("somos") — resultariam da fusão do *-m* da 1ª do singular com o *-s* da 2ª do singular, uma vez que "nós" é o mesmo que "eu" + "tu".

A proposta de reconstrução dos pronomes de 1ª pessoa do singular do protoindo-europeu segundo Sihler (1995: 389) é a seguinte:

NOMINATIVO	*eǵoh
ACUSATIVO TÔNICO	*mé
ACUSATIVO ENCLÍTICO	*me
GENITIVO TÔNICO	*mé-me
GENITIVO ENCLÍTICO	*mos (*adjetivo*)
DATIVO TÔNICO	*mébhi
DATIVO ENCLÍTICO	*mey
ABLATIVO	*mét

Assim escreve Bybee (2020: 268), com palavras que corroboram parte da sugestão de Bopp:

Os pronomes pessoais têm usos variados e frequentemente têm formas plenas (tônicas) e formas reduzidas (átonas). Assim, uma vez formados, os pronomes tendem a continuar sujeitos à gramaticalização. Um resultado disso pode ser *a afixação das formas átonas ao verbo*. Em várias línguas podemos observar *semelhança fonológica entre os afixos de concordância pessoa-número nos verbos e os pronomes pessoais* (grifos nossos).

A autora oferece em seguida um exemplo claríssimo desse fenômeno extraído da língua **buriate**, da família mongólica. Vejamos primeiro os pronomes pessoais dessa língua:

buriate

1ª p. sg.	*bi*
2ª p. sg.	*si*
1ª p. pl.	*bide*
2ª p. pl.	*ta*

Para designar a não-pessoa, o buriate não apresenta, para o singular, marca alguma (o que também é frequente em centenas de línguas), mas para a não-pessoa plural tem *ede* ("aqueles"), um demonstrativo. Vejamos agora um verbo conjugado nessa língua:

buriate verbo: *jaba* ("ir") + *-na-* (marca do presente)

1ª p. sg.	*jabanab*
2ª p. sg.	*jabanas*
não-p. sg.	*jabana*
1ª p. pl.	*jabanabdi*
2ª p. pl.	*jabanat*
não-p. pl.	*jabanad*

Nas terminações do verbo conjugado, é fácil perceber as formas reduzidas dos pronomes pessoais: *bi > -b; si > -s; bide > bdi; ta > -t.* Na não-pessoa do plural, há um *-d* que é a forma reduzida de *ede* ("aqueles"). Com isso, o buriate vem comprovar a universalidade de fenômenos observados em muitas outras línguas do mundo:

(i) as desinências verbais derivam de antigos pronomes pessoais (no caso do buriate, de pronomes pessoais ainda existentes) que se aglutinaram ao verbo;
(ii) as formas da não-pessoa do singular costumam não ter desinência própria;
(iii) os pronomes da não-pessoa costumam derivar de demonstrativos.

Muitos séculos depois da fusão dos antigos pronomes ao radical do verbo, fusão que os reduziu a simples marcas flexionais, o enfraquecimento e apagamento das sílabas átonas em final de palavra (ou seja, o desaparecimento da flexão) e a busca, pelos falantes, de uma economia de recursos e de acesso mais imediato à memória, levaram à uniformização da forma verbal e ao uso dos "acessórios" mencionados por Meillet, isto é, dos pronomes pessoais (como no inglês *I / you / he-she-it / we / they said*).

Ainda a respeito da flexão verbal, Meillet (p. 78) escreve:

> O desenvolvimento não conduz sempre a substituir palavras flexionadas por palavras isoladas não flexionadas. O desenvolvimento inverso se faz ao mesmo tempo. Com efeito, os termos acessórios perdem cada vez mais seu sentido próprio e sua autonomia e tendem a fazer parte integrante das palavras que determinam. Por exemplo, em francês, *je, tu, il* em *je dis, tu dis, il dit* não têm mais o caráter de palavras; os assim chamados pronomes só existem junto dos verbos e, se os isolarmos, não têm nenhum sentido; nenhum francês pensa *je, tu, il* isoladamente; e se se quiser exprimir a pessoa de maneira especial, recorre-se a *moi, toi, lui*: *moi je dis, toi tu dis, lui il dit*. À medida que vai se destruindo, a flexão tende a se reconstruir. A história do futuro francês oferece um bom exemplo: as línguas românicas perderam o velho futuro *dicam, dices* etc.; foi substituído, notadamente na França, por um grupo *dicere habeo* ("tenho que dizer"), que compreende duas palavras; o representante da palavra acessória *habeo*, reduzido a *ai*, se fundiu com o verbo, de modo que o francês tem de novo uma flexão: *je dirai, tu diras*, onde ninguém reconhece o verbo *avoir*.

Meillet antecipa aqui a difundida afirmação de Givón (1971: 413): "*A morfologia de hoje é a sintaxe de ontem*", que sintetiza os diversos processos verificados na gramaticalização: erosão fonética, amalgamação, desbotamento semântico, enrijecimento sintático etc., conforme aparecem na lista que citamos com base em Bybee. O futuro românico é até hoje o exemplo por excelência do ciclo síntese > análise > síntese > análise >..., sobretudo porque, como se sabe, o futuro sintético do tipo *falarei* já foi amplamente substituído, na maioria das línguas românicas, por uma nova forma analítica do tipo *vou falar*.

Conforme dito acima, a marcação número-pessoal se faz, ao longo dos séculos, à maneira de um ciclo analítico-sintético-analítico etc., como no esquema abaixo, do verbo copulativo ("ser"), que supõe três fases do protoindo-europeu, assinalado com o asterisco, passa pelo latim (clássico e vulgar) e chega ao francês moderno (o símbolo ø indica a ausência do pronome); tanto o **to* indo-europeu quanto o *ille* latino e o *il* francês são originalmente demonstrativos (optamos pela transcrição fonética do francês *il est* [ilɛ], para evidenciar a perda de material sonoro e o vínculo obrigatório entre o "pronome" *il* e o verbo, algo que a ortografia oficial não permite perceber de imediato):

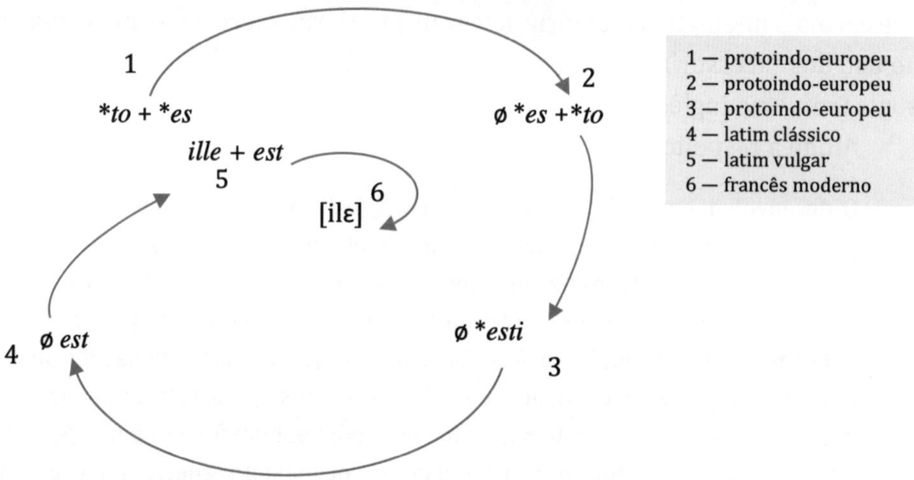

Trata-se, portanto, de um percurso de no mínimo 4.000 anos.

Assim, como escreve Meillet, as formas *je, tu, il* só existem hoje no francês seguidas de um verbo, deixando de ser "pronomes" para se tornar, de fato, marcas de flexão, morfemas presos, exatamente como ocorre, por exemplo, nas línguas bantas. Só mesmo fatores de ordem cultural (e ideológica) explicam por que *je/tu/il* até hoje são rotulados como "pronomes" quando se trata do francês, enquanto *ni-/u-/a-*, por exemplo, recebem a classificação de "prefixos" ou "partículas" quando se trata do suaíli |6.3|. Por fim, a perspectiva social que temos enfatizado no pensamento linguístico de Meillet aparece com nitidez nos seguintes parágrafos:

> Tem-se dito frequentemente que as inovações linguísticas são criações individuais generalizadas. Os teóricos que insistem nesse fato o fazem para pôr em evidência a parte de invenção individual e de livre escolha que há no desenvolvimento da linguagem. E assinalam fortemente o grande papel da imitação na mudança linguística [...].

> Nas partes sistemáticas da linguagem, em que a convergência se observa frequentemente, isto é, a fonética e especialmente a gramática, a invenção individual não tem muito no que intervir, como se pode facilmente prever ao observar o fato, familiar a todo mundo, de que a gente articula os sons e usa as formas gramaticais sem ter consciência dos procedimentos empregados [...].
> Sem dúvida, uma língua não existe fora das pessoas que a falam, e não há inovações senão as que foram feitas por indivíduos que se servem da língua. Nesse sentido, é lícito afirmar a origem individual das inovações; mas é inútil formular uma verdade tão evidente, um truísmo tão ingênuo.
> O essencial são as forças que determinam as mudanças. Ora, essas forças agem sobre a coletividade das pessoas que falam uma mesma língua. E é por se encontrarem nas mesmas condições e por sofrerem as mesmas ações que os falantes admitem as mesmas inovações. Essas ações são em parte universais, em parte especiais a certas línguas. As ações universais produzem as convergências: elas são numerosas e poderosas. Há também ações particulares a esta ou àquela língua, e tais ações determinam as divergências de línguas anteriormente unas. Gerais ou especiais, essas ações só chegam a um resultado se se exercerem sobre toda a coletividade ou, pelo menos, sobre uma parte muito grande da coletividade (Meillet, 2020: 78-79).

Meillet parece se referir aqui criticamente à conhecida defesa feita pelos Jovens Gramáticos em geral, e especialmente por Hermann Paul, da tese de que o funcionamento da linguagem só pode ser explicado pela psicologia individual.

No artigo "A evolução das formas gramaticais" (de 1912) é que aparece o termo *gramaticalização*, criação de Antoine Meillet, que o emprega no entanto somente duas vezes no artigo e entre aspas, como uma tentativa de designação geral do fenômeno de mudança que consiste na transformação de um item lexical autônomo em morfema gramatical preso. Conforme reconhece o autor, o interesse por esses processos já aparece na obra de estudiosos anteriores, mas foi amplamente suplantado pelas investigações em torno da *analogia*, sobretudo a partir da década de 1870, com o trabalho dos Jovens Gramáticos. Ironicamente, o resgate da gramaticalização por Meillet — fenômeno essencialmente diacrônico — também será ofuscado a seguir pelo desenvolvimento exponencial do estruturalismo e sua obsessão sincrônica.

Meillet aborda no texto uma série de propriedades que viriam a ser estudadas com profundidade pelos linguistas da vertente funcionalista, principalmente a partir da década de 1990. Também é digna de atenção a insistência do autor em afirmar que a língua é uma **forma de ação**, o que antecipa em algumas décadas os postulados da **pragmática** linguística que se formularia na

Grã-Bretanha a partir dos trabalhos de filósofos como **John L. Austin** (1911-1960), **Herbert Paul Grice** (1913-1988) entre outros. De igual modo, como é característico da concepção de língua de Meillet, ou seja, um *fato social*, é ao uso da linguagem na interação que ele atribui os processos de criação de novas formas gramaticais, de desgaste da força expressiva dessas formas novas e de substituição das formas outrora inovadoras por outras ainda mais novas para compensar a expressividade perdida. Publicado em 1912, este texto formula, com mais de setenta anos de avanço, um programa de pesquisa que só viria a se desenvolver intensamente no final do século 20. A gramaticalização seria, no pensamento mais amplo de Meillet, um dos "princípios" que deveriam integrar uma teoria geral da linguagem, ou seja, uma *linguística geral*, sempre a partir dos dados particulares obtidos pela *linguística histórica*. De fato, no presente estado das teorias linguísticas neste início do século 21, a gramaticalização aparece como um dos fatores cognitivos mais importantes que desencadeiam a mudança das línguas, justamente ao lado da analogia.

Meillet inicia o artigo afirmando existirem dois "procedimentos pelos quais se constituem as formas gramaticais", que são "a inovação analógica e a atribuição do caráter gramatical a uma palavra antes autônoma". Reconhece que os estudos sobre a analogia dominaram a linguística comparada e de certa forma lamenta que

> o outro procedimento de inovação, a passagem de palavras autônomas ao papel de agentes gramaticais, te[nha] sido muito menos estudado nos últimos quarenta anos. Agora se começa novamente a lhe prestar atenção. A importância disso, com efeito, é decisiva. Enquanto a analogia pode renovar o detalhe das formas, mas deixa no mais das vezes intacto o plano de conjunto do sistema existente, a "gramaticalização" de certas palavras cria formas novas, introduz categorias que não tinham expressão linguística e transforma o conjunto do sistema. Esse tipo de inovações resulta, aliás, como as inovações analógicas, do uso que se faz da língua, é uma consequência imediata e natural do uso (Meillet, 2020: 87).

Temos aqui a primeira ocorrência do termo *gramaticalização*, destinado a se tornar o mais empregado para designar os fenômenos de transformação de um item lexical em morfema gramatical.

Usa-se o termo inglês *bleaching* ("desbotamento") para designar o desgaste que as palavras sofrem em sua carga semântica devido ao uso intenso e repetitivo. Esse desbotamento faz surgir entre os falantes a necessidade de recuperar a expressividade, o que se obtém precisamente pela criação de novas formas gramaticais:

> Cada vez que um elemento linguístico é empregado, seu valor expressivo diminui e sua repetição se torna mais cômoda. Uma palavra não é nem ouvida nem emitida duas vezes exatamente com a mesma intensidade de valor. É o efeito ordinário do hábito. Uma palavra nova surpreende vivamente na primeira vez em que é ouvida; tão logo é repetida, perde a força, e, em breve, não valerá mais do que um elemento corrente há muito tempo. Isso vale mais ainda para um grupo de palavras: a maioria das pessoas falam e sobretudo escrevem por meio de fórmulas prontas, de "clichês". Assim, duas palavras habituais parecem quase novas se forem aproximadas pela primeira vez ou se, pelo menos, forem aproximadas quando normalmente não o são. [...] Se, portanto, um agrupamento de palavras se tornar habitual, se for frequentemente repetido, ele deixa de ser expressivo e é reproduzido cada vez mais automaticamente pelos falantes (Meillet, 2020: 88-89).

No percurso de gramaticalização, os termos que se aglutinam, além de sofrer o mencionado desbotamento de sentido, também sofrem erosão fonética, ou seja, perda de seu material sonoro. Um exemplo clássico em português é o do sintagma *Vossa Mercê* que, após várias etapas de aglutinação e erosão fonética ao longo de séculos, se cristalizou em *você*, forma que, no Brasil, se tornou um clítico-sujeito, reduzida a *cê*, e já totalmente desprovida de sua força pragmática de tratamento respeitoso. Meillet oferece interessantes exemplificações do fenômeno:

> As alterações fonéticas sofridas pelas palavras acessórias são por vezes muito profundas. Se não tivéssemos a forma do gótico *himma daga* ("este dia, hoje"), poderíamos ter dificuldade em crer que um antigo *hiu tagu* ("este dia") tenha se tornado em antigo alto-alemão *hiutu* (alemão moderno *heute*, "hoje") e que *hiu dagu* ("este dia") tenha se tornado em antigo saxão *hiudu* ("hoje"); as dúvidas que poderiam subsistir são eliminadas pela passagem paralela de *hiu jâru* ("este ano") a *hiuru* (alemão moderno *heuer*) ou pela de *hînath* ("esta noite") a *hînet* em médio alto-alemão, a *heint* ("hoje") em bávaro moderno. Com exceção do acento incidente sobre o início da composição, sobre o demonstrativo que encerra o essencial da ideia, isto é, a indicação de que se trata daquilo "que é o mais próximo", todo o resto da palavra foi reduzido a quase nada e se tornou irreconhecível. As palavras acessórias passam a não se parecer mais com as palavras principais lá mesmo onde, na origem, elas eram idênticas (Meillet, 2020: 92).

Acrescente-se à exemplificação o caso do latim *hodie*, resultante da fusão de *hoc die* ("este dia"), origem do italiano *oggi*, do francês *hui*, do espanhol *hoy*, do português *hoje*, num processo de formação idêntico ao das línguas germânicas citadas. Logo a seguir, o autor sintetiza algumas das consequências da gramaticalização, já mencionadas acima:

> O enfraquecimento do sentido e o enfraquecimento da forma das palavras acessórias são paralelos; quando ambos estão bastante avançados, a palavra acessória pode acabar não sendo mais do que um elemento privado de sentido próprio, junto a uma palavra principal para marcar-lhe o papel gramatical. A mudança de uma palavra em elemento gramatical se concluiu.
> A constituição de formas gramaticais por degradação progressiva de palavras antes autônomas se torna possível pelos procedimentos que acabamos de descrever sumariamente e que consistem, como se vê, num enfraquecimento da pronúncia, da significação concreta e do valor expressivo das palavras e dos grupos de palavras. Mas o que provoca seu começo é a necessidade de falar com força, o desejo de ser expressivo (Meillet, 2020: 92-93).

Na mesma linha de argumenação, Meillet recapitula a formação das palavras que, nas diferentes línguas indo-europeias, marcam a **negação**:

> A negação se exprimia em indo-europeu comum por uma pequena palavra acessória, *ne*, que subsiste claramente, por exemplo, no *na* do sânscrito, no *ne* do eslavo e do lituano, no *ni* do gótico. Mas essa palavrinha muito breve, que tendia a ser átona e que em lituano e em russo veio mesmo a se agrupar estreitamente com a palavra principal sobre a qual incide, rapidamente se tornou muito inexpressiva. Quando se tinha a necessidade de insistir na negação — e os falantes quase sempre experimentam a necessidade de insistir, pois no mais das vezes fala-se para agir sobre os outros de alguma maneira, e faz-se o que é preciso para sensibilizá-los —, as pessoas foram levadas a reforçar a negação *ne* com alguma outra palavra. Foi o que ocorreu em latim, por exemplo; assim como para dizer "não" o alemão passou a dizer "não um", isto é, *nein*, o latim antigo disse *noenum*, "não um", em lugar de *ne*. Sendo uma palavra acessória, *noenum* sofreu um tratamento particular e se tornou *non*. Mas desde logo já não se encontrava mais "não um" em *non* e, na época histórica, o *non* latino não é mais sensivelmente expressivo do que o *na* sânscrito, o *ne* eslavo, o *ni* gótico. O francês foi, por conseguinte, levado a reforçar sua negação *ne*, surgida de *non* por um tratamento particular de palavra acessória, por meio de pequenas palavras como *pas, point, mie*. Sabe-se de que modo *pas* perdeu, nas orações em que era um acessório da negação, todo o seu sentido próprio — sentido conservado perfeitamente na palavra isolada *pas* ["passo"] —, de que modo, desde logo, *pas* se tornou sozinho uma palavra negativa, servindo para exprimir a negação, e de que modo, em seguida, o *pas* francês já não é

expressivo por seu turno e reclama um novo reforço com palavras acessórias; foi-se levado a dizer *pas du tout, absolument pas*, ou a recorrer a torneios completamente novos, como a exclamação da gíria atual: *tu penses, s'il est venu!* ["imagina se ele veio!"], maneira fortemente expressiva de dizer "ele não veio". A história da negação alemã *nicht*, que etimologicamente significa "nem uma coisa", é paralela à das negações latina e francesa. As línguas seguem assim uma espécie de desenvolvimento em espiral: acrescentam palavras acessórias para obter uma expressão intensa; essas palavras enfraquecem, se degradam e caem ao nível de simples instrumentos gramaticais; novas palavras ou palavras diferentes se acrescentam com vistas à expressão; o enfraquecimento recomeça, e assim ao infinito (Meillet, 2020: 93-94).

Duas observações nos parecem importantes nesse trecho. A primeira se refere à afirmação de que "no mais das vezes fala-se para agir sobre os outros de alguma maneira, e faz-se o que é preciso para sensibilizá-los", que antecipa em meio século, como mencionamos, as investigações dos filósofos da linguagem que abrirão caminho para a constituição dos estudos em torno da *pragmática* e da *teoria dos atos de fala*. A outra é a ideia de "espiral" no desenvolvimento das línguas, aquilo que habitualmente é chamado de *ciclo* da gramaticalização — cabe mencionar, porém, que a metáfora da espiral já tinha sido proposta pouco tempo antes por Georg von der Gabelentz (1891: 257).

A expressão do **futuro** tem sido um dos aspectos mais estudados pela ótica da gramaticalização. Por seu caráter mais modal do que propriamente de tempo, o futuro se constrói nas mais diferentes línguas por meio de verbos auxiliares que indicam (1) volição, (2) obrigação e (3) movimento (Bybee, 2020: 218). O inglês apresenta essas três fórmulas: (1) *I will do*, (2) *I shall do* e (3) *I'm going to do*. As línguas românicas formaram seu futuro com a fórmula de obrigação *cantare habeo*, "tenho que cantar", surgida no chamado latim vulgar e posteriormente gramaticalizada. Nessas mesmas línguas, esse futuro de obrigação vem sendo substituído cada vez mais intensamente pelo futuro de movimento, como no português *vou cantar*. Em latim, a forma *cantabo*, "cantarei", já resultava da fusão do radical verbal com a raiz **bheue-*, de um verbo indo-europeu que significava "fazer crescer", cognato do inglês *to be* (e presente nas formas latinas *fui, fueram, fuissem* etc., que representam a "lei fonética": indo-europeu **bh* > latim *f*). Meillet aborda esses processos de formação e conclui, acertadamente: "O futuro não é uma forma necessária; mas nas línguas em que existe, ele se refaz constantemente" (Meillet, 2020: 98), de modo que *cantabo* → *cantare habeo* → *cantarei* → *vou cantar* etc.

Para concluir, convém destacar a reflexão que o autor faz, no final do texto, acerca da **ordem das palavras** na sintaxe e de que modo ela "assumiu o caráter de um 'morfema'", isto é, se gramaticalizou. Com isso, mais uma vez, ele antecipou as investigações feitas por diversos pesquisadores da vertente funcionalista sobre o fenômeno da mudança na ordem das palavras. Assim, Meillet escreve:

> O valor expressivo da ordem das palavras que se observa em latim foi substituído [nas línguas românicas] por um valor gramatical. O fenômeno é da mesma ordem que a "gramaticalização" desta ou daquela palavra. Em lugar de ser uma palavra empregada em grupo com outras, ela assume o caráter de "morfema" por efeito do hábito, é uma maneira de agrupar as palavras. Aqui novamente há verdadeira criação de instrumentos gramaticais novos e não transformação (Meillet, 2020: 99-100).

Nessa passagem, vemos a segunda e última vez em que aparece o termo *gramaticalização* nesse artigo e, de novo, entre aspas. As teorizações posteriores a Meillet sugerem algumas explicações sobre por que a ordem das palavras tende a se gramaticalizar: a perda da flexão, como alega o autor, mas também a **iconicidade** da ordem SVO (sujeito-verbo-objeto), um fator de natureza cognitiva. As ordens SOV e SVO juntas ocorrem em mais de 80% das línguas do mundo (Bossaglia, 2019: 125), com um ligeiro predomínio de SOV, mas a passagem histórica de SOV para SVO é amplamente verificada nas mais diversas línguas, de todos os continentes (Aitchison, 2001). O posicionamento de V no centro da construção permite uma expansão maior e mais flexível da oração, com a inclusão de elementos à esquerda e à direita, além da ordenação da informação *dada* primeiro e da *nova* em seguida, o que revela um fator de ordem pragmático-discursiva (Bossaglia, 2019: 125). A *iconicidade* se refere à propriedade que se tenta dar ao discurso de "retratar" na sintaxe a realidade empírica: a ordem SVO ("Pedro fere Paulo", exemplo de Meillet) reproduz a ordem dos eventos em que se realiza o estado de coisas descrito verbalmente: parte do sujeito transita pelo verbo e atinge o objeto. As línguas românicas são predominantemente SVO (com forte enrijecimento dessa ordem no francês), o inglês moderno abandonou a liberdade de colocação das palavras na frase que existia no anglo-saxão, as línguas bantas também se distanciaram do padrão SOV do protobanto, o grego moderno se alinha principalmente em SVO e as línguas ditas "crioulas" já surgiram dentro desse padrão.

Num artigo com pouco mais de quinze páginas impressas, Meillet conseguiu intuir com perspicácia toda uma série de conceitos e noções que viriam, quase um século depois, a se tornar um quadro teórico coerente dentro dos estudos linguísticos. Recorrendo a seus vastos conhecimentos das línguas indo-europeias, ele pôde expandir suas reflexões para além dessa família e propor a universalidade dos fenômenos de gramaticalização. "A evolução das formas gramaticais" é um testemunho eloquente do esforço intelectual do autor por ultrapassar os limites de uma linguística histórica restrita a um grupo específico de línguas, a fim de construir uma linguística geral com instrumentos heurísticos válidos para todas as línguas humanas — uma linguística geral que, ao contrário da que se firmou com o estruturalismo clássico e gerativista, não despreze o que a linguagem tem de eminentemente social, cultural e histórico.

6.10.3 Meillet, Saussure e os destinos da linguística no século 20

No limiar do século 20, os estudos linguísticos tinham diante de si dois caminhos principais por onde avançar, ambos abertos por linguistas formados na escola dos Jovens Gramáticos alemães (talvez os verdadeiros fundadores da linguística moderna) e ambos curiosamente designados como **linguística geral**: um caminho que conjugava o histórico-social com o estrutural-sistêmico, sugerido por Meillet, e um caminho que fazia um breve aceno ao social para de fato tratar com exclusividade do estrutural-sistêmico, sugerido por Saussure ou, antes, pelo que dele nos chegou por meio do livro que nunca escreveu. O programa de Meillet poderia ser sintetizado nestas suas palavras: "*Se a realidade da língua não é algo de substancial, nem por isso ela deixa de existir. Essa realidade é, ao mesmo tempo, linguística e social*" (2020: 50). O de Saussure, que será abraçado pelos estruturalistas, também negava o caráter substancial da língua, mas apenas para afirmar seu caráter formal e, portanto, imanente: "*A língua é uma forma e não uma substância*" (CLG: 179), o que dispensa estudá-la pelo prisma social. Nesse aspecto, é evidente que a proposta de Meillet é muito mais inovadora que a do CLG e amadurece as iniciativas de Whitney, Ascoli, Gilliéron, Bréal e Schuchardt, que examinamos acima.

A noção de *fato social* empregada por Meillet vem diretamente do pensamento sociológico de Durkheim, em que *fato social* é um termo técnico bem definido. Já a noção de *instituição social* que aparece no CLG é legatária de Whitney, sem maior precisão teórica.

Nas palavras de Louis-Jean Calvet (2002: 14-15),

> a afirmação do caráter social da língua que se encontra em toda a obra de Meillet implica, ao mesmo tempo, a convergência de uma abordagem *interna* e de uma abordagem *externa* dos fatos de língua, de uma abordagem sincrônica e diacrônica desses mesmos fatos. Enquanto Saussure opõe linguística interna e linguística externa, Meillet as associa; enquanto Saussure distingue entre abordagem sincrônica e diacrônica, Meillet busca explicar a estrutura pela história. Realmente, *tudo opõe os dois homens tão logo os situamos no terreno da linguística geral*. Enquanto Saussure busca elaborar um modelo abstrato de língua, Meillet se vê em conflito entre o *fato social* e o *sistema em que tudo se sustém*: para ele não se chega a compreender os fatos de língua sem fazer referência ao social e, portanto, sem fazer referência à diacronia, à história.

Calvet escreve que os estruturalistas mencionam o "social" como uma espécie de exortação para, logo em seguida, "ir cuidar de outra coisa". Em sua opinião, será preciso esperar até o surgimento da sociolinguística nos anos 1960 para se formular uma abordagem social *e* estrutural da língua, resgatando as propostas de Meillet feitas cinquenta anos antes. Como vimos em |6.4.6|, Meillet se aventurou até mesmo a propor uma explicação sociológica e antropológica para fenômenos pouco explicados no vocabulário indo-europeu. Não admira que muitos de seus alunos, que se tornarão linguistas importantes no século 20, tenham seguido essa vertente sociocultural, mesmo aqueles que poderiam ser classificados de estruturalistas: **Marcel Cohen** (1884-1974), **Georges Dumézil** (1898-1986), **André Martinet** (1908-1999), **Aurélien Sauvageot** (1897-1988), **Lucien Tesnière** (1893-1954), **Jean Paulhan** (1884-1968), **Gustave Guillaume** (1883-1960), **Joseph Vendryes** (1875-1960), **Jules Bloch** (1880-1953) e **Émile Benveniste** (1902-1972).

O estruturalismo, neste primeiro quartel do século 21 em que escrevemos, está praticamente confinado à teoria gerativista chomskiana — imanentista e associal por excelência ao postular um "falante-ouvinte ideal" —, enquanto as muitas outras áreas de investimento teórico e experimentação prática se empenham em tentar compreender a linguagem humana como fenômeno intrinsecamente cultural, social, político, ideológico, sem descuidar de suas especificidades cognitivas e fisiológicas.

Mas essa já é outra história.

EPÍLOGO

Século 20 e além...

"Muita coisa importante falta nome".
João Guimarães Rosa, *Grande sertão: veredas*

Conforme explicitamos na apresentação deste livro, a história aqui narrada se interrompe no ano de 1921, centenário do nascimento de August Schleicher, ano da morte de Hermann Paul e da publicação de *Linguistique historique et linguistique générale*, de Antoine Meillet, autor com que encerramos esta narrativa, que coincidentemente recebeu seu ponto final no ano de 2021. Também em 1921 foram publicados o *Tractatus Logico-philosophicus* de Wittgenstein e o *Language* de Sapir, mas, ao contrário do livro de Meillet — que tinha um pé muito bem firmado na tradição comparatista do século precedente e, além disso, reunia artigos publicados na década anterior —, essas duas obras, lançadas depois do primeiro grande conflito mundial (e já é lugar-comum dizer que o século 20 começou em 1918, quando terminou esse conflito), se projetavam resolutamente para a nova era que estava começando. Por outro lado, conforme assinalamos |6.9.3|, se foi a partir de sua segunda edição, em 1922 — no entreguerras, portanto —, que o *Curso de linguística geral* começou realmente a despertar o interesse dos intelectuais desejosos de romper com o predomínio cultural germânico, a eleição do *Curso* como fundador de uma "linguística moderna" se deve muito mais a fatores sociopolíticos, ideológicos, do que às alegadas "novidades" contidas na obra, que vários críticos hoje não hesitam em qualificar de apócrifa.

Nesta sucinta conclusão, como pistas para quem desejar prosseguir em sua descoberta da evolução das ideias sobre língua e linguagem para além de 1921, vamos acenar brevemente para os principais desdobramentos da linguística no século 20, desdobramentos que prosseguem século 21 adentro. De resto, é ampla e facilmente acessível a bibliografia que se dedica aos mais importantes desses desenvolvimentos (ver, por exemplo: Fiorin [2002; 2003]; Martelotta [2008]; Schwindt [2014]; Romero, Goldnadel, Ribeiro e Flores [2019]; Mussalim e Bentes [2001; 2017, 2018]).

Assim como todas as demais áreas de conhecimento, a linguística experimentou, no século 20, um desenvolvimento exponencial, caracterizado por uma extensa ramificação de disciplinas e subdisciplinas cada vez mais especializadas, com objetos de investigação bem delimitados e definidos, apesar das inevitáveis interseções entre elas. Como em tantos outros campos do saber, também nos estudos linguísticos o centro de gravidade se deslocou da Europa para a América do Norte, até porque, entre outras coisas, a perseguição aos pensadores não alinhados aos regimes autoritários europeus (nazistas, fascistas e autodenominados "comunistas"), assim como as práticas genocidas implementadas por esses mesmos regimes, obrigaram muitos intelectuais, particularmente os judeus, a migrar para os Estados Unidos e, em menor medida, para o Canadá. Desse modo, o predomínio europeu nos estudos da linguagem (produzidos sobretudo em alemão e francês) foi sendo pouco a pouco eclipsado pela ascensão das escolas teóricas e das metodologias de pesquisa surgidas em terras norte-americanas (formatadas, portanto, em inglês), especialmente na área de descrição e análise das línguas indígenas, como se verá a seguir. Superpotência em rápida ascensão no período entreguerras e adversária declarada daqueles regimes, era natural que os Estados Unidos acolhessem os que lá buscavam asilo, oferecendo-lhes condições de trabalho em universidades de prestígio (cf. Altman, 2021) — entre 1920 e 1940, o PIB (Produto Interno Bruto) dos Estados Unidos praticamente dobrou.

Antes disso, porém, entre o final do século 19 e o início do século 20, o dinamarquês **Otto Jespersen** (1860-1943) se dedicou a diversos campos de estudo e atuação: ensino de línguas, fonética, línguas auxiliares e artificiais (**esperanto** e **ido**), sintaxe, aspectos sociais da linguagem. É autor, entre outras obras, de uma monumental gramática do inglês, em sete volumes (1909-

-1949). Por ter mantido vínculos com a perspectiva histórica e psicologista do século 19, sua obra foi "substancialmente ignorada pelos linguistas das gerações imediatamente posteriores à sua, ou seja, os pertencentes às várias escolas da linguística estrutural" (Graffi, 2019b: 194).

Tal como argumentamos na seção dedicada a Ferdinand de Saussure |6.9.3|, os desenvolvimentos dos estudos da linguagem na Europa em seguida à Primeira Guerra Mundial tiveram como pano de fundo ideológico um forte sentimento antigermânico, provocado pelas investidas bélicas alemãs (iniciadas já na década de 1860), um sentimento de repulsa que só fez se aprofundar com a eclosão da Segunda Guerra, igualmente impulsionada pela Alemanha. Não admira, portanto, que o *Curso de linguística geral*, publicado em francês sob o nome de um estudioso suíço, tenha sido adotado — sintomaticamente depois do fim da Primeira Guerra — como rota de fuga para os linguistas que desejavam se desvencilhar da pesada herança intelectual alemã.

Talvez não por coincidência, no intervalo entre as duas grandes guerras, Antoine Meillet publicou, em 1923, seu artigo "O que a linguística deve aos estudiosos alemães", em que reconhece a grande contribuição desses estudiosos, argumentando, porém, que "a máquina" da linguística alemã parecia "cansada por um longo uso" e que "não convém que uma ciência seja cultivada de maneira demasiado dominante ou demasiado exclusiva por um único povo" (Meillet, 2020: 245) — destaque-se, porém, que o texto de Meillet é escrito em tom respeitoso, sereno, desprovido de qualquer animosidade.

Tampouco por acaso, a escola teórica que dominaria os estudos linguísticos (e não só) na primeira metade do século, o **estruturalismo**, reivindicou para si o legado "saussuriano", especialmente com a adoção da **sincronia** como perspectiva de trabalho, o que significava — também não por acaso — a rejeição da perspectiva diacrônica, assumida pela linguística histórico-comparativa, uma ciência essencialmente alemã. Assim é que os primeiros núcleos importantes da linguística estruturalista se formaram em terras não alemãs:

- **Escola de Genebra:** Albert Sechehaye, Charles Bally, **Henri Frei** (1899-1980).
- **Escola de Copenhague**: **Viggo Brøndal** (1887-1942), **Louis Hjelmslev** (1900-1965).
- **Escola de Praga** (ou **Círculo Linguístico de Praga**): **Bohuslav Havránek** (1893-1978), **Roman Jakobson** (1896-1982), **Vilém Mathesius** (1882-1945), **Nikolai Trubetskoi** (1890-1938) entre outros.
- **Escola de Londres**: **John Rupert Firth** (1890-1960).

Um marco histórico importante foi a realização, em Haia (Países Baixos), do I Congresso Internacional dos Linguistas, em 1928, ao qual compareceram alguns dos estudiosos que se tornariam os nomes de maior relevo do estruturalismo.

O estruturalismo pode ser definido como um método de interpretação e análise concentrado nas relações de **contraste e oposição** entre elementos dentro de um sistema conceptual que contém em si padrões subjacentes a uma diversidade superficial. O exemplo mais nítido da concepção estruturalista está na já clássica diferenciação entre *fonética* e *fonologia*. No nível fonético, ocorrem, por exemplo, diversas realizações sonoras possíveis daquilo que aparece na escrita como a letra <r> em *porta*: uma vibrante lateral simples [ɾ], uma aspiração [h], uma aproximante retroflexa [ɻ], uma fricativa velar surda [x] etc. Todas essas realizações concretas, no entanto, são as manifestações, em superfície, de um único fonema subjacente /r/, entidade abstrata, que compõe o sistema fonológico do português brasileiro e ao qual se opõem todos os demais fonemas — é a célebre afirmação, presente no *Curso de linguística geral*, de que um elemento do sistema não é o que é por sua natureza intrínseca, mas porque está em *oposição* aos demais elementos (isto é, existe um fonema /r/ que *não é* /s/, /b/, /v/, /t/ etc. — ver, porém, a crítica que se faz a essa ideia de oposição, e de *valor*, em |6.9.5|). O estruturalismo, por sua metodologia bem controlada e sua heurística coerente, revestiu a linguística de uma aparência de ciência "exata" e influenciou profundamente outras áreas de conhecimento como a psicanálise, a antropologia, a psicologia, a sociologia, as teorias literárias, a semiótica etc. |6.9.3|. Por essa razão, a linguística foi considerada, na primeira metade do século 20, a **ciência-piloto** das ciências humanas e sociais.

Sem filiação a nenhum círculo específico, quatro linguistas franceses,— geralmente rotulados de estruturalistas —, três dos quais ex-alunos de Meillet, propuseram teorias originais, com diferentes graus de sucesso. **Gustave Guillaume** (1883-1960), que estudou com Meillet, formulou uma **psicomecânica da linguagem** com a qual se dedicou a estudar o funcionamento dos verbos no sistema linguístico — uma teoria que não teve maior repercussão futura. Não foi o caso de **Lucien Tesnière** (1893-1954), elaborador da **gramática de dependência** e do conceito de **valência**, até hoje bastante empregado na análise das funções do verbo na sintaxe. Também aluno de Meillet, **Émile Benveniste** (1902-1976) deixou sua marca como um dos mais importantes linguistas do século 20: além de ter trabalhado com a gramática comparada das línguas indo-europeias (e produzido uma obra fundamental sobre o vocabulário das instituições indo-europeias), notabilizou-se pelas propostas de formulação de uma **linguística da enunciação**. Mais um aluno de Meillet, **André Martinet** (1908-1999), exerceu importante papel na consolidação do estruturalismo e do funcionalismo na França, tornando-se conhecido por sua descrição da **dupla articulação da linguagem**.

Também no início do século, a **filosofia** passou pela assim chamada "virada linguística", em que a linguagem natural (isto é, a linguagem não formalizada pela lógica) é abordada numa perspectiva crítica. Os trabalhos nessa linha têm como expoentes principais o alemão **Gottlob Frege** (1848-1925), o inglês **Bertrand Russell** (1872-1870) e sobretudo o austríaco **Ludwig Wittgenstein** (1889-1951), um dos filósofos mais influentes do século 20. Os desenvolvimentos da **filosofia da linguagem** prosseguirão século adentro com as investigações do estadunidense **Charles W. Morris** (1901-1979), que propôs a trivisão **sintaxe/semântica/pragmática**, de grande impacto nos estudos linguísticos. Suas investigações foram antecedidas pelas de seu conterrâneo **Charles Sanders Peirce** (1839-1914), um dos fundadores da corrente filosófica chamada **pragmatismo** e pioneiro dos estudos da **semiótica**. Por sua vez, a **pragmática** linguística terá como nomes de destaque o inglês **John Langshaw Austin** (1911-1960), iniciador dos estudos dos chamados **atos de fala**, em que será acompanhado pelo também inglês **Herbert Paul Grice** (1913-1988) e pelo estadunidense **John Rogers Searle** (n. 1932). Esses novos desdobramentos da filosofia a levarão à chamada "virada pragmática", justamente pelo interesse desses pensadores na *linguagem como ação* (*Tätigkeit*, "atividade" em alemão, termo usado por Wittgenstein), o que se explicita já no título do livro seminal de Austin, *How to Do Things with Words* ("Como fazer coisas com palavras", 1962, publicado no Brasil como *Quando falar é fazer*). Vale sublinhar que Wittgenstein contribuiu tanto para a "virada linguística" (com seu *Tractatus Logico-philosophicus*, de 1921) quanto para a "virada pragmática" (com as *Philosophischen Untersuchungen*, "Investigações filosóficas", de 1953). Neste último livro, Wittgenstein faz a autocrítica severa de seu trabalho de 1921, razão por que se fala do "primeiro Wittgenstein" e do "segundo Wittgenstein": o primeiro se interessava por uma linguagem ideal formalmente lógica, enquanto o segundo se dedicava à chamada "linguagem ordinária", a que é empregada no dia a dia por meio do que ele designou como "jogos de linguagem". Na mesma linha da chamada **filosofia analítica**, trabalharam os estadunidenses **Willard Van Orman**

Quine (1908-2000), **Hilary Putnam** (1926-2016) e **Saul Kripke** (1940-2022), que incluíram a linguagem entre seus muitos objetos de investigação.

Enquanto os linguistas europeus, nas primeiras décadas do século 20, tentavam se liberar das amarras da linguística histórica-comparativa e formular novos paradigmas teóricos, seus colegas norte-americanos se empenhavam principalmente na descrição e análise das **línguas indígenas** do continente. Nesse empenho se entrecruzavam a linguística e a antropologia e, de fato, alguns dos nomes mais importantes da linguística estadunidense e canadense tinham formação antropológica, a começar por **Franz Boas** (1858-1942), judeu alemão emigrado para o Canadá em 1911, e seu discípulo **Edward Sapir** (1884-1939), também judeu, nascido na Polônia e trazido para os Estados Unidos pela família ainda criança, responsável pela descrição de dezenas de línguas indígenas, muitas delas à beira da extinção, bem como de importantes postulados teóricos sobre psicologia individual, cultura e língua. Outro grande descritivista de línguas ameríndias foi **Leonard Bloomfield** (1887-1949), que também se destacou pela formulação de teorias linguísticas que podem se incluir no paradigma estruturalista. Essa primeira geração iniciou a tradição etnográfica que tem caracterizado diversas áreas dos estudos linguísticos norte-americanos dedicadas à investigação das relações entre língua e sociedade: o canadense **Erving Goffman** (1922-1982) e os estadunidenses **Benjamin Lee Whorf** (1897-1941, aluno de Sapir, responsável pela teorização do chamado **relativismo linguístico**), **John J. Gumperz** (1922-2013) e **Joshua Fishman** (1926-2015), nomes de relevo da **sociologia da linguagem**, **Dell Hymes** (1927-2009, formulador da **etnografia da comunicação** ou **etnografia da fala**) e **William Labov** (n. 1927, fundador da **sociolinguística variacionista**). Goffman e Gumperz também contribuíram na formação da chamada **sociolinguística interacional** que, diferentemente da sociolinguística variacionista, se concentra bem mais no aspecto propriamente *social* do que no *linguístico* (entendido aqui como sistema fonético e morfossintático). Por seu turno, a sociolinguística variacionista comprovou a impossibilidade empírica de separação rígida de sincronia e diacronia, uma vez que, num mesmo lapso temporal e numa mesma comunidade de falantes, formas antigas e formas novas convivem em variação, prenunciando mudanças futuras.

Uma disputa teórica que vai atravessar o século 20 e se prolongar até o 21 é a que opõe **funcionalismo** a **formalismo**, como já referimos na Introdução. O funcionalismo se dedica a explicar as estruturas da língua, não com base na lógica ou na psicologia, mas como instrumento de **comunicação**. Embora alguns postulados funcionalistas *avant la lettre* já se encontrassem nos trabalhos do alemão **Philipp Wegener** (1848-1916) e do sueco **Carl Svedelius** (1861-1951), assim como nos de Bally, que chamou sua teoria de **estilística**, são os linguistas de Praga que formularão explicitamente os principais construtos teóricos das futuras escolas funcionalistas, entre eles a chamada **perspectiva funcional da sentença**, com sua clássica divisão dos constituintes da sentença em *tema* e *rema* (ou, mais tarde, *tópico* e *comentário*, entre outras terminologias). Entre os linguistas praguenses de segunda geração que adotaram abordagens funcionalistas podemos citar **František Daneš** (1919-2015) e **Jan Firbas** (1921-2000). Inspirado em **Karl Bühler** (1879-1963), Jakobson desenvolverá sua influentíssima teoria das **funções da linguagem** (*referencial, estética/poética, emotiva, conativa, fática* e *metalinguística*). O termo *funcionalismo* serve de guarda-chuva atualmente para uma pluralidade de abordagens teóricas e metodológicas, entre as quais se pode elencar, apenas como exemplos, a **gramática funcional** do neerlandês **Simon Dik** (1940-1995), a **gramática sistêmico-funcional** do britânico **Michael A. K. Halliday** (1925-2018) e a mais recente **linguística funcional centrada no uso**, que funde a corrente teórica do funcionalismo norte-americano com a **gramática de construções**. Ainda no âmbito do funcionalismo, se deve incluir a investigação sobre **tipologia e universais**, impulsionada pelo estadunidense **Joseph Greenberg** (1915-2001), que se dedicará, entre outras coisas, ao estudo da **ordem das palavras** na sentença, ordem que permite classificar as línguas segundo a posição ocupada na sentença pelo sujeito (s), pelo verbo (v) e pelo objeto (o), ou seja, línguas svo, sov, vso etc.

Segundo Castilho (2010: 64), é possível definir sucintamente (e opositivamente) o formalismo e o funcionalismo nos seguintes termos:

> *Formalismo:* a língua é um conjunto de orações, cujo correlato psicológico é a competência, isto é, a capacidade de produzir, interpretar e julgar a gramaticalidade das orações. Segue-se que as orações devem ser descritas independentemente de sua localização contextual, e a sintaxe é autônoma com respeito à semântica e à pragmática. Diferentes graus de idealização dos dados podem ser considerados, sendo indispensável seguir considerando uma língua-I [língua internalizada, de natureza mental], distinta de uma língua-E [língua externalizada, de natureza vocal ou gestual].
>
> *Funcionalismo:* a língua é um instrumento de interação social, cujo correlato psicológico é a competência comunicativa, isto é, a capacidade de manter a in-

teração por meio da linguagem. Segue-se que as descrições das expressões linguísticas devem proporcionar pontos de contato com seu funcionamento em dadas situações. A pragmática é um marco globalizador, dentro do qual se deve estudar a semântica e a sintaxe.

No *Curso de linguística geral* (Saussure, 2021: 179), ocorre a declaração de que "*a língua é forma, não substância*", junto com as comparações da língua a um jogo de xadrez, jogo que, para ser o que é, exige regras formalizáveis. A concepção da língua como um *sistema* autônomo em que os elementos se encontram em oposição uns aos outros também é própria de uma visão formalista. No entanto, a abordagem formalista mais importante de todas é a **gramática gerativa**, proposta por **Noam Chomsky** (n. 1928), um intelectual de tamanha relevância planetária, tanto por seus estudos linguísticos quanto por seu ativismo político, que é impossível falar de seu trabalho em poucas linhas. Tão amplamente criticada quanto extensamente adotada, a linguística chomskiana é um construto intelectual incontornável, diante do qual é preciso tomar posição, o que levou mesmo ao surgimento de diversos ramos de estudo dedicados precisamente a refutá-la.

É plausível comparar o embate entre *funcionalismo* e *formalismo* com o que opôs, nos séculos 17 e 18 |5.2| *empirismo* e *racionalismo*. A linguística chomskiana é assumidamente filiada ao racionalismo, bastando lembrar o título de um dos mais influentes livros de Chomsky, *Cartesian Linguistics: A Chapter in the History of Rationalist Thought* ("Linguística cartesiana: um capítulo da história do pensamento racionalista", 1966), e sua definição do chamado "Problema de Platão", isto é, como explicar tudo o que sabemos apesar de nossa experiência limitada (o conhecido *argumento da pobreza de estímulo*), em que aparece o nome do mais remoto ancestral do racionalismo na filosofia. Tal como o filósofo grego, Chomsky sustenta a tese do **inatismo**, com a qual procura explicar o problema da pobreza de estímulo: os seres humanos são dotados, *geneticamente*, de um "órgão da linguagem" que lhes permite, já na primeira infância, produzir sentenças em sua língua materna, apesar de terem sido expostos a poucos dados gramaticais. Essa capacidade inata para a linguagem recebe o nome de **gramática universal** — talvez o principal alvo das críticas que a teoria chomskiana tem recebido. A linguística chomskiana se concentra especialmente na sintaxe, mas também empreendeu importantes teorizações no campo da fonologia. Desde a formulação inicial, Chomsky empreendeu revisões constantes de seu programa teórico: inicialmente, a chamada *teoria padrão*, em seguida a *teoria X-barra*, depois a *teoria de regência e ligação* e o mais recente *programa minimalista* (desde 1990). Apesar de suas originalidades, o gerativismo é um prolongamento atual do estruturalismo "clássico".

A partir da segunda metade do século 20, as diferentes escolas estruturalistas começaram a ser criticadas por seu **imanentismo**, isto é, pela conceitualização das línguas como sistemas fechados em si mesmos, quase homeostáticos, pelo excesso de abstração e ausência de perspectivas que levassem em conta o enraizamento da linguagem nos contextos sociais, políticos, culturais etc. em que é empregada. Na esteira desse movimento, a noção de **discurso** ganhou relevância e deu origem a diversas abordagens, sob o nome de **análise do discurso**, entre as quais se destacam a corrente dita "francesa", liderada por **Michel Pêcheux** (1938-1984), e a *análise crítica do discurso* ou *análise do discurso crítica*, empreendida por **Norman Fairclough** (inglês, nascido em 1941). Disciplinas que também se empenham no estudo da língua em uso são a **análise da conversação** e a **linguística textual** (com seus conceitos fundamentais de *coesão* e *coerência*). Rotulados geralmente de **pós-estruturalistas** os franceses **Michel Foucault** (1926-1984) e **Jacques Derrida** (1930-2004) também atuaram na filosofia da linguagem, além de outros campos. Por sua vez, o sociólogo francês **Pierre Bourdieu** (1930-2002) elaborou a tese da *economia das trocas linguísticas*, em que compara os usos da língua na sociedade a um mercado, em que os valores daquelas trocas se estabelecem segundo o lugar que cada falante ocupa na hierarquia social.

A partir dos anos 1970, começam a aparecer traduções em línguas europeias ocidentais das obras do russo **Mikhail Bakhtin** (1895-1975), personagem de biografia controversa, em torno do qual teria se formado, na Rússia soviética, nas primeiras décadas do século, um círculo de intelectuais, chamado precisamente **Círculo de Bakhtin**. Seus trabalhos (ou a ele atribuídos) acerca do **dialogismo** e da **polifonia** têm exercido grande influência nos estudos linguísticos e literários. A esse círculo teria pertencido **Valentín M. Volóchinov** (1895-1936), autor de *Marxismo e filosofia da linguagem* (1929), obra que obteve grande repercusão e cuja autoria foi durante décadas atribuída a Bakhtin.

O espectro de disciplinas que vêm se ocupando da linguagem em geral e das línguas em particular desde o início do século 20 não para de se ampliar. Se levarmos em consideração aquelas que trazem *linguística* em seu primeiro nome, é possível elencar, longe de qualquer exaustão: **linguística aplicada**, **linguística areal**, **linguística cognitiva**, **linguística computa-**

cional, linguística crítica, linguística de *corpus*, linguística educacional, linguística estatística, linguística forense, linguística matemática... Outras designações evidenciam a interseção da linguística com diferentes áreas de conhecimento: **antropologia linguística, ecolinguística, geolinguística, historiografia linguística, neurolinguística, política linguística, psicolinguística, sociolinguística**... Nada surpreendente, uma vez que a linguagem é constitutiva da espécie humana em sua dimensão biológica e social — tal como afirmamos na Introdução: *estou falando, logo existo.*

O século 20 é, com toda probabilidade, o período mais importante da história da espécie humana, e isso pelo simples fato de que, pela primeira vez nessa história, nenhuma parcela de terra e água do planeta deixou de ser identificada, mapeada, estudada e explorada — ao que se junta o início da exploração do espaço extraterrestre. O que mais contribuiu para esse fenômeno foi o desenvolvimento sem precedentes das **tecnologias de informação e comunicação**, que se acelerou ainda mais no final do século com os avanços da **informática** e prossegue em ritmo praticamente incontrolável neste início de século 21. Já em 1962 o pensador canadense **Marshall McLuhan** (1911-1980) cunhou a noção de **aldeia global** (*"global village"*) para descrever essa interconexão planetária, antes mesmo do advento da internet e sua massificação. Os avanços nas tecnologias de transporte — com destaque evidente para o transporte aéreo — também possibilitaram essa interconexão.

Essa mesma incorporação de praticamente toda a humanidade numa única e gigantesca rede de relações de todo tipo e natureza permitiu também a eclosão das duas **guerras mundiais** (1914-1918 e 1939-1945), a segunda das quais envolveu pessoas de todos os continentes, gerou a maior mortandade havida na história (cerca de 85 milhões de mortos) e terminou com o lançamento de duas bombas atômicas sobre as cidades japonesas de Hiroxima e Nagasáqui, talvez o maior crime contra a humanidade jamais cometido, mas que permanecerá para sempre impune, já que perpetrado pela superpotência hegemônica que se arroga o direito de controlar os destinos do resto do mundo. Na esteira dessa guerra, o colonialismo tradicional, praticado durante meio milênio por nações europeias, especialmente na África, cedeu lugar ao **imperialismo** moderno, em que a exploração de países e povos se realiza, já não graças à ocupação territorial direta, mas por meio das coerções e chantagens econômicas de toda ordem, da manipulação e cooptação das classes dominantes locais, da ameaça bélica mais ou menos velada, da imposição de valores culturais estereotipados, da exportação maciça de modas, hábitos e comportamentos, incluindo as práticas religiosas, o que resulta num ataque direto à diversidade cultural das populações implicadas, incluída a diversidade linguística, cada vez mais ameaçada pelo enraizamento do **inglês** na vida diária de praticamente todos os seres humanos do planeta, de forma direta ou indireta. Com isso, parece ter se concretizado a "profecia" (ou o desejo pouco dissimulado) de W. D. Whitney, que escreveu:

> Os homens começam a sonhar com um tempo em que uma língua poderá ser falada por toda a terra. E embora o sonho possa ser utópico, não há nele um só elemento de impossibilidade teórica: somente certa condição de circunstâncias históricas é necessária para torná-lo inevitável (Whitney, 1875: 176-177).

Um "sonho utópico" que Whitney atribui aos "homens" em geral (quando, de fato, se trata de uma parcela muito restrita da humanidade, até porque incontáveis povos tradicionais não dispõem sequer da noção ocidental de "língua"), o mesmo Whitney para quem a "babel de dialetos discordantes" (entre os quais ele incluía as línguas indígenas norte-americanas) vinha sendo desalojada pela "civilização", termo igualmente genérico, empregado, no entanto, para designar precisamente o imperialismo moderno que começava a se delinear no período em que ele viveu, encabeçado pela Inglaterra e, sucedendo a esta e suplantando-a, pelos Estados Unidos em que Whitney nasceu e morreu.

Do final da Segunda Guerra até a década de 1990, o mundo se viu dividido entre os interesses imperiais de duas grandes potências — os Estados Unidos e a União Soviética —, a chamada **Guerra Fria**, com todos os demais países mais ou menos satelitizados por elas. O desmoronamento do imperialismo soviético naquela década deu origem ao fenômeno enganosamente rotulado de **globalização** que é, de fato, uma *estadunização* avassaladora à qual, a partir da virada do milênio, começa a se opor a emergência geopolítica da China, a bordo de um modelo econômico híbrido de capitalismo de Estado sob a tutela de um regime autoritário.

A situação do mundo nestas primeiras décadas do século 21 é a de uma desigualdade sem precedentes na história, em que um punhado de homens brancos — quase todos sediados nos Estados Unidos — detêm fortunas pessoais maiores que os produtos internos brutos de vários países somados e em que o jogador de futebol mais bem pago em 2022 tinha um salário mensal equivalente a 6 milhões de euros, enquanto o orçamento anual do IPCC

(Painel Intergovernamental para a Mudança Climática), que reúne centenas de cientistas e para o qual contribuem 195 países, era da ordem dos mesmos 6 milhões de euros, insuficientes para levar a cabo todas as pesquisas referentes ao aquecimento climático. Em paralelo a tudo isso, numa rede complexa de causas e consequências, o planeta se encontra à beira do colapso ambiental, com um aquecimento da temperatura mundial prestes a alcançar o ponto de não retorno e a extinção anual de centenas de espécies animais e vegetais e o deslocamento em massa de centenas de milhares de seres humanos que fogem de guerras e de desastres naturais provocados pelas alterações climáticas.

Apesar de tudo isso, esperemos que muitas e muitas gerações futuras continuem lutando pela preservação do planeta e da espécie, e que, se exitosas, possam experimentar o fascínio que a linguagem exerce sobre a imaginação humana e se interessem por estudá-la para que, assim, encontrem os nomes que ainda faltam (e sempre faltarão) para tantas coisas importantes.

Referências bibliográficas

ABOH, E. O. (2019). Our creolized languages. https://bit.ly/45FuUUt, acesso em 28 abr. 2023.

AITCHISON, J. (2001). *Language Change. Progress? Decay?* Cambridge: Cambridge University Press.

ALBRECHT, J. (2011). European Structuralism. *In*: KORTMANN, B.; AUWERA, J. VAN DER (eds.). *The Languages and Linguistics of Europe*. Berlin/Boston: De Gruyter.

ALIGHIERI, D. (2021). *De vulgari eloquentia — Sobre a eloquência em língua vulgar*. Trad.: Francisco Calvo del Olmo. São Paulo: Parábola.

ALLAN, K. (2009). *The Western Classical Tradition in Linguistics*. London/Oakville: Equinox.

ALLAN, K. (2010). *The Western Classical Tradition in Linguistics*. Second (expanded) edition. London/Oakville: Equinox.

ALLAN, K. (ed.) (2013). *The Oxford Handbook of the History of Linguistics*. Oxford: Oxford University Press.

ALTER, S. G. (2005). *William Dwight Whitney and the Science of Language*. Baltimore / London: The Johns Hopkins University Press.

ALTMAN, C. (2021). *A guerra fria estruturalista*. São Paulo: Parábola.

ALVAR, M. (1969). *Estructuralismo, geografía lingüística y dialectología actual*. Madrid: Gredos.

ANDERSON, S.; LIGHTFOOT, D. (2002). *The Language Organ: Linguistics as Cognitive Phisiology*. Cambridge: Cambridge University Press.

ANDRESEN, J. T. (1990). *Linguistics in America: 1769-1924*. London-New York: Routledge.

ANTHONY, D. (2007). *The Horse, the Wheel, and Language: How Bronze-Age Riders from the Eurasian Steppes Shaped the Moderns World*. Princeton: Princeton University Press.

ANTILLA, R. (2006). Analogy: the warp and woof of cognitions. *In:* JOSEPH, B. D.; ANDA, R. D. (eds.). *The Handbook of Historical Linguistics*. Oxford: Blackwell.

ARNAUD, A.; LANCELOT, C. (1676 [1997]). *Grammaire générale et raisonnée*. Paris: Allia.

ARNAUD, A.; LANCELOT, C. (1683 [1992]). *La logique ou l'art de penser*, Paris: Editions Gallimard, 1992.

ATHERTON, C.; BLANK, D. (2013). From Plato to Priscian: Philosophy's legacy to grammar. *In:* ALLAN, K. (ed.) (2013). *The Oxford Handbook of the History of Linguistics*. Oxford: Oxford University Press.

AUER, P. (2015). Reflections on Hermann Paul as a usage-based grammarian. *In*: AUER, P.; MURRAY, R. (eds.) (2015). *Hermann Paul's "Principles of Language History" revisited. Translations and Reflections.* Berlin/Boston: Walter de Gruyter.
AUER, P.; MURRAY, R. (eds.) (2015). *Hermann Paul's "Principles of Language History" revisited. Translations and Reflections.* Berlin/Boston: Walter de Gruyter.
AUER, P.; MURRAY, R. W. (2015). Introduction. *In*: AUER, P.; MURRAY, R. (eds.) (2015). *Hermann Paul's "Principles of Language History" revisited. Translations and Reflections.* Berlin/Boston: Walter de Gruyter.
AUROUX, S. (1994). *La révolution technologique de la grammatisation.* Liège: Mardaga.
AUROUX, S. (1999). *Histoire des idées linguistiques. Tome III : L'hégémonie du comparatisme.* Bruxelles: Pierre Mardaga.
AUROUX, S. (2009). *Filosofia da linguagem.* Trad.: M. Marcionilo. São Paulo, Parábola Editorial.
AUROUX, S. (2014). *A revolução tecnológica da gramatização.* 3ª ed. Campinas: Unicamp.
AZEREDO, J. C. (2021). *Gramática Houaiss da língua portuguesa.* São Paulo: Parábola.
BAGNO, M. (2012). *Gramática pedagógica do português brasileiro.* São Paulo: Parábola.
BAGNO, M. (2013). *Sete erros aos quatro ventos: a variação no ensino de português.* São Paulo: Parábola.
BAGNO, M. (2017). *Dicionário crítico de sociolinguística.* São Paulo: Parábola.
BAGNO, M. (2021). Excurso crítico para uma leitura incontornável. *In*: SAUSSURE, F. de (2021). *Curso de linguística geral.* São Paulo: Parábola.
BAGNO, M. (org.) (2001). *Norma linguística.* São Paulo: Loyola.
BAKHTIN, M. [V. VOLÓCHINOV] (2001). *O freudismo.* Trad.: P. Bezerra. São Paulo: Perspectiva.
BARROS, J. (1539). *Grammatica da lingua portuguesa com os mandamentos da santa madre igreja.* Lisboa: Luís Rodrigues.
BARROS, J. (1540). *Grammatica da lingua portuguesa.* Lisboa: Luís Rodrigues.
BAYLEY, R.; CAMERON, R.; LUCAS, C. (eds.)(2013). *The Oxford Handbook of Sociolinguistics.* Oxford: Oxford University Press.
BECHARA, E. (1999). *Moderna gramática portuguesa.* 39ª ed. Rio de Janeiro: YHL.
BÉDARD, E.; MAURAIS, J. (1983). *La norme linguistique.* Québec/Paris: Conseil de la langue française/Le Robert.
BENVENISTE, E (1939). Les Indo-Européens et le peuplement de l'Europe. *Revue de synthèse*, 17.
BENVENISTE, E. (1964). Lettres de Ferdinand de Saussure à Antoine Meillet. *Cahiers Ferdinand de Saussure*, 21, pp. 93-130.
BENVENISTE, E. (1966). *Problèmes de linguistique générale*, I. Paris: Gallimard.
BENVENISTE, E. (1969). *Le Vocabulaire des institutions indo-européennes.* Paris: Minuit.
BENVENISTE, E. (1974). *Problèmes de linguistique générale.* Vol. II. Paris: Gallimard.
BIBLIANDER, T. (1548). *De ratione communi omnium linguarum et litterarum commentarius.* Zürich: Christoph Froschauer.
BICKERTON, D. (1981). *Roots of Language.* Ann Arbor: Karoma.
BICKERTON, D. (1988). Creole languages and the bioprogram. *In*: NEWMEYER, F. J. (ed.). *Linguistics: The Cambridge Survey.* Vol. II. Cambridge: Cambridge University Press.
BLOOMFIELD, L. (1933). *Language.* New York: Holt, Rhinehart and Winston.
BOAS, F. (2004). *A formação da antropologia americana, 1883-1911 — uma antologia.* Rio de Janeiro: Contraponto/UFRJ.
BOAS, F. (2004). *Antropologia cultural.* Rio de Janeiro: Jorge Zahar.
BOPP, F. (1816). *Über das Conjugationssystem der Sanskritsprache in Vergleichung mit jenem der griechischen, lateinischen, persischen und germanischen Sprache.* Frankfurt am Main: Andreae.
BOPP. F. (1833-52). *Vergleichende Grammatik des Sanskrit, Zend, Griechischen, Lateinischen, Littauischen, Gotischen und Deutschen.* Berlin: Dümmler.

BOSSAGLIA, G. (2019). *Linguística comparada e tipologia*. São Paulo: Parábola.
BOURDIEU, P. (1982). *Ce que parler veut dire: l'économie des échanges linguistiques*. Paris: Fayard.
BOURDIEU, P. (1996). *A economia das trocas linguísticas*. São Paulo: EDUSP.
BRADKE, P. von (1890). *Über Methode und Ergebnisse der arischen (indogermanischen) Alterthumswissenshaft*. Gissen: J. Rickerche Buchhandlung.
BRÉAL, M. (1897). *Essai de sémantique (science des significations)*. Paris: Hachette.
BRONCKART, J.-P.; BULEA, E.; BOTA, C. (orgs.) (2014). *O projeto de Ferdinand de Saussure*. Trad. : Marcos Bagno. Fortaleza: Parole et Vie.
BRUNOT, F. (1966). *Histoire de la langue française des origines à nos jours*. Paris: Armand Collin.
BUESCU, M. L. C. (1975). Introdução. *In*: OLIVEIRA, F. *Gramática da língua portuguesa*. Lisboa: Imprensa Nacional. Casa da Moeda.
BURRIDGE, K. (2013). Nineteenth-Century Study of Sound Change from Rask to Saussure. *In:* ALLAN, K. (ed.) (2013). *The Oxford Handbook of the History of Linguistics*. Oxford: Oxford University Press.
BYBEE, J. (1985). *Morphology: A study of the relation between meaning and form*. Amsterdam: Benjamins.
BYBEE, J. (2001). *Phonology and language use*. Cambridge: Cambridge University Press.
BYBEE, J. (2010). *Language, Usage and Cognition*. Cambridge: Cambridge University Press.
BYBEE, J. (2020). *Mudança linguística*. Trad.: M. Bagno. Petrópolis: Vozes.
BYNON, T. (1992). Schleicher, August. *International Encyclopedia of Linguistics*, ed. by William Bright, Tome III, 382-383. Oxford: Oxford University Press.
CALVET, L.-J. (1975). *Pour et contre Saussure. Vers une linguistique sociale*. Paris: Payot.
CALVET, L.-J. (2002). *Sociolinguística: uma introdução crítica*. Trad.: M. Marcionilo. São Paulo: Parábola.
CAMARA Jr. J. M. (1975), *História da lingüística*. Trad.: Maria do Amparo Barbosa de Azevedo. Petrópolis: Vozes.
CAMERON, D. (1995). *Verbal Hygiene*. London: Routledge.
CARDEIRA, E. (2005). *Entre o português antigo e o português clássico*. Lisboa: Imprensa Nacional-Casa da Moeda.
CARDONA, G. (1994a). Indian linguistics. *In*: LEPSCHY, G. (ed.) (1994a). *History of Linguistics*. Vol. I, The Eastern Tradition of Linguistics. London: Longman.
CARR, E. H. (1961). *What is History?* Cambridge: Cambridge University Press.
CASEVITZ, M.; CHARPIN, F. (2001). A herança greco-latina. *In*: BAGNO, M. (org.) (2001). *Norma linguística*. São Paulo: Loyola.
CASSIN, B. (2016). *Éloge de la traduction: compliquer l'universel*. Paris: Fayard.
CASTILHO, A. T. (1997). A gramaticalização. *Estudos Linguísticos e Literários*, número especial, Universidade Federal da Bahia, 25-64.
CASTILHO, A. T. (2010). *Nova gramática do português brasileiro*. São Paulo: Contexto.
CASTRO, I. (2011). *Introdução à história da língua portuguesa*. Lisboa: Colibri.
CAVALLI-SFORZA, L. L. (1996). *Geni, popoli e lingue*. Milano: Adelphi.
CERQUIGLINI, B. (2007). *Une langue orpheline*. Paris: Minuit.
CHILDE, V. G. (1926). *The Aryans. A Study of Indo-European Origins*. New York: Alfred A. Knopf.
CHOMSKY, N. (1957). *Syntactic Structures*. The Hague: Mouton.
CHOMSKY, N. (1965). *Aspects of the Theory of Syntax*. Cambridge, Mass.: MIT.
CHOMSKY, N. (1966). *Cartesian Linguistics: a Chapter in the History of Rationalist Thought*. New York: Harper & Row.
CHOURAQUI, A. (1985). *La Bible*. Paris: Desclée de Brouwer.
CHRISTIANSEN, M. H.; CHATER, N. (2008). Language as shaped by the brain. *Behavioral and Brain Sciences* 31(5):489-509.

COMENIUS (1668). *Via lucis, vestigata et vestiganda*. Amsterdam: C. Cunradus.

COMRIE, B. (1989). *Language Universals and Linguistic Typology: Syntax and Morphology*. 2. ed. Oxford: Blackwell.

COMRIE, B. (ed.)(1987). *The World's Major Languages*. London: Routledge.

CONDILLAC, E. B. (1746). *Essai sur l'origine des connoissances humaines*. Amsterdam: Mortier.

CORBEIL, J.-C., (2001). Elementos de uma teoria da regulação linguística. *In*: BAGNO, M. (org.). *Norma linguística*, São Paulo, Loyola.

COSERIU, E. (1952). Sistema, norma y habla. *Revista de la Facultad de Humanidades y Ciencias de Montevideo*.

COSERIU, E. (1967). Georg von der Gabelentz et la linguistique synchronique. *Word*, 23, 1-3, 74-100.

COULMAS, F. (2013). *Writing and Society: an Introduction*. Cambridge: Cambridge University Press.

COULMAS, F. (2014). *Escrita e sociedade*. Trad.: M. Bagno. São Paulo: Parábola.

CROFT, W. (2000). *Explaining language change: An evolutionary approach*. Harlow: Longman

CRYSTAL, D. (1987). *The Cambridge Encyclopedia of Language*. Cambridge: Cambridge University Press.

CUNHA, C.; CINTRA, L. F. L. (1985). *Nova gramática do português contemporâneo*. Rio de Janeiro: Nova Fronteira.

DANIELS, P. T. (2013). The history of writing as a history of linguistics. *In*: ALLAN, K. (ed.) (2013). *The Oxford Handbook of the History of Linguistics*. Oxford: Oxford University Press.

DARWIN, C. (1859). *The Origin of Species by Means of Natural Selection*. London: Murray.

DARWIN, C. (1871). *The Descent of Man, and Selection in Relation to Sex*. London: Murray.

DAVIES, A. M. (2014). *History of Linguistics*. Vol. IV: Nineteen-Century Linguistics. Oxon/New York: Routledge.

DE MAURO, T. (2018). *L'educazione linguistica democratica*. Roma/Bari: Laterza.

DeGRAFF, M. (2005). Linguists's most dangerous myth: the fallacy of Creole exceptionality. *Language in Society*, 34, 533-591.

DEMOULE, J.-P. (2014). *Mais où sont passés les Indo-Européens? Le mythe d'origine de l'Occident*. Paris: Seuil.

DESCARTES, R. (1637). *Discours de la méthode pour bien conduire sa raison, et chercher la vérité dans les sciences*. Leyden: Ian Maire.

DEUMERT, A. (2013). Language, Culture, and Society. *In*: ALLAN, K. (ed.) (2013). *The Oxford Handbook of the History of Linguistics*. Oxford: Oxford University Press.

DEUTSCHER, G. (2005). *The Unfolding of Language: an Evolutionary Tour of Mankind's Greatest Invention*. New York: Metropolitan.

DEUTSCHER, G. (2010). *Through the Language Glass. Why the World Looks Different in Other Languages*. New York: Metropolitan.

DUMÉZIL, G. (1941). L'étude comparée des religions indo-européennes. *Nouvelle Revue française*, 29.

DUPRÉ, B. (2007). *50 Ideas You Really Need To Know: Philosophy*. London: Quercus.

DURANTI, A. (2000). *Antropología lingüística*. Cambridge: Cambridge University Press.

ECO, U. (2001). *A busca da língua perfeita*. Bauru: Edusc.

EVANS, N. (2011). *Diying Words. Endangered Languages and What They Have to Tell Us*. Chichester: Wiley-Blackwell.

EVANS, N.; LEVINSON, S. (2009). The myth of language universals: language diversity and its importance for cognitive sciences. *Behavioral and Brain Sciences*, 32, 429-492.

FARACO, C. A. (2006). *Linguística histórica*. São Paulo: Parábola.

FARACO, C. A. (2016). *História sociopolítica da língua portuguesa*. São Paulo: Parábola.

FARACO, C. A. (2021). Apresentação. *In:* SAUSSURE, F. de (2021). *Curso de linguística geral*. São Paulo: Parábola.

FERTIG, D. (2015). Two conceptions of analogical innovation/change. *In*: AUER, P.; MURRAY, R. (eds.) (2015). *Hermann Paul's "Principles of Language History" revisited. Translations and Reflections.* Berlin/Boston: Walter de Gruyter.

FIORIN, J. L. (org.)(2002). *Introdução à linguística*, v. I, Objetos teóricos. São Paulo: Contexto.

FIORIN, J. L. (org.) (2003). *Introdução à linguística*, v. II, Princípios de análise. São Paulo: Contexto.

FLEISCH, H. (1994a). Hebrew linguistics. *In*: LEPSCHY, G. (ed.) (1994a). *History of Linguistics.* Vol. I, The Eastern Tradition of Linguistics. London: Longman.

FORMIGARI, L. (1970). *Linguistica ed empirismo nel Seicento inglese.* Bari: Laterza.

FRAWLEY, W. J. (ed.) (2003). *International Encyclopedia of Linguistics.* 2nd edition. Oxford, Oxford University Press.

GABELENTZ, G. V. D. (1901). *Die Sprachwissenschaft.* 2. ed. Leipzig: Tauchnitz.

GALISSON, R. (1988). Cultures et lexicultures. Pour une approche dictionnairique de la culture partagée. *Cahiers d'études hispaniques médiévales.* Hommage à Bernard Pottier, n. 7, pp. 325-341.

GÂNDAVO, P. M. (1574). *Regras que ensinam a maneira de escrever e orthographia da lingua Portuguesa, com hum Dialogo que adiante se segue em defensam da mesma lingua.* Lisboa: Antonio Gonçalves.

GARRETT, J. (1989). *A Classical Dictionary of India.* New Delhi: Atlantic.

GESSNER, C. ([2009] 1555). *Mithridates. De differentiis linguarum tum veterum tum quae hodie apud diversas nationes in toto orbe terrarum in usu sunt.* Introduction, texte latin, traduction française, annotation et index par B. Colombat et M. Peters. Genève: Droz.

GILLIÉRON, J.; ROQUES, M. (1910). Études de géographie linguistique. XII: Mots en collision, A. Le coq et le chat. *Revue de philologie française et de littérature*, XXIV: 278-288.

GILLIÉRON, J.; ROQUES, M. (1912). *Études de géographie linguistique d'après l'Atlas linguistique de la France.* Paris: Champion.

GIVÓN, T. (1971). Historical syntax and synchronic morphology. An archaeologist's field trip, *CLS* 7, pp. 394-415.

GODEL, R. (1966). F. de Saussure's theory of language. *In*: SEBEOK, Th. A. (ed.). *Current Trends in Linguistics.* Vol. III, Theoretical Foundations. Haia-Paris: Mouton, p. 479-493.

GONÇALVES, R. T. (2020). *Relativismo linguístico, ou como a língua influencia o pensamento.* Petrópolis: Vozes.

GOODY, J. (1977). *The Domestication of the Savage Mind.* Cambridge/New York: Cambridge University Press.

GOULD, Stephen J. (2001). *Um lance de dados*: a ideia da evolução de Platão a Darwin. São Paulo: Record.

GRAFFI, G. (2019a). *Breve storia della linguistica.* Roma: Carocci.

GRAFFI, G. (2019b). *Due secoli di pensiero linguistico. Dai primi dell'Ottocento a oggi.* Roma: Carocci.

GRIMM, J. (1822). *Deutsche Grammatik. Erste Theil.* 2. ed. Göttingen: Dieterich'sche Buchhandlung.

HAECKEL, E. (1914). *The History of Creation.* New York: D. Appleton & Co.

HAGÈGE, C. (1982). *La Structure des langues.* Paris: Presses Universitaires de France.

HALL, Jr., R. A. (1966). *Pidgin and Creole Languages.* Ithaca: Cornell University Press.

HARRIS, R.; TAYLOR, T. (2005). *Landmarks in Linguistic Thought.* Vol. I. The Western Tradition from Socrates to Saussure. London/New York: Routledge.

HASPELMATH, M. (2020). Human linguisticality and the building blocks of languages. *Frontiers in Psychology* 10 (3056). 1-10. https://doi.org/10.3389/fpsyg. 2019.0305

HEINE, B.; KUTEVA, T. (2002). *World Lexicon of Grammaticalization.* Cambridge: Cambridge University Press.

HERDER, J. G. *Abhandlung über den Ursprung der Sprache*. Berlin: Voss.

HITLER, A. (1925-1926). *Mein Kampf*. 2 vols. München: Franz Eher Nachfolger (reed. Zentralverlag der NSDAP, Munich, Franz Verlag Nachfolger, 1940).

HOBSBAWM, E. (1991). *Nation and Nationalism since 1789*. Cambridge: Cambridge University Press.

HOCKETT, C. (1965). Sound change. *Language*, 41, 185-204.

HOLANDA, S. B. (1959). *Visão do paraíso. Os motivos edênicos no descobrimento e colonização do Brasil*. Rio de Janeiro: José Olympio.

HOPPER, P. J. (2015). Hermann Paul's emergent grammar. *In*: AUER, P.; MURRAY, R. (eds.) (2015). *Hermann Paul's "Principles of Language History" revisited. Translations and Reflections*. Berlin/Boston: Walter de Gruyter.

HOPPER, P.; TRAUGOTT, E. (1993). *Grammaticalization*. Cambridge: Cambridge University Press.

HOUAISS, A. (2001). *Dicionário Houaiss da língua portuguesa*. São Paulo: Objetiva.

HULST, H. van der (2013). Discoverers of the phoneme. *In*: ALLAN, K. (ed.) (2013). *The Oxford Handbook of the History of Linguistics*. Oxford: Oxford University Press.

HUMBOLDT, W. von (2000). *La diversità delle lingue*. Trad. e introd.: Donatella Di Cesare. Roma/Bari: Laterza.

HUMBOLDT, W. von (2021). *Ensaios sobre língua e linguagem*. Trad.: Theo Harden e Orlene L. S. Carvalho. Uberlândia: Editora da Universidade Federal de Uberlândia.

HYMES, D. (1983). *Essays in the History of Linguistic Anthropology*. Amsterdam/Philadelphia: Johns Benjamin.

International Encyclopedia of Linguistics (2003). 2nd edition. Oxford: Oxford University Press.

JAKOBSON, R. (2000 [1959]). On linguistic aspects of translation. *In*: BROWER, R. A. (ed.). *On Translation*. Cambridge, Mass.: Yale.

JANKOWSKY, K. R. (2013). Comparative, Historical, and Typological Linguistics since the Eighteenth Century. *In*: ALLAN, K. (ed.) (2013). *The Oxford Handbook of the History of Linguistics*. Oxford: Oxford University Press.

JANSON, T. (2015). *A história das línguas: uma introdução*. Trad.: M. Bagno. São Paulo: Parábola.

JOSEPH, B. D.; JANDA, R. D. (eds.)(2006). *The Handbook of Historical Linguistics*. Oxford: Blackwell.

JOSEPH, J. E. (1987). *Eloquence and Power: The Rise of Language Standards and Standard Languages*. New York: Basil Blackwell.

JOSEPH, J. E. (2012). *Saussure*. Oxford, Oxford University Press.

JOSEPH, J. E.; TAYLOR, T. (1990). *Ideologies of Language*. London: Routledge.

KATO, M. (1986). *No mundo da escrita*. São Paulo: Ática.

KOERNER, E. F. K. (1971). *Ferdinand de Saussure: origin and development of his linguistic theory in Western studies of language*. PhD. Thesis, Department of Modern Languages. Burnaby: Simon Fraser University.

KOERNER, E. F. K. (1972). Hermann Paul and Synchronic Linguistics. *Lingua*, 29, 274-307.

KOERNER, E. F. K. (1984). Karl Bühler's Theory of Language and Ferdinand de Saussure's *Cours*. *Lingua* 62 (1984), 3-24.

KOERNER, E. F. K. (2014). *Quatro décadas de historiografia linguística: estudos selecionados*. Seleção e edição de textos de Rolf Kemmler e Cristina Altman. Vila Real: Centro de Estudos em Letras da Universidade de Trás-os-Montes e Alto Douro.

KOERNER, E. F. K. (2020). *Last Papers in Linguistic Historiography*. Amsterdam/Philadelphia: Johns Benjamin.

KRAMSCH, C. (2003). *Language and Culture*. Oxford: Oxford University Press.

LABOV, W. (1972). *Sociolinguistic Patterns*. Philadelphia: University of Pennsylvania Press.

LABOV, W. (2008). *Padrões sociolinguísticos*. Trad.: M. Bagno, M. M. P. Scherre e C. C. Rodrigues. São Paulo: Parábola.

LAGARES, X. C. (2020). Da diacronia para a sincronia e além: a invenção da linguística e da língua nacional no século 19. *In*: BAGNO, M.; VIEIRA, F. E. (orgs.), *História das línguas, histórias da linguística. Homenagem a Carlos Alberto Faraco*. São Paulo: Parábola.
LASS, R. (1997). *Historical Linguistics and Language Change*. Cambridge: Cambridge University Press.
LAUSBERG, H. (1981). *Linguística românica*. 2ª ed. Lisboa: Fundação Calouste Gulbenkian.
LAW, V. (2003). *The History of Linguistics in Europe. From Plato to 1600*. Cambridge: Cambridge University Press.
LEÃO, D. N. (1576). *Orthographia da lingoa portuguesa*. Lisboa: João de Barreira impressor.
LEÃO, D. N. (1606). *Origem da lingoa portuguesa*. Lisboa: Pedro Crasbeeck.
LEIBNIZ, G. W. (1765). *Nouveaux essais sur l'entendement humain*. Amsterdam-Leipzig: Raspe.
LEPSCHY, G. (ed.) (1994a). *History of Linguistics*. Vol. I, The Eastern Tradition of Linguistics. London: Longman.
LEPSCHY, G. (ed.) (1994b). *History of Linguistics*. Vol. II, Classical and Medieval Linguistics. London: Longman.
LEPSCHY, G. (ed.) (2014). *History of Linguistics*, vol. III: Renaissance and Early Modern Linguistics. London: Routledge.
LI, C.; THOMPSON, S. (1987). Chinese. *In*: B. COMRIE (ed.). *The World's Major Languages*. London: Routledge.
LINN, A. (2013). Vernaculars and the idea of a standard language. *In*: ALLAN, K. (ed.) (2013). *The Oxford Handbook of the History of Linguistics*. Oxford: Oxford University Press.
LOCKE, J. (1690). *An Essay Concerning Human Understanding*. London: Thomas Bassett.
LUCY, J. A. (1992). *Language diversity and thought: a reformulation of the linguistic relativity hypothesis*. Cambridge: Cambridge University Press.
LYONS, J. (1968). *Introduction to Theoretical Linguistics*. Cambridge: Cambridge University Press.
LYONS, J. (1981). *Lingua(gem) e linguística*: uma introdução. Rio de Janeiro: Guanabara Koogan.
McCARTHY, J. J. (2003). Phoneme. *In*: FRAWLEY, W. J. (ed.) (2003). *International Encyclopedia of Linguistics*. 2nd edition. Oxford: Oxford University Press.
McWHORTER, J. H. (2014). *The language hoax: why the world looks the same in any language*. Oxford: Oxford University Press.
MAGEE, B. (1999). *História da filosofia*. Trad.: M. Bagno. São Paulo: Loyola.
MAGNUS, M. (2013). A history of sound symbolism. *In*: ALLAN, K. (ed.) (2013). *The Oxford Handbook of the History of Linguistics*. Oxford: Oxford University Press.
MALKIEL, Y.; LANGDON, M. (1969). History and Histories of Linguistics. *Romance Philology* 22, 530-566, 573-574.
MALMQVIST, G. (1994). Chinese. *In*: LEPSCHY, G. (ed.) (1994a). *History of Linguistics*. Vol. I, The Eastern Tradition of Linguistics. London: Longman.
MALOTKI, E. (1983). *Hopi Time: a Linguistic Analysis of the Temporal Concepts in the Hopi Language*. Berlin: Mouton.
MARCUSCHI, L. A. (2001). *Da fala para a escrita*. São Paulo: Cortez.
MARCUSCHI, L. A. (2008). *Produção textual, análise de gêneros e compreensão*. São Paulo: Parábola.
MARTINET, A. (1952). Celtic lenition and Western Romance consonants. *Language*, 28, v. 2, 192-217.
MARTINET, A. (1986). *Des Steppes aux océans. L'indo-européen et les "indo-européens"*. Paris: Payot.
MARTELOTTA, M. E. (org.)(2008). *Manual de linguística*. São Paulo: Contexto.
MUSSALIM, F.; BENTES, A. C. (orgs.)(2001). *Introdução à linguística*, vol. 1. São Paulo: Cortez.
MUSSALIM, F.; BENTES, A. C. (orgs.)(2017). *Introdução à linguística*, vol. 2, 8ª ed. São Paulo: Cortez.

MUSSALIM, F.; BENTES, A. C. (orgs.)(2018). *Introdução à linguística*, vol. 3, 5ª ed. São Paulo: Cortez.
MEILLET, A. (1921). *Linguistique historique et linguistique générale*. Paris: Champion.
MEILLET, A. (1928). *Les langues dans l'Europe nouvelle*. Paris: Payot, 1928 (2ª edição ampliada).
MEILLET, A. (2020). *A evolução das formas gramaticais*. Seleção, tradução e notas: M. Bagno. São Paulo: Parábola.
MEYER-LÜBKE, W. (1890-1902). *Grammatik der romanischen Sprachen*. 4 vols. Leipzig: Reisland.
MILROY, J. (2011). Ideologias linguísticas e as consequências da padronização. *In*: LAGARES, X.; BAGNO, M. (orgs.). *Políticas da norma e conflitos linguísticos*. São Paulo: Parábola.
MILROY, L.; MILROY, J. (1985). *Authority in Language*. Oxford: Blackwell.
MONTEAGUDO, H. (2004). Do uso à norma, da norma ao uso (variación sociolingüística e estandarización no idioma galego). *In:* ÁLVAREZ, R.; MONTEAGUDO H. (orgs.), *Norma lingüística e variación*. Santiago de Compostela: Instituto da Lingua Galega/Consello da Cultura Galega.
MORESCHINI, C.; NORELLI, E. (2000). *História da literatura cristã antiga grega e latina* — do Concílio de Niceia ao início da Idade Média. Vol. II, tomo II. Trad.: M. Bagno. São Paulo: Loyola.
MORRIS, C. W. (1938). *Foundations of the Theory of Signs*. Chicago: Chicago University Press.
MOUNIN, G. (1967). *Histoire de la linguistique des origines au XXe siècle*. Paris: PUF.
MUELLER-VOLLMER, K.; MESSLING, M. (2016). Wilhelm von Humboldt. *Stanford Encyclopedia of Philosophy*. https://plato.stanford.edu/entries/wilhelm-humboldt/, ultimo acesso: 28 abr. 2023.
MUFWENE, S. (2006). *The Ecology of Language Evolution*. Cambridge: Cambridge University Press.
MUFWENE, S. (2008). *Language Evolution, Contact, Competition and Change*. London/New York: Continuum.
MUFWENE, S. (2013). The origins and evolution of language. *In:* ALLAN, K. (ed.) (2013). *The Oxford Handbook of the History of Linguistics*. Oxford: Oxford University Press.
MÜLLER, M. (1862). *Lectures on the Science of Language Delivered at the Royal Institution of Great Britain in April, May, & June 1861*, 2ª ed. London: Longman.
MURRAY, R. W. (2015). In the beginning was the sound image: Paul's theory of sound change. *In*: AUER, P.; MURRAY, R. (eds.) (2015). *Hermann Paul's "Principles of Language History" revisited. Translations and Reflections*. Berlin/Boston: Walter de Gruyter.
MYERS-SCOTTON, C. (2002). *Contact Linguistics: Bilingual Encounters and Grammatical Outcomes*. Oxford: Oxford University Press.
NARROG, H.; HEINE, B. (eds.) (2011). *The Oxford Handbook of Grammaticalization*. Oxford: Oxford University Press.
NETTLE, D. (1999). *Linguistic Diversity*. Oxford: Oxford University Press.
NEVALAINEN, T.; PALANDER-COLLIN, M. (2011). Grammaticalization and sociolinguistics. *In*: NARROG, H.; HEINE; B. (eds.). *The Oxford Handbook of Grammaticalization*. Oxford: Oxford University Press.
NEVES, M. H. M. (1987). *A vertente grega da gramática tradicional*. São Paulo: Hucitec.
NEVES, M. H. M. (1997). *A gramática funcional*. São Paulo: Martins Fontes.
NEVES, M. H. M. (2002). *A gramática: história, teoria e análise, ensino*. São Paulo: Unesp.
OGDEN, C. K; RICHARDS, I. A. (1923). *The Meaning of Meaning*. New York: Harcourt, Brance and World, Inc.
OLIVEIRA. F. (1975 [1536]). *Gramática da linguagem portuguesa*. Introdução, leitura actualizada e notas por M. L. Carvalhão Buescu. Lisboa: Imprensa Nacional-Casa da Moeda.
OSTHOFF, H.; BRUGMANN, K. (1878). Vorwort. *Morphologische Untersuchungen auf dem Gebiete der indogermanischen Sprachen*, I, pp. III-XX.
PAUL, H. (1920). *Prinzipien der Sprachgeschichte*. 5ª ed. Halle. Niemeyer.

PAUL, H. (1986). *Princípios fundamentais de história da língua*. 2ª ed. Lisboa: Fundação Calouste Gulbenkian.
PEIRCE, C. S. (1931). *Collected Papers*, vol. 2. Cambridge, Mass.: Harvard University Press.
PELLARD, T.; SAGART, L.; JACQUES, G. (2018). L'indo-européen n'est pas un mythe. https://hal.archives-ouvertes.fr/hal-01871582/document, acesso em 28 abr. 2023.
PERINI, M. A. (1997). *Gramática descritiva do português*. São Paulo: Ática.
PERINI, M. A. (2016). *Gramática descritiva do português brasileiro*. Petrópolis: Vozes.
PEZATTI, E. G. (2014). *A ordem das palavras no português*. São Paulo: Parábola.
PICTET, A. (1859-1863). *Les origines indo-europeennes ou les Aryas primitifs. Essai de paléontologie linguistique*. 2 vols. Paris/Genève: Cherbuliez.
PLATÃO (1991). *Tutti gli scritti*. Tradução, notas e edição: G. Reale. Milano: Rusconi.
POTT, A. F. (1833-36). *Etymologische Forschungen auf dem Gebiete der Indo-Germanischen Sprachen*. 2 vols. Lemgo: Meyer.
RASK, R. (1818). *Undersøgelse om det gamle Nordiske eller Islandske Sprogs Oprindelse*. Købhavn: Gyldendanske Boghandlings Forlag.
RENZI, L.; ANDREOSE, A. (2003). *Manuale di linguistica e filologia romanza*. Bologna: il Mulino.
RITT, N. (2004). *Selfish sounds and linguistic evolution: A Darwinian approach to language change*. Cambridge: Cambridge University Press.
ROBERTS, C.; STREET, B. V. (2007). Spoken and written language. *In*: COULMAS, F. (ed.). *The Handbook of Sociolinguistics*. Oxford: Blackwell.
ROBINS, R. H. (1967). *A Short History of Linguistics*. London: Longman, Green and Co.
RÓNAI, P. (1964). *Homens contra Babel*. Rio de Janeiro: Zahar.
ROMERO, M.; GOLDNADEL, M.; RIBEIRO, P. N.; FLORES, V. N. (2014). *Manual de linguística. Semântica, pragmática e enunciação*. Petrópolis: Vozes.
SANCTIUS, F. (1587). *Minerva seu de causis linguae latinae*. Salamanca: I. & A. Reanut.
SANTAMARIA, D. (2018). *Graziadio Isaia Ascoli. Percorsi bibliografici*. Alessandria: Edizioni dell'Orso.
SANTOS, M. (2001). *Por uma outra globalização: do pensamento único à consciência universal*. Rio de Janeiro: Record.
SAPIR, E. (1921). *Language: an Introduction to the Study of Speech*. New York: Harcourt, Brace.
SAUSSURE, F. (1879). *Mémoire sur le système des voyelles dans les langues indo-européennes*. Leipzig: Teubner.
SAUSSURE, F. (1916). *Cours de linguistique générale*. Paris: Payot.
SAUSSURE, F. (1921). *Recueil des publications scientifiques de Ferdinand de Saussure*. Reprint from the collection of the University of Toronto Libraries.
SAUSSURE, F. (2002). *Écrits de linguistique générale*. Paris: Gallimard.
SAUSSURE, F. (2021). *Curso de linguística geral*. Tradução, notas e posfácio: M. Bagno. São Paulo: Parábola.
SCAGLIONE, A. (1984). The Rise of National Languages: East and West. *In*: SCAGLIONE, A. (ed.), *The Emergence of National Languages*. Ravenna: Longo.
SCHARF, P. (2013). Linguistics in India. *In*: ALLAN, K. (ed.) (2013). *The Oxford Handbook of the History of Linguistics*. Oxford: Oxford University Press.
SCHENDL, H. (2001). *Historical Linguistics*. Oxford: Oxford University Press.
SCHERER, W. (1868). *Zur Geschichte der deutschen Sprache*. Berlin: Duncker.
SCHLEGEL, A. W. (1818). *Observations sur la langue et la littérature provençales*. Paris: À la Librairie grecque-latine-allemande.
SCHLEGEL, F. (1808). *Über die Sprache und Weisheit der Indier*. Heidelberg: Mohr und Zimmer.
SCHLEICHER, A. (1860). *Die deutsche Sprache*. Stuttgart: Cotta.
SCHLEICHER, A. (1861-62). *Compendium der vergleichenden Grammatik der indogermanischen Sprachen*. Weimar: Böhlau.

SCHLEICHER, A. (1863). *Die Darwinische Theorie und die Sprachwissenschaft*. Weimar: Böhlau.
SCHLIEBEN-LANGE, B. (1993). *História do falar e história da linguística*. Campinas: Unicamp.
SCHRADER, O.; NEHRING, A. (eds.), (1917-1929). *Reallexikon der indogermanischen Altertumskunde: Grundzüge einer Kultur- und Völkergeschichte Alteuropas*, Berlin-Leipzig, de Gruyter, 2 vol.
SCHWINDT, L. C. (org.)(2014). *Manual de linguística*. Fonologia, morfologia e sintaxe. Petrópolis: Vozes.
SEGUIN, J.-P. (1999). XVIIe et XVIIIe siècle. *In*: CHAURAND, J. (dir.). *Nouvelle histoire de la langue française*. Paris: Seuil.
SÉRIOT, P. (2015). *Vološinov e a filosofia da linguagem*. Trad.: M. Bagno. São Paulo: Parábola.
SEUREN, P. (2018). *Saussure and Sechehaye: Myth and Genius*. Leiden/Boston: Brill.
SEUREN. P. (1998). *Western Linguistics. A Historical Introduction*. Malden/Oxford/Carlton: Blackwell.
SIHLER, A. L. (1995). *New Comparative Grammar of Greek and Latin*. Oxford: Oxford University Press.
SILVA NETO, S. (1960). *Língua, cultura e civilização*. Rio de Janeiro: Livraria Acadêmica.
SILVA, T. C. (2011). *Dicionário de fonética e fonologia*. São Paulo: Contexto.
SIMONE, R. (1997). The Early Period. *In*: LEPSCHY G. (org.). *History of Linguistics*, vol. III: Renaissance and Early Modern Linguistics. London: Routledge.
SMITH, A. D. M. (2001). Grammaticalization and language evolution. *In* Narrog, H.; Heine, B. (eds.) *The Oxford Handbook of Grammaticalization*. Oxford: Oxford University Press.
SOARES, M. (1999). *Português: uma proposta para o letramento*. São Paulo: Moderna.
STAUB, A. (1981). *Hermann Paul, F. de Saussure e K. Bühler na lingüística moderna*. Brasília: Thesaurus.
STUBBS, M. (2007) Language and the Mediation of Experience: Linguistic Representation and Cognitive Orientation, in Coulmas, F. (ed.), *The Handbook of Sociolinguistics*. Oxford: Blackwell.
SWEET, H. (1877). *A Handbook of Phonetics Including a Popular Exposition of the Principles of Spelling Reform*. Oxford: Clarendon.
TAVONI, M. (2014). Western Europe. *In*: LEPSCHY, G. (org.). *History of Linguistics*, vol. III: Renaissance and Early Modern Linguistics. London: Routledge.
TOMASELLO, M. (2001). *The Cultural Origins of Human Cognition*. Cambridge, Mass.: Harvard University Press.
TOMASELLO, M. (2003a). *Constructing a language: A usage-based theory of language acquisition*. Cambridge, Mass.: Harvard University Press.
TOMASELLO, M. (2003b). The Key Is Social Cognition. *In*: GENTNER, D.; GOLDIN-MEADOW, S. (eds.), *Language in Mind: Advances in the Study of Language and Thought*. Cambridge (Mass.): The MIT Press.
TOMASELLO, M. (2003c). *Constructing a Language: a Usage-Based Theory of Language Acquisition*. Cambridge (Mass.): Harvard University Press.
TOMASELLO, M. (2008). *Origins of Human Communication*. Cambridge (Mass.): The MIT Press.
TOMASELLO, M. (2014). *A Natural History of Human Thinking*. Cambridge (Mass.): Harvard University Press.
TRASK, R. L. (2004). *Dicionário de linguagem e linguística*. Trad.: R. Ilari. São Paulo: Contexto.
TRAUGOTT, E. C.; HEINE, B. (eds.)(1991). *Approaches do Grammaticalization*. 2 vols. Amsterdam/Philadelphia: John Benjamins.
TRAUGOTT, E.; TROUSDALE, G. (2013). *Constructionalization and Constructional Change*. Oxford: Oxford University Press.
TRUDEAU, D. (1992). *Les inventeurs du bon usage*. Paris: Minuit.
VARRÃO, M. T. (1990). *De lingua latina*. Barcelona/Madrid: Anthropos/Ministerio de Educación y Cultura.

VENÂNCIO, F. (2016). A autêntica originalidade do léxico português. Colóquio "A língua portuguesa nos dias de hoje", Academia de Ciências de Lisboa, 23, 24 e 25 de maio de 2016.

VENÂNCIO, F. (2019). *Assim nasceu uma língua*. Lisboa: Guerra e Paz.

VERNER, K. (1877). Eine Ausnahme der ersten Lautverschiebung. *Zeitschrift für vergleichenden Sprachforschung*, 23, 97-130.

VINEIS, E.; MAIERÙ, A. (1994b). Medieval linguistics. *In*: LEPSCHY, G. (ed.) (1994b). *History of Linguistics*. Vol. II, Classical and Medieval Linguistics. London: Longman.

VOLÓCHINOV, V. (2017). *Marxismo e filosofia da linguagem*. Trad.: S. Grillo e E. V. Américo. São Paulo: Editora 34.

VOLOŠINOV, V. (1927). *Frejdizm: kritičeskij očerk* [O freudismo, ensaio crítico]. Moskva-Leningrad: Gisizdat.

VOLOŠINOV, V. N. (1929). *Marksizm i filosofija jazyka: Osnovnye problemy sociologičeskogo metoda v nauke o jazyke* [Marxismo e filosofia da linguagem: os problemas fundamentais do método sociológico na ciência da linguagem]. Leningrado: Priboj.

VOLOŠINOV, V. N. (2010). *Marxisme et philosophie du langage. Les problèmes fondamentaux de la méthode sociologique dans la science du langage*. Nova edição bilíngue traduzida do russo por P. Sériot et I. Tylkowski-Ageeva. Limoges: Lambert-Lucas.

WEBB, E. R. (2013). Pidgins and Creoles. *In*: BAYLEY, R.; CAMERON, R.; LUCAS, C. (eds.). *The Oxford Handbook of Sociolinguistics*. Oxford: Oxford University Press.

WEINREICH, U. (1953). *Languages in Contatc*. Haia: Mouton.

WEINREICH, U.; LABOV, W.; HERZOG, M. (1968). Empirical foundations for a theory of language change. *In*: LEHMANN, W.; MALKIEL, Y. (eds.). *Directions in Historical Linguistics*. Austin: University of Texas Press.

WEINREICH, U.; LABOV, W.; HERZOG, M. (2006). *Fundamentos empíricos para uma teoria da mudança linguística*. São Paulo: Parábola.

WHINNOM, K. (1971). Linguistic hybridisation and the 'special case' of pidgins and creoles. *In*: HYMES, D. (ed.). *Pidginisation and Creolisation of Languages*. Cambridge: Cambridge University Press.

WHITNEY, W. D. (1867). *Language and the Study of Language*. New York: Scribner and Co.

WHITNEY, W. D. (1875). *The Life and Growth of Language*. London: Henry S. King and Co.

WHORF, B. L. (1956). *Language, Thought and Reality*. Cambridge, Mass.: MIT.

WITTGENSTEIN, W. (1953 [2003]). *Philosophischen Untersuchungen*. 9. Aufgabe. Berlim: Suhrkamp.

Índice de assuntos

T

U

V

X

Z

Índice onomástico

C

H

I

J

K

L

M

T

U

V

W

X

Y

Z

Índice geral

[illegible]
[illegible]
[illegible]

Impressão e acabamento
[illegible]

Esta obra foi composta em Cambria 11/15
e impressa em papel Chambril Avena 70g
para a **Parábola Editorial** em maio de 2025.

Impressão e acabamento:
Gráfica Printi